CAMBRIDGE LIBRARY COLLECTION

Books of enduring scholarly value

Rolls Series

Rerum Britannicarum Medii Aevi Scriptores, or The Chronicles and Memorials of Great Britain and Ireland during the Middle Ages, usually referred to as the 'Rolls Series', was an ambitious project first proposed to the British Treasury in 1857 by Sir John Romilly, the Master of the Rolls, and quickly approved for public funding. Its purpose was to publish historical source material covering the period from the arrival of the Romans to the reign of Henry VIII, 'without mutilation or abridgement', starting with the 'most scarce and valuable' texts. A 'correct text' of each work would be established by collating 'the best manuscripts', and information was to be included in every case about the manuscripts used, the life and times of the author, and the work's 'historical credibility', but there would be no additional annotation. The first books were published in 1858, and by the time it was completed in 1896 the series contained 99 titles and 255 volumes. Although many of the works have since been re-edited by modern scholars, the enterprise as a whole stands as a testament to the Victorian revival of interest in the middle ages.

Munimenta Academica; or, Documents Illustrative of Academical Life and Studies at Oxford

Henry Anstey (*c*.1828–*c*.1914) served as a teacher, curate and chaplain, before becoming a tutor and then vice-principal of St Mary Hall, Oxford. On behalf of the Rolls Series, he prepared in 1868 this two-volume collection of the university's oldest documents in Latin, dating from the thirteenth to the fifteenth centuries. Offering fascinating insight into academic life in medieval Oxford, this does not constitute a history of the university, but it remains an important resource for researchers, comprising registers, letters, university statutes and details of expenses entailed by the 'usual festivities' after examinations. Volume 2 includes a continuation of the chancellors' and proctors' books featured in Volume 1, and a catalogue of books given to the university by Humphrey, Duke of Gloucester. It concludes with thirteen appendices of related documents, ranging from an ancient bursar's roll to a letter from King Henry III to the Sheriff of Oxford.

Cambridge University Press has long been a pioneer in the reissuing of out-of-print titles from its own backlist, producing digital reprints of books that are still sought after by scholars and students but could not be reprinted economically using traditional technology. The Cambridge Library Collection extends this activity to a wider range of books which are still of importance to researchers and professionals, either for the source material they contain, or as landmarks in the history of their academic discipline.

Drawing from the world-renowned collections in the Cambridge University Library and other partner libraries, and guided by the advice of experts in each subject area, Cambridge University Press is using state-of-the-art scanning machines in its own Printing House to capture the content of each book selected for inclusion. The files are processed to give a consistently clear, crisp image, and the books finished to the high quality standard for which the Press is recognised around the world. The latest print-on-demand technology ensures that the books will remain available indefinitely, and that orders for single or multiple copies can quickly be supplied.

The Cambridge Library Collection brings back to life books of enduring scholarly value (including out-of-copyright works originally issued by other publishers) across a wide range of disciplines in the humanities and social sciences and in science and technology.

Munimenta Academica
or, Documents Illustrative of Academical Life and Studies at Oxford

Volume 2:
Libri Cancellarii et Procuratorum, Accedunt Acta Curiae Cancellarii et Memoranda ex Registris Nonnulla

Edited by Henry Anstey

CAMBRIDGE UNIVERSITY PRESS

Cambridge, New York, Melbourne, Madrid, Cape Town,
Singapore, São Paolo, Delhi, Mexico City

Published in the United States of America by Cambridge University Press, New York

www.cambridge.org
Information on this title: www.cambridge.org/9781108048798

This edition first published 1868
This digitally printed version 2012

ISBN 978-1-108-04879-8 Paperback

RERUM BRITANNICARUM MEDII ÆVI SCRIPTORES,

OR

CHRONICLES AND MEMORIALS OF GREAT BRITAIN AND IRELAND

DURING

THE MIDDLE AGES.

THE CHRONICLES AND MEMORIALS

OF

GREAT BRITAIN AND IRELAND

DURING THE MIDDLE AGES.

PUBLISHED BY THE AUTHORITY OF HER MAJESTY'S TREASURY, UNDER THE DIRECTION OF THE MASTER OF THE ROLLS.

On the 26th of January 1857, the Master of the Rolls submitted to the Treasury a proposal for the publication of materials for the History of this Country from the Invasion of the Romans to the Reign of Henry VIII.

The Master of the Rolls suggested that these materials should be selected for publication under competent editors without reference to periodical or chronological arrangement, without mutilation or abridgment, preference being given, in the first instance, to such materials as were most scarce and valuable.

He proposed that each chronicle or historical document to be edited should be treated in the same way as if the editor were engaged on an Editio Princeps; and for this purpose the most correct text should be formed from an accurate collation of the best MSS.

To render the work more generally useful, the Master of the Rolls suggested that the editor should give an account of the MSS. employed by him, of their age and their peculiarities; that he should add to the work a brief account of the life and times of the author, and any remarks necessary to explain the chronology; but no other note or comment was to be allowed, except what might be necessary to establish the correctness of the text.

The works to be published in octavo, separately, as they were finished; the whole responsibility of the task resting upon the editors, who were to be chosen by the Master of the Rolls with the sanction of the Treasury.

The Lords of Her Majesty's Treasury, after a careful consideration of the subject, expressed their opinion in a Treasury Minute, dated February 9, 1857, that the plan recommended by the Master of the Rolls "was well calculated for the accomplishment of this important national object, in an effectual and satisfactory manner, within a reasonable time, and provided proper attention be paid to economy, in making the detailed arrangements, without unnecessary expense."

They expressed their approbation of the proposal that each chronicle and historical document should be edited in such a manner as to represent with all possible correctness the text of each writer, derived from a collation of the best MSS., and that no notes should be added, except such as were illustrative of the various readings. They suggested, however, that the preface to each work should contain, in addition to the particulars proposed by the Master of the Rolls, a biographical account of the author, so far as authentic materials existed for that purpose, and an estimate of his historical credibility and value.

Rolls House,
December 1857.

MUNIMENTA ACADEMICA,

OR

DOCUMENTS

ILLUSTRATIVE OF

ACADEMICAL LIFE AND STUDIES AT OXFORD.

PART II.

LIBRI CANCELLARII ET PROCURATORUM,

ACCEDUNT

ACTA CURIÆ CANCELLARII ET MEMORANDA EX REGISTRIS NONNULLA.

BY

REV. HENRY ANSTEY, M.A.,

VICAR OF ST. WENDRON, CORNWALL,

AND LATELY

VICE-PRINCIPAL OF ST. MARY HALL, IN THE UNIVERSITY OF OXFORD.

PUBLISHED BY THE AUTHORITY OF THE LORDS COMMISSIONERS OF HER MAJESTY'S TREASURY, UNDER THE DIRECTION OF THE MASTER OF THE ROLLS.

LONDON:

LONGMANS, GREEN, READER, AND DYER.

1868.

Printed by
EYRE and SPOTTISWOODE, Her Majesty's Printers.
For Her Majesty's Stationery Office.

CONTENTS.

ORIGINAL DOCUMENTS

ILLUSTRATIVE OF

ACADEMICAL AND CLERICAL LIFE AND STUDIES

AT OXFORD.

LIBRI CANCELLARII ET PROCURATORUM.

TRANSLATIO UNIVERSITATIS DE LOCO IN LOCUM.

A. 1.
B. 1.
C. 1.

The antiquity and celebrity of the University of Oxford.

Contestantibus plerisque chronicis, multa loca per orbis climata variis temporibus variarum scientiarum studiis floruisse leguntur; omnium autem inter Latinos nunc extantium studiorum Universitas Oxoniensis fundatione prior, quadam scientiarum pluralitate generalior, in veritatis Catholicæ professione firmior, ac privilegiorum multiplicitate præstantior invenitur.

The legend of Brutus and the Trojans,

Prioritatem[1] suæ fundationis insinuant historiæ Britannicæ perantiquæ: fertur enim inter bellicosos quondam Trojanos, qui, cum duce suo Bruto, insulam tunc Albion, postmodum Britanniam, ac demum dictam Angliam, triumphaliter occuparunt, quosdam philosophos adventantes locum habitationis sibi congruæ in ipsa insula elegisse, cui et nomen videlicet Grekelade. Iidem philosophi, qui Græci fuerunt, usque in præsentem diem quasi sui vestigium reliquerunt. A quo quidem loco non longe municipium Oxoniæ noscitur esse situm, quod, propter

and of the founding of a school at Cricklade or Grekelade.

---

[1] *prout*, B. and C.

Oxford formerly called Bellesitum.

The universality of the studies pursued there.

The zeal of the University for the faith.

The privileges and honours conferred upon her by popes, bishops, and kings.

amnium, pratorum et nemorum adjacentium amœnitatem, Bellesitum olim antiquitas, postmodum Oxoniam, a quodam vado vicino sic dictam, populus Saxonicus nominavit, et ad locum studii præelegit. Scientiarum quippe exuberantior pluralitas ibidem evidentius eo cernitur quo in aliis studiis uni pluribusve scientiis sic insistitur, ut tamen aut plures, aut saltem earum aliqua, videatur excludi;[1] Oxoniæ vero singulæ sic docentur, ut scientia quæ illic recipitur, nullatenus illicita censeatur. Catholicæ siquidem veritatis sinceritas ita in doctrinis, divina favente gratia, est ibidem hucusque servata, ut hæresis illic aliquoties pullulantis memoria non existat, quam in sui ortu non occiderit Catholicorum doctorum sollertia et præsidentium vigilis cura. Hanc insuper Universitatem, Romanorum Pontificum ac Diœcesanorum privilegiis multimodis adornatam, sic celsitudo regia sublimavit, ut scholasticorum ditioni etiam loci municipes obnoxii multipliciter videantur. Licet autem [propter][2] difficilem maris transitum, ac situm insulæ, fama et notitia hujus studii sit quibusdam distantibus regionibus minus nota, non minori tamen noscitur prærogativa gaudere.

The privileges, statutes, &c. of the University should be carefully registered.

How the Masters are bound to observe them.

Ne igitur tam antiqui, tam generalis, tam Catholici, tam privilegiati studii statuta, privilegia, libertates et consuetudines ignorentur, decet et expedit ea modosque earum, quibus scholasticorum vita constringitur, diligenter et fideliter registrari. Imprimis est siquidem advertendum statuta, privilegia, libertates, et consuetudines, conscientias Magistrorum singulorum, ea easque jurantium, sic ligare ut nullis singulariter impune liceat ea scienter transgredi quoquo

---

[1] *quo in aliis studiis, uni de pluribus scientiis sic insistitur ut tamen aut plures, aut saltem major pars earum, videatur excludi*, is the reading in B.; and over the text in A. there are corrections in a later hand inserting *de* between *uni* and *pluribus*, and erasing *ve* after *pluribus*. C. follows A., except that *major pars* is written in the margin.

[2] Omitted in A. and C., and inserted by a later hand.

The power to alter them.

modo. Sic autem ipsam Universitatem non arctant quin ipsa, cœtu Magistrorum regentium et non-regentium adjurato, statuta corrigere, eis addere seu detrahere, licite valeat, quatenus major pars Universitatis et sanior, deliberatione prævia, duxerit ordinandum: solent tamen Regentes sine Non-regentibus, propter fatigationes et vexationes frequentes in vocatione Non-regentium evitandas, gratiose cum personis aliquibus, certis ex causis, contra statuta aliquoties dispensare, dum tamen omnes et singuli rite vocati fuerint et sufficienter ac legitime expectati, ad minus videlicet dum campana, ad quam vocantur Magistri, more pulsetur solito sine fraude, et omnes et singuli, quicunque[1] in illa congregatione præsentes fuerint, gratiæ consentiant concedendæ, statutis tamen ipsis quoad alios in suo robore duraturis.

[1] *qui tunc*, C.

A. 6.
C. 27.

QUID SPECIALITER CAVENDUM A PROCURATORIBUS.

The Proctors are responsible for the due performance of masses for the souls of benefactors.

Nota.[1] Hoc specialiter a Procuratoribus caveatur, ut in omni missa communi dicantur illæ tres collectæ, "*Deus, qui inter apostolicos,*" etc., "*Quæsumus, Domine, pro tua pietate,*" et "*Inclina,*" etc., pro benefactoribus diversarum cistarum. *Statutum factum apud Ebor:*[2] *in tribus septimanis S. Michaelis, anno regni regis Edwardi duodecimo.*

Of the mass for the soul of WALTER DE GREY.

Missa pro anima Walteri de Grey, et pro animabus omnium benefactorum Universitatis, et pro animabus omnium benefactorum in crastino S. Martini, cum "*placebo*" et "*dirige,*" in die S. Martini: et *consuetudo est,* quod ista missa sit cum diacono et subdiacono, et ad istam missam tenentur Regentes omnes esse, et etiam ad exequias a principio usque ad finem, et hoc per fidem. Similiter ad istam missam tenentur Regentes offerre de pecunia Universitatis; et *consuetudo est,* quod sacerdos celebrans missam habeat pro labore suo tres denarios, diaconus vero duos, et clericus unum; et quilibet bedellus unum denarium, et quilibet magister bedellus pro suo famulo unum denarium, et clericus pro pulsatione *ignetegii* sex denarios.

All Regents are bound to attend thereat.

The payment of the priest and other officials.

Of the prayers for benefactors in every school on the eve of Martinmas.

Item, in vigilia S. Martini unus sacerdos circueat[3] scholas Magistrorum, et orabit pro animabus omnium benefactorum Universitatis.

Of the mass for the soul of KING HENRY III.;

Missa pro anima regis Henrici in die S. Edmundi Confessoris.

for the soul of COUNTESS OF WARWICK;

Missa pro Comitissa de Warwyke, videlicet pro anima dominæ Elæ de Longespe, in die S. Clementis Papæ: missa illa erit de Omnibus Sanctis cum diacono

---

[1] *Nota* not in C.
[2] The remainder in A. only.
[3] *circuet,* C.

et subdiacono, sequentia et symbolo solemniter adornetur.

Missa pro anima dominæ Elianoris, quondam reginæ Angliæ, consortis regis Edwardi, in vigilia S. Andreæ Apostoli.

for QUEEN ELEANOR;

Missa pro anima domini Johannis de Pontisera, Episcopi Wynton: et pro animabus Johannis et Johannis (sic) Maunsel in vigilia S. Nicholai, cum "*placebo*" et "*dirige*" præcedente.

for JOHN PONTISERA and JOHN MAUNSEL.

DE FESTIS IN KALENDARIO SERVANDIS.

Of the observance of feasts and fasts, and the studies allowed at such seasons.

Item, festa et vigilias Sanctorum in Kalendario assignata tenentur observare, ita scilicet quod, si non legant in crastino, in vigilia non disputent; si autem in crastino legant, tunc lectionem aliquam de libro aliquo non usitato, secundum quod placuerit diebus festivis appropriatam sibi constituant; vel si lectiones ordinarias legant, tunc non omnes legant, sed unam in decretis et legibus et duas ad plus in artibus; et hoc computando pro lectione "*summam*" vel "*determinationem sophismatum vel quæstionum,*" si illo die contigerit "*summam*" legi vel "*sophisma*" vel "*quæstiones*" determinari.

De diebus festivis in quibus Magistri festine legant.

Si autem eis per servientem publicum denuncietur diem festum ita simplicem fortassis instare, ut festine legere debeant, non disputent illo die; si autem secundum Kalendarium dies legibilis non existat, tunc lectionem aliquam de libro aliquo non usitato, aut de aliqua parte libri ad lectiones extraordinarias specialiter reservata, secundum quod placuerit diebus festivis approbata sibi constituant.

In die S. Ambrosii non legant.

Item, memorandum, quod non legant die S. Ambrosii, prout ordinatum est a Regentibus, quousque revocetur.

Item, statutum est, quod non legantur lectiones ordinariæ in festis visitationis Beatæ Mariæ, et depositionis S. Osmundi; præmittitur tamen quod in vigiliis eorundem festorum possunt haberi disputationes.

A. 7. C. 28. D. 87. Masses for the souls of WALTER NEEL,

Missa pro anima Walteri Neel, in die S. Vincentii martyris, cum diacono et subdiacono, cum "*placebo*" et "*dirige*" in vigilia.

the COUNTESS OF WARWICK.

Missa[1] pro anima dominæ de Lungespe, in die qui dicitur "Cathedra S. Petri Apostoli," cum "*placebo*" et "*dirige*" in vigilia, et missa erit cum diacono et subdiacono, ut patet in ordinatione secunda ejusdem dominæ.[2]

ARCHBISHOP GREY.

Missa pro anima Walteri de Grey, in die Sanctorum Philippi et Jacobi, cum[3] "*placebo*" et "*dirige*" in vigilia.[4] Obiit Dominus Archiepiscopus W. Grey, qui nobis . . . . domos ante portam de Smythegate, pro quibus in anno providit Universitas pleno servitio solemni. . . .[5]

HENRY GUILDFORD.

Missa pro anima Henrici de Geldeford, die S. Gregorii Papæ, cum "*placebo*" et "*dirige*" in vigilia.

REGINALD LE BEDEL.

Missa pro anima Reginaldi servientis, quarto die post festum S. Johannis ante portam Latinam, cum

---

[1] *de requiem* added in C.

[2] This sentence is added in C.

[3] Obliterated in A.

[4] The remainder is not in C., which, however, adds *et ad missam cum diacono et subdiacono, eodemque die tenentur Magistri de pecunia Universitatis offerre ad missam,* et consuetudo est *quod sacerdos celebrans missam pro labore suo habeat tres denarios, diaconus duos, et clericus duos, et quilibet bedellus pro famulo suo unum, habeat etiam clericus pro pulsatione ignetegii sex denarios.*

[5] *cetera desunt* in MSS

"*placebo*" et "*dirige*" in vigilia: ad istam missam servetur eadem forma de oblationibus et aliis, et hoc de pecunia antiquæ cistæ Universitatis, quæ in ultima missa est observanda de pecunia Universitatis.

Missa pro anima Gilberti de Roubyry, quarta feria post festum S. Trinitatis. GILBERT ROUTHBURY.

Missa, in die S. Augustini, pro Magistro Gilberto de S. Leofardo, quondam episcopo Cicestriæ. GILBERT S LEOFARD.

Missa pro anima Magistri Henrici de Harklay, in crastino nativitatis S. Johannis Baptistæ, cum exequiis præcedentibus. HENRY HARKLAY.

Statutum factum apud Ebor: in tribus septimanis S. Michaelis, anno regni regis Edwardi, filii regis Edwardi, duodecimo.

Missa pro Magistris Humfrido de Cherletone[1] . . . HUMPHREY CHERLETONE.

Missa pro illustrissimo rege Edwardo tertio, in festo conversionis S. Pauli. KING EDWARD III.

---

[1] A large blot obliterates the remainder.

B. 37.
C. 2.

[1] STATUTA UNIVERSITATIS CONCERNENTIA GRADUANDOS; ET PRIMO PONUNTUR STATUTA COMMUNIA LEGENDA AB ALTERO PROCURATORUM CUILIBET PROCEDENTI: ET PRIMUM LEGATUR CUILIBET INCIPIENTI PROUT INFRA SCRIBITUR, PRÆTERQUAM THEOLOGO, CUI DICETUR "*Magister, tu jurabis ad observandum,*" *etc.*, PONENDO MANUM AD PECTUS.

Inceptors in any faculty shall swear that they will observe the statutes of the University;

" Magister, tu dabis fidem ad observandum statuta, " privilegia, consuetudines, et libertates istius Univer- " sitatis."

Ista clausula legatur Principali incipienti in quacumque facultate.

" Magister, tu jurabis quod adversantem quemcum- " que [2] statutis, consuetudinibus,[3] aut aliis Universitatis " nostræ juribus, non fovebis consilio, auxilio, nec " favore, sed ea, quantum in te est, observabis pariter " et fovebis."

Juramentum pacis.[4]

that they will not disturb the peace thereof.

" Jurabis etiam quod pacem istius Universitatis per " te non perturbabis, nec per alium vel alios [qualiter- " cumque perturbari procurabis, nec perturbatorem vel " perturbatores aliquem vel aliquos in perturbatione " pacis ope [5] vel consilio juvabis, nec impedies, per te " vel per alium vel alios],[6] quominus de pacis pertur- " batore vel perturbatoribus fiat justitia: et, si aliquem " vel aliquos noveris de perturbatione pacis probabi- " liter suspectum vel suspectos, ipsum vel ipsos Can- " cellario denunciabis."

---

[1] This is the copy in B. In C., immediately after the *prefatory history*, "*contestantibus*," *&c*, we read, *Istam clausulam sequentem dicet Procurator publice cuilibet incipienti præterquam*, *&c*, as in B.

[2] *quicumque*, MS., which some one has altered into *quamcunque*.

[3] *consuetudines*, MS.

[4] Erased and rewritten in B.; in the copy in C., after *resumas*, p. 375, line 3, there is a rubric, *Ista clausula non legatur nisi Theologo.*

[5] *opere*, MS.

[6] The passage in brackets is omitted in C.

" [1] Jurabis etiam quod in ista facultate alibi in Anglia, quam hic et Cantabrigiæ, lectiones tuas solemniter tanquam in Universitate non resumes: [2] nec in aliqua facultate sicut in Universitate solemniter incipies: nec consenties quod aliquis alibi in Anglia incipiens hic pro Magistro in illa facultate habeatur."

that they will not recognize any other University beside Oxford and Cambridge;

" *Item*, specialiter, Magister, tu jurabis quod inter nullas communitates vel personas istius Universitatis impedies pacem, concordiam, et amorem; et, si aliqua dissensio inter aliquas communitates vel personas exorta fuerit, illam non fovebis penitus vel accendes, nec conventiculis interesse debes, nec eisdem tacite vel expresse consentire, sed ea potius modis quibus poteris impedire."

that they will not foment disturbances between different societies at Oxford;

" [3] *Item*, tu jurabis quod non leges nec audies Stamfordiæ, tanquam in Universitate studio aut collegio generali."

that they will not lecture or read at Stamford;

" *Item*, specialiter, Magister, tu jurabis quod habes habitum de proprio gradui tuo competentem, et ipsum vel similem sibi observabis quamdiu in Universitate contigit te morari, donec ad gradum vel tribunal altius advoceris, ad effectum quod non solum in eo actus scholasticos poteris exercere, verum etiam Universitatem matrem nostram in processionibus, consiliis, et aliis, cum vocatus et præmonitus fueris, cum eodem valeas honorare."

that they are provided with a suitable academical dress, and will wear the same;

" *Item*, tu jurabis quod cum ad Librariam Universitatis communem accesseris, libros ibi contentos et quos inspexeris modo honesto et pacifico pertractabis, nulli librorum hujusmodi per turpitudinem aut rasuras abolitionesve foliorum [4] præjudicium inferendo."

that they will use the books in the library carefully

---

[1] This is written in a much later hand, apparently of the 17th century, over an erasure; but the matter of it makes it plain that it must have been copied from an older copy of the Statutes.

[2] *resumas*, MS.

[3] This statute, or rather oath, is also in a late hand, in B., written over an erasure.

[4] *seu foliorum*, MS.

that they will not maintain the doctrines condemned at the council of London nor any of them;

"[1] *Item,* tu jurabis specialiter quod nullam conclu-"sionem nuperrime, anno Domini millesimo quadrin-"gentesimo undecimo, Londoniis in concilio[2] episco-"porum solemni damnatam, nec alicujus earum senten-"tiam docebis, defendes, aut tenebis efficaciter publice "aut occulte, nec aliquem doctorem, defensorem, aut "tentorem hujusmodi ope, consilio, vel favore juvabis."

that they will not maintain the opinions of William Russell.

"*Insuper,* tu jurabis quod nullas conclusiones per "fratrem Willelmum Russell, ordinis Minorum, nuper "positas et prædicatas, contra decimas personales, et in "nostra Universitate Oxoniæ, necnon in venerabili con-"cilio[3] episcoporum, anno Domini millesimo quadrin-"gentesimo vicesimo quinto celebrato Londoniis, so-"lemniter damnatas, nec alicujus earum sententiam "tenebis, docebis, vel defendes efficaciter publice aut "occulte, nec aliquem doctorem, tentorem, vel defen-"sorem hujusmodi ope, consilio vel favore juvabis."

All graduates shall before their sermons pray for Humfrey, Duke of Gloucester.

Item, statuit Universitas *et decrevit,* quod singuli graduati prædicaturi, in suis sermonibus solemnibus infra Universitatis præcinctum ad Crucem S. Pauli, seu Hospitale Beatæ Mariæ extra Bysshopgate, Londonii, illustrissimum Principem Humfridum Ducem Gloucestriæ nominatim et expresse in suis orationibus commendare teneantur.

"*Item,* hæc omnia prædicta te fideliter observaturum "promittis, sicut te Deus adjuvet et Sancta Evangelia "Dei."

Ista clausula legatur incipienti sub alio ejusdem facultatis.[4]

"Idem juramentum quod præstitit Magister N. in "persona sua, tu observabis in persona tua, sicut Deus "te adjuvet et Sancta Dei Evangelia."

---

[1] This statute has been erased, as also the next. The *erasure* of the former is evidently of early date; that of the latter less so.

[2] *consilio,* MS.

[3] *consilio,* MS.

[4] Title from C.

STATUTUM LEGENDUM OMNIBUS LICENTIANDIS IN QUACUMQUE FACULTATE.[1]

B. 42.

Cum hactenus nimis fuerit Universitas fatigata per multorum importunitatem, qui in facultatibus diversis cupierunt licentiari, de suis inceptionibus non curantes, *statutum est*, quod si quis licentiatus fuerit in grammatica, artibus, aut medicina, et secundum consuetudines Universitatis Oxoniæ infra annum proximo sequentem suam licentiationem non inceperit, si non promotus triginta solidos, si vero promotus sexaginta solidos, si autem in jure civili, decretis, aut sacra theologia, et non promotus fuerit, quinquaginta solidos, si vero promotus centum solidos, communi cistæ Universitatis, infra octo dies post completum annum a tempore licentiationis suæ, sine contradictione solvere teneatur.

The penalty to be paid by a licentiate failing to incept within a year from the date of his licence.

" Formam istius statuti observabis in persona tua, " si non contingat te incipere infra annum, sicut Deus " te adjuvet et Sancta Dei Evangelia."[2]

Declaratio prædicti Statuti.

Quia statutum[3] prælibatum sub verbis ambiguis editum plures movet in dissidium, ad omnem brigam penitus submovendam, talem duximus eidem declarationem pro futuris temporibus adjungendam; quod qui prius licentiatus fuerit, et infra annum non inceperit, toties quoties sic per suam importunitatem Universitatem pulsaverit fatigandam, antequam incipiat iterum licentietur, lapso anno, lectis sibi statutis, cum hactenus et statutis pacis, ita tamen quod ad statuta de forma suæ facultatis de novo implenda ullatenus teneatur, nec ille hoc juramento iterum constringatur, prævia semper

A fresh licence shall be necessary.

---

[1] Title not in C.

[2] Here C. adds as follows: *Tunc Cancellarius dicet: Tu jurabis quod non expendes in inceptione tua ultra tria millia Turonensium grossorum.*

[3] *statutum est*, MS.

tamen laudabili depositione Magistrorum de moribus et scientia, ut in licentiationibus suæ facultatis fuerat honorifice consuetum.

B. 5.

JURAMENTUM MAGISTRORUM DEPONENTIUM IN ALIQUA FACULTATE.[1]

The oath of the Master on presenting a candidate for a degree.

"Magister, Tu dices in fide Universitati præstita, an "scis aut credis hunc virum aptum et idoneum moribus "et scientia ad eum gradum ad quem præsentatur, "sub forma qua præsentatur, et hoc fide præstita "Universitati."

JURAMENTUM PRÆSTANDUM AUDITORIBUS COMPUTORUM CANCELLARII, PROCURATORUM, ETC.

The oath of auditors of accounts.

"N., Tu jurabis quod audies strictum et fidelem com- "putum, nec allocabis nisi quæ allocanda sunt, post- "positis fraude, dolo, amore et invidia; sed duntaxat "id allocabis[2] quod allocari justum est, idque facies "de omnibus quæ . . . . computata erunt, sicut "Deus te[3] adjuvabit et Sacrosancta tacta Evangelia."

JURAMENTUM EXAMINATORUM IN CONGREGATIONIBUS MAGNIS.

"Magister, Tu jurabis quod hos articulos fideliter et "sincere examinabis, et nec prece, nec pretio, nec odio, "nec amicitia, timore, nec spe propter aliquam promis- "sionem vel remunerationem factam vel faciendam "quicquam dices aut ab aliis dici procurabis; sed, omni "favore personarum [et] commodorum postposito, sen- "tentiam tuam revelabis, sicut te Deus adjuvet, et Sa- "crosancta tacta Evangelia."

---

[1] These oaths are all in a late handwriting, but are evidently of ancient date.

[2] *allocabitis*, B.

[3] *vos*, MS.

Cancellarius Oxoniæ cuilibet juranti et deponenti secrete[1] pro incepturo in aliqua facultate, et pro præsentato ad lecturam libri sententiarum, tenetur hæc verba dicere deposituro vel juraturo, coram eo et Procuratoribus, ita occulte ut nullus audiat nisi Cancellarius et Procuratores, et Doctor vel Magister depositurus vel juraturus, per fidem præstitam Universitati. A. 37.

Nota. Verba quæ dicentur a Cancellario ante admissionem inceptorum et Bachillariorum in sacra Theologia.

The form of presentation for a degree.

" *Doctor vel Magister, fide præstita Universitati, vos*
" *dicetis an scitis vel creditis istum præsentatum*
" *esse habilem in moribus et scientia ad gradum, ad*
" *quem præsentatur, an non.*"

Si autem præsentatus fuerit ad incipiendum in sacra theologia, tunc dicet Cancellarius cuilibet Doctori in theologia deponenti, " *Doctor, fide præstita Univer-*
" *sitati, dicetis an scitis istum præsentatum esse*
" *habilem [in moribus et in scientia]* [2] *ad gradum, ad*
" *quem præsentatur, an non.*"

Ex statuto etiam et ex consuetudine Universitatis, nullus potest admitti ad incipiendum in sacra theologia, nisi omnes Doctores in theologia in præsentatione præsentes jurent [de][3] *scire*, et si unus sic non deponat, pro anno est rejectus a nova præsentatione qui præsentatur.[4]

---

[1] *decrete*, MS.

[2] These words are added in the margin, but in the same handwriting as the text.

[3] Sic in MS., but perhaps an error for *se*.

[4] A later hand has erased the last word, and written *illa die præsentatur*.

A. 107.

Quale sacramentum debent ascensuri[1] *gradum præstare.*

The oath to be made by the person graduating,

Item, statutum est, quod quicunque ascensurus gradum qualemcumque in Universitate, in ejus admissione sacramentum præstet[2] corporale quod quemcunque adversantem statutis, consuetudinibus, aut aliis Universitatis nostræ juribus, non fovebit consilio, auxilio nec favore, sed ea, quantum in eo est, observabit pariter et fovebit.

and by advocates and servants on admission to their office.

Item, idem observetur in admissione advocatorum et servientium communium.

D. 75.

Additio sacramenti Vice-Comitis Oxoniæ, quod sacramentum præstitit idem Vice-Comes corporaliter in Cancello Regis.

The oath relating to the University to be made by the Sheriff of Oxford in addition to the oath relating to his office.

Et aussint, vous jurerez[3] qe lez Mestres et Escoler del Universite d'Oxenforde, et lour servantz, dez injures et violences garderes et defenderes, par tout votre force et poaire, et la pees en la dit Universite, quantqe en vous

---

[Translation.]

And also, ye shall swear that ye will guard and defend the Masters and Scholars of the University of Oxford, and their servants, from injury and violence to the best of your power and ability, and that ye will, as far as in you lies, keep the peace in the said University, and that ye will

---

[1] *assensuri,* A.
[2] *præstat,* but corrected over the line, A.
[3] *jurez,* MS.

est, serrez gardes ; et qe vous durrez votre conseil et eide a la Chanceller et Escolers de meme la Universite, pur punir les destourbours de la pees illoesqes, selont lez privileges et estatutz del dit Universite, tandis [1] come meistier serra, et aussint vouz metterez votre eide par tout votre force a defendre lez privileges, libertes, et coustomes del Universite susdite, et qe vous receverez,[2] au tiel serement de Vicecomte, Souz Vicecomte, et autres votres ministres del[3] dit comitee d'Oxenforde, meintenant come vous serrez venuz al chastel ou ville d'Oxenforde, en presente d'aucun qui serra a ceo deputee depart del dit Universite, a quele chose le roi voet qe votres[4] ditz ministres soient par vouz arcez et compellez, si Dieu vous eide et sez Seintz.

---

give your advice and aid to the Chancellor and Scholars of the same University, in order to punish the disturbers of the peace therein, according to the privileges and statutes of the said University, when need shall so require ; and also that ye will afford your aid, to the best of your ability, to defend the privileges, liberties, and customs of the aforesaid University, and that ye will admit, to such oath of the Sheriff, the Under-sheriff, and other your officers of the said county of Oxford, as soon as ye shall have come to the castle or town of Oxford, in the presence of any person who shall be deputed for that purpose on the part of the said University ; and the king wills that your said officers be by you hereto bound and obliged,—*So help you God and His Saints.*

---

[1] This word is a conjecture. The reading of the MS., which is the work of a very inaccurate scribe, and is also very faint, is apparently *tont dis.*

[2] *recevez,* MS.

[3] *el,* MS.

[4] *vous,* MS.

A. 46.
B. 83 b.
C. 66.

JURAMENTUM SCISSORUM.[1]

The price of Academical robes according to the oath of the tailors of the University.

Secundum sacramentum scissorum magistrorum fidelium de Oxonia, hoc[2] statutum est observandum in robis et aliis indumentis scindendis.

Roba sine furrura	tres denarii.
Taberdum furratum[3]	quatuor denarii.
Taberdum sine furrura	tres denarii.
Capa furrata	sex denarii.
Capa sine furrura	quatuor denarii.
Roba furrata	quatuor denarii.
Roba furrata cum pallio . . .	sex[4] denarii.
Tunica cum duplici casura[5] . .	tres[6] denarii.
Et hoc ex gratia Universitatis,	
Chimera	tres denarii.

A. 10.
B. 43.

MODUS LICENTIANDI INCEPTUROS IN QUACUNQUE FACULTATE.[7]

The form of licensing inceptors.

Cancellarius, assidentibus sibi Procuratoribus, dicet incepturo genuflectenti et ponenti manum super librum,

" Tu dabis fidem ad observandum statuta, privilegia, " consuetudines, et libertates istius Universitatis.

" *Item*, tu jurabis quod tu proponis incipere infra " annum.

---

[1] No title in A, only the words *nullo tempore* in rubric.

[2] *Hæc statuta sunt observanda*, B. and C.

[3] *Tabardum furruratum*, B. and C., where similar corrections of the spelling are found in the other items.

[4] *tres denarii*, B.

[5] *cusura*, C.

[6] *duodenarii*, B. and C.

[7] *per Cancellarium etiam dicetur sibi assidentibus Procuratoribus*, added in C.

" *Item*, tu jurabis, quod si contingat te incipere in " ista facultate, quod tu non incipies alibi [1] quam hic " in ista facultate.

" *Item*, tu jurabis quod non expendes in inceptione " tua ultra tria millia Turonensium grossorum."

Quibus dictis, dicet Cancellarius, ponendo librum super caput incepturi,

Ad honorem Domini nostri JESU CHRISTI [2] . . . C. 19.
. . ., *et ad profectum sacrosanctæ matris Ecclesiæ et studii, auctoritate mea et totius Universitatis, do tibi licentiam incipiendi in tali facultate, legendi, et disputandi, et omnia faciendi quæ ad statum Magistri in eadem facultate pertinent, cum ea compleveris quæ ad talem pertinent solemnitatem, In nomine Patris, et Filii, et Spiritus Sancti. Amen.*

[3] DE JURAMENTO STATIONARIORUM IN EORUM ADMISSIONE.

A. 78. B. 69. C. 49.

Imprimis jurent stationarii, in eorum admissione, quod administrationem officii sui fideliter et utiliter ad Universitatem et Scholares ejusdem gerent, cistas indemnes suis viribus observabunt, fidelia ratiocinia reddent de bonis quibuscunque cistarum quæ ad eorum manus devenerint, quotiescumque et quandocumque super hoc ad ordinationem Universitatis Regentium per custodes cistarum fuerint requisiti; et quod statuta super iis edita iis notificata, quantum ad eos pertinet, in omnibus suis articulis fideliter observabunt.

The stationers shall swear that they will protect the chests from loss, and will render faithful accounts;

Item, quod pecuniam quamcumque de cautionibus cistarum per eosdem receptam, sive fuerit de sorte sive

that they will pay all monies received by them for the sale of

[1] *alibi in Anglia*, B.

[2] Here is a large blot in the MS., for the purpose, evidently, of obliterating the mention of the Blessed Virgin Mary.

[3] The title is wanting in A., and supplied from B. and C.

pledges into the chests within eight days;

de excrescentiis, integre et sine cavillatione seu dilatione ad cistas teneantur deferre, infra octo dies a tempore solutionis hujusmodi pecuniæ receptæ, quum super hoc per custodes cistarum fuerint legitime requisiti; et, si contingat quod per custodes cistarum super hoc minime requirantur, teneantur,[1] in proxima proclamatione iis notificata post receptionem hujusmodi, pecuniam prædictam ad cistas deferre, et custodibus eisdem, sine ulteriori[2] detentione, integre et fideliter liberare.

that they will not lend pledges for more than ten days;

Item, quod in nulla cautione[3] alicujus cistæ ad voluntatem domini seu alio modo venditioni[4] exposita, extra manus suas alicui tradant pro inspectione habenda, vel alio modo a quoquam Scholari vel alio detineri permittant ultra spatium decem[5] dierum.

that they will not delay the sale of a pledge beyond the term of three weeks;

Item, quod nullius cautionis de aliqua cista Universitatis legitime extractæ, et in forma consuetudinis et statuti publicæ venditioni expositæ, justam et rationabilem venditionem, aut[6] plenam receptionem pecuniæ, amore, timore, vel odio alicujus personæ, spe lucri vel commodi dati vel promissi, ultra tres septimanas, a tempore expositionis hujus connumerandas, impedient, seu alio colore quæsito per se vel per alium vel alios protelabunt.

A. 79.
B. 69.
C. 49.

that they will not themselves buy, either directly or indirectly, any such pledge, without special leave;

Item, quod nullus stationarius[7] rem venalem alicujus cistæ per se,[8] alium, vel alios quovismodo emat, nisi de licentia et expresso consensu domini Cancellarii vel ejus Commissarii, Procuratorum Universitatis, et custodum cistæ, cujus extitit cautio memorata.

that they will not meddle with the management of the chests;

Item, quod nullus stationarius claves alicujus cistæ a custode ejusdem, vel alio ejus nomine, recipiat quovis

---

[1] *teneatur tunc*, B.

[2] *ulteri*, amended by a later hand, B.

[3] *in nullam cautionem*, B. and C.

[4] *venditioni*, omitted in C.

[5] *tecem*, A.

[6] *ac*, B. and C.

[7] A. and C. insert *per se*, before *rem*. In B. the two words are erased.

[8] *vel per alium*, B.

modo, vel administrationi[1] in bonis alicujus cistæ, nomine seu vice custodis, se ingerat, seu alio modo intromittat, casibus ad officium stationariatus pertinentibus duntaxat exceptis.

Item, quod omnes stationarii in eorum admissione[2] jurent, tactis sacrosanctis [Ev]angeliis,[3] quod privilegia, libertates, et consuetudines Universitatis Oxoniensis fideliter observabunt.

that they will maintain the privileges of the University;

Item, quod cautiones quascumque[4] in cistis communibus exponendas, seu de cistis extrahendas et venditioni publicæ exponendas,[5] diligenti examinatione præhabita, fideliter appreciabunt, et quod in fraudem nullius Scholaris librum quemcumque malitiose et injuste taxabunt.

that they will carefully and honestly appraise the pledges.

Statutum est, quod de omni cautione vendita teneatur stationarius venditor, sub pœna æquali suo servitio, in proxima proclamatione sequenti, nisi forsan prius[6] fecerit, totam pecuniam integre, etiam si eam [non][7] receperit, omni cavillatione postposita, ipsius cistæ custodibus liberare.

The stationer who sells a pledge shall be held responsible for the price paid for it.

Item, quod in omni venditione cautionis ad cistam aliquam pertinentis scribat stationarius venditor in indentura sua nomen et cognomen emptoris.

The name in full of the buyer to be in the indenture of the stationer.

Item, sub debito juramenti præstiti teneatur stationarius quilibet omnem cautionem venalem sibi traditam, et libros præcipue, publicæ venditioni exponere, eam cuilibet emere[8] volenti, absque omni personarum[9] distinctione, monstrando, nec extra Universitatem istam,

The stationer shall be bound to sell a pledge to any one; and on no account remove it, or suffer it to be removed for sale to a distance from Oxford.

---

[1] *administrationem*, B.

[2] *amissione*, B.

[3] *Evangeliis*, omitted in A., B., and C.

[4] *quacumque*, amended by a late hand, as usual, B.

[5] *apponendas*, B. and C.

[6] *prius*, omitted in C.

[7] *non*, apparently required, but in none of the MSS.

[8] *emere eam*, C.

[9] *personarum* is the word in B. and C.; in A. it is uncertain, more resembling *patrocinii*.

ad partes transmarinas maxime, per se vel per alium vel alios, quocumque quæsito colore, aliquam hujusmodi[1] cautionem deferat, aut deferri faciat, ut vendatur, sub pœna perpetuæ amissionis officii sui.

C. 50. *Item, statutum est,* [quod] sicut antiquitus fuerat observatum, quod nullus stationarius, per se vel[2] alium vel alios, cautionem aliquam emat ad cistam aliquam pertinentem.

All books exposed for sale (as pledges) shall be properly marked, *e.g.* by commencement of the second folio.

Item, quod certa fiant indicia tam in indenturis custodum quam stationariorum de omnibus libris venditioni expositis, ut, puta,[3] per initium secundi folii talem librum signando, ne absque licentia custodum, immo ignorantibus, mutetur cautio melior in aliam minus bonam; quod si[4] super hujusmodi mutatione, qualiscunque[5] fuerit, convictus sit stationarius aliquis, arbitrio Cancellarii in plena congregatione Regentium, pœna sibi imponatur condigna. Ad convincendum autem stationarium[6] in hoc reum,[7] custodes cistarum omnes et singuli sub suæ fidelitatis debito tenebuntur.

The owner of a pledge may not remove it from the chest except under specified restrictions.

[8] *Item,* ad voluntatem domini nulla tradatur cautio ex[9] cista, antequam præstiterit dominus juramentum quod ad hoc solummodo petit ipse cautionem illam venditioni esse expositam ut vendatur; quod si ipsam superannuatam esse contigerit, teneatur stationarius in proxima proclamatione sequenti eandem cautionem ad cistam deferre, ipsam de novo appreciando, si oporteat, ut moris est.

The guardians of chests shall, every term at

Item, teneantur custodes cistarum, singulis terminis saltem semel, cautiones in manibus stationariorum re-

[1] *hujus,* B.

[2] *vel per alium,* B. and C.

[3] *ut put,* B.

[4] *si,* omitted in B.

[5] *qualescunque,* B.

[6] *stationariorum,* B.

[7] *in hoc proprietarii rerum,* B. and C.

[8] This, and the two next statutes, are not found in B.; in C. they have a rubric over them: *Ad ista tria sequentia jurent custodes cistarum.*

[9] *extra cistam,* C.

petere, ut de omni cautione eis vel alicui eorumdem exposita, ubi fuerit evidenter appareat, qualiter ipsi stationarii suis respondeant indenturis.

least, see the pledges in the hands of the stationers.

Item, quod teneantur stationarii et eorum quilibet, sub debito præstiti juramenti, qualescunque cautiones cistarum, cum per custodes requisiti affuerint, fideliter appreciari, absque omni cautela, sive ad se ipsos sive ad alios qualitercunque relata: custodes vero cistarum aliquam cautionem, absque appreciatione stationariorum, aut saltem alicujus eorumdem, nullatenus admittant, nisi forsan ita nota sit cautio illa,[1] quod per eam damnificari non poterit cista talis.

The stationers shall be bound to appraise when required, and, except in peculiar cases, the guardians shall not receive a pledge before it has been appraised.

Item, quod stationarii et alii quicumque, qui exemplaria librorum locant, teneantur, sub pœna amissionis eorumdem, aut sub pœna aliqua graviori per Universitatem taxanda,[2] integra, completa, correcta, ac fidelia exemplaria exhibere.

All persons who lend books shall be bound to lend perfect copies.

Item, singulis annis, in principio, post actualem resumptionem Magistrorum, post festum S. Dionysii, de novo recitentur articuli ad quos jurati sunt stationarii in eorum admissione, et de novo jurentur in plena congregatione Regentium ad eosdem.

The stationers shall be sworn afresh every year;

Item, quod in eadem congregatione inquirat Cancellarius diligenter si aliquis[3] stationarius minus bene se gesserit in aliquo præmissorum.

and their conduct shall be investigated.

Item, quod res perituræ,[4] quæ faciliter servari non possunt quin pereant, et quasi ipsa mora et solo transitu temporis[5] consumuntur[6] in cistis ipsis communibus pro mutuanda pecunia nullatenus admittantur: et hoc custodum arbitrio relinquatur.

Perishable articles (at the discretion of the guardians) shall not be accepted as pledges.

---

[1] *illam*, A.
[2] *taxandi*, B.
[3] *quis*, C.
[4] *pituræ*, A.
[5] *demperis*, A.
[6] *consumitur*, A. B. and C.

B. 46. C. 2.

SEQUITUR DE FACULTATE THEOLOGIÆ, ET PRIMO PONUNTUR QUATUOR STATUTA LEGENDA ADMITTENDIS AD OPPONENDUM.

No one shall offer himself to perform his opponency in theology until he has completed one year in the study of that subject at Oxford.

Quia temporibus retroactis sæpius in Universitate accidit, et verisimiliter accidere poterit in futurum, quod quidam[1] in eorum primo adventu in villam Oxoniæ, actus et ordinis scholastici hic usitati modum et formam ignorantes, ad opponendum in sacra theologia se offerunt inopinate, et ad hujusmodi actum prosiliunt ex abrupto, *statutum est*, quod nullus de cetero præsentet ad opponendum in theologia palam et publice Oxoniæ, nisi ad minus per annum prius theologiam inibi se juret audisse, et scholas theologiæ Oxoniæ per tempus annale debite frequentasse.

Istud statutum legatur præcise religiosis.

The requisites for opponency in theology in a candidate who is not a graduate in Arts.

Statutum est, quod nullus de cetero, quem gradus magistralis minime decoravit, ad opponendum[2] in theologia publice præsentetur, nisi prius ad personalem requisitionem et instantiam sic præsentari volentis,[3] per Cancellarium et Procuratores Universitatis, a doctore proprio ejusdem ordinis et Regente. Si præsentandus religiosus fuerit, et proprium habeat doctorem, collatio habeatur singularum, et inquisitio specialis de ejusdem scientia literali, ætatis maturitate, morum gravitate, staturæ decentia, ac ceteris quæ talis personæ congruunt honestati. Quod si præmissis, vel aliquo præmissorum, minus idoneus aut insufficiens reputetur, ad opponendum[2] in dicta facultate nullatenus præsentetur; si vero præsentandus, ut præmittitur, doctorem ejusdem ordinis et Regentem contingat proprium non habere[4] . . .

---

[1] *quidem*, MS.

[2] *apponendum*, B.

[3] *præsentare volentes*, B.

[4] Here the MS. breaks off abruptly.

De modo deponendi pro Bachilariis in Theologia.[1]

A. 100.
B. 46.
C. 3.

At the presentation of Bachelors in theology one at least of the Masters must swear that he *knows* the candidate to be fit.

Quia vero Magistrorum præsentationem sequitur eorumdem depositio, *statuit dicta Universitas et decrevit*, ut nullus de cetero ad lecturam libri sententiarum per Cancellarium admittatur, nisi unus saltem Magistrorum deponentium pro eodem utatur verbo "*scientiæ*" deponendo, ceteris[2] de "*credulitate*" saltem deponentibus, ut est moris.

Tertium statutum de opponentibus opponere, respondere, seu cursorie legere volentibus.[3]

Before opponency in theology, graduates in Arts must have spent five years in the study of theology, and non-graduates seven; in both cases two more years must be so spent before responding.

Quia sacræ scripturæ professores, ac ipsius auditores, maturitas major decet, *ordinatum est*, quod qui in disputatione Magistrorum theologiæ opponere voluerint, si prius in artibus rexerint, ante quintum annum auditionis theologiæ opponere non præsumant, aut ante septimum respondere: qui vero in artibus magistralem non sunt honorem adepti, ante septimum annum opponere, ante nonum respondere aliqualiter non attentent.

"*The sentences*" may not be read by Masters until after seven years, nor by others until after nine years spent in the study of theology.

Item, Magistri artium antequam septem annos theologiam tam, ut præmissum est, laudabiliter audiendo quam opponendo et respondendo, compleverint, lecturam libri sententiarum aggredi non præsumant: ceteri vero eandem lecturam ante nonum annum omnino completum sibi noverint penitus interdictam. Præsentationis autem illius qui sententiarum librum de cetero est lecturus, forma hactenus consueta, ut videlicet ad tantum onus idoneus[4] Magistrorum in ipsa theologia facultate

---

[1] The order of these statutes is quite different in A. and B. In B. the title above is not found; but another thus: *Statuta de præterito legenda admittendis ad lecturam libri sententiarum*

[2] B. and C. insert *omnibus*.

[3] This title is only in C., where the arrangement of the statutes is again different.

[4] B. adds *omnium*, which is also inserted in C.

regentium testimonio comprobetur, diligenter in omnibus observetur.

Statutum est, quod ad lecturam libri sententiarum nullus de cetero sit admissus nisi prius in disputatione solemni, non cursorie, solemniter, et non furtive, respondeat.

Forma lecta coram licentiandis ad librum sententiarum.[1]

Bachelors in theology, not being graduates in Arts, shall not be allowed to read "*the sentences*" until they have completed eight years in the study of Arts.

Præterea utriusque juris sanxit auctoritas, ut illis regendi committatur officium, qui non doceri debeant sed docere, quod circa promovendos ad sacræ theologiæ scientiam maxime convenit observari:[2] et ideo supradicta Universitas *statuit et decrevit*, Bachilarios[3] facultatis theologiæ, quem liberalium artium honor magistralis minime decoravit, fore ad lecturam[4] libri sententiarum nullatenus admittendos,[5] nisi prius dictas liberales artes per octo annos integros[6] in Universitate vel alibi rite audierit, vel partim audierit partim[7] legerit, per spatium temporis supradictum, solis philosophicis[8] intendendo, et ex tunc currat sibi tempus et compleat[9] anteriori statuto super auditione theologiæ edito plenarie contentum, ceteris circa illos qui in artibus rexerunt in eodem statuto contentis, in suo robore per omnia duraturis.

Statuta de futuro legenda admittendis ad lecturam libri sententiarum.[10]

Statutum est, quod quilibet ad lecturam libri sententiarum de cetero licentiandus, in admissione sua

---

[1] This title not in A.
[2] *observare*, B. and C.
[3] *Bachilarium*, B. and C.
[4] *licentiam*, A.
[5] *admittendum*, B. and C.
[6] *integre*, B.
[7] *partim et*, C.
[8] *philosophis*, A.
[9] *compleatque*, B.
[10] This title is not in A., but in B., where, as usual, the order of the statutes is not the same.

juret quod postea non opponet in theologia, publice et in scholis, in statu minore quam,[1] status Bacularii in eadem.

Quartum de opponentibus.[2]

Studies necessary before opponency in theology.

Item, quod nullus de cetero, nisi prius in artibus rexerit, in disputatione solemni [alicujus doctoris in theologia, publice][3] opponere permittatur, nisi prius coram Cancellario et Procuratoribus Universitatis juramentum præstiterit corporale, quod philosophiam per octo annos, solis philosophicis principaliter intendendo, et postea theologiam per sex annos completos ad minus audierit, seu partim audierit et partim legerit, per spatium temporis supradicti: ad fidelem vero hujus statuti conservationem, noverint doctores in theologia Regentes se fore specialiter obligatos.

A. 100.
B. 47.
C. 4.

The studies necessary before inception in theology.

Quia vero, quanto theologiæ, cui ceteræ scientiæ famulantur, sublimior est auctoritas, tanto majorem scientiæ et sapientiæ profunditatem in sui doctore requirit,[4] et eo magis morum ac scientiæ defectus abhorret, *statutum est*, ut qui incipere in theologia proponit, antequam incipiat, omnia præmissa laudabiliter complesse, bibliam biblice per triennium audisse, publice prædicasse, ac aliquem librum de canone bibliæ legisse, teneatur.[5]

Post lecturam insuper libri sententiarum, ad minus per biennium vel fere, studio incepturus insistat, antequam scandat cathedram magistralem.

Qui autem prædicta compleverit, et laudabiliter se habuerit in præmissis, antecedente,[6] secundum priora statuta, depositione laudabili Magistrorum, et eo dili-

---

[1] *quam sit*, B.
[2] Title in C. only.
[3] This passage is from C., the MS. in A. being mutilated.
[4] *requirat*, B.
[5] *tenetur*, A. and C.
[6] *accedente*, A.

gentius observato[1] quod in artibus rexerit, ad honorem divinum et profectum studentium, incipiendi licentiam poterit obtinere.

Ne autem lecturæ variæ confundantur, et ut expeditius in lectura bibliæ procedatur, *statutum est*, ut bibliam biblice seu cursorie legentes quæstiones non dicant nisi tantummodo literales.

The sermon, which is one of the exercises necessary before inception in theology, shall be preached at S. Mary's Church.

Quanquam statuto caveatur[2] expresso sacræ theologiæ Bachilarium, antequam cathedram in eadem ascendere valeat magistralem, debere sermonem facere generalem, de loco tamen nequaquam existit ordinatum; ideo[3] *statuit* Universitas, ut, sicut in ecclesia Virginis gloriosæ honorem recipit[4] magistralem, ita ipsam sua prædicatione[5] prævia honorare teneatur, cujuscumque status seu conditionis existat, petita a Cancellario et Procuratoribus prædicandi licentia, et eo ipso obtenta.

Quia Bachilarii in theologia quam pluries tempus anticipando in responsionibus, alios noviter in eadem facultate incepturos, ac etiam librum sententiarum lecturos, solent impedire, *statutum est*, quod Bachilario in eadem facultate minime valeant responsiones factæ Magistris ante completum annum post lecturam sententiarum, et quod sufficiat una responsio Bachilario pro lectura sententiarum.

To prevent mistakes in computation of time as to the above exercises, a year shall be taken to mean three regular full terms.

Item, ad statutum antiquum de opponentibus et respondentibus, et incepturis in theologia, ut de annali tempore certitudo plenior habeatur, *statutum est*, quod annus computetur ita quod annus contineat complete tres anni terminos, per quos Magistri communiter legere consueverant; et, si contingat aliquem per terminum

[1] This word has been corrected in A. from *observavit.*

[2] Written again, in character of the same date, over the line in A.

[3] *immo*, B.

[4] *recepit*, B.

[5] *predictione*, A.

vel per medietatem termini se absentare, compleat alias tantum de tempore, antequam ille annus pro completo anno debeat allocari.

Statutum est, quod duo Magistri in theologia, si velint,[1] possunt concurrere disputando. B. 52.

Item, consuetudo est, quod plures theologia die non incipiant in eodem.[2]

Nota quibus fururis debent theologi uti.[3]

Masters in theology shall not wear *minever* on their capes, but only lamb's wool.

Item, statutum est, quod ulterius non liceat Magistris in theologia, cujuscunque conditionis aut status existant, in suis capis clausis seu palliis[4] uti pellura de minuto vario in loco publico et actibus scholasticis, sed solum utantur amodo in prædictis vestibus pellibus agninis, sicut hactenus fuerat consuetum.

De Vesperiis Theologorum.

Item statutum est, quod singuli doctores sacræ theologiæ teneantur in ecclesia Beatæ Virginis suæ facultatis vesperias celebrare.

De lectura Bibliæ.

A. 101. B. 46. C. 3.

Bachelors of theology may read the Bible, but not as an exercise, in the long vacation.

Item, statutum est, quod liceat Bachilario theologiæ legere bibliam biblice in magna vacatione, sic tamen quod illa lectura non cedat alicui pro forma.

---

[1] *si velint* is a correction in the margin of A., adopted from C. The words in A. are unintelligible. In B. we find, *in theologia Regentes non possunt*, &c., the *non* written over an erasure.

[2] Here there is an erasure in A., which also omits *non*.

[3] Title not in A. or B.

[4] *palleis*, A. and B.

Quod Non-regentes in Theologia gaudeant eisdem beneficiis, quibus Non-regentes gaudent in aliis facultatibus.[1]

Item, statutum est, quod singuli doctores Non-regentes sacræ theologiæ, gaudeant eisdem beneficiis tam in vita quam in morte, quibus gaudent alii non-regentes Scholares cujuscumque facultatis.

Eight responsions shall suffice for an inceptor in theology.

[2] *Statutum est,* quod cuilibet incepturo in theologia sufficiant octo responsiones, ita tamen quod omnes vel major pars earum sint ordinariæ vel minime concursivæ, responsionibus[3] in vesperiis, et inceptionibus theologiæ in ordinario computatis. Quod si pauciores quam octo sint in theologia Regentes, tunc sufficiat incepturo eorum singulis respondere, nulli etiam Magistro respondeatur bis vel pluries ita quod respondenti cedat pro forma.

[2] *Item, consuetudo est,* quod plures theologi de cetero simul incipere poterunt uno die, antiquo statuto super inceptione theologorum edito non obstante.

THE OATH OF INCEPTORS IN THEOLOGY.

Hanc formam complevisti in persona tua quatenus statuta, privilegia, et consuetudines istius Universitatis requirunt, nisi quatenus tecum dispensatum est, sicut Deus te adjuvat et sancta Dei evangelia.[4]

B. 46. C. 2. *Item, statutum est,* quod non liceat alicui præterquam Bachilario theologiæ, legere bibliam biblice.

---

[1] Title not in A. and B.

[2] These two statutes are written in A. at the foot of the folio in a somewhat later hand than the remainder of the folio. In C. they occur in their regular place, and from thence they are here supplied, being partially obliterated in A. In B., also, they occur in regular order, though not in the same order as in C.

[3] *in responsionibus*, C.

[4] This form of oath occurs after the statute next before the preceding in C.

Quilibet in posterum ad lecturam libri sententiarum admittendus, infra annum suæ admissionis ad eandem lecturam,[1] intrare et unum sermonem in latinis, qui non sit examinatorius, in ecclesia Beatæ Virginis coram Universitate, per se vel alium prædicare teneatur, ita tamen quod sermo sic dictus per alium dicentem non excuset.

Those admitted to read "*the sentences*" must within a year from their admission preach a Latin sermon at S. Mary's.

[*De modo deponendi pro Bachilariis in theologia ad lecturam sententiarum.*[2]]

Statutum est, quod quilibet in futurum lecturus librum sententiarum, qui prius in artibus non rexerit Oxoniæ, ad hoc, quod hujusmodi lectura sibi cedat pro forma, per tres anni terminos suam lecturam continuet, per cujuslibet termini majorem partem dierum legibilium in legendo textum, cum quæstionibus vel argumentis[3] rite secundum exigentiam materiæ: non replicet pluries quam semel in termino,[4] ultra introitus librorum et cessationes eorumdem; introitus enim et cessationes librorum, ac recitatio locorum[5] ad materiam propriam pertinens, non facta super hoc proclamatione prævia, pro replicationibus minime computantur, et a fine ultimi termini primo incipiat computari tempus annale, quod per alium statutum complere tenetur priusquam aliqua responsio sibi cedat pro forma: et ad istud sub hac forma complendum, in sua admissione ad hujusmodi lecturam, corporaliter sit juratus.[6]

---

[1] After *lecturam* the MSS. insert the word *sententias*.

[2] This title is from C., in which MS. the statute here placed next occurs in another place, and apparently belongs to some other statute which is lost.

[3] *armentis*, B., corrected by a late hand.

[4] *in termino* omitted in B. and C.

[5] *sociorum*, B.

[6] Here follows in B.: *Forma legenda licentiandis, &c.*

B. 47.

STATUTA DE FUTURO LEGENDA PRÆSENTATIS AD INCIPIENDUM IN THEOLOGIA.

Every Bachelor before inception in theology shall preach a Latin sermon at S. Mary's.

Quilibet etiam Bacallarius ad incipiendum in sacra theologia in futurum admittendus, infra annum a die suæ inceptionis, unum sermonem in latinis, in ecclesia Beatæ Virginis, coram præfata Universitate, præter formam antiquitus doctoribus in prædicando consuetam, per se vel per alium prædicare infallibiliter obligetur; sic quod non cedat in formam, extantibus[1] prioribus statutis sermones concernentibus, his non contravenientibus, in suo robore permansuris.

A. 100.
B. 47.
C. 4.

FORMA LECTA LICENTIANDIS AD INCIPIENDUM IN THEOLOGIA.

Of the exercises necessary before inception in theology.

Qui incepturi sunt in theologia, antequam admittantur ad incipiendum in eadem, per omnes scholas theologiæ publice debent opponere et publice prædicare, et aliquem librum de canone bibliæ vel sententiarum Oxoniæ in scholis theologiæ publice legant: quod si præmissa laudabiliter compleverint, et bonæ vitæ et conversationis honestæ inventi fuerint, nec corpore vitiati, ad depositionem[2] Magistrorum regentium in ea facultate, vel prius regentium si non fuerit nisi unus regens, et die sibi, ut moris est, assignata legitime incipere poterunt in eadem.

A. 101.
C. 5.

DE PUBLICIS SERMONIBUS FACIENDIS IN ECCLESIA BEATÆ MARIÆ.[3]

On every Sunday, except in long vacation, a public

Ad honorem Dei et sacrosanctæ matris Ecclesiæ, ac profectum studii, *statutum est,* quod singulis diebus do-

---

[1] *exsantis,* MS.

[2] *omnium,* B., and inserted in C.

[3] This title is from C. There is no title in A. to the following statute.

minicis, exceptis duntaxat diebus dominicis magnæ vacationis, fiat sermo publicus in ecclesia Beatæ Virginis, vel alibi ubi Universitas duxerit ordinandum, a doctore sacræ theologiæ, vel a Bachilario ejusdem facultatis qui prius perlegerit[1] sententias, ita quod per Universitatem deputentur duo Bachilarii prædictæ facultatis seculares, quorum unus sit borealis et alius australis, qui sententias perlegerint,[1] qui una cum Cancellario fideliter disponant quæ personæ quibus diebus prædicare debeant, et eos præmuniant per quadraginta dies ad minus ante diem in quo prædicare debent: quod si contingat aliquem doctorem vel Bachilarium legitime præmunitum, ex causa legitima et approbata a Cancellario et collatoribus prædictis, impediri, teneatur[2] alium loco sui subrogare ad eundem diem; quod si repente et inopinate contingat impedimentum, teneatur alter collatorum vicem illam supplere. Si quis autem huic ordinationi obtemperare noluerit, ab omni beneficio Universitatis per annum privatus existat.

sermon shall be preached at S. Mary's, or elsewhere, by a Doctor or Bachelor of theology.

Those who have to preach shall be warned forty days beforehand by the proper authorities.

---

[1] *perlegerat*, MS.

[2] *tenatur*, but corrected, in A.

A. 99.
B. 45.
C. 5.

[1] FORMA PROCEDENTIUM IN FACULTATE DECRETORUM, ET INCIPITUR A STATUTIS CONCERNENTIBUS STUDENTES ET LEGENTES IN EADEM.

The study of Canon Law; the regulation of lectures in that subject;

Ut in lectura decretalium expeditius procedatur, auctoritate totius Universitatis *est concorditer ordinatum*, quod liber decretalium [quasi ordinarie] [2] eo tempore matutino legatur, quo ordinarie solent legere jurium civilium professores. qui autem si [3] voluerint legere decretales infra annum quasi ordinarie, hora non mutata, eas perlegere juramento præstito tenebuntur.

the qualifications for a reader; his oath.

Ad hujusmodi lecturam nullus admittatur omnino nisi jura civilia per quinquennium, bis decretales, decreta per biennium se juret [4] audisse. Ac omnia volumina utriusque juris apparitata cum glossis se juret habere; tenebitur insuper prius cursorie legisse secundum librum decretalium sive quintum.

Quia vero forsan plerumque continget hujusmodi decretalium auditores alias lectiones ordinarias non audire, *ordinatum est*, eos sub domini Cancellarii protectione manere, per quem tam viventes quam defuncti Universitatis privilegiis et libertatibus potiantur; sed, ut a tritico palea separetur, Magistri hujusmodi decretalium lectores jurent quod Scholarem nullum penitus advocabunt quem non noverint scholas continue frequentantem.

Masters who have lectured in this subject at

Ut autem Magistris secundum sui status exigentiam debita reverentia deferatur, doctores decretorum, qui

---

[1] In C. and A. the order of *Theology* and *Decrees* is exactly reversed. Thus in C. we find this statute after the statutes about *Theology*, and with the following title: *Post sacræ theologiæ scientiam immediate proceditur ad facultatem decretorum, quæ ei inter ceteras dignitate est vicinior, et primo incipitur a certis statutis et ordinationibus concernentibus studentes et legentes in eadem.* The title is from B.; in A. it is simply *Forma decretalium.* The order of the arrangement of the statutes relating to the several faculties adopted in this volume is, as near as may be, that observed in C.

[2] Written over in a later hand in A.

[3] *sic*, B.

[4] *se juret*, omitted in A.

Oxoniæ seu[1] Cantabrigiæ docuerunt, super auditione legum decretalium et decretorum, seu lectura secundi vel quinti decretalium, et Magistri legum super jurium civilium auditione, ut præmissum est, nullatenus jurare coguntur.

Oxford or Cambridge shall be exempt from the oath above specified.

De modo incipiendi in Decretis,[2] et forma licentiandorum in eisdem; legantur eis octo statuta sequentia.

A. 99.
B. 45.
C. 5.

Qui incepturi sunt in decretis, prius vices omnium Magistrorum in eadem [facultate] ordinarie legentium suppleant in legendo, et per omnes scholas publice opponant, et quæstionibus Magistrorum respondeant, semel ad minus in scholis singulis, et duas causas vel tres, vel tractatum "*de simonia,*" vel "*de consecratione,*"[3] vel "*de pœnitentia,*" legant extraordinarie.

Exercises previous to incepting in Canon Law.

Quod si præmissa laudabiliter compleverint, et ceteris conditionibus vitæ, quas de theologis præmisimus, fuerint decorati, ad depositionem Magistrorum in eadem facultate actualiter legentium, si quatuor vel plures legentes fuerint, licentiari poterunt; quod si pauciores fuerint, juris civilis professores ad eorum depositionem requirantur.

Incepturi in decretis, si prius in jure civili non rexerint, jura civilia ad minus per triennium, bibliam, quatenus legitur in studio, per biennium, decreta per triennium, ac decretales integraliter se jurent audisse; necnon et antequam ad incipiendum præsententur saltem unum librum decretalium legisse tenentur.

Studies necessary before incepting in Canon Law in the case of those who have not been Regents in Civil Law.

Item, prius vices omnium Magistrorum in decretis ordinarie legentium suppleant in legendo.

---

[1] *vel,* B.

[2] The latter part of this title is wanting in A.; and in C. it is added in another hand.

[3] *de consecratione* repeated in B.

The oath of inceptors in Canon Law.

Hanc formam complevisti in persona tua, quatenus statuta, privilegia, et consuetudines istius Universitatis requirunt, nisi quatenus[1] *tecum dispensatum est, sicut Deus te adjuvet et sancta Dei Evangelia.*[2]

Regulations as to readers, and their lectures in Canon Law.

Item, de lectura decretalium *statutum est,* quod sextus liber decretalium legatur ordinarie a legente decretales eadem hora, et quod certi tituli, extracti secundum dispositionem Magistrorum ad hoc deputatorum, extraordinarie legantur.[3] Ad lecturam vero[4] extraordinariam alicujus libri decretalium nullus de cetero admittatur, nisi jura civilia saltem per triennium, et decreta per biennium, ac decretales complete se juret audisse, doctoribus tamen decretorum et legum, ut prædictum est, reverentia semper salva.

A. 99.
B. 45.
C. 6.

Item, statutum est, quod quilibet incipiens in jure canonico arctetur ad lecturam biennalem, excepto anno in quo incipit, etiam si post Natale incipiat.

Item, statutum est, quod quicumque[5] possessionatus secundum formam statuti, possit licentiari et incipere in jure canonico, diversitate habitus non obstante.

Item, statutum est, quod incipiens in jure canonico debeat stare in inceptione sua disputando.

Item, idem de sibi respondente.

Repeal of a previous statute.

Item, statutum est, quod incipiens in decretis de cetero, non teneatur nisi ad lecturam annualem,[6] excepto anno in quo incipit, sicut de artistis et theologis est statutum, antiquo statuto super lectura biennali

---

[1] *quatenus* erased, but faintly legible, in B.

[2] This oath is not in A., and in C. it breaks off at *Deus.*

[3] Before this clause are inserted in rubric, in A. and C., the words *Ista brevis clausula sequens precise legatur admittendo ad lecturam extraordinariam decretalium.*

[4] B. omits *vero.*

[5] *religiosus* is inserted before *possessionatus* by a later hand.

[6] *annalem,* A. and C.

decretistarum, excepto anno quo incipiunt,[1] non obstante.

Item, statutum est, quod doctor juris decretorum, singulis terminis primi anni integri sui regiminis semel disputare teneatur, et si per præfatum doctorem inceptores juris civilis[2] nequeant expediri, ad expeditionem eorumdem doctor juris civilis quæstionem, ut inceptoribus prædictis cedat pro forma, valeat disputare.[3]

Item, prius vices omnium Magistrorum in decretis ordinarie legentium suppleant in legendo.

De salario legentis ordinarie Decretales. A. 99. B. 45. C. 5.

Item, statutum est, quod legens decretales ordinarie percipiat de singulis auditoribus suis potentibus, pro salario suo, ad minus quadraginta denarios.

The salary of readers in canon law.

[1] *edito* added after *incipiunt* in A.

[2] *decretorum* is written over *juris civilis* in A., and is undoubtedly the true reading.

[3] These last two statutes are transposed in A.

A. 97.
B. 44.
C. 6.

Expedita facultate decretorum, consequenter agitur de facultate juris civilis, eo quod earumdem formæ singulariter præ ceteris sunt convicinæ, et primo incipitur a forma præsentati ad lecturam libelli institutionum.

Forma illorum qui licentiari debent ad libellum institutionum.[1]

Those licensed to read in "*the institutes*" must, if Masters of Arts, have attended lectures in civil law for four years; if not Masters of Arts, six years:

Cum juris peritia eo evidentius appareat legum doctoribus opportuna, quo crebrius eos magnatum consiliis accersiri, eisque[2] causarum decisiones plerumque committi contingit, *statutum est*, ut nullus licentiam obtineat legendi aliquid cursorie in jure[3] civili, nisi jura civilia saltem per quadriennium, si prius in artibus rexerit, se juret audivisse, Magistros enim artium, tum propter ætatis maturitatem, tum[4] propter ingeniorum perspicacitatem,[5] tum[4] propter subtile in artibus exercitium, verisimile est in talibus ceterorum comparatione felici diplomate posse uti: qui autem prius in artibus non rexerint, antequam licentiam obtineant sic legendi, jurare tenentur se audisse jura civilia per sex annos, quia[6] vero in jure civili magis solet legum scriptarum auctoritas quam quod excogitavit ingenii subtilitas allegari, et quia plerumque hujusmodi jurium materiæ sunt connexæ, necessarium fore videtur ut totum habeant corpus juris, qui in jure lecturam aliquam attentabunt. Qui igitur de cetero legere voluerit instituta,[7] libros saltem ordinarios apparitatos[8] proprios se juret habere, aut

and anyone reading in this subject must make oath that he possesses the requisite books on civil law.

---

[1] The title in B. is: *Forma præsentati ad lecturam libri institutorum*, and the title preceding is in C. only.

[2] *eisdemque*, B. and C.

[3] *jure* omitted in B., and added in a later hand over the line.

[4] *tamen*, but corrected by erasure, in A.

[5] *perspicaciam*, B.

[6] *qui*, B.

[7] *institutam*, A.

[8] *aperitatos*, B.; *apertatos*, C.; and A. adds *juris civilis*, written over the line in rather a later hand, after *apparitatos*.

alienos ad minus sibi ad usum totius lecturæ suæ in illa facultate absque fraude concessos.

Libellus institutionum de cetero legi poterit hora prima.

Forma illorum qui licentiari debent ad volumina. C. 66.

Præsentatus autem ad lecturam "*digesti novi*" vel "*infortiati*," omnes libros tam ordinarios quam extraordinarios apparitatos,[2] ut præmissum est, juramento proprio se firmet habere: in quibus quidem libris seu voluminibus usque ad festum Beati Petri "ad vincula," tenebitur continuare lecturam.

Quo tempore Bachilarii in Jure Civili possunt licentiari. A. 97. B. 52. C. 6.

Altercationem quorumdam circa tempus licentiationis Bachilarii in jure civili, dicta Universitas hoc præsenti resecavit edicto, *statuens* Bachilarium ad licentiam in dicta facultate præsentatum posse licentiari in lectura sui ultimi voluminis post solemnia Pentecostes, et tandem incipere, dum tamen priusquam incipiat, suum volumen compleat, ut tenetur.

Statutum est, quod quilibet licentiandus ad aliquod volumen legendum facultate juris civilis, post lecturam institutionum, libellum institutionum se juret complete legisse, cum glossis et expositione textus. A. 98. B. 44.

Forma illorum qui licentiari debent ad incipiendum in Jure Civili.[1]

Qui in jure civili sunt incepturi, primo vices omnium Magistrorum in eadem facultate ordinarie legentium suppleant in legendo, et per omnes scholas decretis-

---

[1] A. and C. omit *in Jure Civili.*

tarum in quæstionibus opponant et respondeant saltem semel, et unum volumen legale legant cursorie, et "*libellum institutionum*" vel "*corpus authenticorum,*" vel tres libros extraordinarios codicis; nec mirentur legistæ si ceteris plus in legendo onerentur, cum pecuniam pro sua lectura plus ceteris consequantur:[1] quod si præmissa laudabiliter compleverint, et moribus, ut de theologis est præmissum, fuerint decorati, ad depositionem Magistrorum in eadem facultate actualiter legentium, si quatuor vel plures legentes fuerint, licentiari poterunt, quod si pauciores fuerint, doctores in decretis ad eorum depositionem requirantur.

Quot volumina tenentur legisse.

Incepturus siquidem in jure civili "*libellum institutionum,*" "*digestum novum,*" et "*infortiatum*" legisse tenetur, priusquam doctoris ordinarii potiatur honore: cetera in talibus hactenus observata diligenter etiam in posterum observentur.

Quomodo[2] *debent volumina legisse.*

Statutum est, quod "*infortiatum*" et "*digestum novum,*" sic leget cum glossis et expositione textus, secundum quod auditoribus magis videbitur expedire, ita quod continuet in utraque lectura per annum, incipiendo videlicet in resumptione Magistrorum statim post
A. 98. festum S. Dionysii, continuando usque ad festum S. Petri
B. 45. C. 7. "ad vincula"; et si per quindenam vel ultra de tempore isto deficiat, alias illud compleat antequam licentietur in eadem facultate, ita tamen quod si plures in eadem[3] lectura concurrant, in diversis partibus voluminis, ante prandium et post, procedant et continuent in legendo.

---

[1] *consequuntur*, A.
[2] *Quot*, C.
[3] A. has *facultate*, but erased.

[1] *Quod incepturus in Jure Civili, antequam licentietur, juret*[2] *se unam collationem, vel unum de libris infra nominatis, perlegisse.*

Item, statutum est, quod nullus de cetero licentietur ad incipiendum in jure civili, nisi prius unam collationem, vel unum librum de libris extraordinariis codicis, cum textu et expositione glossarum, se juret in pleno termino seu terminis vel vacationibus perlegisse.

De locis Doctorum in inceptionibus.

A. 97.
B. 52.
C. 7.

Item, cum sit naturali rationi contrarium, et juri dissonum, ut illi, qui in sua novitate ad altiora loca provehuntur, absque suis demeritis exigentibus, post labores prolixiores ad inferiora loca descendant, *statutum est,* quod doctores juris canonici et civilis, et artis medicinæ Regentes, eadem loca in inceptionibus aliorum Magistrorum teneant, quæ in inceptionibus propriis obtinere[3] solebant: ita tamen quod, si eorum alicui incumbat onus respondendi in aliqua inceptione, [quod] tunc descendant ad locum inferiorem, donec suam compleverint responsionem, ubi respondentes antiquitus stare solent.

---

[1] This statute is added in B. and C.

[2] *licentientur, jurent,* B. and C.

[3] *opponere,* but corrected, in B.

A. 97.
C. 7.

FORMA SECUNDUM QUAM DEBENT ADMITTI PRACTIZATORES[1] IN MEDICINA.[2]

Quia tam illi, qui in Universitate Oxoniensi in practica celebres, quam in arte medicinali, ibidem magistralem apicem sunt adepti, in tantum discretiores ceteris reputantur, quod eorum discretioni morborum curæ, necis pericula, vitæque regimina confidentius committuntur, periculosum nimis existit ut in Medicina quis incipere aut publice practizare Oxoniæ permittatur, nisi ad hæc idoneus sano judicio reputetur,—

De incepturis quantum ad lecturam.[3]

Of the studies previous to inception in medicine.

Incepturi igitur in Medicina, quantum ad theoricam, librum "*Tegni*"[4] vel "*Aphorismorum*"[5] pro majori parte; quantum ad practicam librum "*Regimenti Acutorum*,"[6] vel librum "*Febrium*" Isaac, seu "*Antidotarium*"[7] Nicholai, legisse tenentur: debent etiam ante suæ inceptionis tempus de quæstionibus Magistris in illa facultate regentibus integre per biennium respondisse. Insuper in municipio Oxoniæ nullus medicorum practicæ operando curam[8] suscipiat infirmorum, antequam per quadriennium integre terminatum audierit Medicinam, et etiam per Magistros in illa facultate

The exercises necessary before being permitted to practice medicine in Oxford; 1st, in the case of those who have graduated in Arts;

---

[1] A. seems to have had the word *procuratores*, by error of the copyist, but it has been corrected into *practizantes*.

[2] In C. is the following rubric, written at the beginning of the statutes on Medicine: *Quia Medici et Artistæ in forma (et gradu) sunt præ ceteris convicini, ideo eorum formæ in hoc libro immediatius sunt conscriptæ, et prius incipitur a Medicina et gradu bachilariatus in eadem.*

[3] This title is from C. only.

[4] *Tegni*, i.e. τεχνης.

[5] *Amphorismorum*, A.

[6] *Aquitorum*, A.; amended, however, by a later hand.

[7] *Antitodarium*, A., also amended.

[8] An erasure occurs in A. between these words.

regentes super practica examinatus, attente eorum judicio, in virtute sacramenti præstiti, exhibendo idoneus reputetur: si vero unum duntaxat contingat esse Regentem, associentur ei saltem duo vel tres de iis qui prius in ipsa facultate rexerunt. In eventu siquidem dissensionis arbitrii seu judicii eorumdem, majoris partis arbitrio stetur. Hæc de iis qui prius rexerunt in artibus sunt statuta, qui, antequam licentientur, per sex annos medicinalia audisse tenentur, cetera in priora statuta contenta cum his diligentius observentur. Qui vero in artibus non rexerunt in arte medicinali incipere non attentent, nec ad practicam in municipio Oxoniæ admittantur, nisi prius per octo annos audierint medicinam, quos insuper a Magistris ejusdem facultatis examinari ac a Cancellario, assistentibus Procuratoribus, admitti ad practicam oportebit: qui vero, his omissis, publice Oxoniæ practizare præsumpserit, ab ulteriori promotione in Universitate Oxoniæ repellatur, nec Universitatis privilegiis gaudeat, quousque reconciliatus ejus gratiam meruerit obtinere.

2nd, in the case of those who have not graduated.

Forma secundum quam debent incepturi in Medicina licentiari.

Qui in Medicina fuerint incepturi legant in artibus antequam licentientur, per sex annos audiant medicinalia, cursorie legant unum librum medicinalem de practica et alium de theorica, et per omnes scholas medicinales per biennium,[1] publice respondeant in disputationibus et opponant: quod si unus tantummodo fuerit actualiter regens, ex parte Cancellarii et Universitatis aliqui Magistri artium liberalium ad scholas medicinæ transmittantur, ut de præsentati oppositione

[1] *per biennium* is added at the end of the line in a later handwriting in A.

et responsione fidele testimonium valeant perhibere. Et quia pauci sunt in medicina Regentes, ut melius de præsentati sufficientia valeat liquere, qui prius rexerunt ad præsentati depositionem poterunt vocare; quod si in practica et in theorica inventi fuerint sufficientes, et, quantum ad vitæ honestatem, conditiones prætactas habuerint, non immerito poterunt licentiari, [1] et per duos annos legant præter annum in quo incipiunt, etiam si octo post Natale incipiant vel resumant.

B. 52.

Quoties in hebdomada Doctor in Medicina disputabit.[2]

Statutum est, quod si fuerint plures Regentes in medicina, teneatur quilibet illorum singulis hebdomadis disputabilibus vice sua disputare, et, si fuerit tantummodo unus Regens in illa facultate, teneatur ad minus semel in quindena disputare.

Quod Vesperiæ medicorum in scholis propriis teneantur.

Quia vesperiæ artistarum [et] [3] medicorum concurrentes impediunt se mutuo, *statutum est,* quod vesperiæ medicorum in scholis propriis teneantur, et quod doctores arguent in eisdem, sicut [4] in aliis facultatibus est hactenus observatum, ita tamen quod non concurrant cum artistis in vesperiis tenendis, sed [in ecclesia S. Mildredæ] [5] teneantur interesse in vesperiis omnibus artistarum.

---

[1] This clause occurs as a separate statute in B. and C., with the rubric *Quod incepturi in medicina tenentur legere per biennium.*

[2] This and the two next titles are not in A.

[3] *et* inserted in MS.

[4] *sic*, A.; *sicut*, C.

[5] These words have been erased from the MS. in A.

De incepturis quantum ad lecturam.[1]

Incepturi igitur medicina, quantum ad theoricam, librum [" *Tegni* " et][2] " *Aphorismorum* " pro majori parte, quantum ad practicam, librum " *Regimenti Acutorum,*" vel librum " *Febrium* " Isaac, seu " *Antidotarium* " Nicholai legisse tenentur. A. 97. B. 44.

Debeat etiam ante suæ inceptionis tempus de quæstionibus Magistris in ista facultate regentibus integre per biennium respondisse.

Quoties in hebdomada Doctor in Medicina habet disputare.

Statutum est, quod si fuerint plures Regentes in medicina, teneatur quilibet eorum singulis hebdomadis disputabilibus vice sua disputare, et si fuerit tantummodo unus Regens, in illa facultate teneatur ad minus semel in quindena disputare.

* * * * * * *

[3] Scientia valeat liquere qui prius rexerunt ad præsentati depositionem poterunt vocare, quod si in practica et in theorica[4] inventi fuerint sufficientes, et quantum ad vitæ honestatem conditiones prætactas habuerint, non immerito poterint licentiari. B. 42.

---

[1] It will be observed that the previous statutes prescribing the studies for inceptors in Medicine occur in A. and C. only; B. being a MS. of later date, it seems probable that the following short statutes are re-enactments or modifications of those previously made. It has been thought the shorter plan to give the copy in B. at full length rather than to give the variations which it presents in the form of a note.

[2] *Tegni,* i.e. τεχνης, supplied here by conjecture, being erased in the MS.

[3] This is a fragment, beginning thus on the top of a folio in B.

[4] *theologia,* MS.

A. 85.
B. 39.
C. 8.

SUBSEQUENTER PROCEDITUR AD FACULTATEM ARTIUM, ET ANTEPONIMUS STATUTUM DE SCHOLARIBUS IN EADEM.[1]

Forma quam observare debent Scholares in artibus.

Item, statutum est, quod omnes Scholares in artibus lectiones suas ordinarias singulis diebus complete audiant, vel saltem suæ quæstioni et ordinationi[2] textus complete insistant, nisi sint Bachilarii cursorie legentes, seu actualiter determinantes, seu noviter incepturi.

Forma legenda responsuris quæstioni.[3]

Four years study shall be necessary before the degree of Bachelor in Arts.

Quia casum appetere videtur, qui ad summi loci fastigia, postpositis gradibus, per abrupta quærit ascensum, *ordinatum est,* quod nullus Magistrorum quemquam ad lecturam alicujus libri facultatis artium præsentare præsumat, nisi præsentandus se artes ad minus per quadriennium audisse in scholis, ubi viget ejusdem facultatis studium generale, proprio firmaverit juramento : Magister autem ad exigendum hujusmodi sacramentum ex statuto se noscat arctatum.

De modo jurandi quæstionistarum, require folio 121. *Quod quæstionistæ tenentur solvere medietatem communæ antequam ad quæstionem respondeant, require folio* 23.[4]

Feasts forbidden to Questionists at Responsions.[5]

Item, commissationes et potationes responsuris de quæstionibus sub omnimodo pœna, sub qua et determinaturis, sunt arctissime interdictæ.

---

[1] This title is from C., where *Arts* follow *Medicine.*

[2] *auditioni?*

[3] Title from C.; in A. the title is simply *Forma de quæstionistis.*

[4] This is a note in a hand somewhat later than the text, and the folios referred to are of course those of the MS.

[5] No title in MS.

Forma determinatorum, et primo quoad locum in quo determinare debent.

Item, auctoritate domini Cancellarii et Procuratorum Universitatis, necnon et omnium Magistrorum in facultate artium regentium, *ordinatum est et provisum*, quod nullus determinator determinet in aliqua ecclesia, vel alibi quam in scholis Magistri sui vel ubi determinaturus est per totam quadragesimam, vel saltem in scholis alicujus Magistri artium.

Determination must take place in the school of a Master.

Pœna cogentium alios intrare.

B. 40. C. 16.

Item, inhibet Dominus Cancellarius, sub pœna excommunicationis et incarcerationis, ne aliqui tempore determinationis Bachilariorum, ante ostia scholarum stantes, seu extra per vicos vagantes, transeuntes violenter trahant, seu eis quamcunque molestiam inferant, aut invite intrare compellant.

At determinations passers by may not be dragged in.

Item, ordinatum est, quod nullus admittatur ad lecturam, ut gradum Bachilarii attingat in facultate artium, nisi alteri [1] Procuratorum per Magistrum suum de ipsius sufficientia fiat fides in sacramento quod præstitit Universitati, nec ante ultimum terminum quadriennii suæ auditionis in artibus ad gradum hujusmodi admittatur. C. 8.

Of Disputations at "the Augustines."

B. 39. C. 8.

Quoniam inter facultatis artium Bachilarios in disputationibus apud Augustinenses, utroque respondere neutro opponere volente, dissensiones ac brigarum occasiones sæpenumero [2] hactenus exortæ sunt, adeo quidem ut nunc disputationes impeditæ, nunc vero prorsus vix habentur in totius Universitatis dedecus et

In case of a disagreement arising, the senior Bachelor shall respond, and the junior oppose.

[1] *altri*, | [2] *sepe numo*, B.

prædictæ facultatis non mediocre detrimentum, *statutum est*, per congregationem Magistrorum regentium et non-regentium, quod, quando aliqui Bachilarii ejusdem facultatis ad disputandum aut respondendum apud Augustinenses per collatores ad hoc deputatos legitime requisiti limitative fuerint, si intra se infra triduum non concordent, tunc senior Bachilarius, non ætate sed gradu, qui prius scilicet præsentatus fuerit et admissus, respondere, junior vero opponere aut disputare, minime recusabit.

An exception to this rule in favour of privileged persons.

Proviso tamen, quod si illorum Bachilariorum alter domini alicujus locum in Parliamento habentis filius, seu alius quisquam ad valorem quadraginta librarum beneficiatus fuerit, tunc disputare vel respondere liberam habeat optionem. Ne autem prædictum statutum debito fine frustrari videatur, in eadem Congregatione *ordinatum est*, quod si artium Bachilarius quispiam, ut præmittitur, requisitus vel limitatus, disputare aut respondere secundum prædictam formam recusaverit, si per anni medietatem præcedentem nec disputaverit nec responderit, eo ipso nec auditio nec lectura nec actus quivis alius scholasticus in eadem facultate eo anno hujusmodi recusationem præcedente in quo actus exercuerit scholasticos, nec pro sequenti anno quo tales facturus est actus, sibi quovis modo cedat pro forma.

The penalty for refusing to oppose or respond in due course.

The question about to be disputed shall be proclaimed in the schools at least three days before.

Insuper, ut quæstionis aut problematis materia ibidem disputanda melius cognoscatur ac maturius prævideatur, sub prætaxata pœna *ordinatum est*, quemlibet dictæ facultatis Bachilarium apud Augustinenses disputaturum problema suum sive quæstionem, tertio die ante disputationem, vel prius, per Bedellum suæ facultatis in scholis Magistrorum publice facere legi aut proclamari, uti transactis temporibus fuerat consuetum. Et ad istam ordinationem observandam quilibet admittendus ad lecturam alicujus libri facultatis artium coram altero Procuratorum juramentum præstet corporale.

The Oath.

Formam[1] *hujus statuti observabis in persona tua, nisi tecum dispensatum fuerit, sicut Deus te adjuvet et sancta Evangelia Dei.*

Forma audiendi libros in Artibus.

Ordinatum est, pro forma audiendi libros, quod liber "*Ethicorum*" audiatur per quatuor menses integre, connumerando dies festos.

The studies necessary before determination in Arts.

Item, *Geometria* audiatur per quinque septimanas integre, non connumerando dies festos.

Item, "*Algorismus*" audiatur per octo dies integre, non connumerando[2] dies festos.

Item, "*Sphæra*" audiatur per octo dies integre, non connumerando dies festos.

Item, "*Computus*" audiatur per octo dies integre, non connumerando dies festos.

Item, "*Ars metrica*" Boethii[3] audiatur per tres septimanas integre, non connumerando dies festos.

Item, Priscianus[4] magni voluminis, vel liber "*Politicorum*,"[5] vel decem libri "*de animalibus*," connumerando libros "*de progressu et motu animalium*," audiatur per sex septimanas integre, non connumerando dies festos.

Item, Priscianus "*de constructionibus*" audiatur per unum terminum anni.

Item, libri "*Cœli et mundi*" audiantur per unum terminum anni.

---

[1] *Hanc formam complevisti in persona tua, quatenus statuta, privilegia, et consuetudines istius Universitatis requirunt, nisi quatenus, &c.*, C.

[2] *connumerandos.* C.

[3] *Boicii*, C.

[4] *Prescianus*, C.

[5] *Polleticorum*, C.

Item, libri "*Meteororum*" audiantur per unum terminum anni.

Et omnes isti libri, et omnes alii qui sunt de forma, legantur in scholis, et rite secundum exigentiam materiæ.

Forma legendi et disputandi incepturorum in Artibus.

The public reading of a book of Aristotle necessary before licence in Arts.

Incepturi siquidem in artibus, antequam licentiam obtineant incipiendi et legendi in eadem facultate, aliquem librum Aristotelis, textum videlicet cum quæstionibus, in scholis publicis rite legant, et saltem semel respondeant alicui Magistro in scholis disputanti in eadem facultate in disputatione solemni.

D. 1.

Forma illorum qui incepturi sunt in Artibus.

The studies necessary before inception in Arts.

Præsentati ad incipiendum in artibus, si prius onus determinantium subierunt, supponimus eos formam determinatoribus indictam audiendo complesse; ac insuper Priscianum magnum, si eum legi contigerit, librum "*Politicorum*" vel decem libros "*de animalibus*," connumerando libros "*de progressu*" et "*de motu animalium*," "*Meteoricam*," librosque alios naturales, et "*Ethicam*" Aristotelis audisse complete. Qui vero secundum formam determinare volentibus limitatam ad determinandum prius non fuerint admissi, firment proprio juramento, quod omnes libros in dicta forma contentos tam diu ante suam ad incipiendum præsentationem plenius audierunt, quod si post auditionem eorum completam actum determinandi fuissent aggressi[1] temporis brevitas, minus videlicet triennio completo eorum inceptioni, sive prius determinaverint sive non, præcedente determinationis actu, si ad incipiendum fuerint præ-

[1] Such is the reading of the MS.

sentati, proprio juramento firmare, quod sex libros[1] Euclidis, "*Artem metricam*[2]" Böethii, "*Computum*" cum "*Algorismo*," tractum "*De sphæra*," et saltem vice rhetoricæ quartum "*Topicorum*" Böethii in scholis audierint competenter, aut publice ad librorum initia proclamatis.

Qui vero prius onus determinantium minime sunt aggressi, jurent quod artes fere per octo annos, et post eorum de quæstione responsionem fere per quadriennium audierunt, ita videlicet quod ante ultimum terminum prædictorum octavi et quarti anni se ad incipiendum in artibus non faciant præsentari, et quod formam determinatoribus indictam ante suam ad incipiendum præsentationem per triennium compleverunt.

Quomodo incipiens in Artibus teneatur jurare pro scholis.

Item, ordinatum est, quod nullus de cetero incipiat in artibus nisi prius coram Cancellario vel Procuratoribus juret sibi provisum esse de scholis pro anno quo tenebitur ad lecturam, vel nisi certitudinaliter scholæ sibi promissæ fuerint pro lectura per annum.

Inceptors in Arts must make oath that they are provided with a school in which to read.

Ista clausula legatur ultimo licentiandis in Artibus.

Ne autem in perniciem audientium rite et competenti auditione fraus fiat, *decretum est,* eum perjurii reatum incarcerare,[3] qui determinaturus vel incepturus libros naturales vel logicales quacumque arte verborum[4] se juret audisse, nisi eos cum textu et quæstionibus audierit, sicut in scholis communiter legi solent.

---

[1] *liblos*, C.
[2] *arsmetricam Boicii*, C.
[3] *incurrere*, C.
[4] *uborum*, B.

The Oath.

Hanc formam complevisti in persona tua, quatenus statuta et consuetudines istius Universitatis requirunt, nisi aliter[1] *tecum dispensatum est, sicut Deus te adjuvet et Sancta Dei Evangelia.*

Quoties tenentur Artistæ arguere et respondere in disputationibus Bachilariorum.[2]

Item, ordinatum est, quod arguat quilibet incepturus quater ad minus publice in disputationibus Magistrorum et quod semel disputet vel respondeat quilibet in disputatione generali[3] Bachilariorum facultatis prædictæ, et hoc pertinentia argumenta adducendo tantummodo ad quæstionem vel problema quam vel quod eum contigerit disputare.

Quoties Artistæ tenentur respondere Magistris antequam incipiant.

Inceptors in Arts must respond twice at least.

Item, ordinatum est, quod quilibet incepturus, ante licentiam suam in artibus, respondeat bis ad minus Magistris regentibus in disputationibus solemnibus, quæ non fuerint de quolibet, et hoc de quæstionibus, vel semel de quæstione et de problemate alias.

Quamdiu incepturi in artibus debent audire artes antequam incipiant.

Three years must elapse between determination and inception.

Consuetudo est etiam, quod nullus determinans *pro se* incipiat in artibus ante completum finem vel terminum trium annorum post suam determinationem. Si autem

---

[1] Written over an erasure.

[2] In B. we find *Magistrorum* added by a later hand.

[3] Omitted in C., and written over the line by quite a recent hand.

pro alio determinaverit, non ante completum terminum duorum annorum post suam determinationem. Si autem non determinaverit audiet ad minus artes per octo annos ante suam inceptionem.

Quomodo collatores Bachilariorum tenentur corripere disputantes. C. 19.

Bachelors at disputations must use pertinent arguments, and those who do not shall be punished by the Chancellor.

Item, ordinatum est, quod teneantur collatores deputati ad superintendendum hujusmodi disputationibus, præsentes qui fuerint, corripere disputantem argumenta non pertinentia ad materiam de qua quæritur, et non corrigentem se, vel eorum monitionibus non parentem Cancellario et Procuratoribus denunciare infra biduum: teneatur etiam Cancellarius, vel ejus Commissarius, assidentibus Procuratoribus, sine dilatione punire taliter accusatos juxta quantitatem delicti, prout sibi visum fuerit honestum et consonum rationi.

Nullus etiam in aliqua facultate in inceptione vel resumptione opponat vel respondeat, nisi in illa rexerit facultate, præterquam in theologia, in qua Bachilarii noviter incepturi solent respondere. C. 24.

Per quantum tempus possunt Magistri Artium legere logicalia. C. 21.

A Master may not repeat his course of reading in logic more than once, until he has read the other subjects in turn, afterwards he may repeat the logical course.

Item, ordinatum est, quod nullus Magister regens in artibus legat ordinarie ultra binam vicem aliquem librum de veteri logica, vel de nova, priusquam post hujus completam lecturam utriusque logicæ, si diutius legere voluerit, in Universitate ista in facultate prædicta legerit ordinarie, per tantum tempus per quantum legit in logica, in libris naturalibus, metaphysicalibus, vel moralibus, prout sibi magis videbitur expedire, et tunc demum, si voluerit, legere poterit in logica nova et veteri iterato, dum tamen ultra binam vicem non legerit, sicut superius est præmissum, sed iterum transferat ad legendum naturalia, metaphysicalia, vel moralia, per tantum tempus per quantum in logicalibus iterando suas continuet lectiones; et hanc formam legendi vicissim observet quilibet Regens in artibus futuris temporibus quoties voluerit in Universitate prædicta: nec arctatur aliquis per ordinationem prædictam, qui in naturalibus poterit legere quamdiu sibi placuerit, similiter et in metaphysicalibus, necnon et in moralibus quibus volet.

Quod cursoria auditio libri metaphysicæ non cedat inceptoribus pro forma.

Attendance at "*cursory*" lectures in metaphysics, physics, and ethics, shall not be allowed to count as an exercise for a degree.

Item, ordinatum est, quod nulli post annum [1] præsentem, incipiendo annum in festo S. Dionysii ultimo præterito, valeat pro forma cursoria auditio librorum vel alicujus libri metaphysicæ, sed tantum ordinaria, nisi fuerit liber in quo pro magna parte tractatur de opinionibus antiquorum, aut nisi tertius aut quartus qui cursorie vel plurimum solent legi, ut ordinarie in libris aliis expeditius posset procedi.

Item, insuper *ordinatum est*, de libris physicorum, et de libris consimiliter ethicorum.

Quod nullus Regens intersit lectioni ordinariæ alterius facultatis.

No Master of Arts may be present at the reading of a Master of another faculty.

Item, statutum est, quod nullus in facultate artium lectioni alterius facultatis quam suæ intersit, nisi forte talem lectionem post primam, sicut in decretis, legi contigerit, aut nisi forsan ex causa honesta, ut, puta, cum scholas circumeunt [2] inceptores, aut cum de novo inceperit seu resumpserit, aut [3] ex aliqua causarum similium, quæ raro eveniunt cuicunque.

[1] Notwithstanding the expression, *hunc præsentem annum*, there is no clue to the date of this statute.

[2] *circuit*, B.; *circuierint*, C.

[3] *aut*, omitted in B.

De continuatione lectionum ordinariarum.[1]

A. 102. B. 50. C. 21.

Ordinatum est, ex unanimi assensu Magistrorum, et diutius approbatum, ut quicunque in aliqua facultate inceperit,[2] per totum annum in quo inceperit lectiones suas continuet, et integraliter per totum annum subsequentem, etiam, si cito post Natale incipiat, tamen residuum illius anni continuabit; quod si contravenerit tanquam reus statuti et perjurus, ubicumque in Anglia moram traxerit, denuncietur, nec inter Magistros et Scholares Oxonienses recipiatur quousque dictam formam compleverit in legendo; quod si ex causa necessaria eos absentare contigerit, causa in præsentia Cancellarii et Universitatis approbata, de eorum licentia recedant petita pariter et obtenta.

Any one who has incepted must continue his reading during the whole of the current year and the following one:

and any one not doing so shall not be recognized as a member of the University, wherever he may be.

Idem observetur de resumentibus; nec resumat aliquis nisi aliquo Magistro in eadem facultate assidente.

De resumptione generali et cessatione quantum ad missas celebrandas.[3]

C. 26.

Quia omnia bene geruntur si principium sit decens et amabile Deo, et ubi Christus non est fundamentum nullius boni operis superest ædificium, de communi consensu Magistrorum *est ordinatum*, ut annis singulis prima die in generali resumptione post festum S. Michaelis, omnes Magistri præsentes unanimiter et actualiter regentes conveniant, et missam "*de Sancto Spiritu*" celebrari faciant, ut Dominus per sui gratiam ingressum suum instruat et informet, et progressum pacifice dirigat et exornet, et ultima die ultimi termini missam "*de Trinitate*" et[4] gratiarum actiones[5] solemniter faciant celebrari.[6]

The Academical year shall be opened with mass "*of the Holy Ghost*," and closed with that "*of the Holy Trinity*."

---

[1] *ordinarie*, B.

[2] *inceperit*, omitted in B., and placed after *totum annum* in C.

[3] *De missis celebrandis in prima resumptione et cessatione ultima Magistrorum*, is the title in C.

[4] *ad*, MS.

[5] *actionum*, C.

[6] *celebrare*, A. and C.

C. 27.

Quod Regentes tenentur cessare a lectionibus suis in die S. Benedicti.[1]

There shall be no lectures on S. Benedict's and S. Augustine's days.

Statutum est, quod in festo S. Benedicti, et in festo translationis S. Augustini doctoris, quod quidem festum a fratribus Augustinensibus celebratur, Magistri cessare a lectionibus teneantur, sicut in aliis diebus festivis statutum est.

A. 102.
C. 21.

De continua lectura Regentium.

Completion of his course of reading shall be necessary before a Master can sit in congregation.

Item,[2] *statutum est,* quod non admittantur Magistri in congregationibus Regentium nisi prius[3] continue legant, saltem modo consueto quo hactenus fieri consuevit a communiter legentibus in eadem facultate, et si qui[4] inveniantur contravenientes, per Cancellarium et Procuratores a congregationibus expellantur.

Quod legentes ordinarie non præsumant horam anticipare nec prorogare.[5]

The hours of reading may not be altered.

Item, horas legendi lectiones ordinarias nequaquam præsumant anticipare vel prorogare:[6]

Nullus cursorie legat[7] *in scholis Artium*[8] *hora ordinaria.*

Item, nec eisdem horis lectiones cursorias legere, nec in scholis suis scienter permittere.

---

[1] A word lost here in A.; and the statute is written in a later hand than the other part of the folio.

[2] Omitted in C.

[3] Omitted in A.

[4] *aliqui,* C.

[5] *De hora legendi lectiones ordinarie,* is the title in B.

[6] *proraogare,* A.

[7] *legat,* omitted in MS.

[8] Title in C. only, and *artiis* for *artium.*

De habitu Magistrorum.[1]

B. 50.

Item, nullus Regens in artibus, vel decretis, vel theologia, in capa manicata lectiones legat ordinarias, sed in pallio vel capa clausa.

Of the dress of Masters reading:

Item, nullus artista legat nisi in capa nigri coloris, ut, sicut vere sunt, unicordes sint, et in externo[2] habitu conformes.

their capes

Qualibus sotularibus Magistri non utentur.[3]

D. 8.

Item, nullus cujuscumque facultatis Magister sotularibus liripipiatis vel decisis vel decollatis calceatus[4] lectiones legat ordinarias.

and shoes.

De modo veniendi ad inceptiones.[5]

C. 23.

Item, Regentes[6] inceptionibus Magistrorum rite requisiti in habitu suo debent adesse, et, quam cito sua facultas dederit, ad horam statutam accedere, et ibidem, saltem usque ad horam nonam pulsatam, moram facere, ubi etiam incipientes fidem, vel, si sint theologi, sacramentum de conservandis consuetudinibus publice dare debent.

Regents must attend in their academical dress at inceptions, and remain until the oath is taken.

Quomodo Magistri Artium et Bachilarii tenentur legere.

B. 50.
C. 21.

Ad honorem Dei et istius Universitatis, et ad profectum studentium et legentium in facultate artium in eadem, *ordinatum* per Cancellarium et congregationem

Of the method to be observed in reading by Masters and Bachelors.

---

[1] *In quo habitu debent legere*, is the title in B. and C.

[2] *in extimo*, A. and C.

[3] Title wanting in A.

[4] *calciatus*, A. and C.

[5] In B. the title has the addition of, *et ista novem statuta debent legi coram Magistris qui primo intrant domum congregationis.*

[6] *Regentes*, omitted in A.

omnium regentium Magistrorum, quod quilibet Magister vel Bachilarius lecturus librum aliquem logicalem, naturalem, metaphysicalem, vel moralem, qui de forma fuerit incepturi vel determinaturi in facultate prædicta, legat eum rite, cum debita et sufficiente expositione textus, et quæstione pertinente, cum suis argumentis pertinentibus ad materiam libri in quo legitur et ad processum.

Item, ordinatum est, quod nulla lectura librorum præmissorum, alicujusve eorumdem, cedat alicui legenti vel audienti pro forma, nisi modo prædicto lecti fuerint et auditi, lectus fuerit et auditus.[1]

B. 50. C. 22. *Quod Magistri quæstionem vel problema disputaturi, argumenta tantum pertinentia ad eadem tenentur disputare.*

Masters disputing must use pertinent arguments.

Item, ordinatum est, quod quilibet Magister disputaturus quæstionem vel problema, faciat argumenta sua tantum pertinentia ad materiam illam de qua quæritur quæstio vel problema, et de difficultatibus et dubiis quæ possent moveri probabiliter ex textu, vel processu in quo quæstio seu problema fundatur, alioquin nec Magistro disputanti cedat pro sua disputatione ordinaria nec respondenti pro forma. Nec disputet Magister aliquis disputaturus problema ultra argumentum unicum cum Sophista, sed expediet se de eo breviter, et disputet principalia sua argumenta, et alia argumenta quæ voluerit, pertinentia tamen, cum Bachilario responsali.

At disputations Masters shall sit and Bachelors stand.

Item, statutum est, quod Magistri regentes facultatis artium disputantes Bachilariis, sedendo in cathedra disputent, Bachilariis eorumdem ad descam stantibus, eis in respondendo, et hoc septem scientiis liberalibus

---

[1] *auditis*, B.

et tribus philosophiis, quæstiones vel problemata secundum ordinem gradatim, aut solum in quibus earum duxerint eligendas, ut est moris ex antiquo, nullo quærere aut subjicere[1] interim præsumente, quousque principaliter disputans, ac quilibet alius, cui primo replicare incumbit, suam integre replicationem compleverit.

Item, ordinatum est, quod singuli Magistri regentes in artibus, per quadraginta dies disputabiles proxime sequentes eorum inceptionem disputent, dummodo aliunde per alios actus Universitatis non fuerint impediti, et hoc vel seriatim per ordinem in septem artibus liberalibus et tribus philosophiis, seu tantummodo in quibus ipsarum duxerint eligendum, ut hactenus est præscriptum.

The disputations of Masters shall be during the forty days succeeding their inception.

Per quantum tempus Magister legens metaphysicam tenetur continuare in legendo.

Item, ordinatum est, quod quilibet Magister legens ordinarie metaphysicam, eam legat per terminum anni et majorem partem ad minus alterius termini immediate sequentis, nec cesset a lectura illa donec illam rite compleverit, nisi in casu quo fidem fecerit coram Cancellario et Procuratoribus, quod non poterit commode et absque damno dictam continuare lecturam, in quo casu, facta fide, cessare poterit licenter, dum tamen Magister alius regens fuerit continuaturus et completurus lecturam: quod si Magister alius tunc in ea non legerit, poterit licenter per Bachilarium aliquem compleri quod dimittitur de lectura, et valebit pro forma in casu præmisso dicta cursoria lectura, non obstante ordinatione priore.

Masters reading in Metaphysics must complete their course, or, if unable to do so in person, must provide a substitute.

Item, ordinatum est, etiam de libris physicorum et consimiliter ethicorum.

---

[1] *subissere*, B.

B. 48.
C. 22.

De modo perhibendi testimonium in depositionibus Bachilariorum facultatis Artium.[1]

Of the testimony of Masters in favour of Bachelors presented for licence.

De modo perhibendi testimonium et numero Magistrorum deponentium, pro Bachilariis in artibus licentiandis hoc teneatur. Procuratores auctoritate Cancellarii convocabunt octodecim Magistros actualiter regentes, per quos veritas melius inquiri poterit, et, si per testimonium novem[2] deponentium de *certa scientia*, præter Magistrum præsentantem, et causam scientiæ suæ reddentium, et per testimonium quinque deponentium de *credulitate*,
A. 86. B. 47. C. 22. appareat præsentatum esse idoneum in moribus et scientia, admittatur, alioquin differatur ejus expeditio: et erat interpretatum quod sic deficiens expectaret per annum, quousque adeo profecerit ut sufficiens testimonium habuerit in forma prænotata: Quod si tantum duodecim Regentes vel pauciores fuerint, omnium testimonium de *certa scientia* requiratur. Et ista forma ita stricte servabitur, quod Cancellarius contra ipsam sine Universitate non poterit dispensare.

Forma secundum quam Magistri deponere debent.[3]

Each Master giving testimony shall first swear that he will do so disinterestedly.

Forma vero secundum quam Magistri debent deponere talis erit; Magister quilibet singillatim examinabitur per Cancellarium, Procuratoribus, sicut moris est, assistentibus, et promittet in virtute sacramenti præstiti quod fidele testimonium perhibebit, et ad interrogata fideliter respondebit, nec prece, nec pretio, nec amicitia, nec odio, nec timore, nec spe propter aliquam promissionem seu remunerationem factam vel etiam[4] faciendam, impediet dignum vel promovebit indignum,

---

[1] Title not in C.

[2] The remainder of this statute is from B.; it is illegible in A.

[3] This title is from B. and C. In A. there is written, in a later hand, *Forma depositionis Magistrorum.*

[4] *etiam*, omitted in A.

nec dicet falsum, nec celabit[1] verum, super negotio de quo agitur. Astringantur etiam Procuratores in virtute sacramenti prius præstiti, quod in præmissis nullam fraudem committant; et servabitur forma ista donec,[2] de communi consensu omnium quorum interest, melior fuerit provisa et communiter acceptata.

Quod omnes Magistri tenentur interesse depositionibus Bachilariorum.

Item, statutum est, quod teneantur omnes Regentes rite vocati Bachilariorum suæ facultatis depositionibus interesse. A. 104. C. 23.

Qualiter Magistri unius facultatis debent deponere pro Bachilario alterius facultatis.

Cum in conjunctis scientiis superior de inferiore poterit et debeat merito judicare, Universitas hoc præsenti *decrevit* edicto, ut professores juris canonici pro Bachilario ad incipiendum in jure civili legitime præsentato verbo utantur "*scientiæ*" deponendo. Doctores vero juris civilis pro Bachilariis in jure canonico incepturis[3] deponant sub hac forma: "*Scio talem esse* "*dignum, &c., in fide præstita, quatenus rectum* "*faciendi judicium ad meam pertinere permittitur* "*facultatem;*" et istam formam penitus observent Magistri liberalium artium, cum ad licentiam Bachilarii in medicina præsentati fuerint evocati.

De secretis celandis in depositionibus quorumcunque.[4] B. 40. C. 28.

Item, statutum est, quod in licentiis quorumcunque nec Cancellarius nec Procuratores, aut Procurator ali- The Chancellor and Proctors shall keep the testimony of the Masters secret.

[1] The MSS. have *celebret.*
[2] *donec,* omitted in C.
[3] *incepturo,* C.
[4] *quorumque,* B.

quis, depositiones Magistrorum vel alicujus Magistri alicui revelent verbo vel facto, nutu vel signo, expresse vel tacite.

Quod Magistri, [nec][1] ante depositiones nec post, suas revelent conscientias.

And the Masters may not themselves reveal the nature of their testimony.

Quia insuper aliqui, dum personis quibusdam nimium placere nituntur, aliquoties incepturis vel eorum negotia procurantibus, quoad depositionem suam pro eis faciendam vel forsitan denegandam, patenter exprimunt animi sui motum, aut forte, quod absit, pro favore captando, fingunt se dicturos[2] aliud quam intendunt, ob quam alii, certis forsan ex causis, quod sciunt, credunt, aut æstimant consimiliter recusantes exprimere, incipientium odium frequenter incurrunt, noscant de cetero Magistri omnes cujuscumque facultatis, se[3] arctari virtute et auctoritate statuti, ne scienter ipsis incepturis aut eorum fautoribus, post suas depositiones aut ante, suas revelent conscientias in præmissis.

Item, idem observetur de Magistris singulis cuicumque seu quibuscunque secreta Universitatis revelantibus.

B. 51.
C. 23.

Monitio Cancellarii facienda Scholaribus ut ad lectiones ordinarias veniant[4] tempestive.

All Scholars are hereby ordered to attend lectures regularly and punctually, under pain of excommunication, &c.

Item, monet Cancellarius, sub pœna excommunicationis in quamlibet contravenientem ferendæ, et sub pœna exclusionis a comitiva Scholarium cum quibus moratur, et amissionis privilegiorum Scholaribns indultorum, quod quilibet Scholaris in facultate artium in quolibet die legibili lectionem suam ordinariam audiat, et tempestive omni die ad primam lectionem veniat, et

---

[1] *Nec* not in the MSS.
[2] *ductores*, B.
[3] *se*, omitted in B.
[4] *veniendi*, B. and C.

ad quæstionem et expositionem completam textus sequentem expectet, sub pœnis superius annotatis, nisi ex causa rationabili et per Magistrum suum alias approbabili fuerit in præmissis [1] impeditus, et nisi fuerit Bachilarius incepturus vel determinaturus infra annum, vel textum legens aut illo anno lecturus, et teneatur Magister quilibet artium venientem in contrarium alicujus articuli de præmissis Cancellario, quam citius sibi constiterit, denunciare, qui pro suo arbitrio pœnas prædictas, et earum quamlibet, delinquenti infliget. Teneatur etiam principalis quilibet seu inhabitator sub pœnis præmissis Cancellario denunciare, si quem de sua comitiva noverit delinquentem.

Masters and Principals of halls shall report Scholars offending herein to the Chancellor.

Quantum audientes ordinarie logicalia Magistris suis tenentur solvere.

C. 24.

Statutum est, quod singuli Scholares facultatis artium communas hebdomadales in aula ponentes, pro veteri logica sive nova, duodecim denarios ad minus pro toto anno [solvere teneantur] [2] per ratam portionem singulis terminis dividendo.

Each Scholar shall pay his Master, for lectures in Logic, twelve pence a year, or at that rate.

Quantum audientes naturalia ordinarie Magistris suis [solvere] [3] tenentur.

Pro libris vero naturalibus octodecim denarios pro toto anno ad minus suis Magistris, de quibus dictos libros ordinarie audiunt, solvere teneantur.

For lectures in Physics eighteen pence a year.

Item, cum illi, qui similem gerunt vitam, similem in legibus subire debeant disciplinam, et quos par [4] pro-

And all Masters, except princes and nobles, shall be obliged to

[1] *præmissorum*, B. and C.

[2] These words are not in B. or C.

[3] *solvere* omitted in B. and C.

[4] The word *par* is erased from B., having evidently been mistaken for *per*, or a repetition of the *pro* of *professio*.

fessio concorditer sociat impar legis observantia non debeat separare,—

B. 51.
C. 24.

Qui Magistri tenentur colligere, et qui non.

collect their salary, for otherwise poor Masters would get no Scholars.

Statutum est, quod singuli Magistri artium, cujuscumque status sive conditionis fuerint, exceptis filiis Regum, Comitum vel Baronum, annis singulis, auctoritate statuti, colligere teneantur; aliter enim absurditas hæc sequetur, quod divitibus Magistris, cum non indigeant, non colligentibus, Magistri pauperes et in facultatibus exiles, quos colligere oportebit, erunt debito auditorio quod[1] habituri essent frustrati.

De habitu et tonsura Regentium et de caligis statum-habentium.

Of dress at congregation.

Item, statutum est, quod Magistri regentes veniant ad congregationem in habitu et tonsura[2] decenti et[3] ad omnes actus solemnes.

A. 1 3.
B. 51.
C. 23.

Qualiter Magistri regentes tenentur[4] expedire negotia Universitatis.

Every Master, on being required to do so by the Chancellor, shall be ready to appear before the King, or any other judge, in the business of the University.

Consuetudo est, quod quilibet Regens in quacumque facultate, per Universitatem [deputatus vel][5] electus ad negotia Universitatis expedienda, vel[6] coram domino Rege, vel episcopo, vel quocumque alio, ad mandatum Cancellarii vel Procuratorum, ad prædicta negotia expedienda, prout melius sciverit et poterit, sine contradictione sit paratus.

---

[1] *quam*, MSS.

[2] & [3] *et tonsura* and *et* are erased by a later hand, to adapt the statute, no doubt, to the changes in the fashion of the period.

[4] *teneantur*, B.

[5] The words *deputatus vel* are inserted in a later hand, and are not in B. or C.

[6] *vel*, not in A.

De libertate facultatis Artium in Universitatis actibus.[1] B. 59. C. 29.

Consuetudo est, quod in statuendis, ordinandis, statutis, seu ordinationibus interpretandis, seu gratiis concedendis, vel aliis quibuscunque per Universitatem Regentium, sive Regentium et Non-regentium, expediendis, nihil expeditum [2] penitus habeatur, facultate artium integre [3] reclamante.

No act of the University shall be valid to which the faculty of arts does not consent.

Quales debent tenere Vesperias.[4] A. 12. B. 49. C. 20.

Item, statutum est, quod liceat unicuique Magistro in quacunque facultate tenere vesperias et principium in eadem facultate, non obstante quod ultimo inceperit vel solemniter resumpserit in eadem.

Any Master may hold "*vesperies.*"

Locus pro Vesperiis Artistarum.[5] B. 52.

Statutum est, pro quiete Regentium et Non-regentium simpliciter omnium ad vesperias artistarum accedentium, quod [6] vesperiæ artistarum apud S. Mildredam [7] et ad fratres Augustinenses indifferenter [8] poterint celebrari

Qui debent uti pilleis. B. 22. C. 4.

Item, statutum est, quod non solum [9] sæculares, [sed etiam] [10] religiosi possessionati pilleos conferentes, in inceptionibus ac aliis solemnitatibus uti teneantur.

---

[1] This title is of later date than the statute, and the statute of later date than the preceding part of the folio. No title in C.

[2] *expedite*, A.

[3] *penitus*, B. and C.

[4] *vesperiæ*, A.

[5] This statute occurs twice in B., in the former of the two places there is no title.

[6] *quam*, B.

[7] *Meldredam*, MS.

[8] *indeferenter*, B,

[9] *Nedum* is the reading instead of *non solum* in B. and C.

[10] *Sed et*, B.; *immo*, C.; a blot in A.

B. 50. C. 21. *Item, statutum est,* quod teneantur singuli Regentes in artibus vicibus suis disputare.

De prima disputatione Magistrorum in Artibus.

Item, statutum est, quod singuli Magistri in artibus, saltem prima vice post inceptionem suam, logicam teneantur facere disputationem, nisi hoc die Veneris contigerit, et tunc disputent grammaticalia.

Qualiter incipientes in Artibus et in Medicina debent disputare per quadraginta dies.[1]

Of the dress of inceptors in Arts and Medicine at their disputations.

Consuetudo est, quod in artibus incipientes et in Medicina per quadraginta dies post inceptionem quolibet die disputabili disputent, et pallium debent portare in prima disputatione, et similiter Magistri in eadem inceptione robas deferentes[2] ad disputationem venire in pallio teneantur: alii etiam Magistri regentes, quandocumque ad disputationem Magistri venerint, veniant in capis suis nigris.[3]

A. 12. B. 51. C. 23.

Quales debent robas in inceptionibus portare.[4]

No one who has not been a Regent in some University shall wear the robe with the cloak at inceptions.

Nullus etiam in inceptionibus robam cum pallio deferat, nisi prius in aliqua facultate rexerit in aliqua Universitate, et, si Oxoniæ non rexerit, antequam robam deferat præstet sacramentum quod Magistri præstant in inceptione. Nullus etiam in aliqua facultate in inceptione vel resumptione opponat vel respondeat nisi in illa rexerit facultate, præterquam in theologia, in qua Bachilarii noviter incepturi solent respondere.

---

[1] The last three words of this title are in C. only.

[2] *differentes,* B. and C.

[3] *in habitu suæ regentiæ,* B. and C.

[4] This title is from B. and C.

Qui non possunt portare robas.

C. 24.

Statute to curtail the extravagant expenses at inceptions.

Quia vero beneficiati habentes quadraginta marcas[1] in redditibus sub aliis et alienis sumptibus incipere non permissi, nimis sumptuosas inceptiones facere, sola cogente verecundia, sunt coacti, quia insuper quidam Magistri abundantes divitiis sæpius in alienis inceptionibus robas ferunt, vices pauperum ipsis supplentes invitis; ut utrique incommodo congruo remedio[2] succurratur, *Statutum est,* quod Magister habens annuatim[3] in redditibus quadraginta marcas[4] in aliena inceptione nullatenus ferat robam, nisi ipse forsan sub ipso inceperit cujus sumptibus inceptio celebratur; habens autem per annum[5] in redditibus sexaginta[6] marcas sub alio incipiente incipere non præsumat.

Ne autem in præmissis pro æstimatione reddituum cuiquam fiat conscientia nimium scrupulosa, incepturo aut robas laturo sufficiat juramentum, si videlicet jurare paratus existat, in nulla taxationum prætextu subsidii terræ sacræ jam sæpe factarum, [de claro per annum][7] beneficii sui æstimationem summas [non][8] attigisse prædictas.

De modo disputandi in inceptionibus.

B. 49.

In fine autem disputationis primi incipientium, si artista fuerit vel theologus, debet prædictus primus incipientium opponere de altera parte quæstionis alicui theologo qui in consimili casu prius non responderit; quod si omnes responderint, opponat seniori.

---

[1] *marcatas,* C.

[2] *remedio,* omitted in C.

[3] *annuatim,* in a later hand, and not in B.

[4] *marcatas,* C.

[5] *per annum,* in a later hand in C., and not in B.

[6] *octoginta,* B. and C., and the first half of *sexaginta* in A. has been erased and rewritten. Probably it was *octoginta.* Here also it does not occur in C.

[7] & [8] in a later hand, and not in B.

De modo respondendi in inceptionibus.

Item, qui ultimo ceperit[1] primus incipientibus respondeat[2] in inceptionibus in eadem facultate præterquam in theologia, in qua Bachilarii noviter incepturi solent respondere. Quod si contingat omnes qui ante illum diem inceperint respondisse, tunc prius respondeant seniores, si[3] eodem die non responderint.

Item, omnes resumentes in quacumque facultate, Magistris regentibus, quod intersint suæ inceptioni in hospitiis Magistrorum, debent supplicare.

Quomodo Regens quæstioni de Vesperiis habet in congregatione proponere.

The questions to be disputed at "*Vesperies*" must be proposed beforehand in congregation.

Regentes etiam tenentes vesperias, ante diem vesperiarum omnibus Regentibus in illa facultate debent dicere suas quæstiones, in aliqua congregatione, hora prima, vel alias; sed Non-regentes tenentes vesperias in hospitiis Magistrorum regentium, eisdem ad ea facunde debent supplicare et ut suæ intersint disputationi; debent etiam omnes tenentes vesperias supplicare quibusdam Non-regentibus ut suæ intersint disputationi.

De modo tenendi Vesperias in quacumque facultate.

Consuetudo est, quod nullus duobus diebus teneat vesperias unius inceptionis nisi ex speciali gratia. Singuli tamen Bachilarii in artibus, quum responderint in vesperiis, fidem præbeant quod nunquam consentient in reconciliationem Henrici Symeonis, nec statum

---

[1] *ceperunt,* corrected, in B. and C.

[2] *respondent,* B. and C.; corrected by erasure in B.

[3] Instead of *seniores si,* B. has *se prius se,* amended by a recent hand.

Bachilarii iterum sibi assument. Si quis etiam sine licentia Universitatis determinet, incipiat, vel resumat, privilegiis Universitatis non gaudebit, et[1] ulteriori promotione privabitur in eadem. Procuratores etiam sic transgredientium nomina tenentur fideliter registrare.

Quibus diebus licet tenere Vesperias in quacumque facultate.

Quia vero dubitari consuevit quibus diebus vesperiæ et inceptiones celebrari possent et teneri, idcirco *statuit* Universitas vesperias in facultatibus quibuscunque posse indistincte teneri in die quolibet apud artistas legibili, horis consuetis in singulis facultatibus observatis: inceptiones vero non nisi die disputabili vel saltem apud artistas festine-legibili celebrentur.

"*Vesperies*" in Arts may be held on any *reading* day.

De modo circumeundi scholas.

Item, consuetudo est, quod omnes incipientes, cum licentiati fuerint in quacumque facultate, per scholas omnium Magistrorum, quatenus intersint suis inceptionibus, debeant supplicare; serviens etiam illius facultatis, nomine Magistri vesperias tenentis, debet illo tempore dicere quod talis Magister supplicat Magistro illarum scholarum quatenus suis intersit vesperiis, si debeat interesse. Quod si incipiens festum teneat Magistris, in suis hospitiis quatenus suæ intersint inceptioni debet similiter supplicare.

Inceptors are to go round to all the schools to request the Masters to attend at their inceptions.

Quomodo incipientes primo debent legere, et deinde quæstiones suas proponere et disputare.

A. 12.
B. 49.
C. 20.

Incepturi quidem suas legant in principio lectiones, deinde quæstiones, quas disputare voluerint, proponentes Magistris opponant, ac iidem Magistri respondeant qui

[1] *et*, omitted in B.

in eadem facultate in præcedentibus inceptionibus ultimo inceperint:[1] ita *videlicet*, quod qui incipiendo posteriores fuere fiant respondendo priores: si vero contingat omnes, qui prius inceperunt, incipientibus respondisse, tunc prius respondeant seniores, licet autem hæc[2] incepturi in artibus, medicina, jure civili et canonico soleant observare, incepturis tamen in sacra scriptura non-Magistri sed Bachilarii noviter incepturi respondere solent. In theologia quidem vel in artibus incipientibus multis, solet primus incipientium quæstione inter eum et suum responsalem pro una parte primitus ventilata Magistro theologicæ facultatis, qui in casu consimili prius non responderit[3] et ultimo inceperit, de parte altera opponere quæstionis. Si vero omnes respondisse contigerit, opponat incipiens seniori; quæstione siquidem disputata solet incipiens quasi determinando quæstionem cum uno saltem argumento repetere, et ob reverentiam prius respondentium dicere, " *Ad hæc et ad* " *alia sufficiat responsio Magistrorum.*"

De habitibus incipientium.

Of the uniformity of dress to be observed by inceptors.

Statutum est, quod incipientibus eodem die in diversis facultatibus non liceat difformibus[4] habitibus uti, sed uno incipiente in habitu ordinario quo antiqui Magistri ejusdem facultatis communiter legere consueverunt,[5] ceteri singuli in habitu suo ordinario incipere teneantur; exceptis theologis et aliis religiosis, qui in habitu suo ordinario semper incipiunt.

C. 17.

Quod incepturi Magistros præferant non Magistris.

Inceptors shall give the preference to clerks who are graduates over those

Ordinatum est, quod solemniter incepturi clericos vestientes Magistros præferunt non-Magistris, ita quod

---

[1] *inceperunt*, A.
[2] *licet omnes antè hæc*, B.
[3] *respondit*, A.
[4] *difficioribus*, B.
[5] *consueverant*, A.

non alii quam Magistri clericalem sectam sic incipientes[1] deferant sumptibus inceptoris, nisi eidem consanguinei fuerint vel affines[2] domestici, vel communiter commensales; ac quod clericus potens expendere viginti libras sterlingorum, juxta verum valorem terrarum vel reddituum, pallium, vel robam in aliena inceptione non deferat sumptibus alienis, nisi forsan ipse inceptor fuerit tunc incipiens, vel aliquis alius tunc inceperit sub eodem. Idem etiam, quoad delationem[3] robarum ac quoad valorem reddituum, in determinationibus de quæstione, de responsionibus, ac cujuscunque gradus accepti vel accipiendi occasione, in sumptibus apponendis, quod in inceptionibus superius est præmissum, penitus observetur, hoc excepto, quod in omni actu qui non est inceptio Bachilariis una cum Magistris liceat[4] sectam ferre.

who are not so, in providing dresses at their inceptions.

---

[1] *incipientis*, B.

[2] *fines*, B.

[3] *quo adelationem*, B. and C.

[4] *licentiat*, MS.

B. 37.
C. 18.

Facultatibus ceteris expeditis cum statutis inceptionum et vesperiarum easdem concernentibus, novissime et de grammatica agitur et de Regentibus in eadem.

Statuta inferius intitulata debent legi inceptoribus in grammatica. Ad examinandum inceptores in grammatica de qualibet facultate deputandus est unus doctor et quatuor Magistri artium, et frequenter duo Magistri supervisores grammaticæ sunt de illis quatuor.

Forma quam observare debent informatores grammaticæ facultatis tam Regentes quam alii, quos magistralis honor minime decoravit.[1]

C. 18 and 24.

No Master shall be licensed to read in grammar until he has been examined and approved by the Chancellor.

De Magistris regentibus in grammatica *provisum est*, quod nullus legat nisi de licentia Cancellarii, nec obtineat aliquis licentiam nisi prius fuerit examinatus de modo versificandi et dictandi et de auctoribus, et, cum idoneus fuerit inventus, licentietur, ne possit dici illud Isaiæ, "*Multiplicasti gentem et non magnificasti* "*lætitiam.*"

The Masters licensed shall swear that they will be diligent in teaching the boys, and disinterested;

Item, quum licentiantur a Cancellario, debent ei[2] præstare fidem vel jurare quod diligenter et fideliter laborabunt circa instructionem suorum Scholarium, et quod transgredientes punient modo debito, et quod nullum, contemplatione[3] majoris lucri aut muneris, extra Scholas pro voluntate sua discurrere aut in Scholis inordinate lascivire permittant. Nec solum tenentur eos in doctrina instruere, sed etiam bonis moribus pro loco et tempore informare, cum oporteat singulos pro sibi commisso grege coram tremendo Judice rationem reddere in die tribulationis et miseriæ.

also that they will attend to their morals;

---

[1] This title not in C.
[2] C. omits *ei*.
[3] *completione*, B.; amended by a late hand.

Item, debent fide media astringi, quum incipiunt, quod observabunt statuta et consuetudines a Domino Cancellario ordinata.

A. 44.
C. 24.
and that they will observe the statutes.

Funerals.

Item, si contingat aliquem Regentium in grammatica[1] in fata discedere, debent omnes Magistri illius exequiis interesse, et missæ in crastino celebrandæ pro anima, et præcipue sepulturæ; in nocturnis etiam vigiliis debent omnes interesse et psalteria sua devote psallere. Similiter, et, si fuerit Scholaris alicujus eorum defunctus, omnes Magistri debent interesse exequiis, et præcipue sepulturæ illius.

At the funeral of a Master or Scholar the other Masters shall be bound to attend.

Terminal meetings.

Item, debent convenire in singulis terminis, et præcipue in principio et in fine, ad tractandum de iis quæ conferunt ad statum[2] suum conservandum, et alias cum necesse fuerit.

The grammar Masters shall meet every term for discussion.

Explanation of Statutes.

B. 37.
C. 18 and 24.

Item, tenentur singulis terminis ter vel quater exponere suis Scholaribus mandata Cancellarii, quæ facta sunt propter pacem et honestatem Universitatis.

They shall explain the statutes to their Scholars.

Item, diligenter debent attendere quod Scholares sui regulam observent *in Latinis* vel *in Romanis*, prout exigunt status diversi, et non observantes bene puniantur.

The Exercises of Scholars.

Item, tenentur singulis quindenis versus dare, et literas compositas verbis decentibus non ampullosis aut

They shall set their Scholars copies of verses to compose, and also epistles;

---

[1] *eorum Regentium*, C.

[2] *statutum*, MS.

sesquipedalibus, et clausulis succinctis, decoris, metaphoris manifestis, et, quantum possint, sententia refertis, quos versus et quas literas debent recipientes in proximo die feriato vel ante in pergameno [1] scribere, et inde sequenti die, cum ad Scholas venerint, Magistro suo corde tenus reddere et scripturam suam offere.

and they shall be careful to practise them in parsing.

Item, debent Magistri circa juniores principaliter attendere quum quærunt eorum partes, ut primo, quæsito et responso sub qua parte orationis contineatur [2] dictio de qua quæritur, tunc statim quæratur parti illi quot accidunt, et tunc per ordinem de accidentibus interrogetur, ut sic addiscant per seipsos partes suas repetere.

D. 72.

In qua lingua construere tenentur.

They shall teach the boys to construe in English, and in French, so that the latter language be not forgotten.

C. 25.

C. 25 and 28. Of the payment of the Masters who superintend the grammar schools.

Item, diligenter debent attendere quod Scholares sui regulam observent vel *in Latinis* vel *in Romanis*, prout exigunt status diversi, non observantes verum puniantur; tenentur etiam construere, necnon construendo significationes dictionum docere *in Anglico* et vicissim *in Gallico*, ne illa lingua Gallica [3] penitus sit omissa. Ut torpor ignaviaque, quæ, dum Magistri grammaticales laborum suorum mercede privantur, circa instructionem puerorum, occasione cujusdam statuti, secundum quod [4] æquales portiones totalem collectam factam in scholis grammaticalibus, sede propria vice monitoris excepta, inter superintendentes Magistros artium et Magistros grammaticæ dividi solent, contingere solent, pro futuris temporibus auferantur, et cum majori diligentia pueri informentur, *statutum est*, per Regentes et Non-regentes, quod de Magistris grammaticæ, sive unus fuerit sive plures, duo Magistri

---

[1] *parchameno*, C.
[2] *continuatio*, B.
[3] *Galliga ne penitus*, &c., MS.
[4] *quod secundum*, C

artium superintendentes tantum duas marcas recipiant et quatuor marcas de redditibus Universitatis ad illum actum specialiter deputatis, ita quod singulis terminis anni de istis sex marcis duas marcas percipiant, et quod dicti Magistri artium a lectura ordinaria Prisciani "*De* "*constructionibus*," ad quam primitus tenebantur, sint absoluti; ita tamen quod *cursorie* duobus anni terminis ad minus ab eisdem legantur, atque singulis septimanis scholas grammaticales visitare cum debita diligentia teneantur, præmisso statuto antiquo super divisione per æquales portiones simpliciter revocato; quod si contingat . . . . redditus ad hoc, ut præmittitur, deputatos non sufficere ut uterque Magister artium superintendens quadraginta solidos habeat, de collecta Magistrorum grammaticalium suppleatur.

Quomodo licentiantur in grammatica, et quantum recipient in termino pro labore. A. 44. C. 58.

Another statute as to the license and payment of the Grammar Masters.

Universitas, sicuti pia mater, quoad singula,[1] potissime liberalium artium, sic habet prospicere tenere ac discernere,[2] quod nullus in hac Universitate de cetero permittatur in scientia grammaticali alios publice informare, nisi prius coram Cancellario et Procuratoribus per testimonium Magistri regentis in grammatica, cum aliquis talis in Oxonia rexerit, vel, nullo Regente tali in Oxonia existente, per fidelem duorum virorum proborum assertionem, ad hanc doctrinam idoneus sit compertus, et consequenter per Cancellarium sit admissus, præstito prius juramento quod circa discipulos suos informandos sollicite laborabit, nec de aliquo illorum pro suo salario ultra octo denarios pro termino vindicabit, nisi fortassis aliquem vel aliquos habuerit discipulum vel discipulos ex pacto aliquo specialiter informandum vel etiam

---

[1] *singulas*, C.

[2] *discrete*, altered by a later hand, C.

informandos, de quo vel quibus duntaxat liceat sibi ultra octo denarios pro termino recipere moderate.

De collecta facienda et solvenda Magistris in artibus pro grammatica deputatis.[1]

A statute to provide for the payment of the two Masters who superintend the Grammar schools.

Quia statutum est quod de Magistris grammaticæ, sive unus fuerit sive plures, duo Magistri artium superintendentes duas marcas recipiant[2] annuatim et quatuor marcas de redditibus Universitatis ad illum actum specialiter deputatis, quodsi contingat redditus ad hoc, ut præmittitur, deputatos non sufficere ut uterque Magister artium superintendens quadraginta solidos habeat, de collecta Magistrorum scholarum grammaticæ sup-
A. 44. pleatur; igitur, ne Regentes in grammatica propriis vi-
B. 38. C. 58. deantur militare stipendiis, aut honore sui status indebite
A.D. 1344. prægravari, *provisum est,* quod omnes et singuli non-Magistri, qui publice docent grammaticam, Regenti sive Regentibus illius facultatis in quolibet termino, pro singulis Scholaribus suis commensalibus et aliis, unam certam summam pecuniæ arbitrio domini Cancellarii et Procuratorum Universitatis Oxoniæ limitandam[3] solvere teneantur, quæ summa pecuniæ collecta penes Magistrum, vel Magistros in grammatica, si plures fuerint, reservetur pro dicti oneris supportatione,[4] et, si quid residuum fuerit, inter illos æqualiter dividatur.

B. 38.

Of Inceptors in Grammar.[5]

Si Inceptores in grammatica ab examinatoribus,[6] fuerint comperti habiles et idonei, tunc per statuta non requiritur alia depositio quam exprimitur in hoc statuto; solent tamen alii ad majorem eorum laudem et honorem

---

[1] Title in C. only.

[2] *recipient,* C.

[3] *limitandum,* C.

[4] *supportatio,* C.; corrected by a later hand.

[5] No title in MS.

[6] *ad examinationibus,* MS.

quatuor Magistri grammaticales vel quatuor Bachilarii artium vel quatuor Magistri artium pro incepturis in grammatica de credulitate deponere, sed hoc non requiritur.

De continuatione lectionum Regentium.

A. 44. B. 38. C. 59.

Item, incepturus in grammatica juret in sua inceptione quod ipse continuabit suam lecturam ordinariam per totum annum in quo inceperit, et per totum annum sequentem, exceptis vacationibus communibus et diebus festivis, nisi secum contingat aliter dispensari per Cancellarium et Procuratores.

Inceptors in grammar shall be bound to continue their reading for the current year and the succeeding year.

[1] *Quales libri eisdem sunt interdicti.*

Insuper, Dominus Cancellarius cupiens, ut tenetur, omnes et singulos Universitatis Scholares et subditos moribus decorari, adjiciens ad hæc *statuit et ut consuetudinem ordinavit*, quod Magister quicumque regens in grammatica, necnon quicumque alius grammaticæ publicus informator legat suis Scholaribus duntaxat librum sive libros regulas et naturam grammaticales principaliter pertractantes vel aliter pertractantem, aut moralia vel metaphoras sive pöesias honestas; quibus etiam Magistris ac ceteris informatoribus idem dominus Cancellarius interdicit lecturam et expositionem libri Ovidii "*de Arte Amandi,*" et Pamphili, atque cujuslibet libri alterius qui suos Scholares alliceret ad illicita vel provocaret.

What books the Masters may use at their reading.

Ovid "*de Arte Amandi*" and Pamphilus are prohibited.

Quod ipsi debent intendere Magistris artium pro grammatica deputatis.

Idem etiam Dominus Cancellarius *statuit et ut consuetudinem ordinavit*, quod quicumque Magister regens

Masters of grammar schools shall obey the directions of the

---

[1] C. has only the words *Nota hic*, and no other title.

superintendent Masters;

and other teachers, not being Masters, shall also obey their directions, and also those of the Masters of the said schools.

in grammatica sit obediens, ut tenetur,[1] Magistris in artibus ad regulandas Scholas grammaticales specialiter deputatis, atque juxta consilium et informationes eorum suos Scholares instruat in doctrina, de profectu illorum et moribus diligenter inquirat, et quos insolenter[2] lascivire perceperit castiget[3] sollicite,[4] rigorem cum remissione debite temperando: quicumque vero alius, qui grammaticam publice docuerit, ista etiam observabit, necnon Magistro sive Magistris regentibus in grammatica, qui pro tempore fuerint vel fuerit, parebit ut in superius annotatis.

---

[1] *tenetur ut*, corrected by a late hand, B.

[2] *insolenniter*, but corrected, C.

[3] *castigat*, MS.

[4] At this point the MS. in A. emerges from a large blot.

ANTIQUÆ ORDINATIONES PRO MAGISTRIS IN GRAMMATICA, SED NON SUNT IN MODERNO USU.[1]

Oath of Inceptors.

Item, debent fide media astringi, quum incipiunt, quod observabunt statuta et consuetudines a Domino Cancellario ordinata.

Inceptors shall swear to obey the statutes.

Funerals.

Item, si contingat aliquem eorum in fata discedere, debent omnes Magistri grammaticales illius interesse exequiis et missæ in crastino celebrandæ pro anima, et præcipue sepulturæ: in nocturnis etiam vigiliis debent omnes interesse et psalteria sua devote psallere.

If any Master or Scholar die, the Masters in grammar shall attend his funeral.

Similiter, et, si fuerit Scholaris alicujus eorum defunctus, omnes Magistri debent interesse exequiis, et præcipue sepulturæ illius.

Terminal meetings.

Item, debent convenire in singulis terminis, præcipue in principio et in fine, ad tractandum de iis quæ conferunt ad statum[2] suum conservandum, et alias cum necesse fuerit.

The Masters shall meet every term for discussion.

Festivals.

Item, cum illi, qui sunt sub [una][3] professione, debent [eandem][3] regulam observare, *provisum est*, quod festos dies simul observent, sicut est in kalendario eorum de communi eorum consensu et provisione ordi-

They shall observe the festivals in their calendar.

---

[1] The following statutes are the old statutes on Grammar. They are so nearly obliterated in A., where alone they occur in full, as to be almost illegible, and are in the oldest writing in that MS., and therefore certainly not later than 1350, in all probability they are of very much earlier date.

[2] *Statutum*, MS.

[3] Omitted in B., but supplied over the line by a later hand.

natum, nisi forte aliquis propter parochiam suam quandoque singulariter cogatur feriare.

Item, statutum est, quod Magistri scholarum grammaticalium teneantur die Veneris grammaticalia duntaxat disputare.

Item, statutum est, quod nullus Regens in artibus obtineat scholas grammaticales simul ultra triennium.

A. 45.

De rotulo faciendo.

The Masters shall have a roll containing the names of their Scholars, which shall be read publicly thrice every term.

Item, nomina Scholarium grammaticalium notorum et ignotorum in rotulo Magistri regentis in grammatica, cum aliquis talis in hac Universitate fuerit, inscribantur; quem quidem rotulum in suis scholis teneatur Magister quilibet regens illius facultatis in principio cujuslibet termini et etiam posterius omni termino bis publice recitare, ut ad exclusionem falsorum fratrum appareat qui Scholares continui fuerint et veraces: et caveat bene Magister quicumque facultatis illius, sub pœna violationis sacramenti præstiti, ne alicujus nomen scribat in suo rotulo, nec tueatur protegat aut defendat quemcumque pro suo Scholari in morte seu in vita, cujuscunque cogniti vel ignoti, nisi quem sciverit, vel de quo probabilem suspicionem habuerit, quod idem scholas exerceat grammaticales alicujus licentiati per Cancellarium ad docendum publice grammaticam modo debito hactenus consueto. Causam istius constitutionis habet quilibet Magister in suis scholis exponere publice; et etiam quod quicunque extra rotulum inventus fuerit, vel etiam in rotulo suo scholas tamen non frequentans, tam in morte quam in vita tuitionibus carebit atque privilegiis Universitatis istius.

Masters are warned not to protect persons who are not Scholars of some licensed Master.

No one who is not enrolled shall enjoy any privilege of the University.

De inrotulatione Scholarium illorum qui non sunt adepti magistralem honorem.

Scholars attending lectures of other teachers,

Item, singuli docentes grammaticam publice, quos magistralis status minime decoravit, omnia nomina

Scholarium suorum, tam commensalium quam aliorum, Magistro regenti in grammatica sive Magistris regentibus, cum plures fuerint, intimare tenentur, atque ut in ejus rotulo sive rotulis eorumdem ad tuitionem dictorum Scholarium inscribantur, debite procurare.

not Masters, must be enrolled in the roll of some Master.

De diligentia Regentium circa alios informatores.

Item, quilibet Regens in grammatica compellere tenetur, quantum in eo est, omnes alios publice docentes grammaticam in ista Universitate, qui honorem non obtineant magistralem, omnia tacta superius, prout ad illorum personas attinet, observare fideliter, quibus etiam omnes alii docentes, ut præmittitur, benigne teneantur in istis omnibus eo debite conformare.

The Masters shall compel non-graduate teachers to comply with all the above-written regulations.

A. 101. C. 26.

FORMA MAGISTRORUM RESUMENTIUM OXONIÆ QUI ALIBI INCEPERINT, ET QUOD DEBENT RESUMERE PRIUSQUAM TENEANT SOLEMNITATES PUBLICAS.[1]

Regents from other Universities, before reading at Oxford, must determine in the schools of their faculty there.

Item, statutum est et obtentum ab antiquo, quod nullus Magistrorum, qui in Universitatibus aliis rexerint, solemnitates publicas teneat[2] [priusquam suas lectiones publice et solemniter resumpserit, nec lectiones resumat][3] priusquam Magistros aliquos suæ facultatis in scholis determinando visitaverit, nisi ex gratia speciali et ex causa alicui fuerit in aliquo istorum indultum.

Item, omnes resumentes in quacumque facultate Magistris regentibus, quod intersint suæ inceptioni in hospitiis Magistrorum, debent supplicare.

C. 27.

Quoties resumpturi in Artibus determinare tenentur.[4]

They must determine three times at least, twice in logic and once in grammar.

Item, ordinatum est et statutum insuper, quod resumpturi in artibus per scholas tres Magistrorum actualiter regentium ad minus publice determinent, bis scilicet in logicalibus et semel in grammatica, certo numero per Cancellarium et Universitatem ad audiendum prædictas determinationes assignato; et, quia ex mutua vicissitudine obligamur ad antidota,[5] eos qui Oxonienses receperunt ad determinandum et ipsi Oxoniæ ad determinandum admitti poterunt; et qui Parisiis, vel alibi ubi Oxonienses a resumptione malitiose excluduntur, nec ipsi Oxoniæ admittantur. In ceteris vero facultatibus qui resumere voluerint prius in scholis ejusdem facultatis determinent omnium Magistrorum, et ista forma ita stricte teneatur quod sine Cancellarii et omnium consensu[6] nulla dispensatio concedatur: et

[But Masters from the University of Paris shall not be allowed to read at Oxford.]

[1] *De resumentibus* is the whole title in A.

[2] *teneant*, A.

[3] The words in brackets are omitted in C.

[4] Title from C., which has, however, *determinaturi* for *determinare*.

[5] *antitoda*, A. and C.

[6] *omniu consensu*, A.

resumptio fiat loco determinato inceptionibus, Magistro ejusdem facultatis assidente.[1]

De omnibus solemniter resumentibus.[2]

Item, statutum est, quod omnes resumentes solemniter in quacumque facultate, sicut de novo incipientes, ad singula onera teneantur.

Masters from other Universities shall take the oath of ordinary inceptors.

CONSUETUDINES ET CONSTITUTIONES A MAGISTRIS REGENTIBUS OBSERVANDÆ.[3]

De temporibus resumptionis et cessationis singulis annis.

A. 102.
C. 26.

Tenentur singuli Magistri regentes, fide data astricti, terminos statutos inchoandi lectiones ordinarias, et easdem terminandi, observare, scilicet, ut in prima parte anni in crastino S. Dionysii lectiones inchoent, et octavo die ante Natale terminent: post Natale autem in crastino S. Hilarii resumant, et in vigilia Palmarum iterum terminent: et post Pascha quarta feria post dominicam, qua cantatur "*Quasi modo geniti,*" resumant; et in quinta feria ante Pentecosten terminent; et post Trinitatem quarta feria resumant, et continuent secundum beneplacitum legentium usque ad quindecim dies ante festum S. Michaelis, quia solum solet esse aliquando tempus vacationis per illum mensem.

All Regent Masters shall be bound to observe the regulations as to the time of commencement and close of the four terms herein specified.

Item, ne de cetero super cessatione Magistrorum post festum S. Trinitatis hæsitetur, *statutum est,* quod citra proximum diem legibilem ante festum translationis S. Thomæ cessare non liceat ullo modo.

---

[1] *assedente,* A.
[2] Title from C.
[3] This title is omitted in C.

De modo legendi lectiones ordinarias.

Of the observation of festivals.

Item, festa et vigilias[1] Sanctorum in Kalendario assignata tenentur observare, ita scilicet quod si non legant in crastino in vigilia non disputent; si autem in crastino legant, tunc lectionem aliquam de libro aliquo non usitato, secundum quod placuerit diebus festivis, appropriatam sibi consuetam; vel si lectiones ordinarias legant, tunc non omnes legant, sed unam in decretis et legibus, et duas ad plus in artibus, et hoc computando pro lectione summam, vel determinationem sophismatum vel quæstionum, si illo die contigit summam legi, vel sophisma vel quæstionem determinari.

C. 63.
Of the dress of Bachelors at public exercises.

Item, statutum est, quod nullus Bachallarius legens vel opponens aut respondens publice utatur tena vel birreto.

Item, quod nullus Bachallarius, qui prius in aliqua facultate non inceperit, in inceptionibus vel resumptionibus in ecclesia Beatæ Mariæ celebrandis utatur tena vel birreto, antiquo statuto quoad Regentes artium et aliis ibi recitatis in suo robore permanente, filiis dominorum parliamenti suis relictis libertatibus consuetis.

A. 105.
C. 27.

De Processionibus.

Every term there shall be a mass and solemn procession for the benefactors of the University, &c.

Item, quolibet anni termino pro Rege et Regina, et eorum liberis, pro pace studii, et benefactoribus Universitatis vivis et defunctis, unam missam cum solemni processione faciant celebrari; et pro anima piæ recordationis Henrici Regis die anniversarii missam faciant publice decantari;[2] scilicet die S. Edmundi Confessoris.

---

[1] *vigilia,* A.

[2] *decantare,* A. and C.

S. Frideswyde.[1]

Memorandum, quod de consensu majoris partis Regentium *est ordinatum*, quod cum reliquiæ Beatæ Frideswydæ in municipio Oxoniæ requiescant, ac speci-alius, tam ab Universitate quam ab aliis, merito debeant honorari,[2] præsertim ab iis omnibus qui in prædicto municipio morantur, ut ejusdem interveniențibus meritis et precibus tranquillitatem et pacem uberiorem prædicta Universitas obtineat in futurum, quod fiat processio solemnis medio termino, scilicet quadragesimali, ad ecclesiam ejusdem virginis, pro pace et tranquillitate Universitatis, et quod missa ibidem solemnis habeatur de virgine supradicta.

Every Lent term there shall be a solemn procession to the church of S. Frideswyde, and mass for the repose of her soul.

De licentia et repulsa præsentati cujuscunque facultatis.

A. 86.
B. 49.
C. 23.

De Bachelariis licentiandis et incepturis in quacunque facultate, innovando prius statutum et obtentum ita per Universitatem *est provisum et ordinatum*, quod Cancellarius, qui pro tempore fuerit, nullum licentiet[3] in aliqua facultate, nisi auditis depositionibus Magistrorum ipsius facultatis in præsentia Procuratorum Universitatis, tam in scientia quam in vita, et coram iisdem procedat ad licentiam vel repulsam, et Procuratores una cum Cancellario Magistrorum deponentium[4] scribant depositiones.

No one shall be licensed unless after due testimony of the Masters of his faculty.

De tempore quo[5] debent licentiæ fieri.

B. 48.
C. 22.

Statutum est, quod nullus licentietur in vacatione, nec aliquis licentietur in aliqua facultate, nisi promiserit se fideliter proponere[6] hic incipere infra annum;

No license shall be granted in vacation.

---

[1] No title in MSS.

[2] Here a blank space occurs in A. and C.

[3] *licentiat*, A., but corrected to the reading of the text.

[4] *regentium*, B.

[5] *quo non*, C.

[6] This is the reading of B.; in A. *proponebit* has been written instead; C. adds the word *hic*.

quod si forte non contingat illum[1] incipere infra annum,[2] iterum licentietur per depositionem Magistrorum modo debito et statuto.

De modo præsentandi Bachelarios in quacunque facultate.[3]

Nullus omnino Magister, cujuscunque fuerit facultatis, quompiam ad incipiendum præsentare præsumat nisi quem scientia et moribus idoneum esse noverit. Unde his verbis uti solent præsentantes: "*Domine* " *Cancellarie, præsento vobis istum Bachilarium talis* " *facultatis ad incipiendum in tali*[4] *facultate, quem* " *scio idoneum, tam in scientia quam in moribus,* " *ad incipiendum in eadem facultate, in fide præstita* " *Universitati.*"

The form of presentation for license.

B. 55.

Dress of Inceptors.[5]

Inceptors in Theology shall wear boots, but Masters in other faculties "*Pynsons.*"

Ex consuetudine antiqua solent inceptores theologiæ ac decretorum in eorum inceptionibus uti "*botys;*" ceteri vero Magistri in aliis facultatibus incedere cum sotularibus quodammodo conatis vulgariter nuncupatis "*Pynsons*" . . ., quos antequam realiter incipiant supervideant Procuratores ut taliter incedant. Eodem etiam modo tenentur incedere post suam inceptionem per quadraginta dies in omni actu scholastico continue numerandos.

B. 59.
C. 47.

Of the inception of religious.[5]

When several incept together from the same monastery, the expenses shall be those of a single inceptor.

Quia pluribus religiosis ejusdem monasterii admissis ab Universitate ad incipiendum eodem die in diversis facultatibus, propter quarum diversitatem a quibusdam

---

[1] *illium*, A.
[2] *illum annum*, B.
[3] *in quacunque facultate*, added in B. and C.
[4] *eadem*, A.
[5] No titles in MSS.

dubitatur cujus sumptibus celebratur inceptio, *declaratur* quoad statuta et consuetudines Universitatis, quod pro una persona habeantur in sumptibus faciendis in hujusmodi inceptione celebranda.

Of Disputations of Regents.[1]

No one shall dispute in place of another Regent except with special permission.

Item, pro declaratione statuti quo cavetur quod quilibet Regens disputet vice sua, propter majorem certitudinem *statuatur*, quod nullus vice alterius disputet, nisi fortassis de gratia speciali; quod si absens quis fuerit die quo ad eum pertineat[2] disputasse, aliusque senior eo disputaverit illo die, teneatur non minus quando redierit, si Regens esse voluerit, vicem prioris suæ absentiæ disputando supplere proximo die disputabili tunc sequente.

Of Admission to Congregation.[1]

Item, pro declaratione illius statuti quo cavetur, quod nullus in congregatione Regentium admittatur, nisi continue legat saltem[3] modo consueto quo hactenus fieri consueverit a communiter legentibus in eadem facultate, *expresse statuitur*,[4] quod nullus tanquam Regens in facultate artium censeatur, nec congregationi[5] hujusmodi admittatur, nisi in eadem hebdomada, post vel antea, legerit per medietatem aut majorem partem dierum legibilium in eadem, et si pleno in termino fuerit et dies continuaverint legibiles, plures unoque fuerint, quod idem Magister præsens in villa per eandem hebdomadam, nec infirmitate gravi aut causa altera hujusmodi ardua præpeditus,[6] nemini quoque se absentare causa non legendi liceat quovis modo.

---

[1] No titles in MSS.
[2] *pertineet*, B.; *pertinuerit*, C.
[3] *saltim*, B.
[4] *statuatur*, C.
[5] *congregatione*, C.
[6] Erased in B. There is evidently an omission here, though no indication of it occurs in the writing of the MS.

C. 48. *Item,* interpretetur statutum de inceptione, numquid tunc incipiens tenetur ad lecturam biennalem post usque ad diem inceptionem proximo sequentem.

Item, statutum est, quod Magistri non legant die S. Lodovici.

Item, statutum est, quod Magistri non legant die S. Dominici.

Item, statutum est, quod Magistri non legant die S. Dunstani.

B. 77. *Citation of Regents.*[1]

Statutum est, quod nullus actualiter Regens citetur absque licentia speciali concessa per Cancellarium vel ejus commissarium, qui contrafecerit incarceretur.

B. 50. *Qui debent admitti in Congregationibus.*

Statutum est, quod non admittantur Magistri in congregationibus Regentium, nisi prius continue legant saltem modo consueto quo hactenus fieri consuevit a communiter legentibus in eadem facultate, et, si aliqui inveniantur contravenientes, per Cancellarium et Procuratores a congregationibus expellantur.

Quod legentes ordinarie non præsumant horam anticipare nec prorogare.

Item, horas legendi lectiones ordinarias nequaquam præsumant anticipare vel prorogare.

Nullus cursorie in scholis [legat][2] *hora ordinaria.*

Item, nec eisdem horis lectiones cursorias legere, nec in scholis suis scienter permittere.

---

[1] No title in MS.

[2] This word is a conjecture; the MS. has *arciis*; probably the words should be *artium legat*.

Determination not to take place in private Dwellings.[1] A. 84.

Cum determinatorum in facultate artium numerus, Divina gratia largiente, his diebus adeo multiplicatur quod aliqui ipsorum, non sufficientibus [2] Magistrorum scholis, extra scholarum vicum in laicorum determinent tuguriis ;[3] alii vero propter graduatorum replicantium paucitatem suos præter responsales soli determinare arctantur, in non modicam dictæ facultatis ignominiam ; *statuit igitur et ordinavit* congregatio Regentium et Non-regentium, quod quoties hujusmodi numerus determinatorum ad numerum octodenarium se extenderit, facta per Cancellarium et Procuratores ipsorum omnium in plures partes æquales, aut ita prope sicut fieri potest, divisione, quælibet dictarum partium, una post aliam, per ordinem et circulum singulatim et separatim, in scholis honestis disparibusque determinet, in omnibus secundum dictorum Cancellarii et Procuratorum arbitrium, prout iis honorabilius et utilius Universitati fore videbitur; ita quod nulla fiat inde suscitatio, nisi per Cancellarium illis præcise diebus quibus vesperiæ celebrantur, quibus quidem diebus bene liceat prædicto Cancellario cum eisdem dispensare.

When the number of determining Bachelors shall exceed eighteen, the whole number shall be divided into equal portions, and they shall in turns determine in some decent school, according to the appointment of the Chancellor and Proctors.

Pœna determinatorum facientium potationes. D. 57.

Quia ex festis importunis determinatorum frequentique potatione dissensiones dissensionumque occasiones quasi innumerabiles, contra sacri temporis Quadragesimalis congruentiam[4] ac pacis publicæ tranquillitatem, consueverunt frequentius exoriri, *ordinatum est et sta-*

In consequence of the riotous conduct of determining Bachelors in the holy season of Lent, feasting and convivial meetings are hereby prohibited.

---

[1] This statute occurs without title in A., and in that MS. it is written in a late hand (of the 15th century). That it is not of earlier date may also be inferred from the circumstance that it does not occur in B. or C.

[2] *in Magistrorum*, MS.

[3] *tugurriis*, MS.

[4] *congruentibus*, MS.

tutum, ex unanimi consensu omnium et singulorum Magistrorum, quod determinatores potationes seu commissationes minime præsumant de cetero celebrare, et, si qui contra hoc statutum venire præsumpserint, pro non-determinantibus habebuntur, et ad gradum superiorem in ipsa Universitate decrevit eadem Universitas tales fore in posterum minime promovendos, et insuper dispensationem super hoc sibi fore perpetuo denegandam.

A. 85.
B. 40.
C. 16.

Qualiter Magistri a Determinatoribus nihil debent exigere.

Masters shall receive from Determining Bachelors neither money, capes, robes, boots, rings, or other valuable articles.

Item, ne professorum liberalium artium fama vel opinio ambitionis seu turpis lucri vitio denigretur, *statutum est*, ut Magistri a determinatoribus ex conventione quacumque nihil omnino exigant, seu quidquam clam aut palam recipiant pro pensione Scholarium, nec ab iis capas, robas, caligas, aut annulos,[1] vel quid aliud æquivalens prætextu determinationis extorqueant vel admittant.

Qualiter determinatores nihil debent dare.

Ordinatum est etiam, quod nullus amodo determinaturus Magistro, Bachilario, vel cuicumque alii[2] capam, robam, aut caligas aut annulum, seu aliud consimilis pretii, occasione suæ determinationis dare audeat clam vel palam.

De qualitate admittendorum.

Any difficulty which may arise as to the admission of a determiner in consequence of defective stature or the like shall be settled by congregation.

Item, Magistri quatuor, prout moris est, ad determinatores admittendos de cetero eligendi admittant in scientia et moribus idoneos, ut tenentur: si vero de aliis quam de moribus vel scientia, utpote de ætate, statura, aut ceteris corporum circumstantiis, dubium

---

[1] *anulos*, A.

[2] *aliis*, A.

quid emergat, majoris partis Universitatis Regentium arbitrio reservetur.

Repeal of certain disabilities.

A. 63.
D. 21.

The statutes prohibiting feasts, &c. of determining Bachelors, and several other enactments, are hereby repealed, along with the disabilities they entailed.

Item, eisdem die et anno, revocatis[1] de consensu unanimi omnium Magistrorum Regentium et Non-regentium quibuscumque statutis prius editis, quibus arctabantur determinatores ne robas aut quid aliud[2] prætextu suæ determinationis conferrent Magistris vel aliis quantumcumque[3] pauperibus; et quibus etiam arctabantur Magistri ne quid reciperent præter tertium partem pensionis Scholarium; revocatis etiam statutis quibus arctabantur determinatores ne festa facerent aut potationes; quibus etiam astricti fuerant quæstionistæ, sub pœna inhabilitatis ad ulteriorem gradum in Universitate, ne ipsi facerent festa vel potationes cum responderint ad quæstionem, quamcumque divites fuerint vel potentes; habiles reddebantur omnes, de communi consensu Regentium et Non-regentium, quotquot prius inhabiles effecti fuerant virtute statutorum hujusmodi vel statuti.

No determining Bachelor or Questionist may give robes to any one who has a benefice of the value of twenty marks yearly.

Statutum est etiam, propter eandem causam propter quam et de inceptoribus est statutum, ne ipsi indifferenter robas cum palliis conferant qualitercumque promotis, quod nullus determinator vel quæstionista de secta sua conferat promoto ad viginti marcas, vel ad summam majorem juxta taxim communem in subsidium Terræ Sacræ, nisi ita fuerit quod ille, cui conferre dis-

---

[1] *revocare,* A. Unfortunately no trace of the date is discoverable. The statute begins abruptly, *Item,* and the latter half of the folio is obliterated in A.; in B. and C. the statute does not occur. D. is, as has been observed, merely a transcript, and cannot be relied upon, as a source for ascertaining dates from the juxtaposition of the statutes, even so much as C. or B.

[2] *aliud statutis,* D., the word *statutis* having been copied into the line, no doubt, from the line above, where it stands in the MS. immediately over.

[3] *quamcumque,* D.

posuerit ad tantam vel majorem summam promoto, Magister ejus fuerit vel curator, aut alias in sanguine sibi propinquus fuerit vel affinis.

A. 105.
B. 58.
C. 64.

Those convicted of bribing voters in congregation shall, if Masters, be excluded for ever from congregation; if not graduates they shall be dealt with as disturbers of the peace.

Against bribery at graces.

Statutum est, quod nullus cujuscunque conditionis existat, pro se vel alio, aliquid ex pacto vel alio quocunque quæsito colore conferat vel promittat alicui Magistro regenti vel alicui alteri, per se vel per alium, mediate vel immediate, nec aliquid ex pacto recipiat, nec exigat aut extorqueat, pro aliqua gratia concedenda; quod si quis de contrario coram Cancellario et Procuratoribus legitime sit convictus, quicquid datum, promissum, receptum, exactum sic fuerit vel extortum Universitatis[1] usibus applicetur, et gratia sic obtenta omni vigore careat eo ipso:[2] quicumque autem nummos[3] receperit aut exegerit vel extorserit, mediate vel immediate, pro hujusmodi gratia obtinenda, si Regens est, de congregatione tanquam inhabilis in illa facultate pro perpetuo sit exclusus: si Non-regens,[4] pro perjuro similiter habeatur: si persona non-graduata, tanquam perturbator pacis in dicta Universitate publice puniatur.

B. 71.
C. 51.

A Master may not appear in a suit before the Chancellor with more than two or three companions.

Of appearing before the Chancellor.

Statutum est, quod si Magister actualiter regens habeat litigare in præsentia Cancellarii, non veniat in multitudine, sed tantum se tertio vel quarto ad plus Magistrorum seu sociorum; et qui contra istam formam venerit ad judicium, si actor sit, perdat actionem, si reus, pro convicto habeatur, nisi in articulis in quibus requirentur plures personæ, ut in productione testium.

---

[1] *Universitatibus*, C.

[2] *ipso facto*, B.

[3] *nummus*, A., B.; *ex pacto nummus*, C.

[4] *Non-regens fuerit*, B.

Quod nullus Scholaris coram Cancellario litigans veniat cum multitudine.

Item, statutum est, quod si Scholaris habeat litigare in præsentia Cancellarii vel ejus commissarii, non veniat in multitudine, sed veniat se tertio ad judicium: ita quod primo die litis adducat Magistrum suum, qui testetur suum esse Scholarem in fide præstita Universitati: si de hoc dubitetur, et ceteris diebus litis veniat se tertio, ut prædictum est: et si in majori multitudine veniat,[1] si fuerit actor, perdat actionem suam, si reus, habeatur pro convicto.

The same shall hold good with respect to Scholars, who must also bring their own Master to testify that they are Scholars.

De pilleis portandis. B. 52. C. 4.

Debent etiam omnes theologi præter religiosos, decretistæ, medici, et legistæ, in congregationibus, inceptionibus, resumptionibus, et aliis solemnitatibus, in suis pilleis interesse; omnes etiam Magistros cujuscumque[2] facultatis, etiam legistas, ibidem esse sine tenis teneri æstimamus.

De dimidia et integra communa solvenda, sed non legatur. B. 42.

Ordinatum est, pro commodo et statu Universitatis, quod quicunque ascensurus gradum Bachilarii in quacumque facultate dimidiam communam suam Universitati solvat: qui vero honorem magistralem assumunt, totam suam communam solvant Universitati.

Bachelors on admission shall pay a half, Masters a whole commons to the University.

NOTA DE ASSISA PANIS ET CEREVISIÆ.

Ex privilegiis bonæ memoriæ Edwardi tertii, quondam regis Angliæ, et regis Henrici quarti conceditur Cancellario Oxoniæ et ipsius successoribus, quod ipse

The Chancellor has the custody of the assise of bread, beer, &c. by grant of the King,

---

[1] *venerit,* C. | [2] *cujuslibet,* C.

solus et in solidum, in perpetuum, in villa et in suburbiis ejusdem, habeat custodiam assisæ panis, vini, et cerevisiæ, ac correctionem et punitionem ejusdem, cum finibus, amerciamentis, et proficuis aliis provenientibus in hac parte, ita ut quolibet anno solvat Cancellarius sacerdoti Universitatis centum solidos de totali summa assisæ totius anni, scilicet septem nobilia et quadraginta denarios post festum Michaelis, et septem nobilia et quadraginta denarios post festum Paschæ.

and he shall pay one penny a year to the King as an acknowledgment.

Item, solvere tenetur Cancellarius unum denarium domino Regi per manus ballivorum Oxoniæ quolibet anno ad festum Michaelis, quum ballivi petunt denarium a Cancellario, in recognitionem quod Cancellarius habet assisam ex dono domini Regis.

A. 68.
D. 77.

ORDINATIO UNIVERSITATIS CONTRA IMPUGNANTES PRIVILEGIA EJUSDEM.

All Scholars, servants, and others of the jurisdiction of the University, are forbidden to have any dealings with certain of the townsmen and their families.

Execrandæ crudelitatis homines, quorum nomina subscribuntur, conceptam ab olim malitiam, et Universitati per laicos pluries comminatam, plus solito nostris temporibus evomentes, viis et modis quos fidelium abhorreret auditus, in enervationem privilegiorum et libertatum, pacis et tranquillitatis studii subversionem, si possent, finalem, dictam Universitatem callide et notorie sunt aggressi, sicut domino Cancellario multorum et ut plurimum eorum confessione propria evidenter innotuit; quorum quidem malitiæ, ne immoderatius excrescat, expedit obviare,—Ex unanimi consensu Universitatis Magistrorum, *ordinatum est et strictissime inhibitum,* ne quis jurisdictione Scholaris vel laicus, serviens, vel alius quicumque cum eis aut eorum uxoribus aut servientibus emendo vel vendendo quocumque colore communicare præsumat. Si quis autem hujus

The penalties for doing so specified.

ordinationis transgressor extiterit, si convictus fuerit, tanquam fovens adversantes privilegiis et libertatibus

Universitatis, ab agendo coram judicibus repelletur,[1] ad gradum honoris vel officii ulterius nullatenus admittetur; si serviens fuerit, statim a servitio expelletur; si alius de jurisdictione quicumque, ab Universitate, cum indignarit,[2] minime protegatur, nisi sic communicantes proprio juramento affirment quod ignoranter hoc fecerint, vel causam expresserint, quæ a Cancellario et Procuratoribus, vel saltem a Cancellario et altero Procuratorum tanquam rationabilis admittatur.

Hanc autem ordinationem Universitas[3] fore censuit duraturam, quousque satisfactio de gravaminibus multiplicibus per eos tam Universitati quam Scholaribus, contra quos deliquerant, Cancellarii et Magistrorum gratiam meruerint obtinere.

Monet[4] etiam dominus Cancellarius, sub pœna excommunicationis, quod si qui nomina talium sciverint, qui de jurisdictione Universitatis modo præmisso cum dictis malefactoribus, uxoribus, aut servientibus eorum communicare præsumpserint, vel de talibus probabilem suspicionem habuerint, quod domino Cancellario quam citius poterint indilate revelent.

Those who know others to have offended in this matter shall inform the Chancellor thereof.

Item, quum bona dictorum malefactorum ad satisfaciendum Universitati et his quos læserunt sufficere non creduntur, in bonis eorum, si quæ in manibus Scholarium vel alicujus de jurisdictione Universitatis inventa fuerint, auctoritate domini Cancellarii sequestrum imponimus, ut sic saltem plenior securitas habeatur.

The goods of the said townsmen are sequestered.

Item, strictissime inhibemus auctoritate domini Cancellarii, ne quis personis nominatis violentiam aliquam faciat[5] vel fieri eisdem procuret, sub pœna carceris eis diutissime infligenda.

Scholars are to abstain from personal violence towards them.

---

[1] *repellentur*, D.

[2] *indignerit*, A. and D.

[3] *Universitatis*, D.

[4] *Nomina et monet*, A. and D. The names of the proscribed persons plainly followed here in the original document, and then, *et monet dominus, &c. &c.*

[5] *faciatur*, MS.

Memorandum, quod hæc ordinatio, sicut frequenter prius contra alios, erat executioni mandata[1] anno Domini millesimo quadringentesimo vicesimo nono, contra Johannem Herberfield, draper, Aldermannum villæ Oxoniensis, Willhelmum Gholdsmyth, burgensem ejusdem, Willhelmum Franklyn, piscarium, Johannem Walker, brasiatorem, ballivos villæ Oxoniensis, et Michaelem Nortone, rememorissarium [*villæ*] Oxoniensis, per Magistrum Thomam Chace, sacræ paginæ professorem, et ad tunc Cancellarium [*Universitatis*] Oxoniensis, qui burgenses ad mandatum Cancellarii . . . . separati a communione Scholarium [ac etiam omnium] aliorum de [jurisdictione Cancellarii] existentium a decimo die Octobris usque ad futurum—[2]

B. 72.
C. 62.

The order to be observed in appealing from the sentence of an inferior court to that of a superior in the University.

De appellationibus.[3]

Item, statuit Universitas, virtute privilegiorum [papalium][4] et episcopalium ac compositionis cum Archidiacono Oxoniæ, quod nulla causa spiritualis interius terminabilis debet trahi ad extra, neque in ea fiet exterius quomodolibet appellatio, nisi fuerit bis vel semel infra Universitatem in eadem legitime appellatum et prosecutum, bis videlicet, primo a Cancellario ad congregationem Regentium, et secundo ab ipsa congregatione ad magnam congregationem Regentium et Non-regen-

---

[1] *mandatum*, MS.

[2] The remainder of this *memorandum* has been so much obliterated (this time apparently in the interests of peace and quietness) as to be almost entirely illegible. Under the thick stains the name of the Chancellor (Thomas Chace), when this statute was put in force (as several times before against other offenders), is faintly discernible, together with a few other words; some one who has had charge of the MSS. has endeavoured to supply the lost *memorandum* on an inserted slip of paper. His writing appears to be of the 17th century; the words despaired of then are of course more desperate now.—Ed.

[3] This statute does not occur in A., and the title of it is put before the next statute in that MS.; there is no title in C., where the statute occurs in a different handwriting, but not of modern date.

[4] Written over an erasure in B.

tium; semel videlicet a congregatione Regentium ad magnam congregationem Regentium et Non-regentium; et, si unica aut bina appellationis usitatio juridice, ut præfertur, interponatur, pars sentiens se gravatam ab ultima prædictarum congregationum immediate et proximo ad [domini Papæ][1] audientiam valet appellare, et non ad alterius judicis infra regnum audientiam, parte sic appellante ad extra, cum omni persona ipsi in ea parte adhærente, interim punienda: verum, si Regens fuerit, ab omni congregatione Universitatis et actu scholastico penitus sit seclusus, et, si Non-regens fuerit, ab omni actu scholastico suspendatur, et sive uno modo se habeat sive alio, privilegiis non gaudeat Universitatis quousque ordinationi Universitatis reddiderit se conformem, aut quousque negotium sit per sapientiam [Sanctissimi domini nostri Papæ][1] omni modo[2] sopitum, cum aliis pœnis per arbitrium Universitatis multifarie puniendus.

From the University a party aggrieved may appeal to the Pope, but he shall in the meantime submit to the punishment awarded by the University.

[3] *Perturbantes pacem, coram Cancellarium comparere recusantes, pœna bannitionis puniantur.*

A. 59. B. 76. C. 56. D. 16.

Solent autem pacis perturbatores, fugam post commissum facinus ineuntes, ut certo die coram Cancellario compareant, per scholas omnes publice sub pœna bannitionis vocari: qui, si detrectaverint[4] comparere, pœna bannitionis non immerito percellantur.

Banishment of turbulent persons.

De conflictibus.

A. 42.

Nota, quod inter Universitatem et villam Oxoniam fuerunt tres graves dissensiones ante hoc, videlicet, anno regis Henrici tertii quadragesimo octavo, annoque Do-

Of the three great conflicts between the University and the town.

---

[1] erased in B.
[2] *omnino*, C.
[3] This statute is one with the preceding in A., and has no separate title as in B.
[4] *detrectaverunt*, B.

mini millesimo ducentesimo quatuordecimo, quam per compromissum terminavit quendam episcopus Tusculanus, legatus sedis Apostolicæ, de cujus dissensionis maleficiis idem Rex fecit perdonationem Universitati, et dedit ei privilegia multa in causis ubi una pars erat Scholaris seu ejus serviens. Secunda erat anno Regis Edwardi primi decimo octavo, quam idem Rex terminavit concedendo Universitati custodiam pacis, custodiam assisæ victualium, supervisionem mensurarum et ponderum, conjunctim cum Majori villæ, ubi Major illas solum per se prius habuit in municipio Oxoniæ, cum aliis multis privilegiis. Tertia erat anno regni Regis Edwardi tertii tricesimo, satis periculosa, quam Rex per compromissum finivit, concedendo Universitati custodiam pacis tam inter laicos quam Scholares, excluso Majore a custodia pacis inter Scholares. Concessitque Universitati custodiam aliorum prærecitatorum, et supervisionem pavimenti per se et in solidum, et alia nonnulla privilegia satis magna, quæ alii Reges successores sui post ampliaverunt: dictamque litem anno Domini millesimo trecentesimo quinquagesimo septimo, præcedentibus Majori excommunicationis,[1] interdicto lato in Majorem et communitatem villæ Oxoniensis, Johannes Episcopus Lincolniensis sedavit.

A. 8. *Of the preservation of the peace between Northern and Southern Scholars.*

Item, statutum est, quod nullus Magister nec Scholaris inter Australes et Boreales pacem concordiam[que] impediat nec amorem; neque, si quæ dissensio inter illos, tanquam inter nationes diversas, quæ in veritate diversæ non sunt, exorta fuerit, illam foveat[2] penitus vel accendat, nec conventiculis intersit, nec eisdem expresse

[1] Such is the reading in the MS., probably the words should be *præcedente Majoris excommunicatione.*

[2] *fovet*, MS.

vel tacite consentiat, sed ea potius, modis quibus poterit, impediat juxta posse.

De Contumacia.[1]

C. 52.

A list of the names of contumacious persons shall be kept by each judge, and sent every week to one of the Proctors.

Quantum ad contumacias sic *est ordinatum*, quod quilibet judex arctetur ad inserendum in aliqua schedula personas contumaces, et pœnas pecuniarias eisdem contumacibus arbitrio judicis inflictas, et diem condemnationis, et mittet alteri Procuratorum in fine septimanæ suæ; habeat etiam serviens Universitatis schedulam consimilem, et tunc Procurator præcipiat servienti quod pecuniam illam levet et expetat[2] cum effectu.

Repeal of a provision of the foregoing statute.

Abrogatum[3] *est hoc statutum* per statutum contrarium editum in magna congregatione Regentium et Non-regentium anno Domini millesimo quadringentesimo decimo quinto, ante festum Natalis Domini, existente Cancellario Magistro Wilhelmo Barowe, decretorum doctore; in quo statuto cavetur quod contumaciæ pecunia cedet . . . . . in commodum subbedelli facultatis artium pro perpetuis temporibus in futurum.

S. Scholastica.

The Scholars are to abstain from personal violence

Inhibet dominus Cancellarius, sub pœna incarcerationis, ne quis Scholaris aut alius molestiam inferat

[1] This title is from B. There is no title in A. in the original MS., but one is added in a later hand:—*De nominibus contumacium inserendis in schedula.* The whole statute is blotted and almost illegible in A., where it occurs in a wholly different place, in a hand considerably later than that of the majority of the MS. In B. and C., from whence the text is supplied, the statute is placed at the end of *Consuetudines discussæ in præsentia domini,* &c. See p. 41 supra.

[2] *expectat,* B.

[3] This note is appended in A., and, being of a rather darker coloured ink, is faintly legible under the large blot which effaces the statute to which it refers.

or annoyance of the townsmen on their coming to and attendance at the mass in S. Mary's church on S. Scholastica's day.

aut gravamen alicui laico communitatis villæ Oxoniæ in festo S. Scholasticæ virginis, in veniendo ad ecclesiam Beatæ Mariæ ad missam anniversarii ipsi communitati per dominum Lincoln: injunctam, seu ibidem missæ interessendo, vel ab ipsa missa redeundo, quominus ad dictam missam audeat accedere; qui vero contrafecerit pœna carceris diutina punietur. Hæc inhibitio singulis annis de cetero proxima die legibili ante dictum festum S. Scholasticæ per singulas scholas publice proclametur.

A. 63.
C. 31.
D. 21.

De Armis Convictorum.[1]

All weapons received by the Chancellor shall be delivered by him to the Proctors.

Statutum est etiam, pro commodo Universitatis, quod omnia convictorum arma, sive defensiva sive[2] offensiva fuerint, postquam ea receperit Cancellarius, Procuratoribus vel eorum alteri liberentur, qui de ipsis vel portione[3] eorumdem, una cum aliis receptis ab ipsis, Universitati fidelia ratiocinia reddere teneantur; quod si in computo Procuratorum post Pascha liquere poterit coram judicibus, evidenter testificantibus Procuratoribus, quod Cancellarius toto anno præcedente circa punitionem perturbatorum pacis, juxta consuetudines et statuta, diligens fuerit, nec ratione hujus statuti vel aliter contra dictas punitionem rebellium et exactionem armorum taliter commissorum remissus, tunc pecuniæ de armis levatæ vel levandæ altera medietas in Cancellarii cedat usus, propter fidelem diligentiam circa pacis custodiam appositam[4] et alia onera quæ supportat; reliqua vero medietas in usum Universitatis totaliter convertatur. Quod si negligens vel remissus coram judicibus præfatis apparuerit in præmissis, in usum Universitatis integra summa pecuniæ de armis

If at the end of the year the Chancellor be found to have done his duty, he shall have one half of the value of the said weapons, the other half shall go to the University.

[1] The title is from C.
[2] *vel*, A.
[3] *portio*, MS.
[4] *appositam* inserted in C.

levatæ vel levandæ illo anno commissis, absque divisione aliqua,[1] sit conversa.

Si causa violentiæ et alia connectantur, in causa violentiæ non cedat, sed in alia.[2]

B. 73.
C. 53.

Statutum etiam antiquum,[3]—quo cavetur quod in causis violentiæ non valeat appellatio, sed valeat in aliis causis; quod si causa violentiæ et alia causa connectantur, in causa violentiæ non valeat appellatio, in aliis tamen causis effectum nihilominus sortiatur,—die et anno præmissis[4] *interpretationem* per totam Universitatem *recepit subscriptam:* quod in omnibus causis coram domino[5] Cancellario vel ipsius commissario ventilatis, sive procedatur ex officio, sive ad instantiam partis, et hoc licet Universitas pars fuerit,[6] valeat ipsa Universitas, si gravetur, per Cancellarium vel suum commissarium procedentem ex officio, vel ad instantiam partis, ac quicunque alii vel alius, qui se senserint vel senserit gravatum vel gravatos, præterquam in causa perturbationis pacis, ad Regentes, et ulterius ad Regentes et Non-regentes, sive a[7] diffinitiva sive a gravamine appellare, ne sic, propter defectum justitiæ in Universitate aut illorum impotentiam, quibus expensæ non sufficiunt ut extra remedium acquirant, pauperes vel alii in judicio sint oppressi.

Any one may appeal from the sentence of a judge to congregation, except a case of violence.

Contra suspectos de perturbatione pacis.[8]

A. 58.
B. 75.
C. 55.

Circa suspectos de perturbatione pacis[9] hoc modo procedendum est: vocandus est per servientes suspec-

The course to be pursued by the Chancellor in

[1] *aliqua* omitted in C.

[2] Title from B., absent in A.

[3] *est*, B.

[4] No date; it is evident here, as from many other circumstances it appears, that the statutes have been copied from older sources.

[5] *domino* omitted in A. and D.

[6] A. omits *fuerit.*

[7] *ad*, D.

[8] *de perturbatione pacis*, omitted in C.

[9] *pacis Universitatis*, A. and C.

dealing with persons suspected of being turbulent.

tus; si comparuerit, proponatur a Cancellario causa propter quam est vocatus; si confiteatur vel convincatur, exigatur ab eo cautio idonea quod de cetero pacifice stabit in municipio, et jurabit quod nec per se nec per alium perturbabit [1] pacem Universitatis; si infitiatur, nec fuerit probatum, indicatur ei purgatio: in qua, si defecerit, fiat ut prius; quod si nec cavere nec jurare voluerit, ejiciatur a municipio donec caverit vel juraverit, ut prædictum est; si [2] notorium fuerit quod sit pacis perturbator, vel ad querelam alicujus convictus, antiqua statuta serventur; si vero contumax fuerit, si possit deprehendi, capiatur,[3] nec liberetur ad [4] alicujus vel aliquorum instantiam, donec idonee secundum arbitrium Cancellarii caverit.

Quod Procuratores habeant nomina alias convictorum.

Lists to be kept by the Proctors and Bedels of the names of persons convicted and imprisoned.

Quoad pœnas incarceratorum sic *est ordinatum*, quod Procuratores habeant nomina alias convictorum penes se, sicut habet Cancellarius, et etiam servientes nomina incarceratorum scribant, et quoties incarcerati fuerint Procuratoribus fideliter intiment,[5] ita quod de quocunque incarcerato per Procuratores inquiretur si inter alios convictos inveniatur; et sic levetur pœna commissa de incarcerato antequam liberetur, vel saltem exponat cautionem fidejussoriam vel pignoratitiam ut solvat infra octo dies.

B. 74.
C. 54.

De convictis super pacis perturbatione.

Those convicted of turbulence, whether Townsmen or Scholars, shall be instantly imprisoned;

Provisum est et statutum, de communi consilio totius Universitatis, ad perpetuæ pacis observationem et studii tranquillitatem, quod si clericus vel laicus super pacis

---

[1] *turbabit*, A. and D.

[2] *vero* inserted by a later hand in A. only.

[3] *et incarceretur* is added in A. by a later hand.

[4] *ad* omitted, B.

[5] *insinuent*, C.

perturbatione, videlicet,[1] armis percutiendo, seu arma extrahendo, vel armatos congregando, verbis minas inferendo corporales, summarie fuerit detectus per rei evidentiam, per inquisitionem, seu per propriam confessionem, seu per assertionem fide-dignorum, statim capiatur[2] et in carcerem detrudatur, nec liberetur quousque idoneam invenerit cautionem pro qualitate suspicionis, ad arbitrium[3] eum suspicientis duraturam pignoratitiam vel fidejussoriam, de stando pacifice et parendo juri sub certa pœna, secundum qualitatem delicti et gravitatem personæ cui fit molestia,[4] ad arbitrium Cancellarii[5] statuenda et Universitati præstanda, ad usus publicos ejusdem Universitatis, nullo modo remittenda si semel fuerit commissa. Et, quia multitudo sæpe parit discordiam, talis erit forma ejusdem liberationis: Veniat Magister suus, qui dicat, in fide qua tenetur Universitati, ipsum esse Scholarem suum scholas exercentem secundum statuta Universitatis, cum pignore[6] vel duobus vel tribus vel quatuor fidejussoribus ad plus, secundum quod sint sufficientes ad pœnam taxatam, ad tractandum de ejus liberatione; et in majori numero si venerit, non audietur; et captus interim pœnam carceris patiatur, quousque Magister suus venerit in forma prænotata. Et, si talis sit delinquens captus, qui prædictam formam non vult vel non potest observare, pœnam carceris sustineat, vel relegationis, secundum qualitatem delicti; ita [ut][7] quod non possit facere in bursa faciat in corpore.[8] Eadem forma captionis et liberationis servetur in laico, hoc excepto, quod loco Magistri veniat aliquis fide-dignus pro eo.

and shall find sureties that they will keep the peace for the future.

The liberation of a Scholar so imprisoned shall not take place without the presence of his Master and three or four sureties.

---

[1] Here is an erasure, but the word seems to be *videlicet*, B.; *re videlicet*, C.

[2] *capiatur* omitted in C., and written by a late hand over the line.

[3] *et arbitrio cam suscipientis*, C.

[4] *cui fit molestia*, omitted in C.

[5] *et arbitrio domini Cancellarii et ejus commissarii*, C.

[6] *pignore cum*, C.

[7] *ut*, omitted in MSS.

[8] *bursa* repeated before *corpore*, C.

B. 79.
C. 49.

De interdictione ementium ad opus regratariorum, et de juramento mancipiorum.

Every term the Principal of every hall shall require the servants to swear that they will not purchase victuals for the purpose of re-tailing them, &c.

Ordinatum est per Cancellarium et per totam Universitatem, quod[1] quilibet Principalis, seu locum ejus tenens, sub pœna excommunicationis, in principiis singulorum terminorum, faciat omnes servientes suos coram comitiva sua jurare, quod bene et fideliter deservient comitivæ suæ et singulis de eadem, et quod non emant aliqua victualia ad retallium sub quocumque colore, sed ad fidele opus Magistrorum et Scholarium quibus deserviunt; et quod non ement aliqua[2] victualia ad opus alicujus regratarii, nec aliquorum regratariorum; et si quos tales sciverint aut noverint,[3] seu aliquos ementes ante horam nonam aliqua victualia, sive in villa, sive extra villam versus villam venientia, ad retallium, quod domino Cancellario denunciabunt. Quod si aliquis serviens contra ista venerit, ex tunc habeatur inhabilis ad deserviendum in officiis Scholarium.

Item, ordinatum est per eosdem, quod nullus Scholaris sub pœna excommunicationis, emat aliqua victualia, nec aliquorum victualium emptiones procuret, ad opus alicujus regratarii.

A. 81.
B. 79.
C. 48.

Quod mancipium non potest esse Principalis; nec inhabitator alterius domus.[4]

No servant, even though he be also a Scholar, may under any circumstances be Principal of a hall.

Est insuper ordinatum, quod nullum mancipium vel famulus Scholaribus deserviens, etiam etsi Scholaris fuerit, principalitatem, seu inhabitationem domus in qua deservit, seu alterius, dum mancipium est, quoquo modo

---

[1] *quod* omitted in C.
[2] *aliqua* repeated in C.
[3] *noverit*, B.
[4] The latter half of this title is not in B. or C. The order of these statutes is reversed in A.; they are of the oldest writing in the MS., probably not later than 1350.

habere possit; et, si contra inventum fuerit, domus vacans eo ipso habeatur, et contraveniens arbitrio Cancellarii et Procuratorum, quatenus ultra demeruerit, puniatur.

Ordinatio[1] *de salario mancipiorum.*

The wages paid by Scholars to their servants shall vary according to their weekly expenses.

Quoniam ob præcipuum favorem studentium et odium malignantium communis Scholarium utilitas privato mancipiorum commodo dignoscitur præferenda, ut Scholares impotentes, per quandam obsequii mancipiorum suorum licitationem, a potentioribus sociis suis, ultra debitum æquitatis mancipiis pro servitio solventibus, nullatenus in posterum prægraventur, deliberatione Regentium et consensu[2] unanimi *est proinde ordinatum,* quod Magistri et Scholares in artibus, qui bursam in septimana ponunt in communi usque octo denarios inclusive, majori famulo suo tres denarios, et minori unum; in legibus etiam majori quatuor, minori duos dare in termino teneantur. Qui vero ponunt in bursa usque ad duodecim denarios inclusive, si sint artistæ, majori quinque denarios et minori duos denarios; si autem legistæ, majori sex denarios, minori tres denarios: et qui ultra duodecim denarios usque octodecim inclusive, alteri octo denarios et alteri tres denarios, et non ultra, teneantur solvere; et ad hoc, si necesse fuerit, compellantur, nisi fortassis pro minori stipendio cum famulis poterint convenire: et qui contrafecerit, si Magister fuerit vel Scholaris, bursam suam unius septimanæ communitati in qua moratur, ubi et hoc facere præsumpsit, refundere debet; si mancipium vel famulus, et super hoc convictus fuerit, a suo ibidem servitio excludatur; et si ad hoc fuerit assuetus, Cancellarii et Procuratorum arbitrio severius arctetur.[3]

---

[1] *Statutum*, A.
[2] *concensu*, B.
[3] *arceatur*, MS.

NOTA PRO STATUTO AULARUM IN OXONIA.

Ex privilegiis Universitatis in tempore Edwardi primi concessis.

The Chancellor may dispense with the statutes of the halls,

Nullum statutum aulare in Oxonia liget nec obliget aliquem de aula si Cancellarius contradicat: et tunc etiam concessum fuit Cancellario Oxoniæ in perpetuum ut ipse licite possit declarare, modificare, et renovare statuta aularia studentium in Oxonia, et nova statuta ex officio suo in aulis statuere, quotiens expediens Cancellario visum fuerit; et istud privilegium concessum fuit Cancellario quod olim Principales aularum et Scholares fecerunt statuta derogantia officio et potestati Cancellarii. Unde, hac de causa, datum fuit Cancellario prædictum privilegium.

and may make others in their stead.

A. 38.

NOTA CANCELLARII: FORMA PRIVANDI MALUM PRINCIPALEM A SUA PRINCIPALITATE CUJUSCUNQUE AULÆ IN OXONIA.

The form of deprivation of a Principal of a hall.

Nos, Cancellarius Oxoniæ, te, N. N. etc. privamus nunc et pro futuro a principalitate aulæ N. in Oxonia, et a quacunque principalitate futura in quacunque aula Oxoniæ, propter perturbationem pacis, vel propter perjurium tuum, de quo convictus es vel notorie cognitus.

Et nota, quod nullus potest appellare a sententia Cancellarii in causa perturbationis pacis, ut patet in privilegiis regum concessis Cancellario et ejus commissario generali.

C. 64.

MODUS BANNIENDI.

The form of banishment from Oxford.

Modus banniendi homines sive mulieres. A. B. C. D., sub enormi perturbatione pacis sæpius convictos, ac, juxta modos et formam in hac Universitate fieri consuetos, rite citatos, præconizatos, legitime expectatos, nullo modo comparentes, sed juri parere comtumaciter recusantes, propter suas contumacias pariter et offensas bannimus ab hac Universitate, et a locis vicinis, monentes primo, secundo, et tertio peremptorie, quod nullus prædictos A. B. C. D. infra istam Universitatem aut præcinctum ejusdem recipiat, foveat, aut defendat, sub pœna incarcerationis, et sub pœna excommunicationis majoris in omnes contravenientes non immerito fulminanda.

LITERA PRO MAGISTRIS ET GRADUATIS. A. 39.

The form of the testimonial letter given by the University to Masters being also graduates in other faculties.

Universis sanctæ matris Ecclesiæ filiis ad quos præsentes literæ pervenerint, Radulphus Redruth, Cancellarius Universitatis Oxoniæ, salutem in Domino sempiternam.

Consideratis et . . . præclaræ probitatis meritis nobilis viri Magistri A. de B., Magistri in artibus, juris civilis Bacallarii, ac licentiati in decretis, quem nedum experientia quotidiana noverimus morum honestate et scientiæ claritate multipliciter insignitum, verum etiam ex Magistrorum nobis in hac parte juratorum legitima depositione, reperimus in Universitate nostra debitis studendi et legendi temporibus commorando, et literarum studio actualiter insistendo, a festo S. Michaelis anno Domini millesimo trecentesimo nonagesimo . . . usque ad diem confectionis præsentium, se bene et laudabiliter habuisse, atque per operosæ sollicitudinis studium et lecturam sibi et aliis ibidem studentibus quam plurimum profecisse, merito inducamur ut ipsius personam et gestus nostro communi testimonio in publicum commendemus; idcirco eidem Magistro A. de B. super conversatione honesta, mora, et continuatione studii fructuosi, pro toto tempore supradicto, testimonium perhibemus per has literas nostras patentes, sigillo officii nostri impressione munitas.

Datum Oxoniæ, vicesimo . . . . anno Domini trecentesimo nonagesimo primo.

The same for a Non-graduate.[1]

For non-graduates.

Universis Christi fidelibus præsentes literas inspecturis, Radulphus Redruth, Cancellarius Universitatis Oxoniæ, salutem in Eo qui est omnium una salus.

Pium est ac meritorium veritati testimonium perhibere; hinc est quod nos omnibus quorum interest innotescimus per præsentes, quod J. de P., Scholaris in jure civili per triennium proximo jam elapsum et amplius, usque ad diem confectionis præsentium in nostra Universitate prædicta studiorum causa continue moram traxit, actus scholasticos, prout eum decuit, audiendo, studendo in facultate prædicta, et alias exercendo, semperque laudabiliter et honeste se habuit conversando, prout per virorum fidedignorum testimonium, in hac parte juratorum et magis expertorum, didicimus, et ex aliis evidentiis certi sumus. Ne igitur, calumniantium invidia aut hora insidiantium malitiose captata, status ejus hujusmodi possit aliquis in dubium revocare, has literas nostras testimoniales super præmissis omnibus sigillo officii nostri supradicti fecimus communiri.

Datum Oxoniæ, tertio decimo die mensis Januarii, anno Domini millesimo trecentesimo nonagesimo primo.

A. 80.

LITERÆ TESTIMONIALES.

Another form of letters testimonial for Masters of Arts.

Universis sanctæ matris Ecclesiæ filiis ad quos præsentes literæ pervenerint, Cancellarius Universitatis Oxoniensis, cœtusque Magistrorum ejusdem unanimus, salutem in Domino sempiternam.

---

[1] No title in MS.

Cum juxta sententiam veritatis accensa lucerna non sit[1] modio supponenda, sed super candelabrum erigenda, ut omnibus qui in domo Domini conversantur clarius elucescat, [hinc est quod][2] morum venustatem, scientiæ claritatem, ac odoriferam famæ suavitatem eorum qui inter nos [efficacius][2] profecerint[3] ad communem fidelium notitiam ferventius cupimus pervenire, quo conversationis suæ maturitas, et laboris [et studii][2] assiduitas, ad Dei laudem, proximorum salutem, Ecclesiæque sanctæ profectum evidentius tendere dignoscantur; vobis itaque patefacimus per præsentes, quod clarissimus[3] Magister, confrater Magister N. de B., in dicta Universitate nostra facultatis talis studio insistendo bene, honeste, ac pacifice conversatus, actibus scholasticis sufficienter probatus, ac Magistrorum depositione laudabili solemniter approbatus, ad prǽeminentiam magistralem in dicta facultate honorifice meruit exaltari, et post, velut lucerna a luce vera divinitus illustrata præclaræ doctrinæ radiis auditores illuminans, formam suæ lecturæ laudabiliter continuando complevit, [si sit Regens][2] vel laudabiliter [si sit Non-regens,][2] prout per Magistros et alios fidedignos coram nobis juratos et individualiter examinatos, ac per notitiam propriam una cum communi fama celebri referente, plenam recepimus veritatem. Unde, ne calumniantium invidia seu insidiantium excogitata malitia tantæ profectionis et honestatis lux splendida pereat, quin potius cedat aliis in lumen et exemplum et latius diffundatur, ad sui recommendationem et testimonium omnium præmissorum, eidem Magistro N. de B., consocio et confratri nostro, has literas testimoniales sigillo communi Universitatis nostræ fecimus consignari.

Datum Oxoniæ, etc.

---

[1] *est*, MS.

[2] Here there are erasures in the MS.

[3] *Profecerunt*, MS.

A. 31.

Modus testificandi pro quocunque honesto graduato.

Another form of letters testimonial for a graduate.

Universis sanctæ matris Ecclesiæ filiis ad quos præsentes literæ pervenerint, Cancellarius Universitatis Oxoniensis, cœtusque ejusdem Magistrorum unanimus, salutem in Domino sempiternam.

Cum non deceat honestæ conversationis lucernam occultari sub modio, sed potius his qui in domo Domini sunt in aperto lucescere, ut fidelibus in exemplum, idcirco vitæ laudabilis gloriam eorum qui inter nos disciplinis scholasticis, laboriosis studiis diutius insistebant, ad communem hominum notitiam eo ferventiori desiderio cupimus pervenire, quo nonnullos credimus ea occasione ad majoris honestatis gloriam invitari; quia igitur Magister N. de D., nostræ congregationis confrater, talis facultatis Magister vel Doctor, actu regens, inter nos moribus et scientia sic profecit quod tam sancte quam honeste inter socios conversando in omnibus præbuit veritatis exemplum, ne calumniantium invidia, hora malitiose captata, tantæ honestatis splendor mendaciorum nebula obfuscetur, ad recommendationem dicti nostri consocii pleniorem, eidem super præmissis has literas testimoniales sigillo communi nostræ Universitatis fecimus consignari.

Datum Oxoniæ, etc.

C. 100.

Forma Literæ quæ vocatur "Significavit."

The form of letter called "*Significavit.*"

Serenissimo principi ac domino Henrico, Dei gratia regi Angliæ et Franciæ, etc., subscriptus, si placeat, humilis clericus Ricardus de R., Cancellarius Universitatis vestræ Oxoniæ, omnimodam reverentiam et honorem. [*vel sic*, et regni sui regimen secundum juris tramitem diutinis temporibus in pacis pulchritudine feliciter gubernare.]

Serenissimæ, [vel metuendissimæ, vel excellentissimæ][1] vestræ regiæ majestati patefacimus per præsentes, quod R. de C. nostræ jurisdictionis, propter suam manifestam offensam, vel propter suas multiplices contumacias pariter et offensas, coram nobis, ad instantiam cujusdam R. de S., majoris excommunicationis sententia auctoritate nostra innodatus existit, in qua per quadraginta dies et amplius animo perstitit involutus damnabiliter pertinaci, et hucusque persistit, claves Ecclesiæ nequiter contemnendo, ac pro excommunicato publice ac solemniter denunciatus intra missarum solemnia, ut est moris. Cum igitur sancta mater Ecclesia non habeat ultra quid faciat in præmissis, vel in hac parte, vestræ regiæ celsitudini humiliter supplicamus quatenus, ad ipsius excommunicati rebellionem salubriter reprimendam, in eum exercere dignemini auxilium brachii sæcularis, ut, quem Dei timor sponte a malo non revocat, severitas coerceat custodiæ carceralis. [*vel sic*, quatenus ad ipsius malitiam et contemptum arctius coercendum secundum, etc., dignemini extendere vestræ regiæ majestatis.]

In cujus rei testimonium, etc. Datum Oxoniæ, etc., anno Domini millesimo, etc., et regni vestri, etc. vestram regiam majestatem, etc.

De iis qui debent habere literas Universitatis.

A. 104.
B. 59.
C. 28.
Who are entitled to letters of "acquittance,"

Memorandum est, quod ordinatum est ex unanimi consensu, quod quisque[2] Magister in quocunque officio Universitatis constitutus habeat literas aquietanciæ,[3] juxta formam registri, cum constiterit eum legitime reddidisse computum suum super receptis coram auditoribus ad idem computum audiendum per Universitatem deputatis modo consueto, et hoc indistincte est ordinatum

---

[1] *vel excellentissimæ* repeated in MS.

[2] *quilibet*, B. and C.

[3] *literas Universitatis*, B.

tam de Procuratoribus Universitatis quam de aliis Magistris cistas custodientibus.

and letters testimonial.

Item, statutum est, quod nullus habeat literam Universitatis testimonialem, nisi secundum status sui exigentiam, de cujus etiam moribus et scientia fideliter poterit constare.

C. 25.

DE FORMA ET TEMPORE RECITANDI ROTULOS.[1]

A list of the names of all their Scholars shall be kept by the Masters whose schools they attend, and this list shall be read out in the schools three times a year.

Ordinatum est per totam Universitatem, quod nomina omnium Scholarium notorum et ignotorum in rotulis Magistrorum suorum contineantur, et quod ille rotulus ter per annum,[2] in initio cujuslibet termini, in scholis publice recitetur, et in quolibet termino quilibet Magister recitet ter in scholis suis rotulum suum, ut ad exclusionem falsorum fratrum appareat qui Scholares veraces fuerint et continui; et qui extra rotulum inventus fuerit, vel etiam in rotulo, scholas tamen non frequentans, non speret se usurum privilegio[3] Universitatis, exceptis Bachilariis de novo incepturis. Causam istius constitutionis explanet[4] quilibet Magister in scholis suis.

Item, statutum est, quod illud, quod ab antiquo fuerit ordinatum et registratum, scilicet, *quod quilibet Magister habeat nomina Scholarium suorum, &c.,* quæ quidem ordinatio per quorumdam negligentiam transiit in abusum, cum omni diligentia a Magistris cujuscunque facultatis de cetero observetur, et non-observantes tanquam transgressores statuti amodo puniantur.

A. 105.
B. 52.
C. 28.

DE NON-REGENTIBUS: PRIMO DE LOCO EORUMDEM.

Non-regents shall have good seats in the schools.

Ordinatum est, quod ex ordinatione Cancellarii et Procuratorum annuatim per scholas proclametur, quod

---

[1] Title not in C.
[2] *per totum annum*, C.
[3] *privilegiis*, C.
[4] *declaret*, C.

Non-regentes in quacunque facultate [1] in omnibus scholis habeant loca honesta juxta status sui exigentiam; et istud fiat sub pœna secundum arbitrium Cancellarii et Procuratorum non-curantibus infligenda. Magister autem [2] quilibet et serviens curent quod istud diligentius observetur.

Ordinatum est, quod Non-regentes in quacumque facultate loca viciniora facultati suæ conditionis habeant in inceptionibus, et istud fiat secundum discretionem Procuratorum, servientibus ad hoc diligenter, prout decet, ministrantibus.

They shall sit next to [the Regents of] their respective faculties.

Ordinatum est, quod judices omnes Non-regentes honorent et collocent secundum quod exigit eorum status.

Quod Non-regens habeat crucem Universitatis in funeratione sua.

Ordinatum est, si contingat Magistrum non-regentem in fata discedere,[3] quod habeat crucem Universitatis et pannos honestiores [4] in exequiis et in [5] delatione corporis, si tempus sit serenum, et in missa,[6] quorum custodiæ intendat serviens illius facultatis cujus fuerit auditor Magister defunctus.

Of the funeral honours to be paid to Non-regents.

De funeratione Regentium.

B. 64.
C. 29.

Ordinatum est, quod quandocunque contingat funeratio alicujus Regentis, quod Magistri omnes et singuli cessare a lectione ordinaria teneantur.

When the funeral of a Regent takes place all Masters shall discontinue their lectures.

---

[1] *facultate,* omitted in C.
[2] *etiam,* B. and C.
[3] *descedere,* MSS.
[4] *honestatis,* B. and C.
[5] *in* omitted in B. and C.
[6] *in missam,* B.

De habitu et tonsura Regentium, et de caligis statumhabentium.

The dress of Regent masters, their tonsure,

Item, statutum est, quod Magistri regentes veniant ad congregationem in habitu et tonsura decenti, et ad omnes actus solemnes.

and boots.

Item, statutum est, quod Magistri regentes et nonregentes, et omnes alii statum in Universitate habentes, utantur nigris caligis vel nigro propinquis.

They shall sing at the masses and processions,

Legant etiam Magistri et cantent in solemnibus missis et processionibus secundum dispositionem Procuratorum.

De lectionibus legendis in exequiis.

and at funerals,

Consuetudo est, quod singuli Magistri in omni facultate, ad nominationem et dispositionem Procuratorum, in exequiis mortuorum legant lectiones, et versus canere teneantur.

De modo veniendi ad exequias.

at which they shall attend in the dress in which they read.

Item, tenentur ad exequias pro defunctis Scholaribus faciendis rite vocati [1] in habitu quo legunt adesse, unde die illo Magistri regentes in artibus post primam pulsatam lectionem aliquam ordinariam non possunt incipere.

Regents in canon law shall omit one of their lectures, in order to attend the funeral;

Item, Regentes in decretis duas lectiones legere non debent: sed, si duas voluerint in scholis legere, secundam legat,[2] sicut potest in facultatibus illis, aliquis de eorum Scholaribus. Post primam vero lectionem dicti Magistri, ad locum, quo pro defuncto Scholare officia humanitatis impenduntur,[3] venire non differant, ut saltem corpori sepeliendo pro solemnitate cum aliis circumstent, ad [4] quod omnes communiter maxime credimus

---

[1] *vocatis*, B.
[2] *legant*, A.
[3] *impediuntur*, B.
[4] *id*, A.; *quod ad*, B.

esse astrictos; nec istud eos debet gravare, quia, sicut alios Magistros ut[1] intersint exequiis suorum Scholarium ad eorum petitionem sibi volunt obligari, ita etiam in eodem eadem obligatione aliis teneantur. A. 104. B. 64. C. 29.

Item, in nulla facultate illo die debent Magistri disputare, nisi forte aliquis probabili causa ad hoc a Magistris in eadem facultate regentibus fuerit licentiatus, ad disputandum omnes consentiant. and no disputations shall take place on the day of such funeral.

De ordine sedendi in Domo Congregationis. B. 58.

Statuit Universitas *et decrevit*, quod in omnibus congregationibus aut convocationibus Magistrorum, Cancellarius locum teneat principalem in medio, deinceps ex utraque parte Cancellarii sedeant primo theologiæ Magistri, ex utraque parte theologorum sedeant doctores in decretis. Inde in lateribus domus congregationis sedeant alii doctores,[2] demum artium, singuli absque anterioris loci vindicatione, præter Procuratores, qui locum juxta Cancellarium antiquitus vindicarunt. The places of the several members in the house of congregation.

De funerationibus Magistrorum Regentium. A. 64. C. 29.

Item, quia specialioribus et honorabilioribus Magistris talia justum est impendi, [*ordinatum est* quod],[3] si Magistrum actualiter regentem viam universæ carnis contingat ingredi, communiter Magistri cujuscunque facultatis toti exequiarum servitio et etiam nocturnis vigiliis ad corpus defuncti Magistri præsentialiter[4] debent interesse, et psalteria sua humiliter et devote decantare. Masters of every faculty shall attend the funeral of a Regent.

---

[1] *ut* omitted in B.

[2] B. here adds *aliarum facultatum.*

[3] The words in brackets are added over the line in a later hand in A., and omitted in B.

[4] This word is lost in A.; supplied from B.

A. 104.
B. 51.
C. 23.

De modo veniendi ad vocationem Cancellarii.

The summons of the Chancellor must be instantly obeyed.

Item, ad vocationem Cancellarii pro negotiis Universitatis tractandis, vel etiam aliis causis rationabilibus, post horam sibi præfixam, non nimis in morando, sed quam cito sua facultas permiserit, tenentur venire, nec fictionem aliquam vel causam aliquam irrationabilem absentiæ adinvenire, ne quis eorum absentias contemptui vel arrogantiæ[1] excitetur ascribere.

De modo conservandi secreta Universitatis.

No one shall reveal the secrets of the University.

Item, secreta Universitatis, nisi pro loco et tempore, nemini debent revelare, nisi forte ei qui eisdem debuit interesse.

De conservatione libertatum Universitatis.

Item, libertates Universitatis tempore suo pro posse suo illæsas debent conservare.

C. 19.

De dimidia et integra communa solvenda.

A Bachelor on taking his degree shall pay half a *commons*, and a Master a whole *commons* to the University.

Ordinatum est, pro commodo et statu Universitatis, quod quicumque ascensurus[2] gradum Bachilarii in quacumque facultate, dimidiam communam suam Universitati solvat: qui vero honorem magistralem assumunt,[3] totam suam communam solvant Universitati, ad quod etiam tenentur religiosi possessionati.

---

[1] *errogantiæ*, C.
[2] *assensurus* MS.
[3] *assumaunt*, A.

FORMA CELEBRANDI CONGREGATIONEM NIGRAM, QUÆ SEMPER FIAT ANTE MAGNAM CONVOCATIONEM REGENTIUM ET NON-REGENTIUM.[1]

A. 10.
B. 7.

Facta congregatione solemni in aliquo die legibili, admonitos in illa habeat senior Procuratorum omnes Regentes ut Congregationi nigræ hora prima post meridiem intersint, [ut folio quinquagesimo septimo patet "*cum utile, etc.*,"][2] ad quam, cum pulsata fuerit quædam[3] parva campana, longo in[4] classico intrant Regentes, singuli artistarum[5] suis in capis nigris, domum Congregationis; sedentibusque Procuratoribus, scilicet in loco eminentiore,[6] a seniore eorumdem proponatur causa Congregationis,[7] viz., pro articulis proponendis de quibus tractare habet Congregatio magna Regentium et Non-regentium; deinde proponantur articuli ab eodem Procuratore sub hac forma :—Primus articulus,[8] "*Placeat Universitati, etc.*" Quibus aliquantisper pertractatis non tamen deliberatis, [ut [9] folio quinquagesimo nono "*memorandum, etc,*" gratiosis articulis expositis quæ continuo terminentur, uti folio quinquagesimo octavo, "*cum sit rationi,*" etc. Deinde] dissolvatur illa Congregatio. In crastino[10] mandat Cancellarius Congregationem fieri Regentium et Non-regentium[11] omnium facultatum, causa eligendi scrutatores in negotio: in hac

The form of holding *Black Congregation*, the time, the place. The manner of proposing the question to be discussed. The election of the examiners of the votes.

[1] This statute occurs in B. and C., and a late transcript of it in A. The title, as above, is from B.; that in C. is simply *Forma congregationis magnæ*.

[2] These words do not occur in C., they refer to a statute in B., which will be found on page 117.

[3] *quadam*, B.

[4] *in* omitted in C.

[5] *Artistarum* and *domum Congregationis* omitted in C.

[6] *scil. in loc. eminent.*, omitted in C.

[7] *Congregationis*, omitted in C.

[8] instead of *primus articulus*, C. reads *concedimus talia et talia*, omitting *Placeat Universitati.*

[9] *ut folio quinq. nono*, &c., omitted in C., down to *dissolvatur*, and other references are given to find the same statutes according to their place in C., for which see pp. 188 and 331.

[10] *vel post paucos dies*, added in C.

[11] *atque omnium*, &c., C.

electione [scrutatores vocum erunt seniores Non-regentes, unus borealis, alter australis, qua in electione solum][1] scribant Non-regentes cujuscumque facultatis et duos nominent in stantes, australem et borealem, ex Non-regentibus. Isti quidem sic electi, prius dato juramento consueto, nominent quatuor Non-regentes: hi quatuor tandem, dato corporali[2] juramento, accipient[3] a Cancellario articulos in scriptis, et continuetur in crastinum Congregatio. In crastino consimili Congregatione vocata,[4] ostensa causa Congregationis, scilicet pro articulis proponendis coram Congregatione,[5] mandat Cancellarius singulas facultates adire loca propria, proclamante Bedello—"*ad loca*"—"*ad loca.*" Maneant Non-regentes in choro; theologi in domo Congregationis; decretistæ in capella S. Annæ; medici in capella S. Catherinæ; legistæ in capella S. Thomæ; Procuratores suis[6] cum Regentibus in capella Gloriosæ Virginis; singuli tractaturi de republica et bono ejus, et quid extat in suis facultatibus reformandum sermocinantes. Interim coram Non-regentibus proponantur articuli a dictis scrutatoribus: deinde post paullulum redeant omnes in chorum, proclamatione prævia Bedelli, dicentis—"*Intretis, Magistri, intretis,*"—et sic in crastinum continuanda est hæc Congregatio. Idem modus per omnia in crastino observetur. In quinto die fiant consimilia; sed, dum manent in locis, scrutatores per singulas transeuntes facultates, cognita prius Non-regentium sententia[7] affirmativa vel negativa, dictos articulos in scriptis tractandos singulis facultatibus dare teneantur. Post aliquantulum temporis, accedentes et interrogantes an de responso prævisum fuerit, dicant tunc singulæ[8] facultates sic, vel ulteriorem petent[9] de-

---

[1] The words in brackets do not occur in C.

[2] *consimili*, C.

[3] *accipiant*, C.

[4] *habita*, C.

[5] *coram Non-regentibus*, C.

[6] *suis* omitted in C.

[7] *voluntate*, C.

[8] *singuli*, B.

[9] *petant*, C.

liberationem. Si paratum responsum omnes habeant, chorum intrent,[1] dictis scrutatoribus in medio stantibus,[2] dicente seniore, "*Isti sunt articuli,*" etc., palamque legat; perlectis articulis, sententiam Non-regentium paucis ostendet, sic inquiens: "*Isti articuli inter Non-regentes sunt concessi*[3] *vel negati.*" Deinde[4] et senior theologus, vel ipse Cancellarius si senior fuerit, deinde senior doctor cujuslibet facultatis pro sua facultate sententiam provulget: novissime senior Procurator pro facultate artium responsa dabit, et juxta sententiam majoris partis facultatum, si non conveniant, res illa procedat, facultate artium penitus non reclamante. Tunc[5] Cancellarius rei certum pronunciet et Congregationem dissolvat, vel si opus sit, concurrentibus causis,[6] continuetur per tempora.

Inserenda[7] sunt singula de novo edita, a Cancellario et Procuratoribus, suis in libris ut statuta, infra quindecim dierum spatium in perpetuam[8] rei memoriam: et in crastino Congregationis magnæ non legant Magistri, quia dies non-legibilis esse debeat omnino.

De lite sedanda inter Regentes.[9]

A. 109.
B. 57.
C. 32.

Any dispute or quarrel between the Masters shall be settled by congregation.

Statutum est, quod si contingat dissensionem aliquam gravem inter Magistros regentes oriri, ratione statutorum vel consuetudinum Universitatis, vel quovis alio modo, unde pax vel tranquillitas in Congregatione poterit perturbari, vel extra Congregationem scandalum de Universitate generari, statim per Cancellarium, si Procuratores noluerint, vel per Procuratores, si Cancellarius noluerit, infra duos dies fiat Congregatio Re-

[1] *intrent continuo*, C.

[2] *articulosque legentibus*, C.

[3] *concessæ vel negatæ*, C.

[4] *consimiliter et*, C.

[5] *pronunciat Cancellarius*, &c., omitting *tunc*, C.

[6] *concurrentibus aliis*, C.

[7] *Inseranda*, C.

[8] *perpetua*, C.

[9] The title is wanting in A., in which MS. this statute is written on a blank page in a late hand.

gentium, in qua[1] Magistrorum arbitrio rationabili prædicta briga totaliter sit sedata; et si quis ordinationi[2] Congregationis submittere noluerit, si Regens fuerit, a Congregatione sit exclusus totaliter quousque ordinationi[3] Congregationis reddiderit se conformem; quod si Regens non fuerit per quem suscitata est briga talis, vel per quem contra sententiam Congregationis contumacia vel[4] accenditur vel fovetur, ab omni actu scholastico, quousque paruerit, suspendatur, nec, dum rebellis fuerit, gaudeat privilegiis Universitatis quovis modo; quod si tanta fuerit dissensio inter ipsos Regentes quod non possit dicto modo sedari, tunc tertio die vel quarto, post dictos[5] dies lapsos, Cancellarius, vel Procuratores, si non consenserit Cancellarius, Regentes et Non-regentes congreget vel congregent, ut dissensio per eos totaliter sopiatur; et qui post eorum decretum rebellis fuerit et dissentiens, sicut prius pœnas prædictas incurrat; juxta decreta vero hujusmodi, sive Regentium fuerit sive Regentium et Non-regentium, contra rebelles exequi Procuratores Universitatis se sciant astringi per fidem.

Factis autem hujusmodi Congregationibus Regentium, vel Regentium et Non-regentium, vel si, ex aliis causis quibuscunque, Regentes vel Regentes et Non-regentes fuerint congregati, Procuratores Universitatis articulos, qui sibi et suæ facultati pro Universitate visi fuerint expedire, proponant tractandos[6] in eisdem congregationibus; nec impediat aliquis quovis modo quominus proponantur, aut, cum propositi fuerint, tractentur inter Regentes, vel inter Regentes et Non-regentes, nec quominus Non-regentes et singulæ facultates more solito de iisdem articulis suas dicere valeant deliberationes.

---

[1] *ipsorum Magistrorum*, B. and C.
[2] *ordinationi tali*, B. and C.
[3] *ordinarie*, B. and C.
[4] *vel* omitted in A. and C.; *ve*, B
[5] *duos*, C.
[6] *tractando*, B.

De Conspiratoribus.[1]

A. 106.
B. 53.
C. 29.

Combinations among the electors of the Chancellor or any other officers of the University are prohibited, under pain of excommunication.

Quia ex conspirationibus et confœderationibus illicitis ante electionem Cancellarii et Procuratorum Universitatis, custodum cistarum, scholarum grammaticalium Magistrorum, ceterorumque officiariorum, necnon et[2] servientium Universitatis, solebant multitoties dissensiones[3] oriri, et studentium tranquillitas impediri; *Nos*, Cancellarius Universitatis Oxoniensis, timentes ex iis quæ primitus acciderunt talia[4] verisimiliter accidere in futurum, *monemus* primo, secundo, et tertio, sub pœna excommunicationis majoris, quam ex nunc pro tunc[5] ferimus in his scriptis in omnes contravenientes, ne quis de cetero talia attentare præsumat.

De Electione et Cessione Procuratorum Universitatis.

Nota, infra quod tempus debent Procuratores reddere rationem.[6]

The Proctors shall resign their office at the first Congregation after Easter, and render their accounts within fifteen days thereafter.

In prima congregatione Magistrorum post Pascha, statim cedant Procuratores et officium dimittant, quocumque tempore anni prius fuerant electi, et, coram quibuscunque [judicibus][7] a Procuratoribus [proximis][7] assignatis, infra proximam quindenam sequentem ratiocinia[8] solvant, sine omni contradictione et dilatione seu cavillatione; et statim, facta cessione, ad electionem aliorum vel eorumdem vel alterutrius eorum procedatur,

---

[1] Title in C. only.

[2] *et* added in C.

[3] *discensiones*, A. and C.

[4] *taliter*, B.

[5] This latter portion of the statute is partially destroyed in A.

[6] This title, and that of the next statute, are not in B. and C., and are only on the margin of A. in the form of a rubric.

[7] The words in brackets are written over the line in a later hand; they are not in B. and C.

[8] Omitted in B., and in C., where *sua* occurs instead.

[sub hac forma, seniores artistæ, alter australis, alter borealis, eligant sex de discretioribus et fidelioribus, qui sex ad electionem Procuratorum, seu Procuratoris, indilate procedant].[1]

Istud est in quaternis, non in Rubro Libro, usque illic ordinatum.

Of the nomination of the electors of the Proctors.

Quia ex certitudine personarum, quæ electores Procuratorum nominare solebant, contingit multitoties viam fraudibus adaperire, *provisum est,* quod electores seu nominatores electorum per scrutinium Magistrorum in artibus regentium nominentur: scrutentur autem vota singulorum duo seniores artistæ, unus australis, alter
A. 106. B. 55. C. 32. borealis, qui, præstito prius juramento quod nullum in scrutinio contra motum proprium et spontaneum ad certas personas nominandas inducent, nec prius induxerunt,[2] per se nec per alium vel alios in fraudem hujus provisionis deputatum vel deputatos, votum cujuslibet scribent se vidente, et, collatione post scrutinium habita, statim in communi illos nominent electores in quos plures consenserint,[3] et de scrutatoribus servata insuper forma de onerandis[4] electoribus hactenus[5] usitata.

Quo tempore anni eligentur Procuratores Universitatis.[6]

Of the time of the election of the Proctors.

Ordinatum est, pro modo eligendi Procuratores, quod Procuratores eligantur infra octo dies postquam Magistri lectiones suas actualiter resumpserint, et hoc in prima congregatione solemni post Pascha; Cancellarii vel alterius Procuratorum aut utriusque, si aliquem

---

[1] This passage, which is inclosed in brackets, has been erased, but is still legible in A.; it is not found in B. or C.

[2] *induxerint,* B. and C.

[3] Illegible in A.

[4] *honerandis,* A.

[5] *actenus,* A.

[6] This title is not in A.

istorum tunc abesse contigerit, præsentia nullatenus expectata.

Ordinatum est, quod uno [et eodem m]odo [1] arctentur [2] scrutatores, nominatores, et electores.

Quis in concursu vocum sit præferendus.[3]

Ordinatum est, quod si duo [in scrutinio habeant æquales voces, præferatur] [1] senior. Et[4] idem in electione Magistrorum scholarum grammaticalium observetur.

Quando tertius per scrutinium est eligendus.[3]

Ordinatum est, si duo primi per scrutinium electi non possunt concordare, eis addatur tertius per scrutinium.

Of the manner of obtaining a majority in favour of any candidate in case of an equality of votes.

Quando septimus per scrutinium est eligendus.

Ordinatum est, si sic per duo vel tres electi discordant, jungatur eis septimus per scrutinium.

Qualiter tertius aut septimus sic electus electoribus habet accedere prioribus.[3]

Ordinatum est, quod tertia persona electa, et etiam septima, toties adeant alios quoties discordant, [et] non semper stent cum eis dummodo eligunt.

De Conspiratoribus in quacunque Electione.

A. 106.
B. 53.
C. 29.

Item, statutum est, quod conspiratores, tam in electione Cancellarii quam Procuratorum convicti, habeantur inhabiles [5] ad eligi et eligere.

Combination among electors again prohibited.

---

[1] The words inclosed in brackets are not in A.

[2] *arcentur,* MS.

[3] These titles are not in A.

[4] Wanting in A.

[5] An erasure here in C.

Item, quod Cancellarius fulminet sententiam excommunicationis in omnes conspiratores in quacumque electione.

De modo onerandi[1] *electores.*

Electors to any office shall be bound by oath to make the best election they can for the interests of the University.

De modo onerandi electores quorumcunque seu cujuscunque in officiis Universitatis, auctoritate totius Universitatis electoribus injungatur, quod, virtute sacramenti præstiti, fideliter eligant Cancellarium, Procuratores, vel servientes, vel quoscunque alios, qui melius sciverint et poterint,[2] et majorem zelum ad negotia Universitatis expedienda habeant; nec prece, nec pretio, nec odio, nec amicitia, nec timore, nec spe, propter aliquam promissionem vel remunerationem factam vel faciendam, alios quam tales eligent vel eligi[3] procurabunt.

B. 54.
C. 30.

QUALE SACRAMENTUM DEBENT PRÆSTARE CANCELLARIUS ET PROCURATORES IN EORUM ELECTIONIBUS.

The Chancellor and Proctors, on their election, shall make oath that they will faithfully discharge the duties of their office.

Statutum est, quod, durante lite quacunque contra Universitatem per quoscunque[4] mota, Cancellarius et Procuratores, in eorum cujuslibet electione, coram Universitate sacramentum præstent seu præstet corporale, quod ad ejus defensionem fidelem diligentiam adhibebunt seu adhibebit, et defensores causæ cujusque defendent seu defendet, ac in punitione quorumcunque rebellium idem observabunt seu observabit; quod si contingat in aliquo officiorum prædictorum substitutum fieri pro aliquo tempore[5] notabili, idem

---

[1] *honerandi*, A.
[2] *poterunt*, B.
[3] A., B., and C. have *eligere*.
[4] *quosque*, C.
[5] From this point the remainder of this statute is obliterated in A.

faciat sacramentum coram Cancellario et Procuratoribus, seu aliquibus aliis per eosdem deputatis.

Interpretatio hujus termini "tempus notabile" per Regentes et Non-regentes, die Mercurii[1] *proxima post festum S. Johannis ante Portam Latinam, anno Domini millesimo trecentesimo tricesimo, idem "per diem naturalem."*

DE OFFICIO PROCURATORUM UNIVERSITATIS SECUNDUM "QUATERNOS."

A. 107.
B. 56.
C. 33.

Of the duties of the Proctors.

Solent autem ii Procuratores publica Universitatis negotia in actibus scholasticis, necnon in aliis Scholaribus communiter necessariis vel utilibus, quæ[2] eis ex privilegiis summorum Pontificum, Legatorum, aut Diœcesanorum seu Regum concessionibus vel alio modo competunt per se, aut saltem per alios Procuratores, ac alia eorum officio ex approbata consuetudine competentia exercere.

Casus et causas ob quos vel quas aliquoties oportet congregationes Magistrorum fieri Cancellario nunciare.

In licentiationibus Bachellariorum, cujuscunque facultatis fuerint, Cancellario assistere, ac Magistrorum depositionibus[3] interesse. Inceptores quoslibet sacramento in forma inferius[4] annotata præstando; necnon et fidei datione pro observandis ipsius Universitatis statutis, privilegiis, libertatibus, et consuetudinibus onerare Magistros.

Quos in statutum deliquisse constiterit modo inferius contento, auctoritate statuti denunciare suspensos.

Scrutinia votorum cum fuerint facienda facere publica, et cetera.[5]

---

[1] *Mercurie*, C.
[2] *et eis ex*, A.
[3] *dispositionibus*, A.
[4] *superius*, C.
[5] *et cetera* omitted, C.

De quibus Procuratores tenentur reddere ratiocinia.

Of their accounts.

Item, in fine anni Procuratores Universitatis solvant ratiocinia de numero cartarum et privilegiorum et aliorum in cista contentorum. Hæc omnia fideliter fiant, et, in fide qua tenentur Universitati, sine dolo et aliqua fraude.

A. 107.
C. 34.

Forma elegendi procuratores domorum Universitatis.

Of the election of the proctors of the houses of the University, and of the houses of William of Durham.

Item, statutum est, quod in prima congregatione post nativitatem S. Johannis Baptistæ, a Procuratoribus eligantur duo procuratores domorum Universitatis, et reddituum ejusdem, et duarum[1] domorum emptarum de denariis [Magistri Wilhelmi de Dunolme, ut domos tempore vacationis possint reparare],[2] et ante Pentecostem ratiocinia solvant; et in fine anni ab inquilinis domorum omnium claves quærant et assumant.

Of the repairing of the said houses.

Item, consuetudo est, quod quolibet anno, in æstate, tradatur procuratoribus domorum Universitatis una marca ad minus, de redditibus ejusdem Universitatis, ad dictarum domorum reparationem in eadem æstate vel auctumno.

De ratiociniis eorumdem.[3]

Of the accounts of the said proctors.

Consuetudo est etiam, quod procuratores domorum in solutione ratiocinii totum redditum solvant, etiam de bursa propria, si ab inquilinis non habeant, nisi, quantum in ipsis est, inquilinos per monitiones et citationes fecerint compellendos.[4]

---

[1] *duorum*, MS.

[2] The words in brackets are supplied from the margin, where they are written in a large hand of nearly the same date as the text.

[3] Title from C.

[4] *compellendo*, MS.

Forma eligendi Taxatores.

Item, quatuor Taxatores, in prima congregatione post festum S. Michaelis, a Procuratoribus eligantur.

Of the election of appraisers.

Quo tempore debent deferre taxationes in cedulis.[1]

A. 108. B. 35.

Item, statutum est, quod Taxatores deferant in ultima Congregatione singulorum terminorum, in cedulis scriptas, taxationes omnium domorum vel scholarum, quas illo termino taxaverint, cum distinctione parochiarum, et ibidem legantur. Et similiter faciat Cancellarius, si quæ per ipsum et Majorem fuerint taxatæ, et statim post Congregationem eodem die redigantur in registrum per Cancellarium vel Procuratores.

The valuation of the houses of the University shall be registered and declared in congregation.

Pro quibus Procuratores debent congregare artistas.

A. 107. B. 56. C. 33.

Consuetudo est, quod artistæ ad vocationem Procuratorum seorsum ab aliis facultatibus videant quid sentiant faciendum in gratiis conferendis, et similiter in aliis negotiis, in plena congregatione [Regentium et Non-regentium][2] expediendis, antequam suam pronuncient sententiam, et tunc ipsis statutis et consuetudinibus innitentibus[3] alter Procurator in nomine omnium debet eorum sententiam promulgare.

The faculty of Arts shall meet separately to consider all matters before they come before congregation.

In quibus Procuratores habent regulare.

B. 56. C. 32.

Item, statutum est, quod in omni actu solemni habeant Procuratores regulare.

---

[1] *in cedulis,* not in C.

[2] These words are written over the line in small character of a later date in A., and are not in B. and C.

[3] Altered to *innitentes,* B.

Quamdiu Procuratores possunt abesse.

The Proctors may not be absent from Oxford during term.

Item, quod cum Cancellarius de statuto non poterit ultra mensem se sine gratia speciali in pleno termino absentare, *statuitur*, quod consimili modo, virtute istius statuti, Procuratores Universitatis istius residere in posterum compellantur.

B. 53. C. 30.

Quod Procuratores sint auditores scrutinii in electione Cancellarii.

The Proctors shall examine the votes at the election of the Chancellor.

Per Procuratores Universitatis utilius visum est quod nominatores electorum Cancellarii per scrutinium eligantur, sicut infra in electione Procuratorum expressius continetur. Eadem etiam forma juramenti, quæ ibi exprimitur, scrutatores in hac electione onerentur. Scrutatores in hac electione sint duo Procuratores, qui in ipsa electione una cum nominatis intersint, ut hactenus fuerant consueti.

B. 53. C. 29.

De electione Cancellarii, et primo ponuntur statuta concernentia eos qui habent dare votum in quacumque electione Universitatis.

A.D. 1343.

Every voter at the election of the Chancellor shall be sworn to vote disinterestedly.

In vigilia S. Gregorii, anno Domini millesimo trecentesimo quadragesimo tertio, *ordinatum est*, quod in qualibet electione quilibet collaturus vocem oneretur ante electionem publice per Cancellarium, vel per seniorem theologum in electione Cancellarii, sub hac forma.

"Tu jurabis, quod neminem a die confectionis præ-
" sentis ordinationis, per te nec per alium induxisti
" nec procurasti, minis, prece, nec pretio, nec promis-
" sione, nec quovis alio modo illicito, ad nominandum
" vel eligendum aliquam personam nominandam vel
" eligendam in hac electione."

"*Item*, tu jurabis, quod si quem Magistrum noveris " sic procurantem vel inducentem, Cancellario et Pro- " curatoribus ante hanc electionem, vel, in electione " Cancellarii, seniori theologo et Procuratoribus nuncia- " bis, vel, in electione Procuratorum, Cancellario et " duobus senioribus Magistris, qui non sunt scruta- " tores, quorum unus sit australis et alius borealis."

And to give information against any one tampering with the voters.

Forma electionis[1] *Cancellarii.*

C. 30.

De electione Cancellarii *ita provisum et constitutum* communiter, quod de qualibet facultate a Procuratoribus eligatur[2] unus Magister actualiter regens, et totidem de artistis, præter Procuratores qui similiter intersint electioni, qui omnes tractabunt ad invicem, et ad electionem Cancellarii procedant sub hanc formam, videlicet, quod cum theologi vel decretistæ, de quibus est aliqua spes quod possint eligi ad hujusmodi officium, [voluntatem suam expresserint, statim amoveantur, et remanentes][3] voluntatem suam dicant; et ille in quem major pars consentit ad prædictum officium admittatur.

The Chancellor shall be elected by a Regent Master of each faculty, and an equal number of Masters of Arts, all appointed by the Proctors.

Of not hindering the Chancellor in the execution of his office.

A. 80.
C. 64.

[4] *Item, statutum est*, quod, si quis Cancellario vel ejus Commissario, dum est in executione sui officii, in judicio vel extra, aliqua verba opprobriosa dixerit sive injuriosa, vel impedierit executione[5] sui officii, vel eum inquietaverit, tanquam perturbator pacis, si super hoc convictus

---

[1] *De electione*, C.

[2] *eligantur*, C.

[3] The words in brackets are absent from A. and B.

[4] This statute is in a later hand in A., and is partially illegible; it is supplied here from B. and C.

[5] *executionem*, B.

fuerit, incarceretur ad arbitrium ipsius Cancellarii vel ejus Commissarii, et secundum quantitatem delicti.

A. 108. B. 56. C. 33.

Nota, quorum nomina debent scribi in Registro.

The Proctors shall keep a list of the names of homicides and other grave offenders.

Consuetudo est, quod nomina abjurantium villam, et similiter homicidarum in villa Oxoniæ, et deportatorum[1] a villa, scribantur a Procuratoribus in registro, et quod pœnæ commissæ ad augmentum cistæ communis S. Frideswydæ per Regentes sine dilatione cum effectu petantur.

B. 66.

De electione servientium.

The Bedels shall be elected in the same manner as the Chancellor.

Consimili modo quo eligitur Cancellarius, præsenti tamen Cancellario, procedatur ad electionem servientium, et, omnibus electoribus præsentibus et nullo recedente,[2] per Universitatem similiter servienti detur minister, si indigeat[3] et habere debeat.

Item, in electione servientium idem modus scrutinii servetur qui in electionibus usualibus[4] Cancellarii et Procuratorum prænotatur; *hoc addito*, quod Cancellarius et Procuratores vota Magistrorum scrutabuntur,[5] qui etiam interesse debent cum aliis in scrutinio nominatis.

De officio servientium.

Their duties;

Circa officium Apparitorum[6] servientium Universitatis *statutum est*, in inceptionibus Bachillariorum cujuslibet facultatis officium suum sollicite et devote in omnibus exequantur, prout consuetudo requirit, ab ipsis

---

[1] *deptatorum*, A.

[2] *præcedente*, B.

[3] Blotted in A.

[4] *usuale*, A.

[5] *scrutantur*, B. and C.

[6] *et Bedellorum* is written over the line in A. in a later hand.

incipientibus nihil nisi de gratia exigant;[1] quod si non[2] fecerint, secundum arbitrium Cancellarii puniantur, specialiter autem cum contingat in inceptionibus magis potentium plures Bachilarios associari, et iidem servientes in robis et aliis necessariis ab ipso, qui cum sodalitate Bachilariorum incipit, exhibeantur, ab ipsis Bachilariis cum alio sic incipientibus nihil exigere præsumant, et, si quicquam petatur, non detur.

They may not ask for or receive fees.

A. 107.
B. 66.
C. 34.

Item, cum die solemnitatis in mensa cum Magistro incipiente oporteat ipsos interesse, et sibi ibidem necessaria ministrantur, prohibetur ne esculenta vel poculenta domibus suis deferenda petantur, et, si petantur, non dentur.

They may not carry anything away with them from feasts at inceptions.

Quod servientes tenentur sollicite ministrare in exequiis, nihil petendo ab executoribus mortuorum.[3]

Item, cum ad officium prædictorum similiter pertineat in exequiis defunctorum sollicite et devote ministrare, non stipendia a distributoribus oblationum, vel ab executoribus aut[4] amicis defuncti, vel etiam quicquam[5] petant; et, si petitum fuerit, non detur: a sacerdote autem celebrante, si quid gratis velit eisdem conferre, licitum sit ipsis recipere.

They must attend at funerals, but may not ask for a share of the offerings, nor for any present from the executors of the dead.

Quod servientes tenentur facere citationes pro quolibet Scholari.[6]

Item, statutum est, quod citationes pro[7] quolibet Scholari liberaliter faciant, nihil exigentes ab eo, dummodo constiterit ipsum esse Scholarem alicujus[8] Magistri, per propriam notitiam ipsius servientis, vel per mandatum[9] ejusdem Scholaris: si vero in officio citationis faciendo negligentes, vel excusationem falsam

They must make summonses for any Scholar at his request.

[1] *exigendi*, A.
[2] B. omits *non*.
[3] The title is wanting in A.
[4] *vel*, C.
[5] *quidquid*, B.
[6] This title is wanting in A.
[7] *pro Scholaribus*, B. and C.
[8] *alicujus Magistri*, erased in B.
[9] *Magistri ejusd. Schol.*, B. and C.

alias[1] divertendi prætendentes, inventi fuerint, et super hoc convicti, pœna condigna, juxta delicti quantitatem, a Cancellario puniantur.

De tempore et modo quo servientes debent resignare officium suum.

They must give up their office and surrender their maces at the first congregation after Michaelmas, but they may be re-elected

Item, cum in officio supradicto nullus sibi jus temporis diuturnitate, nisi de voluntate Cancellarii et Universitatis, prout merita cujusque suffragantur, possit vindicare, provide *duxit* Universitas *statuendum*, quod singulis annis, in prima congregatione Magistrorum post festum S. Michaelis, vel secunda,[2] juxta arbitrium Cancellarii et Procuratorum, officium suum in plena congregatione, cum virgis, Cancellario et Universitati resignant omnes Bedelli, ut[3] gratia Cancellarii et Magistrorum sit ipsis qui prius ministraverint officium prædictum restituere, aut aliis, prout viderint expedire, conferre.

B. 99. OF THE ELECTION OF GUARDIANS OF THE UNIVERSITY CHESTS.[4]

Electio custodum istarum cistarum, *videlicet* cistæ "quatuor clavium," "Rouburye," "Warrewyk," "Cicestriæ," "Antiquæ cistæ Universitatis," "Burnell," "Vien," "Celtone," et "Reginæ," celebratur in eadem congregatione qua Procuratores Universitatis eliguntur, et ab eisdem Magistris.

Electio custodum ad cistam "Wyntone," "Guldeforde," "Turvyle," "Nele," "Wagan," "Langtone," "Lyncolne," "Chichele," celebratur in crastino S. Nicholai, videlicet septimo die Decembris, et forma hujus electionis ponitur supra in ordinatione cistæ "de Roubury."

---

[1] *se divertendi*, B.

[2] for *vel secunda*, B. and C. have *secundum*.

[3] B. and C. add *in voluntate et*.

[4] No title in MS.

Of their Accounts.[1]

Item, pro custodibus cistarum *statutum est,* quod custodes cistarum, postquam novi electi fuerint ad easdem, ex antiquo statuto tenentur reddere ratiocinia infra mensem integre et complete; quod, lapso mense, teneantur Cancellarius et Procuratores diligenter inquirere, et de defectibus receptis in eisdem sine acceptatione personarum, censuris quibus poterunt punient delinquentes.

Within a month after the election of the new guardians the former guardians shall give their accounts.
B. 99.
C. 36.

Of the Sale of Pledges.[1]

C. 50.

Item, ad voluntatem domini nulla tradatur cautio extra cistam, antequam præstiterit dominus juramentum quod ad hoc solummodo petit ipse cautionem illam venditioni esse expositam, ut vendatur, quod si ipsam superannuatam esse contigerit, teneatur stationarius, in proxima proclamatione sequente, eandem cautionem ad cistam deferre, ipsam de novo appreciando, si oporteat, ut moris est.

Of the Inspection of Pledges.[1]

Item, teneantur custodes cistarum, singulis terminis saltem semel, cautiones in manibus stationariorum repetere, ut de omni cautione eis vel alicui eorumdem exposita, ubi fuerint evidenter appareat, qualiter ipsi stationarii suis respondeant indenturis.

Of the Valuation of them by the Stationers.[1]

Item, quod teneantur stationarii et eorum quilibet, sub debito præstiti juramenti, qualescunque cautiones cistarum, cum per custodes requisiti affuerint, fideliter appreciare, absque omni cautela sive ad seipsos sive ad alios qualitercunque relata. Custodes vero cistarum aliquam cautionem, absque appreciatione stationariorum,

---

[1] No titles in MS.

aut saltem alicujus eorumdem, nullatenus admittant, nisi forsan ita nota sit cautio illa quod per eam damnificari non possit talis cista.

A. 45. PROCLAMATIO PRO LOCO CAPELLANI UNIVERSITATIS VACANTE PER MORTEM AUT ALITER, NON PER RESIGNATIONEM.

" Si quis honestus sacerdos promoveri cupierit in " Capellanum Universitatis, veniat ad ecclesiam Beatæ " Mariæ Virginis die proximo, ut ejus idoneitas cog- " nosci possit."

FORMA ELIGENDI PROCURATORES CISTARUM S. FRYDESWYDÆ.

The guardians of S. Frideswyde's and the Warwick chests shall be elected at the same time and in the same manner as the Proctors of the University.

Cum eodem modo eodemque tempore quo Procuratores Universitatis, ut prædictum est, ex officio suo cedunt et etiam eliguntur, procedatur tam ad illorum procuratorum cessionem necnon electionem qui communis cistæ in Monasterio S. Frideswydæ dudum depositæ, quam etiam eorum qui cistæ Dominæ Comitissæ[1] Warrewike, vel aliis cistis, sunt custodiæ deputandi, qui insuper omnino consimiliter cedere et infra mensem suæ administrationis ratiocinia reddere tenebuntur.

Forma secundum quam debent pecuniam mutuare.

These guardians shall be bound to draw up a memorandum, in which they shall acknowledge themselves responsible.

Tenentur autem Magistri, tam illi qui cistæ S. Frideswydæ, quam qui cistæ Dominæ Comitissæ [1] custodiæ deputantur, memorandum seu inventarium conficere, et in formam literæ patentis [2] Cancellarii, ac suis sigillis signandæ redigere, in qua se teneri [3] respondere

[1] *Comissæ*, corrected, in A.
[2] *patentes*, C.
[3] *tenerei*, A.

rationem reddere ac satisfacere de summa pecuniæ inventæ, aut mutuo sub pignoribus traditæ, in lucide teneantur,[1] pateantur, ut sic reddendorum ratiociniorum adveniente tempore, se super certo recepto responsuri juste valeant onerari.[2]

Quia vero pecunia plurimis dispertita plurimis poterit subvenire,[3] Magistrorum dictarum cistarum custodiam obtinentium incumbit officio, ut de pecunia numerata in ea reposita Scholaribus indigentibus, sub pignoribus omnino sufficientibus, pro quorum sufficientia respondere tenentur, mutuo ita detur quod Magistro non-regenti[4] ultra unam marcam, Bachelario ultra octo solidos, aut Sophistæ ultra quinque solidos nullatenus mutuentur; nisi tantummodo Magistris actu regentibus, quibus, propter ampliorem legendi laborem, de cista Dominæ Comitissæ eatenus suppleri poterit, quatenus minus viginti solidis mutuo sumpserint de alia cista S. Frideswydæ prædicta.

The sums which they shall be empowered to lend.

HÆC SUNT BONA CONVERTENDA IN USUS UNIVERSITATIS.

Hæc sunt bona Universitatis Oxoniensis:—

Quinquaginta duo solidi argenti ex ordinatione Nicholai bonæ memoriæ, Tusculani episcopi et Apostolicæ sedis legati, quos Abbas et Conventus de Eynsham solvunt annuatim; viginti sex solidos in festo Omnium Sanctorum, et viginti sex solidos in Capite Jejunii, pro communa burgensium Oxoniensium.

Of the annual payment to the University from the abbey of Eynsham

---

[1] *teneantur*, omitted in C.

[2] There is no ambiguity in the *writing* and no blot in this unintelligible statute. I have thought it better to transcribe it in its original form and amend it in a note, thus:— "in qua se teneri respondere, ratio- "nem reddere, ac satisfacere de "summa pecuniæ inventæ, aut mu- "tuo sub pignoribus traditæ, si "lucide pateant, fateantur, ut, red- "dendorum ratiociniorum adve- "niente tempore, super certo re- "cepto responsuri, juste valeant "onerari." ED.

[3] *subveniri*, A. and C.

[4] *non-regenti*, omitted in C.

Quantam pecuniam solvit Abbas de Eynsham pro pauperibus pascendis in die S. Nicholai.[1]

Item, sexdecim solidos [octo denarios][2] argenti, quos idem Abbas et Conventus solvunt pro eisdem burgensibus, ad pascendum centum pauperes Scholares in die S. Nicholai, secundum formam traditam a supra memorato episcopo, unde in eodem festo solvunt[3] istos denarios.

also from the abbey of Oseneye.

Item, ex ordinatione Roberti Lincolniensis episcopi duæ marcæ argenti, quas Abbas et Conventus de Oseneya solvunt annuatim integre in festo S.[4] Nicholai.

The Chancellor and Proctors shall be responsible for these sums.

Summa igitur pecuniæ, quam habet Universitas in pios usus convertendam,[5] ad expediendum scilicet negotia ipsam contingentia, aut in usus pauperum Scholarium, secundum ordinationem episcopi supra memorati, est sex marcæ, sedecim denarii minus: de quibus Cancellarius, qui pro tempore fuerit, una cum Procuratoribus Universitatis astrictis fide, rationem Universitati reddat annuatim, citra vacationem temporis Paschalis,[6] aut citra vacationem Pentecostes ad ultimum.

Quanta pecunia debeat[7] *distribui pauperibus Magistris artium.* [8]*Et consuetudo est quod ista distributio inter Regentes artium fiat per manus Procuratorum Universitatis.*

This sum shall be distributed amongst the more needy of the Regent masters.

Item, cum supradicta pecunia[9] communis, videlicet septuaginta octo solidi octo denarii, sit in usus paupe-

---

1 The title is in C. only.

2 The words in brackets are not in the text, but 8d (thus) is written over in A. and C.; neither are they in B. in any form.

3 B. and C. omit *solvunt*; C. has *isto eodem*.

4 *Sancto*, B.

5 *convertendi*, B.; *convertenda*, C.

6 *Pascalis*, A.; B. and C. omit the words *temporis Paschalis aut citra vacationem*, and in B. a later hand adds *post* before *Pentecosten*; C. has *Pentecostes*.

7 *debea*, A.

8 The latter half of this title is in B. only.

9 B. omits *pecunia*, and a later hand has added *summa* instead.

rum convertenda,[1] et artes liberales langueant aliquando propter paucitatem Regentium in eisdem, qui pro majori parte onus regiminis[2] præ paupertate relinquunt et abhorrent, *ordinavit* Universitas, unanimi omnium consensu, quod hæc pecunia singulis annis distribuatur per manus Cancellarii, qui pro tempore fuerit, egentioribus Magistrorum actualiter in artibus regentium,[3] ut eorum egestas saltem in aliquo relevetur.

Qui possunt percipere de illa pecunia, et qui non.

Item, ordinatum est, qoud Magister potens[4] per annum percipere de matrimonio vel patrimonio, seu ab amicis, vel ab uno discipulo, quinque marcas,[5] de quinque marcis et duodecim solidis pauperibus Magistris per registrum assignatis nihil percipiat: potens autem prædicto modo decem marcas percipere, de redditibus Universitatis aliquid percipere non præsumat.

The annual income which shall disqualify a Master from being a recipient of the alms of the University.

Pro ista pecunia solvenda per Eynesham habetur evidentia, sub sigillo Capituli Lincolniensis, in Cista Procuratorum, pixide sexta-decima. Quantam pecuniam solvit Abbas de Eynesham pro pauperibus pascendis in die S. Nicholai. B. 56.

The sum distributable among the Masters.[6] B. 57.

Pecuniæ distribu[endæ][7] inter Regentes sunt istæ, videlicet, quinquaginta duo solidi[8] de Eynesham, duæ

[1] Another MS. has instead, *videlicet sex marcas sedecim denarios minus, converti debeat in usus pauperum,* et, propter paucitatem Regentium in artibus, quorum plurimi onus regiminis præ paupertate relinquunt, artes ipsæ liberales languent aliquando.

[2] *Regentium,* B.

[3] The other copy has *Magistris actualiter in artibus regentibus.*

[4] *valens,* B. and C.

[5] *et duodecim solidos de pecuniis pauperibus Magistris,* B. and C.; C. omits *de pecuniis.*

[6] No title in MS.

[7] The latter half of this word is wanting in the MS., and has been supplied by a late hand.

[8] *duos solidos,* MS.

marcæ de Oseneya, et sex marcæ receptæ de Magistris in grammatica. Summa distribuenda inter Regentes artium, duodecim marcæ præter sexdecim denarios.

B. 55.
C. 116.

For the better protection of the muniments of the University.[1]

To prevent the loss in future of documents belonging to the University, an indenture shall be made specifying them all.

Cum munimenta Universitatis per Procuratorum negligentem custodiam retroactis temporibus sæpius subtrahuntur, ad Universitatis præjudicium non modicum et gravamen, et verisimile est ex his gravibus graviora pullulare, nisi cautius provideatur de remedio opportuno, Universitas *statuit et decrevit* temporibus pro futuris, quod sit una indentura facta omnium munimentorum, cujus una pars sit in cista Procuratorum, et alia in cista quatuor clavium;[2] et quod quolibet[3] anno, cum reddiderint Procuratores suum computum, reddere etiam ratiocinium omnium munimentorum per illam indenturam teneantur, sub pœna viginti marcarum Universitati solvendarum; et quod quolibet anno legatur illa indentura in congregatione Magistrorum, ut clarior munimentorum notitia habeatur, et ne negligentia in defectum pristinum rediret.[4]

---

[1] No title in MS.

[2] The words *et alia in cista Procuratorum* are here repeated in B.

[3] *quodlibet*, B.

[4] *rendiret*, B.; and the reading in C., which is partially erased, is apparently the same.

ACTA CURIÆ CANCELLARII.

ACTA CURIÆ CANCELLARII.

A Scholar imprisoned in Bocardo.

A. aa. 3.

1434.

A Scholar wears a dagger in the presence of the Commissary, and is imprisoned; he is also accused of adultery, but the charge is not proven.

Johannes Hodilbeston, clericus, portavit daggarium in præsentiam Commissarii contra statuta Universitatis, unde arma perdidit Universitati, et in Bocardo positus est per prædictum Commissarium, et idem Johannes accusatus fuit de actu nequam, alias adulterio inter ipsum et uxorem W. Bartur, sed, quia non fuit qui hoc deponeret vel jurare vellet, utendo verbo de "*scire,*" ideo non fuit punitus, quia non habetur una probatio, licet mulier prius concessit, ut dicitur, et postea negavit, et quia, quod scit Commissarius certa in ista materia, novit ut homo, non ut judex, per allegata et probata, ideo eum, ut voluit, non potuit punire pro isto, licet fuerat inbocardatus pro latione armorum.

Stealing a servant boy, violence, &c.

A. aa. 4.

T. Skibbo imprisoned for manstealing, robbing from the person with violence, threatening to murder, and also to do violence to the Commissary, &c.

Thomas Skibbo convictus est de pluribus, nam furatus est unum puerum servientem, et vi et violentia recepit pecunias de alio homine, cui minatus est mortem, ut deposuit Scholaris de "*Bekis-ynne,*" et abjuravit Universitatem usque ad festum S. Michaelis in præsentia Cancellarii; et tamen Oxoniæ repertus est, ubi minatus est mortem, scilicet Magistro suo, Skibo, et alteri viro qui hoc [juravit,] deposuit; et etiam prædicto Commissario minatus est mala; cum ab eo arrestatus est, ab eo fugit, unde cum magno labore iterum ab eo captus est in sua fuga, et sic etiam in Bocardo positus est, quia fregit arrestam Commissarii, et cum eo positus est quidam ejus consocius, qui fregit arrestam Commissarii.

The Warden of Canterbury College submits to the Commissary.

The Warden of Canterbury College accused the Commissary of injustice and refused to attend at his summons, also he had encouraged his Scholars to take beer by violence in the streets.

Guardianus Collegii Cantuariæ submisit correctioni domini Commissarii extra Convocationem, et in advocatione propter verba quæ dixit Commissario vocando eum judicem partialem, et quia venire recusavit ad vocationem Commissarii, et quia consentit quod famuli sui vi et violentia raperent cerevisiam aliorum [Scholarium in][1] vico, ad valorem duodecim denariorum; et Scholares, quibus injuriatum, habuerunt sexdecim denarios pro emenda, quos [solvit][1] prædictus Commissarius ut pax haberetur inter partes.

Regulation by the Chancellor's Commissary respecting the sale of beer.

Tempore Magistri Christopheri Knollys, sacræ paginæ Professoris, Commissarii generalis honorabilis domini Magistri Thomæ Bowrgchier.

Aug. 17, 1434.

Christopher Knollys, Commissary, seeing how great evils arise both to the clerks and

Memorandum, quod decimo septimo die Augusti, anno Domini millesimo quadringentesimo tricesimo quarto, *Nos* Christopherus Knollys, sacræ paginæ Professor, domini Magistri Thomæ Bowrgchier, Cancellarii Uni-

[1] The words in the brackets are supplied by quite a recent hand on a corner of the folio which has been repaired.

versitatis Oxoniæ, Commissarius generalis, videntes multiplices enormitates ac multiplicatas fraudes et negligentias contractas pandoxatorum Universitatis Oxoniæ de non serviendo consuetudinariis suis, tam in clero quam in vulgo, ac aliis pauperibus infra Universitatem nostram, cerevisiam[1] subtrahendo, nec valentes sua enormia maleficia sustinere sine gravi dispendio cleri et civium prædictorum, propter defectum cerevisiæ[1] et variis discriminibus verisimiliter eventuris, *ordinavimus et* firma[2] sanctione *decrevimus*, injungentes omnibus et singulis pandoxatis subscriptis coram nobis judicialiter sedendo comparentibus in ecclesia Beatæ Mariæ Virginis Oxoniæ, quod ipsi omnes et singuli sufficienter providerent de brasio ad pandoxandum pro rege et consuetudinariis suis, tam in clero quam in vulgo, ac etiam omnibus aliis pauperibus supradictis, cum ad ipsos venerint, sine fraude, sub pœna quadraginta solidorum, et hoc toties quoties defectivi inventi fuerint, seu aliquis ipsorum inventus fuerit in præmissis; et sic regulariter pandoxent quod non omnes uno die nec ultra duodecim, sed ad minus bis vel ter in septimana per duos vel tres inter se distantes portent cerevisiam[1] suam, prout numerositas cleri et populi ac multitudo vel paucitas exigit eorumdem: Et, ut hæc nostra ordinatio et decretum pro bono publico debite exequantur, et debitum sortiantur effectum temporibus pro futuris, oneramus Johannem Weskew et Nicholaum Core, scrutatores pandoxatis subscriptis, quod ipsi debite, diligenter, et sine fraude singulis septimanis verum facient scrutinium in præmissis, et, si aliquem vel aliquos prædictorum noverint probabiliter defectivum vel defectivos, negligentem seu negligentes, in aliquo præmissorum nostro decreto concernentibus, ipsum vel ipsos Cancellario seu ejus Com-

townsmen of Oxford from the negligence and dishonesty of the taverners of the said City, in the selling of beer;

having summoned all the said taverners before him, in the church of St. Mary the Virgin, hereby *ordains and decrees* that they shall, each and all, sell sufficient beer to all their customers under a penalty of 40*s*.,

and that they shall carry it about for sale:

and he appoints two supervisors, who shall every week inquire into the said matters, and report to the Commissary such as shall be found disobeying this ordinance.

[1] *servisiæ* and *servisiam*, MS. | [2] *firmi*, MS.

missario infra tres dies denunciabunt, sub pœna quadraginta solidorum Universitati infra octo dies ad arbitrium Cancellarii vel ejus Commissarii solvendorum, et sub pœna carceris, si expediens videatur. *Insuper*, memoratis die et anno fecimus omnes pandoxatos, ad tunc coram nobis comparentes, tactis sacrosanctis evangeliis, in animam eorum solemniter jurare, quod omnes et singuli de cetero, quantum eorum facultas et humana fragilitas permittit, bonam cerevisiam[1] et salubrem pandoxarent, secundum assisam concurrentem, et per dominum Cancellarium et duodenam ultimo positam et taxatam.

All the taverners then and there assembled swore upon the Bible, that they would thenceforth sell good beer.

Acta sunt hæc per nos in ecclesia Beatæ Mariæ Virginis, præsentibus venerabilibus viris Magistro Ricardo Dennant, Michaele Tregurre, Procuratoribus Universitatis, et Magistro Rogero Bulkeley, et Magistro Johanne Adeyns, et pluribus aliis graduatis et non-graduatis, die et mense, anno Domini supradictis.

Nomina pandoxatorum juratorum et oneratorum sub forma superius expressata, sunt hæc quæ sequuntur:

The names of the taverners above mentioned.

Johannes Wikeham.
. . . . Weskew.
Johannes Telme, senior.
Thomas Dagvile.
Wilhelmus Halus.
Wilhelmus Habele.
Johannes Myltone.
. . . . Hamberg.
Nicolaus Core.
Johannes Willimote.
. . . . Plomer.
Thomas Whithing.
Ricardus Benet.
Johannes Walker.
Michaelis Norton
Henricus Philippe.
Johannes Mershfled.
. . . . Trederf.
Hugo Boner.
Robertus at the Wode.
Thomas Habfeld.
Johannes Blakethorne.
Thomas Warde.
Henricus Berewike.
Johannes Keell.

---

[1] *servisiam*, MS.

Thomas Benwell, Master of Great University Hall, clears himself of a malicious accusation.

A. aa. 6.
Jan. 28, 1435.

A report having spread abroad that T. Benwell had been guilty of incontinence,

Memorandum, quod cum alias inolevit rumor quod honestus vir Thomas Benwell, Magister Magnæ Aulæ Universitatis Oxoniæ, commisisset crimen incontinentiæ cum quadam Agnete Bablake et aliis mulieribus diversis, quem quidem rumorem ipsa Agnes primo suscitavit, prout dicebatur, et nunc dictus Thomas et Agnes, cum ipsis aliis mulieribus diversis, nobis Magistro Johanne Burbache, sacræ paginæ Professore, venerabilis in Christo patris et domini domini Thomæ Dei gratia Wygornensis episcopi, et Cancellarii dictæ Universitatis, in ipsa Universitate Commissario generali fuerunt detecti seu accusati; et ea occasione coram nobis, vicesimo octavo die mensis Januarii, anno Domini millesimo quadringentesimo tricesimo quinto, in ecclesia parochiali collegii de Martone vocati "*Martone Colege church*," præfati Thomas et Agnes evocati, ac coram nobis in judicio personaliter comparentes, vocatis vocandis, dictum crimen eisdem Thomæ et Agneti in forma juris objectum constanter negaverunt, ac uterque eorum negavit, et, facta primitus trina proclamatione debita,—*si quis contra dictorum Thomæ et Agnetis purgationem voluerit objicere,*—nulloque contradicturo comparente, præfata Agnes, quæ, ut dicebatur, fuerat suscitatrix et causa principalis rumoris seu defamationis prædictæ, non vi neque metu coacta, neque dolo inducta, palam, publice, et vivæ vocis oraculo, ex certa scientia sua in forma juris juravit, quod præfatus Thomas nunquam cum ea actum corporale concupiscentiæ seu incontinentiæ commisit, neque eam, ad hujusmodi actum perpetrandum, tactu, verbo, signo, vel nutu unquam excitavit, qua confessione seu declaratione a præfata Agnete præmissa, ipsam habuimus et decrevimus purgatam, suæque famæ restitutam: Præterea vero dictus Magister Thomas prædictum crimen

he and Agnes Bablake, with whom the report originated, and several other women, appeared before the Commissary in Merton College Church,

and there, no one opposing it, both he and she were admitted to compurgation,

in forma juris sibi objectum ex parte sua constanter negavit, et [cum nonnullis senioribus Magistris, Baccalaureis, et aliis clericis dictæ Universitatis][1] Scholaribus bonæ famæ de prædicto crimine . . . . . . [Nos Commissarius prædictus in ea par]te[1] legitime procedente . . . . purgato pronunciavimus . . . . die, loco, et anno prædictis.

and pronounced innocent of the charge.

Members of the University must sue in the Chancellor's Court only.

A. aa. 5.
April 23, 1435.
W. Lodbrok, Master of the Hospital of S. John, gives security that he will not sue in any other than the Chancellor's court.

Anno Domini millesimo quadringentesimo tricesimo quinto, vicesimo tertio die mensis Aprilis, dominus Wilhelmus Lodbrok, Magister domus S. Johannis Oxoniæ, constitutus in præsentia præhonorabilis Magistri Thomæ Bowrgchier, ad tunc Cancellarii Universitatis Oxoniæ, invenit fidejussores penes Magistrum Vincentium vicarium S. Petri in Oriente, et penes Magistrum Rogerum Skybbo, de non trahendo aliquam causam extra dictam Universitatem, quæ est terminabilis infra Universitatem prædictam, videlicet Wilhelmum Kymere et Hankyn Barow, commorantes in parochia S. Petri in Oriente, sub pœna quadraginta librarum.

Arrest for carrying Weapons.

May 23.
Oliver Skynner, arrested for bearing arms within the precinct of the University, promises on oath that he will never do the like again.

Memorandum, quod anno Domini millesimo quadringentesimo tricesimo quinto, Maii die vicesimo tertio, Oliverus Skynner, *alias* Vry, convictus de latione armorum, et per alterum Procuratorum requisitus ad liberationem eorundem, pertinaciter recusavit, et super hoc legitime citatus, et comparens personaliter coram

---

[1] The words inclosed in brackets are supplied by a later hand, on a piece of paper with which the portion of the folio which is torn off has been supplied.

venerabili viro Magistro Johanne Burbach, ad tunc Commissario generali præhonorabilis domini Magistri Thomæ Bourgchier, episcopi Wygornensis, Cancellarii Universitatis Oxoniæ, tactis sacrosanctis Dei evangeliis, juravit quod nulla arma nec invasiva nec defensiva, de cetero infra dictam Universitatem, nec præcinctu ejusdem, nisi in casibus a dicta Universitate permissis, publice portabit: His testibus, *videlicet*, Magistris Johanne Spekyntone, Roberto Multone, Procuratoribus Universitatis prædictæ, Johanne Norfolk, Wilhelmo Orell, Johanne Maltby, Henrico Tarletone, et aliis.

Proclamation for sale of pledges.

Memorandum, quod quarto Julii, anno Domini millesimo quadringentesimo tricesimo quinto, Cancellarius decrevit omnes cautiones et quæcunque vadia posita penes Magistrum Johannem Laylond, nuper defunctum, exponi venditioni, post publicam proclamationem factam in hac forma:

A. aa. 6. July 4, 1435. The goods of Master Laylond, and pledges deposited with him, are to be sold after due notice.

" *Auctoritate Domini Cancellarii hujus Universita-*
" *tis, monemus primo, secundo, et tertio ac peremptorie*
" *omnes et singulas personas utriusque sexus, quæ*
" *deposuerunt cautiones sive vadia penes Magistrum*
" *Johannem Laylond, nuper defunctum, quod veniant*
" *ad luendum hujusmodi cautiones sive vadia citra*
" *festum Nativitatis S. Johannis Baptistæ proxime*
" *futurum, sin autem exponentur venditioni.*"

Resignation of his Hall by the Principal.

Memorandum, quod anno Domini millesimo quadringentesimo tricesimo quinto, mensis Octobris die vicesimo quarto, dominus Wilhelmus Kasey resignavit titulum quem habuit ad principalitatem Aulæ vulgariter nuncupatæ " *Charlestones' inn*," alias " *Besford Hall*,"

Oct. 24, 1435. Master W. Kasey resigns the office of Principal of Charlestone's Inn.

and Master J Adyns deposits his caution, and finds sureties for payment of the rent of the same inn.

in vico "*Mureligorum*" coram venerabili viro Magistro Johanne Burbache, tunc Commissario reverendissimi in Christo patris et domini Magistri Thomæ Bourgchier, episcopi Wigorn., et Cancellarii Oxoniæ; post cujus quidem resignationem, eodem die, Magister Johannes Adyns exposuit cautionem coram dicto Commissario pro eadem aula, et invenit fide jussores pro pensione ejusdem aulæ, scilicet, Henricum nuper mancipium Johannis Leyland, et Ricardum Barbour in parochia S. Aldati,, &c.

A Scholar guilty of violence.

A. aa. 10. Feb. 12, 1437. *Memorandum*, quod duodecimo die mensis Februarii, anno suprascripto, Johannes Austell, Scholaris juris civilis de aula Græca, convictus est coram Cancellario et altero Procuratorum super perturbatione pacis, per depositionem Wilhelmi Alwyke de "*Peckewater inne*," Symonis mancipii de "*Bekis inne*," ac Emmotæ uxoris ejusdem Symonis, eo quod intravit domum ipsius Symonis contra pacem, ac ejus uxorem cum quodam instrumento ferreo vulgariter nuncupato "*a pele*" graviter percussit, ac etiam inhumaniter et injuriose eam pertractavit.

Banishment from Oxford for contumacy.

March 31, 1437. *Memorandum*, quod ultimo die mensis Martii, Mauricius Jankyn erat bannitus coram Cancellario Magistro Johanne Carpenter, propter contumaciam suam in ecclesia Beatæ Mariæ, pro tempore prædicti Cancellarii, anno Domini millesimo, &c.

Compromise between a Scholar and a Goldsmith.

A. aa. 11. Feb. 1, 1438. *Memorandum*, quod, anno Domini millesimo quadringentesimo tricesimo octavo, in vigilia Purificationis

Beatæ Mariæ Virginis, per sententiam sive laudum Magistri W. Hawtrine imparis, ex consensu et assensu [*videlicet* Johannis Quynatone Scholaris, et Thomæ Goldesmyth *alias* Wylde de Oxonia], partium in hac parte compromittentium electi et assumpti, in quodam compromisso super et ex causa mutui, et pro quodam scypho[1] dicto Johanni Quynatone impignorato, vulgariter "*a masar*" nuncupato, et aliis captis coram Magistro Johanne Gorsuch, Commissario generali Magistri Johannis Carpynter, Cancellarii Universitatis Oxoniæ prædictæ, et vallato pœna centum solidorum, parti parenti sententiæ seu laudo prædicti Magistri W. Hawtrine imparis antedicti applicandorum, condemnatus est Thomas Goldesmyth, *alias* Wylde, de Oxonia antedicta, ad solvendum Johanni Quynatone Scholari quadraginta tres solidos quatuor[2] denarios ad duos anni terminos, *videlicet* ad festum Annunciationis Beatæ Mariæ Virginis proximo tunc sequentis tredecim solidos quatuor denarios, et in festo Corporis Christi ex tunc proximo sequente triginta solidos quatuor denarios, sub eadem pœna centum solidorum, pro eo et ex eo quod idem Thomas sua propria confessione fatebatur publice, coram Magistro Wilhelmo impari antedicto, prædictos denarios ex causa mutui præmissi prædicto Johanni fore debitos, et ipsum Thomam prædicto Johanni Quynatone in prædictis denariis fuisse et esse obligatum, et in casu quo prædictus Thomas Goldesmyth, *alias* Wylde, sic condemnatus, prædictis festis, *videlicet* Annunciationis et Corporis Christi, seu ipsorum altero, non satisfecerit seu non solverit prædicto Johanni Quynatone, ex tunc in pœna centum solidorum in compromisso antedicto apposita et promissa eidem Johanni Quynatone Scholari antedicto, eundem Thomam Goldesmyth, *alias* Wylde, sua sententia seu laudo condemnavit.

Master W Hawtrine, appointed umpire in respect of a dispute between a goldsmith and a scholar concerning a loan, &c.,

gives sentence that the goldsmith shall repay the sum, in which he admitted himself to be indebted to the said scholar by two instalments,

under pain of forfeiting, in default, one hundred shillings.

---

[1] *Cipho*, MS.

[2] For *quatuor* here apparently should be read *octo*.

Cujus sententiæ seu laudi prolationi utraque pars personaliter interfuit, et ipsam sic prolatam audivit, et prædictus Thomas Goldesmyth, *alias* Wylde, personaliter præsens aperta voce tunc ibidem terminos solutionis supradictos, modo et forma quibus præmittitur, in se assumpsit, et in ipsis sic solvere se fideliter promisit.

Appointment of a proctor for the Sale of Pledges.

A. aa. 10.
July 16, 1438.
The vicar of Milton appoints R. Fleming his proctor for the redemption, sale, &c., of books deposited in his name in the Chicheley chest.

Noverint universi per præsentes, me Magistrum Johannem Merschall, vicarium de Myltone, constituisse et ordinasse procuratorem seu attornatum meum Magistrum R. Flemyng, et eidem plenam potestatem meam dedisse ad recipiendum, redimendum, et renovandum omnes libros seu cautiones quascunque expositas seu impignoratas nomine meo in cista Chicheley, secundum quod sibi viderit optimum ; In cujus rei testimonium sigillum meum præsentibus est appensum. *Datum apud Myltone, sextodecimo die Julii, anno Domini millesimo quadringentesimo tricesimo octavo.*

An indenture of the goods of Master T. Cooper.

A. aa. 13.
July 31, 1438.

Memorandum, quod hæc est una copia indenturæ cujusdam, cujus una pars remanet penes Magistrum Johannem Gorsuch, sacræ Theologiæ Professorem, pro tunc venerabilis viri Magistri Johannis Carpenter, Cancellarii Oxoniæ, Commissarium generalem, et alia pars penes Magistrum Rogerum Grey, principalem aulæ de "*Brasenose*," de quibusdam bonis ab eo receptis, Magistro Thomæ Cooper pertinentibus, in quodam studio ejusdem aulæ contentis, de mandato Cancellarii in præsentia virorum subsequentium aperto, et eidem Magistro Rogero deliberatis, cujus tenor est talis.

Hæc indentura, facta ultimo die mensis Julii, anno Domini millesimo quadringentesimo tricesimo octavo, *testatur*, quod hæc sunt bona reperta in studio clauso quondam Magistri Thomæ Cooper, per decretum Cancellarii aperto in præsentia Magistri Johannis Northfolk, domini Johannis Gothill, vicarii ecclesiæ Beatæ Mariæ Virginis Oxoniæ, Wilhelmi Gryffyn, et David Glower,

A list of the goods found locked up in the room of Master T. Cooper of "Brasenose" Hall, the room having been opened by order of the Chancellor.

In primis, unus liber Homeliarum, secundo folio in textu "*peccato absolvitur;*"

Item, alius libri codex, secundo folio "*quam plurimas;*"

Item, magna cista cerata;

Item, una cathedra;

Item, una mensa cum tripodibus;

Item, unum lectrinum, videlicet cum cistula et cum quatuor tabulis antiquis superpositis;

Item, unus vetustus abacus;

Item, una antiqua cithara;

Item, una "*lute*" fracta;

Item, una securis;

Item, unum par tripodum;

Item, unus gladius;

Item, duæ baslardæ vetustæ;

Item, "one morter and pestelle;"

Item, una olla ænea cum fracto pede;

Item, quatuor parvæ tabulæ longitudinis duorum pedum;

Item, duodecim veteres disci lignei;

Item, una tabula quinque pedum cum uno "*legge;*

Item, pes unius lectrini.

Item, one "*twister*" ferri;

Item, unus arcus cum viginti sagittis;

Item, unum par follium;

Item, una antiqua mantica;

Item, unum par cultellorum trium in una vagina,

unius sectæ, cum manubriis rotundis de "*dogyn*" argentatis;

Item, Böethius super libro Porphyrii, secundo folio "*confirmat;*"

Item, Commentarium Böethii Aristotelis prædicamenta, secundo folio "*ait æquivoca.*"

Item, Ovidius "*De remedio Amoris;*"

Item, Liber geometricæ, secundo folio N, F, D. Quæ sunt omnia bona alicujus valoris in prædicto studio contenta.

Hæc bona fuerunt deliberata prædicto Magistro Thomæ Cooper.

Tempore Magistri Johannis Nortone, Cancellarii Oxoniæ.

A. aa. 16.
May 7, 1439.
Henry Brother of South Hinksey appears before the Chancellor, and assigns thirty shillings for the support at the University of John Kantewelle, Scholar, of "Heren Hall."

Anno Domini millesimo quadringentesimo tricesimo nono, septimo die Maii, in hospitio dicti Magistri Nortone Oxoniæ, comparuit Henricus Brother de South-Henksey coram eodem domino Cancellario personaliter, et cessit ibidem cuidam Scholari Johanni Kantewelle de "*Heren Hall,*" ad sustentationem sui et relevamen exhibitionis suæ, triginta unum solidos bonæ monetæ, quos sibi debuit quidam Johannes Grace "*sawyer*" de "*Kandych,*" occasione tantæ summæ per eundem Henricum eidem Johanni depositæ ad custodiam, et juravit dictus Henricus circa ibidem, coram domino Cancellario, quod istam cessionem fecit pure et simpliciter, sine fraude, dicto Johanni Kantewelle, declarans et affirmans expresse quod suæ voluntatis fuit, ut dictus Johannes Kantewelle summam antedictam integraliter habeat, et disponat de eisdem pro suæ libito voluntatis; præsentibus circa ibidem Johanne Kar bedello in facultate sacræ theologiæ, Galfrido Vale, Thoma Trolhope, et Patricio Lye, diaconis.

A baker convicted of using light weights.

Memorandum, quod Henricus Lyȝtley pistor, per scrutatores artis suæ et alios, ac etiam per ponderationem panis sui de "*clerematyn*"[1] factam coram me Wilhelmo Hawtryne, septimo decimo die mensis Augusti, convictus est de falsitate ponderis panis sui hujusmodi in septem unciis et duobus solidis, et quod vocatus legitime et expectatus, ut inde justificaretur secundum jura regni et statuta Universitatis, comparere contempsit, propter suam contumaciam ab Universitate Oxoniæ et ejus præcinctu in perpetuum est bannitus, et vicesimo tertio die mensis prædicti, anno regis Henrici sexti septimo decimo, publice apud quadrivium in publico mercato pro bannito extitit publice denunciatus et proclamatus.

A. aa. 18.
Aug. 23, 1439.
Henry Lyȝtley, baker, convicted of using light weight, and refusing to appear, when cited, before the Chancellor, is banished for ever from the precinct of the University.

A Scholar swears that he will obey the Principal of his Hall.

Memorandum, quod vicesimo tertio die Augusti, anno regis Henrici sexti sextodecimo, coram nobis Magistro Johanne Gorsuch, Magistri Johannis Carpenter Cancellarii Oxoniæ Commissario generali, comparuit Magister Robertus Norys, et astrinxit se fide media ad parendum in singulis licitis et honestis jurisdictionem principalitatis concernentibus, Magistro Rogero Grey, Principali aulæ de "*Brasenose.*"

A. aa. 11 b.
Aug. 23, 1438.

Richard Monforde bound not to enter a certain citizen's house.

Memorandum, quod dominus Ricardus Monforde obligatur in summa quadraginta solidorum solvenda Universitati, quod non intrabit in domum Johannis Mawey

A aa. 12 b.

[1] Can this be an error for "*de matyn.*"?—*Ed.*

sutoris, nisi habuerit secum societatem honestam secum ingredientium et egredientium.

Compromise between the Master and Fellows of "Great University Hall" and another.

A. aa. 16, 2.

June 6, 1439.

The Master and Fellows of "Great University Hall" on the one part, and David Clowdysley on the other part, agree to refer the decision of their quarrel to four arbitrators, and to abide by their award,

Memorandum, quod sexto die mensis Junii, anno Domini millesimo quadringentesimo tricesimo nono, Magister Thomas Benyngwell, Magister Magnæ Aulæ Universitatis Oxoniæ, pro se et sociis suis ex una parte, et David Clowdysley ex altera parte, compromiserunt, et uterque eorum compromisit, ad standum et parendum, in alto et in basso, laudo, decreto, et arbitrio venerabilium Magistrorum, *videlicet* Magistri Johannis Gernys et Johannis Wodward ex parte dicti Magistri pro se et sociis suis electorum, ac Magistri Johannis Beke et Johannis Myschell pro parte dicti David Clowdysley consimiliter electorum, de et super omnibus querelis, actionibus, et demandis quibuscunque inter partes prædictas motis et pendentibus ante datum præsentium; *proviso semper et excepto*, quod dictum laudum et arbitrium feratur citra decimum sextum diem dicti mensis Junii; et, si dicti arbitri infra tempus prædictum nullum laudum seu decretum in præmissis tulerint, ex tunc utraque pars partium prædictarum promittit stare et parere, in alto et in basso, laudo, decreto, et arbitrio venerabilis viri Magistri W Brandon imparis, ex consensu utriusque partis prædictæ communiter electi ad laudandum, decernendum, et arbitrandum in præmissis; *proviso semper et excepto*, quod laudum, decretum, et arbitrium dicti imparis, ut præfertur, communiter electi, feratur citra vicesimum nonum diem dicti mensis Junii; et, ut prædicta compromissa et promissa per partes antedictas perimpleantur in forma præmissa, utraque partium prædictarum obligat se, ultroque citroque et mutuo, in centum solidis solvendis, in forma quæ sequitur; *videlicet*, quod, si quæ

provided the same be made before the sixteenth day of July next.

But, in case the said arbitrators shall have made no award before the above-mentioned day,

then the aforesaid parties agree to abide by the decision of Master W. Brandon, provided that his award be made before the twenty-ninth day of the same month.

And if either party shall fail

pars prædictarum partium in hujusmodi laudo, decreto, et arbitrio lato non paruerit, dictos centum solidos integraliter parti obedienti solvere teneatur; his testibus, Magistro Ricardo Muntford, Domino Jacobo Jobe, Domino Thoma Croke, et aliis.

to abide by the said decision, they shall forfeit one hundred shillings to the other party.

Property assigned to a Creditor.

A. aa. 17. July 8, 1439.

Memorandum, quod octavo die mensis Julii, *videlicet* in crastino S. Thomæ Martyris, in hospitio Cancellarii Oxoniæ, comparuit coram Cancellario quidam Johannes Coventre pelliparius de Oxonia, et ibidem consensit quod quidam pannus tinctus et pictus cum historia Roberti regis, de bonis Magistri Johannis ——, rectoris de Whem, qui debet eidem Johanni, ut dicit, triginta sex solidos octo denarios pro furrura cujusdam togæ, remanens in custodia Magistri Johannis Austell usque ad festum Omnium Sanctorum, dictus rector de Whem satisfaceret præfato Johanni Coventre de debito memorato,—et in casu quo non satisfaceret infra dictum tempus,—quod tunc Magister Johannes Austell liberabit dictum pannum præfato Johanni Coventre in vim pignoris, et sic promisit ex consensu et voluntate cujusdam domini Johannis Barkworth, canonici de Bernynge, Lincolniensis diœcesis, tunc præsentis et fidejussoris asserti dicti rectoris de Wem pro summa antedicta, ut dictus Johannes Coventre asseruit.

John Coventry appears before the Chancellor, and agrees that if the vicar of Wem shall not have paid his debt of 36*s*. 8*d*. before Allhallows day, he will take as a pledge for the same a certain piece of cloth dyed and embroidered with the history of king Robert.

A. aa. 14. Sept. 9. 1438.

Hæc sunt nomina Principalium aularum, pro quibus expositæ sunt cautiones, nono die mensis Septembris, anno Domini millesimo quadringentesimo tricesimo octavo.

Principalis aulæ "*Brasenose*," Magister R. Grey. Fidejussores Petrus Schotesbroke, Wykham bedellus.

Principalis aulæ "*Salesurry*," Magister J. Northfolke, item per tenemento nomine Magistri J. Wylley.

Principalis aulæ S. Edwardi in vico Scholarum, Magister Tofte, per Tange.

Principalis aulæ Universitatis ibidem, Magister Appultone.

Principalis aulæ Vitreæ, Magister Johannes Malteby.

Principalis aulæ Stapulinæ, Magister J. Trope.

Principalis aulæ Nigræ in vico Scholarum, Magister Multone, per Kumberwerth.

Principalis aulæ Nigræ magnæ.

Principalis aulæ Cervinæ, Magister Westlake.

Principalis aulæ Edmundi in oriente, Magister Johannes Temmys.

Principalis aulæ Bostaris, Magister Hastynge.

Item "*Hare-Hall*," Bulkeley.

Principalis aulæ Universitatis, Magister W. Dowson.

Principalis aulæ "*Wyloby.*"

Principalis aulæ "*Droghda*," Magister W. Sharpe.

Principalis aulæ "*Ynge.*"

Principalis aulæ Georgii, Gayle.

Principalis aulæ Profundæ.

Principalis aulæ S. Thomæ.

Principalis aulæ Leonis.

Principalis aulæ "*Penkrych*," Kylyon.

Principalis aulæ Albani, Magister R. Martyn; fidejussores Robertus Lambart et Thomas Faukener.

Principalis aulæ Aristotelis, W. Rafe.

Principalis aulæ Leoninæ, Magister Westone.

Item pro aula Frydeswydæ, Magister Dygon.

Principalis aulæ S. Johannis, Magister Ricardus Tyryndene.

Principalis aulæ Mertonis, Magister W. Symond.

Principalis aulæ S. Mariæ, Magister Sampson.

Principalis aulæ Bedelli, Magister Peytwyne.

Principalis aulæ Edwardi juxta Collegium Cantuariæ, Leche.

Principalis aulæ Angularis, Magister T. Bartelet; fidejussores Johannes Bontynge, Johannes Page.

Principalis aulæ "*Bekys-yne*," Bigbury, per Hudy.

Principalis aulæ "*Newels-yne*," Hudy.

Principalis aulæ Græcæ, Coke.

Principalis aulæ "*Pekwater-yne*," Sandwyche, per Doctorem Hawtryne.

Principalis aulæ "*Takleys-yne*," Ricardus Bulkeley.

Principalis aulæ "*Haburdashe*," Ricardus Folcarde.

Principalis aulæ "*Brodegate*" in parochia Omnium Sanctorum, Kerlele.

Principalis aulæ "*Hamptone*," Magister Wilhelmus Sale.

Principalis aulæ Mildredæ, Magister Wilhelmus Peper.

Item, Pury Hall, Magister Rygge.

Principalis aulæ Albæ, Northam.

Principalis aulæ Laurentii, Tange.

Principalis aulæ "*Henxey*," T. Nynhede; fidejussores Johannes Wilmot et Wilhelmus Sturmy *alias* Smythe.

Principalis aulæ Edwardi in cœmeterio S. Edwardi, Bergeveny.

Principalis aulæ Aquilinæ, Thunder.

Principalis aulæ Salarii, Johannes Drane.

Principalis aulæ Vineæ, Karanute, per Madirer.

Principalis aulæ "*Latarum portarum*" in parochia S. Aldati.

Principalis aulæ Bovinæ, Frestone.

Principalis aulæ Paulinæ.

Principalis aulæ Scuti, Greg; *item* postea Magister Johannes Elwyk, per Martyn.

Principalis aulæ "*Yvy*" juxta "*Brasenose*," Exburhale; fidejussores Thomas Averey, Johannes Wikham.

Principalis aulæ S. Thomæ, ibidem, Magister Johannes Martone exposuit cautionem pro illa aula, sed Magister Rogerus Betsone, qui prius anno præterito fuerat principalis ejusdem, exposuit cautionem pro eadem, et invenit fidejussores pulsante campana, sub debitis etiam modis et forma, *scilicet* T. Averey, Johannes Elyot.

Principalis aulæ "*Grove*."

Principalis aulæ "*Hawke.*"

Principalis cujusdam mansi juxta aulam Laurentii.

Principalis Scholarum juris canonici, Magister Nawnte.

Principalis Scholarum juris civilis, Magister W. Hawtryne.

Principalis mansi juxta aulam Vitream, Magister W. Reve.

Principalis "*Tryllok's-yn,*" W. Froman.

Principalis introitus S. Johannis, Magister Hallbey.

Principalis aulæ "*Colcyl,*" Magister Lane.

Principalis aulæ Cuthberti, Magister Gange.

Principalis aulæ Taurinæ, Madyrdyrwa.[1]

Principalis aulæ S. Jacobi, Woller; fidejussores Ricardus Wythik et Johannes Trill, *baker.*

Item, pro aula Frydeswydæ in parochia Ebbæ, Kyrkby, Bosworth, J. Lowe.

Item, pro aula Alba juxta muros, Bromhale.

Item, pro aula Alba in parvo balliolo, Magister Claydone.

Item, pro aula "*Olefante,*" Magister Kyllyngworth.

Item, pro "*Andrew Hall,*" Bustynbrok.

Cautions deposited for Halls by two Masters.

Memorandum, quod, sedentibus nobis Magistro Johanne Gorsuch, Magistri Johannis Carpenter Commissario generali, in ecclesia Beati Mariæ Virginis, in crastino Nativitatis Beatæ Mariæ Virginis, hora nona, pro cautionibus admittendis, ut moris est, pulsante campana, comparuit coram nobis Magister Rogerus Betsone, et exposuit cautionem pro aula S. Thomæ situata juxta "*Brasenose,*" et, in defectu domini, invenit fidejussores

---

[1] Mertherderwa? see his will, *infra*, p. 557.

T. Averey et Johannem Elyot. *Item,* simili forma, anno, die, hora, et loco, Magister Rogerus Grey, nomine procuratoris, exposuit cautionem pro aula "Scuti," nomine domini Johannis Greg, et invenit fidejussores, in defectu domini, Johannem Wykham et Thomam Averey.

Sureties for the Preservation of the Peace.

A. aa. 18 b.
Aug. 17, 1439.
Master Ralph Presbury, doctor of canon law, finds sureties that he will keep the peace towards Henry Berewyke, taverner, Thomas Hall, apothecary, David Clowdysley, glover, and Thomas Smyth.

Memorandum, quod decimo septimo die mensis Augusti, anno regis Henrici decimo septimo, ac anno Domini millesimo quadringentesimo tricesimo nono, Magister Radulphus Presbury, decretorum Doctor, invenit fidejussores de pace servanda erga Henricum Berewyke, pandoxatorem in suburbio extra portam borealem villæ Oxoniæ, Thomam Halle, "*potygare*" *alias* chirurgicum, "*gentylman*" ut dicitur, David Clowdesley, "*glover*," et Thomam Smyth de comitatu Oxoniæ in villa, ita *videlicet* quod dictus Magister Radulphus nullum damnum corporale per se nec per alium dicto Henrico faciet vel inferet, seu fieri vel inferri procurabit, sub pœna decem librarum, secundum discretionem Cancellarii vel ejus locum tenentis cuicunque usui applicandarum.

Suspension from brewing.

Aug. 22.
Alice Everarde, for refusing to sell beer, is suspended from that trade.

Memorandum, quod Alicia Everarde, pandoxatrix villæ Oxoniæ, eo quod dixit quod nollet pandoxare ad vendendum cerevisiam plebi domini regis in villa Oxoniæ, ab arte pandoxandi est perpetuo suspensa: Actum vicesimo secundo die Augusti, anno Domini millesimo quadringentesimo tricesimo nono, et anno regis Henrici sexti decimo septimo.

"Habeas Corpus."

Aug. 21, 1439.
Henry Berewyke, refusing to find

Memorandum, quod Henricus Berewyke erat requisitus per officium ad inveniendum fidejussores de non

sureties, and being imprisoned therefore, promises, before being released by "habeas corpus," that he will do what the Chancellor shall think proper.

trahendo aliquam causam terminabilem infra Universitatem ad extra, et maxime nullam causam terminabilem infra Universitatem secundum privilegia ejusdem, quam adversus Magistrum Radulphum Presbury movere intendit, qui sic requisitus recusans est incarceratus, et breve regium, *videlicet* "*corpus sine causa,*" extitit ex parte ejusdem impetratum ad Petrum Smyth custodem castri ubi dictus Henricus erat incarceratus, ad liberandum eundem, et, præmisso brevi non obstante, idem Henricus promisit, fide sua media, quod proximo die juridico post festum S. Dionysii proximum futurum se Cancellario Universitatis, vel ejus locum tenenti, repræsentaret et repræsentabit, facturum et recepturum quod est justum et tunc vidèbitur expedire in præmissis.

Acta sunt hæc vicesimo primo die mensis Augusti, anno Domini millesimo quadringentesimo nono, et anno regis Henrici sexti decimo septimo.

A Book claimed.

A. aa. 19.

Oct. 9, 1439.

Two scholars make oath that a certain book is the property of the Archdeacon of Salop.

Memorandum, quod anno Domini millesimo quadringentesimo tricesimo nono, nono die Octobris, coram nobis Johanne Burbache, venerabilis viri Magistri Johannis Nortone, Cancellarii Universitatis Oxoniæ, Commissario generali, comparuerunt Rogerus Haxey et Thomas Feyrman, Scholares, qui tactis sacrosanctis deposuerunt quod liber quidam intitulatus "*De Gestis Romanorum,*" est liber cujusdam venerabilis viri W. Lathes, Archidiaconi "*Salopser,*" quem quidem librum idem venerabilis habuit ex dono Johannis Goldyng *alias* suo clerico; unde et nos Johannes Burbache Commissarius supradictus dijudicavimus verum dominium, habito prædicto testimonio, ad prædictum venerabilem virum W. Lathes, Archidiaconum, pertinere.

A Stationer finds sureties for the faithful performance of his office.

Item, septimo decimo die Decembris, Johannes Godsond, stationarius, invenit fidejussores de fideli administratione sui officii, Johannem Pollard, "*taylour*," et Wilhelmus Chynnour, "*skynner*." A. aa. 20 Dec. 17.

Indenture of the goods and chattels of a Scholar.

[1] This endenture made þe xx. day of December, þe yere of Kyng Harry þe VIte after þe conqueste xx., of þe goodes and cattell of Harry Keys, werne yleft in þe howse of Thomas Mancipill, whyche goodes and catell weren preysyd be-thwexte Thomas Smyth and Davy Dyker, and sowrne upon a book before John Wykam þe bedyll, to preyse everythyng as hyt was worth be there conscience, by the auctorite of þe Chanceller,— A. aa. 87. Dec. 20, 1441.

Item, for a burde standyng in þe hall, pris	viii^{d}.
Item, a long borde - - - - -	viii^{d}.
Item, a ffat - - - - - -	vi^{d}.
Item, ii. stolis, pris - - - - -	ii^{d}.
Item, old clothe hangyng in þe hall, pris -	iiii^{d}.
Item, a stock[2] and a payre of bladis -	i^{d}.
Item, ane hachat, pris - - - -	iii^{d}.
Item, a picher and a bolle, pris - -	i^{d}.
Item, þe wrytyng of þys byll - - -	ii^{d}.

[1] This indenture occurs in the MS. under the year 1450, with two other similar indentures: all are in precisely similar writing, and have plainly been copied into the register at a subsequent date.

[2] *stkoc*, MS.

A Quarrel between a Servant and a Scholar.

A. aa. 230.
July, 1442.

[1]*Depositio* Johannis ffelerd, servi Oliveri Hore, jurati et examinati de perturbatione pacis inter ipsum et Wilhelmum Bysshop de aula S. Johannis, die Lunæ, mensis Julii, anno Domini millesimo quadringentesimo quadragesimo secundo.

The deposition of John ffelerd, servant of Oliver Hore, respecting a game at "*sword and buckler*" between himself and a scholar named W. Bysshop, which ended in a quarrel.

Dicit quod, ipse et socius suus communicabant simul de ludo vulgariter vocato "*swerd and bokelere*" [vel "*Pykyd staff*," dicentes quod talis ludus venit ex lætitia cordis];[2] et inter cetera dixit prædictus Wilhelmus præfato Johanni, "*Sofft and ffayre*," et respondit Johannes, "*Sofft and ffayre ynogh*." Recessit Wilhelmus et reduxit secum duos Scholares, quorum nomina ignoramus; et dixit præfatus Wilhelmus præfato Johanni, "*Ubi est ille qui velit ludere ad ludum præ-" "nominatum?*" et addidit dictus Wilhelmus, "*Ubi" "sunt arma?*" respondit Johannes, "*Ego sum, et hic" "sunt arma:*" et præfatus Wilhelmus cum sociis suis apprehenderunt baculum ex una parte, et præfatus Johannes retraxit ex altera parte. Et dixerunt præfatus W. et socii, "*Dimitte nobis baculum;*" et ipse recusavit, et impetu magno abstulit ab eis, et sic percussit præfatum Wilhelmum ad sanguinis effusionem: sed ante percussionem quidam Scholaris veniens cum dicto Wilhelmo extraxit cultellum vocatum "*hangere*," volens percussisse prædictum Johannem ffelerd, et Johannes prædictus super hoc coram nobis Magistro Johanne Kexby, Cancellario Universitatis Oxoniæ, fuit convictus.

---

[1] This article occurs in the MS. on folio 230, as indicated in the margin; the other entries of that part of the MS. are of the date 1466. How this misplacement has occurred is to me inexplicable.—Ed.

[2] The passage in the brackets is not in the text, but written on the margin by the same hand.

Memorandum, quod præfatus Wilhelmus Bysshop, Scholaris, juratus et examinatus, fatebatur [quod] [1] Johannes ffelerd prædictus ludens cum baculo a casu percussit ipsum, tamen, ut fatebatur præfatus, ipsum cum illa percussione non læsit, nec ex aliqua præcogitata malitia ipsum percussit: et statim post istam percussionem revenit præfatus Wilhelmus adducens secum duos Scholares; dixit præfato Johanni ut daret sibi baculum, et, ipso nolente, præfatus Wilhelmus et duo Scholares secum advenientes tenuere baculum, volentes rapere a manu prædicti Johannis, qui tandem habens baculum in sua libertate, percussit præfatum Wilhelmum Bysshop, ut prænotatur.

The deposition of W. Bysshop.

Carrying weapons by a Scholar.

A. aa. 25.
Nov. 8, 1442.
W. Thonder of Coventry Hall is fined and imprisoned in "Bocardo" for carrying weapons.

Memorandum, quod coram nobis Magistro Gorsuch, Commissario, &c., mensis Novembris die octava, anno Domini suprascripto, quidam Wilhelmus Thonder, Scholaris de "*Coventre Hall*," altero Procuratorum assidente ut est moris, super latione [2] armorum legitime est convictus, deinde captus incarceratus in Bocardo, quasi a meridie die Veneris usque in undecimam horam die Sabbati proxime sequentis, perdidit arma, solvit pœnam secundum nova statuta, scilicet duos solidos, et exhibuit fidejussores de stando pacifice infra Universitatem sub pœna statuti, scilicet Thomam Grome, "*taylour*," et Wilhelmum Wykham, "*skynner;*" qui etiam intervenerunt fidejussores "de non trahendo," &c., ut patet supra.

A Scholar summoned before the Chancellor's Commissary by the Principal of his Hall.

Dec. 20.
John Stanelay, scholar of Deep

Memorandum, quod in vigilia S. Thomæ, coram Magistro Johanne Gorsuch, Commissario generali do-

[1] *quod* repeated in MS.

[2] *lationem*, MS.

Hall is summoned before the Commissary for removing the goods of one J. Radclyff of the same hall, who had died in debt to the Principal and manciple.

mini Cancellarii hujus almæ Universitatis, Johannes Stanelay, Scholaris, citatus ad instantiam Roberti Stillyntone, Principalis aulæ "Profundæ," et mancipii ejusdem aulæ, in causa quadam debiti viginti unius solidorum, pro eo et ex eo quod idem Johannes Stanlay asportavit et . . . . bona cujusdam Johannis Radclyff nuper defuncti de dicta aula "Profunda," qui erat in prædicta summa dictis Principali et mancipio obligatus ratione communarum et lecturæ et pensione cameræ; unde idem Johannes Stanelay recognovit debitum, et promisit se soluturum, fide sua media, dictam summam viginti unius solidorum infra vicesimum diem a festo Natalis Domini proxime futuro computandum; et ad hoc fideliter faciendum obligavit bona sua ac etiam librum quemdam hostiensem, in summa incistata per eum in cista "Wynchester," qui quondam fuit dicti Johannis Radclyff.

Sureties for the safety of the Proctor.

A. aa. 26.
Dec. 18, 1442.

Memorandum, quod coram nobis Magistro J. Gorsuch, Commissario generali Magistri H. Sever, Cancellarii Universitatis Oxoniæ, comparuerunt W. Gryffyth, scissor, et Henricus Bath, rector, qui intervenerunt fidejussores, et sponte se obligaverunt Magistro Rogero Grey, alteri Procuratorum, sub pœna viginti librarum eidem Rogero solvendarum, si contingat præfatum Magistrum Rogerum fore vexatum per Aliciam Rose London, per eum imprisonatam ratione quorundam bonorum traditorum prædicto Henrico Bathe, in quadam cistula contentorum. *Acta sunt hæc decimo octavo die mensis Decembris, anno supradicto.*

A Bachelor of Arts admitted Principal of a Hall.

A. aa. 26.
Feb. 5, 1442.

Memorandum, quod quinto die mensis Februarii, anno Domini millesimo quadringentesimo quadragesimo secundo, coram nobis Magistro W. Westekarre, Commissario generali Magistri Henrici Sever, Cancellarii Universitatis Oxoniæ, comparuit hora post nonam quasi secunda, discretus vir W. Lametone, facultatis artium Baccalarius, pro tunc, ut asseruit, procurator Magistri Johannes Legedene, principalis aulæ Stapulinæ, cui perhibuit testimonium quidam artium Baccalarius nomine W. Bowden; qui quidem W. Lametone, antedicti Magistri Johannis Legedene procurator existens, omnimodum jus, quod habuit seu quovismodo habere potuit prædictus Magister J. Legedene in jure principalitatis aulæ Stapulinæ antedictæ [prædictus W. Lametone], nomine prædicti Magistri Johannis Legedene, pure, sponte, libere, et voluntarie resignavit; et consequenter, quasi immediate, antedictus W. Lametone exposuit cautionem pro eadem nomine proprio, quæ per nos admissa est, salvo jure cujuscunque: Secum pro aulæ pensione adduxit fidejussores eisdem hora et tempore juxta vim, formam, et effectum statutorum, *videlicet*, Johannem Bartone, "*yronmunger*," de parochia S. Michaelis, juxta portam borealem, et Johannem Ballarde, scissorem, de parochia Beatæ Mariæ Virginis Oxoniæ.

A Scholar of Pekwater Inn fined for violence.

A. aa. 26.
Feb. 9, 1442

John Barton and Robert Barbur undertake that a scholar, J. Hordene, shall duly pay the fine imposed upon him for breaking the head of Thomas Walker, manciple of Pauline Hall.

Memorandum, quod nono die mensis Februarii, anno Domini millesimo quadringentesimo quadragesimo secundo, coram nobis Magistro W. Westekarre, Commissario generali venerabilis viri Magistri H. Sever, Cancellarii Universitatis Oxoniæ, Johannes Barton, "*corvysere*," de parochia S. Michaelis juxta portam borealem, et Robertus Barbur de parochia S. Edwardi, devenerunt fidejussores et manuceperunt pro quodam Scholari de "*Pekwateris In*," nomine J. Hordene, quod prædictus J. Hordene solveret Universitati, citra festum proximum S. David, sex solidos octo denarios pro violatione pacis, caput frangendo et sanguinem fundendo Thomæ Walker, mancipii aulæ Paulinæ.

The Manciple of Pauline Hall fined.

Thomas Walker, manciple of Pauline Hall, is fined for drawing his sword upon J. Hordene, a scholar, and for excessive gambling, &c.

Memorandum, quod nono die mensis Februarii, anno Domini millesimo quadringentesimo quadragesimo secundo, coram nobis Magistro W. Westekarre, Commissario generali venerabilis viri Magistri H. Sever, Cancellarii Universitatis Oxoniæ, dominus Johannes Wynter, Baccalarius juris canonici, et Robertus Lancaster, Rector et Scholaris, devenerunt fidejussores, et intervenerunt pro Thoma Walker, mancipio aulæ Paulinæ,[1] quod solveret Universitati citra festum proximum S. David quatuor solidos, secundum quod volunt Universitatis statuta, propter retractionem gladii versus Johannem Hordene, in violationem pacis, si poterit probari quod retraxit vulnerandi intentione, et non in necessitatem deductus suæ propriæ defensionis; et, quia inordinatis ludis prædictus Thomas utebatur, qui discordiæ seminationis erant causæ, *videlicet* ludendo per totam noctem, ut asserebatur, ad aleas[2] seu taxillas, illis abjuravit in posterum uti post occasum solis, sub pœna solutionis, toties quoties convictus fuerit, Universitati sex solidos octo denarios.

Master John Vanne complains of the injustice of Dr. John Stratpolle.

A. aa. 29.

June 3, 1443.

Dr. Stratpolle has not remunerated Master Vanne for his services in having read divers lectures for him;

Notandum est, quod tertio die Junii, anno Domini millesimo quadringentesimo quadragesimo tertio, venit Johannes Vanne, *alias* Terne, conquerendo de Magistro domino Johanne Stratpolle, decretorum doctore, pro eo quod ipse doctor non satisfecit sibi Johanni Vanne pro laboribus per ipsum impensis in legendo, nomine et vice ipsius doctoris, in publicis scholis titulos "*De* "*rebus ecclesiæ non alienandis*;" "*De immunitate* "*ecclesiæ*;" "*De pœnitentia et remissione*;" et "*De*

---

[1] *Paulini*, MS.

[2] *alias*, MS.

"*sententia excommunicationis in clerico,*" et in libro sexto titulos "*De renunciatione,*" et "*De sententia* "*in re judicata;*" necnon de quadraginta denariis per ipsum doctorem extortis propter ingressum in suis scholis die quo in facultate juris canonici erat dictus Johannes graduatus. Verum, quia istam petitionem non potest proponere in propria sua persona, instituit in suos procuratores Magistros Johannem Halle, Magistrum Killyngworth, Thomam Balscotte, Johannem Botelere, Johannem Karlile, Hugonem Sugur, ad agendum, defendendum, et omnia alia hujusmodi negotium concernentia.

moreover he extorted from the said J. Vanne 40 pence for entering his school.

Goods sequestered for the payment of a fine, &c.

A. aa. 31.

July 12, 1443.

Two scholars convicted of violence and robbery from the person, having been duly cited and not having appeared, are banished,

Memorandum, quod coram nobis Wilhelmo Westekarre, Commissario generali venerabilis viri Magistri Henrici Sever, Cancellarii Universitatis Oxoniæ, decimo secundo die mensis Julii, anno Domini millesimo quadringentesimo quadragesimo tertio, convicti erant Johannes Brette et Nicholaus Belyane de perturbatione pacis, et super hoc legitime et publice vocati viis et modis per trinas vices, ipsi contumaciter non venientes, ideo, propter eorum contumaciam in non comparendo coram nobis, erant banniti die Sabbati proxime præcedente festum S. Kenelmi, regis et martyris, anno regis Henrici sexti post conquestum Angliæ vicesimo secundo; et quia, ut statuta hujus almæ Universitatis requirunt, quod quicunque pacis perturbator secundum quantitatem delicti, absque aliis pœnis consuetis, pœna pecuniaria est puniendus, hinc est quod bona prædictorum Johannis et Nicholai posuimus sub sequestro ad valorem duodecim solidorum septem denariorum, secundum quod erant appreciata per communem stationarium Universitatis prædictæ, ad satisfaciendum Universitati, necnon et in parte cujusdam domini Thomæ Rygby, a quo violenter in "Baggeley" abstulerunt, undecimo die mensis

and their goods sequestered for the payment of their fine.

Julii, anno et mense supradictis, tredecim solidos sex denarios absque aliis rebus. Quæ erant bona in specie hic intitulantur;

Bona inventa et vendita Johannis Brette.

The valuation of their goods by the stationer of the University.

In primis, unus liber "De forma dictandi," secundo folio, "*Jesus*," appreciatus viginti denariis.

Item, unum "*pamplette*" cum accusationibus, appreciatum tribus denariis.

Item, una lodix stragulata, appreciata quatuordecim denariis.

Item, una chlamys[1] roseta, appreciata duobus solidis.

Item, una tunica rubea, appreciata quatuordecim denariis.

Item, una antiqua toga blodia, appreciata sex denariis.

Summa septem solidi novem denarii.

Bona ipsius Nicholai Beliane.

In primis, una chlamys burneti coloris, appreciata sedecim denariis.

Item, una lodix stragulata, appreciata octodecim denariis.

Item, una toga subrufi coloris, appreciata sedecim denariis.

Item, alia toga subrufi coloris, appreciata octo denariis.

Item, alia toga blodii coloris, appreciata decem denariis.

Ista singula bona erant tradita stationario Universitatis, et per ipsum scilicet vendita ad satisfaciendum prædictis, ut prius hic asseritur, &c.

---

[1] *clamis*, MS.

A laundress abjures her trade.

Christina . . . . [1] in parochia S. Martini Oxoniæ . . . . [2] juravit se . . . . [3] notorie ream ultra non exercere[4] comitiva mala certarum personarum suspectarum, nec ulterius uti arte lotricis Scholari nec pro Scholaribus Oxoniæ, quia sub illo colore multa mala perpetrata fuerunt, et falso colore excusata et tecta, unde carcerata fuit, et sponte prædicta mala abjuravit in præsentia Magistri Thomæ Gascoigne, sacræ theologiæ doctoris, et tunc Cancellarii nati Studii Universitatis Oxoniensis, eo quod tunc senioris theologi.

A. aa. 34.
1443.
The laundress under pretence of washing for scholars has been guilty of grave crimes. She is imprisoned.

Lucy Colbrand banished from Oxford.

Isto eodem anno, scilicet anno divinæ incarnationis millesimo quadringentesimo quadragesimo tertio, in crastino S. Gregorii Papæ, bannita fuit publice Lucia Colbrand, pronuba et meretrix, pro multiplicibus rebellionibus et perjuriis, quibus antea juraverat se extra Universitatem et ejus præcinctum [pro] in perpetuum extituram; quæ tamen, non obstante juramento, non exivit, sed occasio fuit infra Universitatem ex qua lites, fornicationes, pugnæ, et homicidia sequebantur; unde, quia sic occasio fuit et causa plurium malorum et perturbationis pacis, et quia incorrigibilis non emendans se post incarcerationem, ideo die prædicta publice in præsentia plurium Doctorum et Magistrorum bannita fuit in scriptis, in forma quæ sequitur:

1443.
A prostitute is solemnly banished from the precinct of the University for her numerous crimes and their results.

In Dei nomine, Amen. Nos, Thomas Gascoigne, Cancellarius natus [pro hac vice][5] *Universitatis Studii*

The form of banishment used.

[1] An erasure here in the MS.

[2] Another erasure, where, however, the word "*tactis*" is visible: the writer was apparently going to add "*sacrosanctis Dei Evangeliis.*"

[3] Another erasure.

[4] *excercere*, MS.

[5] The words *pro hac vice* have been erased in the MS.

Oxoniensis, te Luciam Colbrand de et super perturbatione pacis multiplici, lenocinii, pronubatiæ, perjurii, et aliis multis enormibus trangressionibus et delictis, coram officio judicialiter et alias legitime convictam, et confessam, et omnino incorrigibilem, decernimus te super præmissis banniandam, prout in his scriptis te bannimus; monentes primo, secundo, et tertio peremptorie quod exeas et recedas infra triduum ab ista Universitate, et extra ejus præcinctum, iterum non reversura sub pœnis et comminationibus ex privilegiis[1] *superinde nobis concessis.*

Acta sunt hæc in die S. Benedicti confessoris, Oxoniæ in quadrivio, et pœna incarcerationis indicta cuilibet eam illicite recipienti infra Universitatem vel ejus præcinctum.

Exclusion from Church.

A. aa. 33. *In Dei nomine, Amen. Ultimo die Januarii, anno*
Jan. 31, 1443. *Domini millesimo quadringentesimo quadragesimo*
Henry Hall having not *tertio, istum Henricum Halle [habentem] hos diem et*
appeared when summoned, is *locum, legitime citatum, præconizatum, sufficienter ex-*
hereby forbidden ingress to church, *pectatum, nullo modo comparentem, decernimus esse*
and summoned again. *contumacem, et in pœnam contumaciæ suæ ipsum suspendimus in his scriptis ab ingressu ecclesiæ, et istam sententiam demandamus exequendam, et ipsum de novo decernimus esse vocandum, ad dicendum causam quare ad graviora contra eundem procedere non deberemus, erga diem tertium mensis Februarii proxime futuri, coram nobis hora novena ante prandium, in ecclesia Beatæ Mariæ Virginis Oxoniæ.*

---

[1] *privilegiis* erased in the MS., but still legible.

Sureties for the Rent of a Hall in the absence of its Principal.

A. aa. 34. Feb. 19, 1443. Henry Bathe, principal of University Hall, before going to Ireland, finds sureties for the payment of the rent of the hall for a period of five years.

Memorandum, quod decimo nono die mensis Februarii, anno Domini millesimo quadringentesimo quadragesimo tertio, Henricus Bathe adduxit fidejussores, *scilicet* Petrum Gyles *alias* "*barbour*," et Robertum Harward "*loker*," pro pensione unius tenementi Magistri et Scholarium aulæ Universitatis Oxoniæ situati in parochia S. Petri in Oriente, usque adventum prædicti Henrici Bathe ab Hibernia, et, si contingat Henricum nunquam reversurum, fidejussores prædicti sunt obligati ad solvendum pensionem tenementi prædicti usque ad finem quinque annorum proxime sequentium, et pensio tenementi sunt quadraginta solidi in anno; et quam cito contingat prædictum Henricum revertere ab Ybernia ad Universitatem prædictam,[1] prædicti fidejussores ab ista obligatione sunt quieti, sic quod dicti fidejussores adducant dictum Henricum ad Cancellarium seu ejus Commissarium Universitatis prædictæ, et quod moneant[2] Magistrum collegii seu procuratorem de adductione ejusdem.

A Caution to Chancellors.

Nota, O Cancellarie![3]

1443. The Chancellor is "ex officio" a justice of the peace.

Quilibet Cancellarius Studii Universitatis Oxoniensis est, ex privilegiis specialibus regum Edwardi et Henrici tertii, justiciarius pacis, unde arrestare et incarcerare potest ex sola suspicione, causa non probata nec manifeste de incarcerando cognita;

---

[1] *prædicere*, MS.
[2] *muniant*, MS.
[3] These words are a marginal note in the same hand as that of the text, which is that of Thos. Gascoigne.

Compurgation should not be allowed except the Chancellor in his discretion see good reason.

Item, ex jure et ex privilegio, purgatio alicujus rei notorii seu convicti seu confessi admittenda non est, nisi discretioni Cancellarii videatur esse congruum, et, nisi judex purgationem indicat et injungit, accusatus vel detectus purgare se non potest, unde purgatio præcise pendet ex arbitrio judicis Universitatis vel Cancellarii vel Commissarii;

T. Gascoigne has known many cases of compurgation, where persons have privately admitted that they had perjured themselves in public:

ego enim novi diversos qui juraverunt maximo juramento se non esse nec fuisse reos in causa eis imposita, et tamen in privato foro fatebantur se veraciter reos esse, et sic *nota, Cancellarie*, quod in Oxonia ex purgationibus admissis indifferenter multiplicantur perjuria, et hoc experientia plurium probavi. Ista sunt magna et absurda mala Oxoniæ, quæ a diu Oxoniam violarunt, at pro quorum reformatione maxime instaret qui sciret et qui posset,

and the indiscriminate use of compurgation has been found to give rise to innumerable evil consequences:

ex quibus plura mala sequuntur, scilicet purgatio, perjurium, defensio malorum, multitudo congregationum sine fructu in congregatione; [et inutiles et indignæ gratiæ et vilipensio gradus scholastici propter viles conditiones graduatorum.] [1] Purgatio Oxoniæ occasio est intolerabilis nequitiæ; ubi enim forma laborat et evidentiæ notoriæ, statim reus offert se purgationi suæ, ad jurandum se non esse nec fuisse reum in crimine sibi imposito, nec consensu nec opere nec verbo, nec

and no townsman ventures to object to a person being admitted to compurgation, for fear of being murdered, or at least maimed.

villanus [2] Oxoniæ audet objicere contra purgantem, et causa est metus mortis vel mutilationis; quod, si objiceret contra false purgantem seipsum, tunc purgans se [3] et sibi adhærentes ipsum occulte mutilabunt vel occident, igitur pars [4] læsa non audet objicere contra false purgantem se, nec accusare alium, metu mortis, vel pro metu mutilationis; unde pro remedio hujus

---

[1] This passage is interpolated in the MS. by a later hand.

[2] The word *villanus* is written over the line, above an erasure, by the same interpolator, the original word appears to have been *aliquis*.

[3] The words *tunc purgans se* are a correction by the original hand for *ipse accusatus*.

[4] *pars*, a similar correction for *pro*.

mali concessum est Cancellario Universitatis per diversa privilegia, quod omnis purgatio fienda coram Cancellario pendeat ex conscientia et judicio Cancellarii, seu ejus Commissarii generalis, ita quod præcise fiat purgatio, quum Cancellarius judicat purgationem eo quod in conscientia sua per evidentias judicat accusatum esse non reum in causa.[1] Perjurium Oxoniæ a pluribus non ponderatur, non obstante quod est magis peccatum quam homicidium, ut patet per S. Thomam, *secunda secundæ;* novi enim plures qui juraverunt seipsos non fuisse reos crimine de quo accusantur, licet postea in foro privato affirmaverunt se reos esse [in illo crimine][1] et fuisse, non obstante quocunque juramento in contrarium.

Further cautions to Chancellors.

Nota. A. aa. 35.

In tempore Magistri Henrici Harklay, doctoris sacræ theologiæ et Cancellarii Oxoniæ, concessum fuit Cancellario Universitatis in perpetuum, ut nullus Cancellarius Universitatis teneretur denunciare accusato suos accusatores, nec accusatorem, nec comminantem accusatum, nisi arbitrio Cancellarii foret visum quod esset necessarium denunciare accusatum, eo quod aliter delictum non potest denunciari, nisi [in illo][2] casu quod accusans [seu persona læsa][2] denuncietur, vel in casu quod accusans velit publice defendere accusationem suam coram accusato in præsentia Cancellarii.

The Chancellor is not bound to tell the accused the name of his accuser,

except in cases where the ends of justice so require.

Item, in eodem tempore concessum est per privilegium cuicunque Cancellario futuro et Cancellarii Commissario

Compurgation to be allowed by the Chancellor at his discretion.

---

[1] The words *non reum in causa*, have been erased, and the same second hand above mentioned, has written instead, *melioris conditionis vel vitæ quam accusantem.*

[2] The words inclosed in brackets have been erased in the MS., but are still legible.

generali, ut nullum accusatum de crimine admittat ad suam purgationem optatam, nisi videatur discretioni et judicio et conscientiæ Cancellarii hujusmodi accusatum non esse reum in causa qua accusatur per certas evidentias famæ, scientiæ, vitæ, vel privatæ examinationis, quæ Cancellario et ejus conscientiæ videantur sufficere ad indicandum accusatum melioris esse conditionis et verioris quam ipsum accusantes.

Acknowledgement of a debt by a clerk.

A. aa. 36. March 21. Nicholas Craco acknowledges himself indebted to the Chancellor and Proctors in the sum of ten marks.

Noverint universi per præsentes, me Nicholaum Crace, clericum, teneri et firmiter obligari dominis Cancellario et Procuratoribus Universitatis Oxoniæ in decem marcis bonæ et legalis monetæ Angliæ, solvendis domino Cancellario et Procuratoribus Universitatis Oxoniæ prædictis in festo Paschæ proximo post datum confectionis præsentium sequenti; ad quam quidem solutionem sic, ut præmittitur, bene et fideliter faciendam obligo me, hæredes, et executores meos, ac omnia bona et catalla mea ubicunque fuerint inventa, per præsentes sigillo meo signatas: In cujus rei testimonium præsentibus sigillum meum apposui. Datum vicesimo primo die Martii, anno regni regis Henrici sexti post conquestum Angliæ vicesimo secundo.

Suprascriptæ obligationis conditiones tales fuerunt, quod, si prædictus Nicholaus superius obligatus, in perturbatione pacis notorie et famose, seu ex propria confessione vel modo legali convictus fuerit, tunc prædicta obligatio vim habeat suam et effectum, sin autem nullius sit roboris et momenti.

Sureties found by a priest for preservation of the peace.

1444. Hugh Saddelar, a priest, binds

Dominus Hugo Saddelar, sacerdos, perturbator pacis Universitatis, exhibuit fidejussores pro pace servanda penes Henricum Fullar, mancipium, sub pœna decem marcarum, et eosdem exhibuit testes de judicio sisti et judicato solvendo prædicto Henrico Fullar, ita quod idem Henricus Fullar incipiat actionem suam contra dominum Hugonem, si aliquam agere voluerit, omnino citra festum Pentecostes anno Domini millesimo quadringentesimo quadragesimo quarto; Prædicti fidejussores sunt Johannes Gower et Walterus Talyour, de parochia Omnium Sanctorum, scissores.

himself to keep the peace towards Henry Fullar, a manciple.

Oath taken by the same.

Dominus Hugo Sadler, sacerdos, tactis sacrosanctis, juravit se pacem Universitatis non perturbare modo illicito nec irrationabili, nec lenocinium nec meretricium fovere, sub pœna quinque marcarum, si inde convictus fuerit, Universitati solvendarum, et procuratores exhibuit idem sacerdos ad respondendum juri prædicto Henrico Fullar, et procuratores sui sunt isti conjunctim et divisim, scilicet dominus Wilhelmus Gryfyht, Magister David Stevyn, Magister David Kyfyn, et Wilhelmus Kunway, sacerdos.

He swears on the Bible that he will for the future abstain from violence, pandering, and fornication.

The same oath taken by a Scholar.

Lewys Ydern, Scholaris, juravit pro pace servanda, et de non favendo meretricio nec lenocinio.

Also by another priest.

Hugo Blakton, rector de Swerdys in Hibernia, incarceratus fuit in Bocardo, eo quod convictus fuit de perturbatione pacis et de meretricio, et ista abjuravit super librum, sub pœna quadraginta solidorum toties Universitati solvendorum, quoties in perturbatione pacis vel lenocinii vel meretricii convictus vel confessus fuerit vel notorie cognitus, et crimina convictionis suæ confessus est coram me[1] Cancellario.

The limits of banishment by the Chancellor.

Nota, Cancellarie!

The Chancellor may banish any contumacious person from the precincts of the University. The precincts are taken to mean a circuit of twelve miles.

Anno Dominicæ incarnationis millesimo quadringentesimo quadragesimo quarto, Henricus sextus, rex Angliæ et Franciæ, concessit cuicunque Cancellario Oxoniæ, et ejus Commissario generali, potestatem in perpetuum banniendi quamcunque personam rebellem Cancellario vel contumacem infra præcinctum Oxoniæ, ab Universitate, et hoc per duodecim milliaria undique villæ Oxoniæ adjacentia, ita quod infra duodecim milliaria circa villam Oxoniæ persona bannita quæcunque per diem naturalem non expectet, sub pœna novæ incarcerationis per Cancellarium fiendæ, si infra duodecim milliaria personam bannitam Cancellarius Oxoniæ vel ejus Commissarius capere poterit: Et hoc privilegium concessit rex præfatus anno vicesimo tertio regni sui, in manerio suo, in parco de "*Wynddissor*;" et Cancellario tunc existenti, scilicet Magistro Thomæ Gascoigne, sacræ theologiæ doctori, exequi præcepit pro se et pro successoribus suis in perpetuum.

A letter from the King to the University.

A. aa. 38. June 20, 1444.

Trusty and welbeloved, We grete you wel, and late you wyte that We have understanden by credible report of the greet riotts and misgovernance that have at diverse tymys ensued and contynnelly ensue by two circuits used in oure Universite of Oxon in the vigile of S. John Baptiste and of þe Holy Apposteles Peter and Paule to þe gret hurt and desturbance of þe

---

[1] *me* is a correction by the original hand for *officio*, which is erased.

sadde and wol vituled personnes of þ^e^ same Universite, *wherefore We*, wollyng such vices and misgovernaunce to be suppressyd and refused in the said Universite, and desiring the ease and tranquillite of the said peuple in the same, wol and charge you straitly that ye see and ordeyne by youre discretione that al such vices and misgovernaunce be left, and all such as may be founde defective in that behalve be sharply punished in example of all other: And more over, We charge you oure Chancellor, to wohom the governance and keping of oure paix within oure said Universite by vertu of oure privilege roial is committed, that, in eschewing of all inconvenience, ye see and ordeyne that oure paix be surely kepe within oure Universite above said, aswel in the said vigiles as at all other tymes; And, for asmuch as We be enformed that the sermons in latin which ever before this tyme, save now of late daies, have be custumably kept in ye same Universite, be now gretly discontynued to the gret hurt and disworship of þ^e^ same, We therefore, desiring right affecturusely the increse of vertu and cunning in oure said University, wol and commande you straitly, þ^at^ ye with ripe and suffisant maturite advise a sure remede in þ^at^ party, by þ^e^ which such sermons may herafter be continued and inviolably observed, wherin ye shal do unto Us right singulier pleisir.

Yeven under oure signet at Farneham, the 20 day of Juyn.

Oath taken by the taverners before the Chancellor.

A. aa. 43.
Feb. 25, 1444.
The taverners of Oxford swear before the Chancellor that they will brew wholesome beer; and allow it to settle before they carry it out for sale.

Anno Dominicæ incarnationis millesimo quadringentesimo quadragesimo nono, in crastino S. Matthiæ, pandoxatores juraverunt coram Cancellario ut salubriter pandoxarent, ita quod aquam tamdiu coquerent super ignem quamdiu emitteret spumam, et quod mundarent spumam ab aqua, et quod facerent cerevisiam novam post mundificationem stare tempore sufficienti, in quo fæces cerevisiæ descendere ad fundum vasorum, et tunc illam mitterent sic defæcatam ad loca in Universitate; et Ricardus Benet juravit tunc quod cerevisia sua staret per duodecim horas in defæcando, antequam portaretur in aulam sive in collegium, et quod non faceret mixturam fæcis cum cerevisia quum portaretur in loca Universitatis.

The Chancellor to be defended.

April 4, 1445. The University will defend the Chancellor and indemnify him for his expenses in the execution of his office.

Memorandum, quod anno Domini millesimo quadringentesimo quadragesimo quinto, in festo S. Ambrosii, ex unanimi consensu omnium Magistrorum regentium et non-regentium decretum est, quod si contingat Magistrum Thomam Gascoigne, sacræ theologiæ doctorem, et pro tunc almæ Universitatis Oxoniæ Cancellarium, pro aliqua executione in officio suo facta, vexari seu aliquo modo turbari, dicta Universitas ipsum ubique defendet, ac etiam sibi expensas pro tali vexatione per ipsum fiendas reddet et plenarie impendet.

Resignation of his Hall by a Principal.

April 8. Octavo die mensis Aprilis, anno Domini supra dicto, Magister Johannes Caskele, Principalis aulæ "Latæ Portæ" in parochia Omnium Sanctorum Universitatis Oxoniæ, resignavit eandem aulam, et totum jus sibi competens sive pertinens in eadem, in manus venerabilis viri Magistri Johannis Burneby, sacræ theologiæ professoris, Cancellarii nati, in collegio Dunelmensi, et statim dictus dominus Cancellarius eandem resignationem admisit, salvo jure cujuscunque.

A. aa. 40. Ac statim, eisdem loco et tempore, et quasi immediate post, Magister Johannes Payne exposuit cautionem realem in manus prædicti Cancellarii pro eadem aula, et dictus dominus eandem admisit, salvo jure cujuscunque, his testibus, Wilhelmo Peterburghe et me Magistro Ricardo Layty.

Sale of bad Meat.

A. aa. 41.

A butcher convicted of selling diseased meat is imprisoned and fined by the Chancellor.

Memorandum, quod anno Domini millesimo quadringentesimo quadragesimo quinto, coram nobis Wilhelmo Westkarre, professore sacræ theologiæ et Cancellario nato almæ Universitatis Oxoniæ, comparuit [1] Nicholaus Farewey, carnifex, qui quidem Nicholaus convictus erat quod carnes putridas [seu] [2] fœtidas et morenatas vendidit [incolis hujus villæ],[2] Scholaribus et villanis, necnon aliis forinsecus extraneis. Unde ex hoc, quod sic convictus erat, incarceratus est, et punitus pœna pecuniaria et eleëmosynaria, juxta vim, formam, et effectum privilegiorum hujus almæ Universitatis.

April 22, 1445.

Testamentum Jacobi Hedyan, coram nobis Wilhelmo Westkarre, sacræ theologiæ professore, Cancellario nato hujus almæ Universitatis, probatum fuit anno Domini millesimo quadringentesimo quadragesimo quinto, mensis Aprilis die vicesimo secundo, cujus tenor talis erat,—

The last will and testament of James Hedyan, Bachelor of Canon and Civil Law, Principal of "Eagle Hall."

In Dei nomine, Amen.—Anno Domini ut supra, et decimo nono die mensis Aprilis, *Ego* Jacobus Hedyan, in utroque jure bacallarius, licet gravi infirmitate detentus, tamen in mente sanus, *condo testamentum meum in hunc modum,*—

In primis, lego animam meam Deo omnipotenti et Beatæ Mariæ Virgini, simul cum omnibus Sanctis, corpusque meum sepeliendum infra navem ecclesiæ fratrum Minorum Oxoniæ;

Item, lego dictis fratribus octo solidos;

---

[1] *coram nobis* are here repeated, but erased, in the MS.

[2] The words inclosed in brackets have been erased in the MS.

Item, summo altari S. Frydeswydæ duodecim denarios;

Item, Rectori S. Martini pro decimis oblitis quatuor denarios;

Item, Collegio Mertonis quatuor denarios;

Item, ecclesiæ parochiali S. Aldati quatuor denarios;

Item, domino Johanni Hedyan meliorem lodicem meam cum uno blodio caputio;

Item, domino Dionysio Hedyan unam blodiam jupam furratam;

Item, domino Johanni Smyth quatuor pannos de "*say*;"

Item, Edmundo Roch et David Sergeant unum coopertorium de "*say*;"

Item, presbyteris et clericis exequiis meis interessentibus quatuor solidos;

Item, fratri Ægidio viginti denarios;

Residuum vero bonorum non legatorum lego domino Johanni Hedyan et domino Dionysio Hedyan, et constituo eosdem meos legitimos executores ad disponendum pro anima mea, prout illis melius videbitur expedire; his testibus, domino Johanne Bryde, domino Johanne Smyth, pro tunc capellano parochiæ, Thoma Bourdon . . . . . [1] parochiæ, et David Sergeaunt.

Inventory of the goods of the said James Hedyan.

Inventarium omnium bonorum Magistri Jacobi Hedyan testati defuncti Oxoniæ, appreciatorum auctoritate domini Cancellarii per appreciatorem Johannem More, stationarium, et Ricardum Upholder, per juramentum domini Johannis Bride, domini Johannis Smythe, Philippi Walshe, et Johannis Harres,[2] et exhibitorum coram Cancellario, ut sequitur, in parcellis.

---

[1] A word illegible.

[2] After the name Johannem Harres, there occur in the MS. the words *valett: veld:* the meaning of which I have not yet been able to discover.—Ed.

In camera.

In primis, quatuor lodices: pretium primi decem denarii; pretium secundi viginti denarii; pretium tertii duo solidi duo denarii; pretium quarti viginti denarii. Summa, sex solidi quatuor denarii. A. aa. 41. In the bedroom.

Item, unum coöpertorium de "*say*," pretium sedecim denarii;

Item, quatuor panni de "*say*," pretium totius viginti denarii.

Summa, tres solidi quatuor denarii.

Item, pro corpore unum diploidem de albo "*carassay*," pretium sex denarii;

Item, unum par caligarum, pretium quatuor denarii;

Item, unam togam blodii coloris furratam, pretium octo solidi;

Item, unam togam lividi coloris furratam, pretium duodecim solidi;

Item, unum caputium blodii coloris, pretium duo solidi;

Item, una tabarda cum caputio blodii coloris, pretium sex solidi, sic impignorata David Sergeant, Scholari ejusdem aulæ;

Item, unam albam chlamydem,[1] pretium duo solidi.

Summa.[2]

In studio.

In primis, unum stüdium, pretium tres solidi; In the study.

Item, tabula una lectionaria,[3] pretium octo denarii;

Item, tres formulæ, pretium quatuor denarii;

Item, tabula pro pressorio, pretium sex denarii;

Item, una garbiande, pretium quatuor denarii;

Summa.[2]

---

[1] *clamidem*, MS.

[2] The total is omitted in both cases.

[3] These words are a conjecture, the MS., which is very much abbreviated and difficult, has *tabul̄ j lect̄*.

Item, in studio unus liber "Sexti" impignoratus pro viginti solidis, obolo;

Item, unum par "Decretalium," cum codice, et libro "Clementinarum," impignorata domino Stephano, pretium quatuor marcæ, sex solidi, octo denarii;

Item, unum portiforium sub eodem pignore;

Item, unum "Digest: Infortiati," impignoratum Magistro Henrico Calday pro tribus solidis, quatuor denariis;

Item, unum "Digest:" vetus, et unum "Digest:" novum, et unum repertorium super "Sextum" et "Clementinas;"

Item, unum parvum volumen et unum antiquum "Sextum" sine tabula;

Item, unum repertorium super diversis libris juris civilis;

Item, unum librum Sophistriæ;

Item, quatuor quaternos parvi valoris;

Item, unum "*cusshene*;"

Item, unum follem pro igne.

Debita, quæ eidem Magistro Jacobo debentur.

Debtors to his estate.

In primis, Nicholaus White debet tres solidos, quatuor denarios;

Item, Sub-prior S. Frideswidæ, tres solidos, quatuor denarios;

Item, Magister W. Thunder viginti denarios.

Debita per ipsum Magistrum Jacobum diversis creditoribus.

Creditors.

In primis, Thomæ Tailor quadraginta denarios.

Item, Mauricius "*cariour*" Oxoniæ petit undeviginti solidos tres denarios, pro quibus idem Mauricius fidejussit Johannem Fawkes, pro tribus virgatis panni lanii.

Item, debet mancipio quatuor solidos, undecim denarios, obolum, ut dicit.

Item, Johanni, pro servitio suo pro termino instante, quatuor denarios.

Et vicesimo quarto die mensis Aprilis, anno quo supra, comparuerunt executores, viz., dominus Johannes Hedyan et dominus Dionysius Hedyan, quibus commisimus administrationem bonorum, reddito per eosdem fideli computo, dimisimus quatenus concernit officium, salvo jure cujuscunque.

The executors of a Principal resign his Hall to the Chancellor.

Memorandum, quod vicesimo quarto die mensis Aprilis A. aa. 42.
comparuerunt executores Magistri Jacobi Hedyan, Prin- April 24, 1445.
cipalis aulæ Aquilæ defuncti, et resignaverunt jus principalitatis ejusdem aulæ in manus domini Cancellarii, ad usum Magistri Johannis Drane; et idem Magister Johannes Drane immediate exposuit cautionem nomine proprio pro eadem, et invenit fidejussores pro pensione ejusdem aulæ pro toto anno instante, scilicet Wilhelmum Tayler et Johannem Toke, "*tayler*," parochiæ S. Aldati Oxoniæ, salvo jure cujuscunque.

Resignation and re-election of Dr. Gascoigne.

Anno Domini millesimo quadringentesimo quadra- 1445.
gesimo quinto, prima die resumptionis post festum Paschæ, resignavit officium cancellariatus Oxoniensis Magister Thomas Gascoigne, sacræ theologiæ professor, et in eadem congregatione electus fuit iterum in præfatum officium per Universitatem Regentium, et post electionem pro certo tempore occupavit officium Cancellariatus, non ut electus, quia juramentum pro tunc

non recepit, sed, habens inducias ad deliberandum, occupavit officium præfatum ut Cancellarius natus; et coram eodem Cancellario nato, secundo die mensis Maii, resignavit dominus Ricardus Nicholaus principalitatem aulæ vocatæ "*Nun Halle*" alias "*Ledyn-porche,*" et cautionem pro illa aula exposuit dominus Johannes Yonge, artium bacallarius.

Alice Stycol, a scold, imprisoned.

A. aa. 43. *Memorandum,* quod in crastino "*Septem dormien-*
July 27, 1445. *tium,*" anno Domini millesimo quadringentesimo quadragesimo quinto, Magister Wilhelmus Dowson, sacræ theologiæ professor, Commissarius generalis venerabilis viri Magistri Thomæ Gascoigne, Cancellarii almæ Universitatis Oxoniæ et sacræ theologiæ professoris, pro objurgatione et perturbatione pacis incarceravit in Bocardo Aliciam Stycol de parochia S. Aldati, quæ erat detecta et legitime convicta de criminibus supradictis, quæ quidem crimina prædicta Alicia publice abjuravit.

Caution for "Broadgates Hall.

A. aa. 44. Penultimo die Augusti, coram nobis Cancellario
Aug. 30, 1445. Thoma Gascoigne, Magister Thomas Caudel exposuit cautionem nomine Magistri Johannis Payn pro Aula de "*Brodyatys*" in parochia Omnium Sanctorum, et fidejussores coram domino fundi exhibuit.

Caution for "Trylok's Inn."

Magister Wilhelmus Wytney de Novo Collegio posuit cautionem ex prædicto die et anno coram nobis pro "*Terlokhyn,*" et fidejussores exhibuit, scilicet Johannem Walker, "*corvisur,*" et Thomam Furd, "*hosyer.*"

Caution for "Vine Hall."

Idem Magister Wilhelmus posuit cautionem tunc, nomine Magistri Wilhelmi Darset, pro aula "*Vynhal,*" et eosdem exhibuit fidejussores, scilicet Walker et Furde.

The perquisites of the Chancellor, and payments to be made by him therefrom.

A. aa. 248. 1445?

The Chancellor has to his own use all fines and forfeitures from bread, wine, and beer, subject to a payment of a hundred shillings a year to the priest of the University, and one noble a year to the prior of S. Frideswyde's, and six shillings and eight pence to the assessor of beer, and to the bedels.

[1] *Notandum est,* quod Cancellarius Oxoniæ habet per privilegia regum Angliæ concessa sibi, et, in ejus absentia, Commissario suo generali, omnia amerciamenta panis, vini, et cerevisiæ, et forisfacturam eorumdem, et ex totali ista summa solvit in anno integro centum solidos sacerdoti Universitatis Studii Oxoniensis per manus Procuratoris senioris; *Item,* solvit de prædicta summa nobile priori S. Frideswydæ, pro tempore nundinarum, pro exemptione ipsorum, qui sunt de privilegiis Universitatis, a curia prioris in tempore nundinarum, post festum S. Lucæ usque ad octavum diem. *Item,* solvit sex solidos octo denarios impositoribus vel assisoribus assisæ cerevisiæ pro ipsis et bedellis, et bedellus recipit illos duos solidos octo denarios distribuendos prædictis.

Oath and duty of the King's assessors in the University.

Oct. 1445.

They will justly assess all servants of scholars in the parish of S. Mary the Virgin;

Anno Domini millesimo quadringentesimo quadragesimo quinto, in termino S. Michaelis, Johannes Dollyng et Johannes Mure sunt assisores nominati per Cancellarium Oxoniæ Magistrum Thomam Gascoigne, sacræ paginæ Doctorem, qui juraverunt coram Cancellario quod fideliter secundum eorum conscientiam quemlibet

[1] This and the three succeeding articles are in the handwriting of Dr. Gascoigne, who was Chancellor in the year 1445; but in the MS. they are all entered under the year 1467.

servientem Scholaris et Scholarium parochiæ S. Mariæ Virginis taxarent, secundum formam privilegii Universitatis, pro dimidio quintædecimæ vel taxæ domino regi concessæ: et *notandum* quod ipsi assisores tenentur facere duas distinctas schedulas,[1] in quibus singulis scribere tenentur assisores nomina collectorum taxæ et summam quam quilibet serviens Scholarium in portione duorum collectorum solvet, et assisores tradent unam schedulam talem Cancellario, et alteram schedulam collectoribus, ut Cancellarius videre poterit quod collectores faciant juste secundum schedulam Cancellario traditam ab ipsis assisoribus; et Cancellarius potest quemlibet talem servientem Scholarium taxare de novo secundum rectam suam conscientiam, in casu quod assisores minorem summam, vel minorem quam fieri deberet, alicui injuste imposuerint.[2]

and they shall make two lists of sums collected, &c.,

one to be delivered to the Chancellor, the other to the collectors.

Arbitration of a dispute.

A. aa. 44.
Nov. 8, 1445.

John Godsond, stationer, and John Coneley, lymner, having referred their dispute to two arbiters,

Memorandum, quod in die et festo "*Quatuor coronatorum*," *videlicet* octavo die mensis Novembris, anno Domini millesimo quadringentesimo quadragesimo quinto, Magister Thomas Gascoygne, sacræ theologiæ doctor, Cancellarius Universitatis Oxoniæ, ac impar ex mutuo partium consensu electus in quadam causa mota inter Johannem Godsond, stationarium Universitatis prædictæ, partem actricem, et Johannem Coneley, "*lymner*" de eadem Universitate, partem ream; quæ quidem partes posuerunt se in alto et basso super laudo, arbitrio, et decreto venerabilium virorum, Magistrorum Johannis Thamyse, arbitri electi ex parte prædictæ partis reæ, et Roberti Markham, arbitri electi ex parte prædictæ partis actricis, artium Magistrorum: quod si ipsi concordare non poterant, vel infra certum diem judicium seu sententiam non dederant,

and they having failed to settle it within the stipulated time,

[1] This word is spelt *cedulas* here and elsewhere in the MS.

[2] *imposuit*, MS.

tunc laudo et arbitrio prædicti imparis, et quod arbitri prædicti infra diem eis præfixum nullum judicium seu sententiam dederunt, igitur præfatus impar, dicta materia hinc inde discussa, deliberatione præhabita, judicavit et sententiavit prædicto die et festo "*quatuor coronatorum*," quod prædictus Johannes Coneley, lymner, deserviet prædicto Johanni Godsond, in liminando bene et fideliter libros suos infra muros villæ Oxoniæ, a dictis die et festo usque ad finem unius anni plenarie completi, et nulli alteri infra dictum annum, capiendo de præfato Johanne Godsond tantum quatuor marcas et decem solidos legalis monetæ Anglicanæ; et præfatus Johannes Coneley, "*lymner*," veniet ad domum prædicti Johannis Godsond in propria persona, ad recipiendum opus suum et colores ad liminandum opus prædicti Johannis Godsond, et ad eum hujusmodi opus perfectum iterum reportabit: et prædictus Johannes Coneley, "*lym-*" "*ner*," colores hujusmodi sibi deliberatos bene et fideliter conservabit et gubernabit ad proficuum prædicti Johannis Godsond, magistri sui, et bene et fideliter faciet opus suum ad proficuum prædicti Johannes Godsond, durante dicto anno, absque fraude, deceptione, seu dolo, sub pœna juris; et prædictus Johannes Godsond habebit ingressum ad locum ubi idem Johannes Coneley, "*lymner*," sedet seu moratur ac operatur, ad superintendendum [1] opus suum temporibus opportunis: et ad omnia ista bene et fideliter tenenda et observanda ac perimplenda, idem Johannes Coneley, "*lymner*," corporale præstabit juramentum super librum: præsentibus tunc ibidem venerabilibus viris domino Roberto Lyntone, guardiano collegii Cantuariensis Oxoniæ, et domino Johanne Cotehulle, vicario ecclesiæ Beatæ Mariæ Virginis Oxoniæ prædictæ.

the Chancellor decides it for them.

John Coneley is to work for John Godsond only for a whole year, for the wages of four marks ten shillings,

and he shall in person fetch his work, and return it to the house of his employer, and be thrifty in the use of his colours;

and his employer shall have free ingress to the place where he sits at work.

[1] *superindendum*, MS.

Security for a book.

A. aa. 54.
July 14, 1446.
Master John Say promises to send a certain book to Oxford to Master W. Moreton, and, by way of security, deposits with him three shillings and four pence in the presence of the Chancellor.

Eodem anno, decimo quarto die mensis Julii, coram nobis Johanne Moretone, sacræ theologiæ professore, ac Commissario generali Magistri Roberti Twaytys ad tunc Cancellarii Universitatis Oxoniæ, Magister Johannes Say, in artibus Magister, deposuit in manibus Magistri Wilhelmi Mortone, in artibus Magistri, socii collegii dicti "*Baylyole,*" tres solidos quatuor denarios in[1] vadium pro quodam libro medicinæ, quod dictus Magister Say promisit se missurum Oxoniam ad dictum Magistrum Mortone, in festo Michaelis proximo futuro vel citra; prædictus vero Magister Mortone manucepit se servare dictum Say indemnem quoad omnes homines quam ad dictum librum, et habuit fidejussores Ricardum Osborne, generosum bedellum in artibus, et Johannem Harrys, sub-bedellum in theologia.

Arbitration of a quarrel between Broadgates' and Pauline Halls.

A. aa. 50.
July 7, 1446.
The arbitrators of the quarrel between "Broadgates'" and "Pauline" Halls adjust the dispute as follows:

In Dei nomine, Amen. Nos, Johannes Scelott et Johannes Snawdone, ex parte Principalis et sociorum aulæ "latæ portæ" in parochia S. Aldati Oxoniæ, et sibi adhærentium; ac Ricardus Pede et Thomas Ashfeld, ex parte Principalis aulæ Paulinæ Oxoniæ prædictæ, et sociorum ejusdem aulæ, ac sibi adhærentium, arbitri seu arbitratores et amicabiles compositores assumpti concorditer ex partium prædictarum assensu communi et consensu, electi de et super omnibus singulisque actionibus, litibus, controversiis, injuriis, querelis, invasionibus, ac causis quibuscunque inter partes prædictas ab origine mundi usque in hunc diem qualitercunque motis, deliberatione præhabita, *arbitramur,*

---

[1] *quod in vadium,* MS.

laudamus, pronunciamus, et definimus, quod dictus Principalis aulæ Paulinæ roget et exoret, nomine suo[1] et omnium sociorum suorum, Principalem dictæ aulæ "latæ portæ" de suis benevolentia, amicitia, amore, ac de pace observanda in futurum penes ipsum et socios præsentes et futuros ac eorum adhærentes: et quod Principalis prædictæ aulæ "latæ portæ" roget ipsum Principalem aulæ Paulinæ simili modo pro se et sociis suis: *Item,* quod Owynus Lloyde dicet Principali aulæ "latæ portæ" prædictæ quod, si et quatenus ipsemet Owynus injuriam aliquam eidem Principali aut suis intulerit, submittendo se roget eundem Principalem de remissione, necnon magisterio et benevolentia habendis: *Ulterius,* dominus Johannes Olney, presbyter, ac dictus Owynus osculum pacis primo, unus alteri adhibeat, ac deinde, tactis sacrosanctis evangeliis, corporaliter juret eorum uterque quod, quantum in eo est, pacem fraternalem in futurum servabit penes alterum; ad quam observandum obligent se per sua mutua scripta obligatoria in centum solidis sterlingorum; quæ scripta obligatoria remaneant sub custodia Cancellarii Universitatis; et, si contingat, quod absit, quod idem Owynus legitime convincatur in posterum pro aliqua injuria seu gravamine inferendo dicto domino Johanni Olney, quod tunc prædicta scripta obligatoria tradentur et liberentur præfato domino Johanni; Qui quidem dominus Johannes consimiliter, si convincatur simili modo versus dictum Owynum, ad tunc eadem scripta obligatoria liberentur dicto Owyno: *Item, arbitramur et laudamus,* quod omnes et singuli socii aularum prædictarum observent et faciant observari pacem penes unumquenque sociorum prædictorum de aulis antedictis: *Item,* quod David Philipe, qui dicitur percussisse dictum dominum Johannem Olney, flexis genibus veniaque humiliter petita

The Principals of the two Halls shall mutually beg reconciliation from each other for themselves and their parties;

and they shall give, either to other, the kiss of peace, and swear upon the Bible that they will have towards each other brotherly love in future, and bind themselves to its observance under a bond to pay a hundred shillings for violation thereof.

The bond shall be held by the Chancellor, but, in case of a renewal of hostilities, it shall be delivered into the hands of the aggrieved party.

David Philipe, who struck John Olney, shall kneel to him, and ask and receive his pardon.

[1] *suorum,* MS.

ab eodem domino Johanne, [quod] ipse dominus Johannes remissionem ac veniam concedet eidem.

Quæ omnia, unum et singula, hinc inde fieri, servari, et adimpleri laudamus et arbitramur, atque mandamus sub pœna in compromisso contenta.

Latum et pronunciatum fuit hoc laudum sive arbitrium, septimo die mensis Julii, anno Domini millesimo quadringentesimo quadragesimo sexto, in ecclesia S. Frideswidæ Oxoniæ juxta ejusdem Sanctæ, partibus præsentibus et laudum confirmantibus.

A. aa. 53.
Jan. 20, 1446.

Forma indenturæ inter duos fratres conjuratos, videlicet Godfridum Rodenberg et Jacobum Frys, secundum tenorem indenturæ de verbo ad verbum.

Godfrey Rodenberg and John Frys swear that they will faithfully fulfil their mutual contract,

and not recede from it under a penalty of forty pounds.

Universis Christi fidelibus, in unda baptismatis renatis, pateat per præsentes literas indentatas quemdam societatis juratæ contractum inter Godfridum Rodenberg, apothecarium, parte ex una, et Jacobum Frys parte ex altera, fratres conjuratos, legaliter esse initum atque fœderatum, asserentes hunc societatis juratæ contractum inter eos, durante eorum vita, inviolabiliter esse observandum: Et, si quis eorum ab altero et non de consensu partium se diverterit, quadraginta librarum pœnam ipso facto se noverit incursurum; amplius inter se sponte promittentes quod, si alter confratrum aliqua scientia seu artificio pro præsenti fulcitus fuerit, seu in posterum fulciendus, confratri suo, eisdem non prædito, omni dolo ac fraude seclusis, fraternaliter sine omni contradictione, quotiescunque petierit, [eidem] illam vel illud participabit atque impendet fideliter informando. Ceterum omnia bona per eosdem præfatos confratres jam in præsenti habita ac in posterum adipiscenda quacunque via ac titulo, *videlicet*, hæreditario, adventitio, provectitio, castrensi seu quasi castrensi, ac etiam donatione dotis, seu acquisitione, seu quovis alio modo

If either of them shall acquire any art or mystery, he shall impart it to the other, if desired;

all their property, howsoever acquired, shall be divided between them;

juste acquisita, inter se legaliter dimidiabunt. Si quis vero sine liberis legitimis seu naturalibus viam universæ carnis fuerit ingressus, uxore superstite, ipsa in omnibus bonis suo marito succedet, et, quousque ad secundas nuptias non convolaverit, alenda erit de bonis omnibus ipsorum confratrum præfatorum; et postquam nupta fuerit, habebit dimidietatem omnium bonorum, quæ fuerant tempore mortis sui mariti, solutis prius debitis, juste computando; Et si ambo confratres decesserint, superstitibus veris hæredibus seu naturalibus, ipsi succedent, per stirpes et non per capita, eorum parentibus, quemadmodum leges civiles de duobus fratribus uterinis et in recta linea descendentibus canunt.

on the decease of either, his widow shall succeed to his rights, &c.,

and, and if she marry again, she shall have a moiety of the common property existing at her husband's death.

Ad majorem hujus indenturæ evidentiam, dicti confratres, de consensu partium, hujus tenorem de permissione et consilio spectabilis necnon eximii sacræ paginæ doctoris Magistri Roberti Thawytes,[1] almæ Universitatis Oxoniæ tunc temporis Cancellarii, huic matriculæ unitatis seu libro fecerunt inseri, necnon duorum confratrum sigillorum munimime corroborari.

Datum apud Oxoniam, vicesimo die mensis Januarii, anno Domini millesimo quadringentesimo quadragesimo sexto.

A Scholar summoned by the Principal of his Hall for the rent of his room.

A. aa. 54.

Memorandum, quod primo die mensis Martii, anno Domini millesimo quadringentesimo quadragesimo sexto, Rollandus Barrys, Scholaris almæ Universitatis Oxoniæ, comparuit coram honorabili viro Magistro Wilhelmo Dowson, sacræ theologiæ professore, almæ Universitatis prædictæ Cancellario nato, in camera dicti domini Cancellarii infra Collegium Universitatis situata, ad instantiam Roberti Darry, clerici dictæ Universitatis, Princi-

March 1, 1446.

The Principal of "Athelstan Hall" summons Roland Barrys, one of his scholars, for non-payment of seven shillings and six pence, being the rent of his chamber in the said Hall for three terms.

[1] This name is in other places spelt *Twayts*.

palis aulæ vocatæ "*Adulstan Halle*," pro subtractione pensionis cujusdam cameræ infra dictam aulam situatæ pro tribus terminis, *videlicet* septem solidorum sex denariorum; et idem Rollandus fatebatur, et condemnabatur solvere infra octo dies, sub pœna juris statutorum, et sic juravit, tactis sacrosanctis, præsentibus tunc venerabili Magistro Johanne Moddray, artium Magistro, et W. Stevenys de parochia S. Clementis Oxoniæ.

A barber imprisoned for speaking against the office of the Proctor.

A. aa. 55. 1446. *Memorandum*, quod anno Domini millesimo quadringentesimo quadragesimo sexto, Wilhelmus Wite, barbitonsor, legitime convictus quod diceret verba repugnantia contra officium Procuratorum, incarceratus fuit, et in sua liberatione fecit fidelitatem, sacrosanctis tactis evangeliis, Universitati, quod esset fidelis Universitati verbo et opere.

A book-binder imprisoned for a similar offence.

Item, eodem anno, Thomas "*Bokebynder*" de "*Catysstreet*," legitime convictus quod dixit quod Major et villani non essent posterius jurati Universitati, erat incarceratus, et in sua deliberatione fecit consimilem fidelitatem.

A baker imprisoned for false weight.

March 21, 1446. *Memorandum*, quod Johannes Bernard erat convictus propter defectum ponderis panis equini, et incarceratus in Bocardo, et perdidit panem, anno Domini millesimo quadringentesimo quadragesimo sexto, mensis Martii die vicesimo primo.

The last Will and Testament of Doctor Reginald Mertherderwa.

In nomine individuæ et S. Trinitatis, Patris, Filii, et Spiritus Sancti, Amen. A. aa. 60. Feb. 11, 1447.

Undecimo die mensis Februarii, anno Domini millesimo quadringentesimo quadragesimo septimo, *Ego*, Reginaldus Mertherderwa, legum doctor, rector ecclesiæ parochiæ *S. Cridæ* virginis, Exoniensis diœcesis, compos mentis et sanæ memoriæ licet æger corpore, considerans quod status hominum in perpetuo motu consistit, et nihil incertius hora mortis, *condo testamentum meum in hunc modum:—In primis*, lego animam meam Deo cœli, Beatæ Mariæ, et omnibus Sanctis, corpusque meum sepeliendum in choro ecclesiæ conventualis S. Frideswidæ Oxoniæ, inter stallos canonicorum et summum altare ejusdem ecclesiæ.

Item, lego Priori et conventui ejusdem, pro fractura pavimenti cancelli ejusdem, viginti solidos;

Item, lego eisdem Priori et conventui pro quadam refectione habenda inter eos in die sepulturæ meæ, sex solidos octo denarios;

Item, lego eisdem Priori et conventui, ita quod observent exequias et missam in die tricenalis mei, sex solidos octo denarios;

Item, volo quod executor meus subscriptus ordinet et ponat supra sepulcrum meum honestum lapidem marmoreum, cum effigie et insignibus doctoris legum, cum armis meis suprasculptis supra eundem;[1]

Item, lego cuilibet ordini Fratrum Mendicantium Oxoniæ sex solidos octo denarios;

Item, lego conventui Fratrum Minorum Oxoniæ, pro refectione unius jentaculi sive cœnæ inter eos habenda, ut devotius orent pro anima mea, tres solidos quatuor denarios;

---

[1] *eodem*, MS.

Item, Magistro David Carn, ordinum Prædicatorum Oxoniæ in sacra theologia professori, sex solidos octo denarios;

Item, lego cuidam fratri ordinis Prædicatorum vocato Petote, tres solidos quatuor denarios;

Item, lego reparationi domus monialium de Litilmore, ad orandum pro anima mea, sex solidos octo denarios;

Item, lego pauperibus degentibus in hospitali S. Bartholomei juxta Oxoniam, tres solidos quatuor denarios;

Item, lego pauperibus monialibus domus de Stodeley tres solidos quatuor denarios;

Item, lego Isabellæ Barton, moniali dictæ domus, tres solidos quatuor denarios;

Item, lego Agnetæ uxori Ricardi Alwik, tres solidos quatuor denarios;

Item, volo quod executor meus, in die sepulturæ meæ, distribuat inter pauperes viginti solidos, vel valorem in pane;

Item, lego cuilibet capellano interessenti exequiis et missæ meis, in die sepulturæ meæ, quatuor denarios, et, si in altero prædictorum præsentes fuerint, duo denarios;

Item, volo quod executor meus ordinet panem, vinum, cerevisiam et species, sicut moris est, pro venientibus et interessentibus exequiis meis in die sepulturæ; conviventur expensis meis capellani prædicti, vicini[1] et pauperes.

Item, volo quod ordinentur sex tortices tempore exequiarum et missæ die sepulturæ meæ, arsuræ usque corpus meum sepultum;[2] et lego cuilibet pauperi torticem[3] tenenti circa funus meum unam novam togam de albo panno;

Item, volo quod executor meus ordinet pro exequiis et missa speciali in die tricenali, ita quod in exequiis ministrentur panis, vinum, cerevisia et species, ut prædicitur, interesse tunc volentibus;

---

[1] *vicinii*, MS.

[2] *sepeliatum*, MS.

[3] *torte*, MS.

Item, volo quod sumptibus meis et expensis ordinentur, et de novo erigantur, novæ cruces de lapidibus, quales habentur in illis partibus in Cornubia, incipiendo a Kayr Beslasek usque ad ecclesiam de Camborn, et ponentur in locis ubi solebant corpora defunctorum portandorum ad sepulturam deponi, pro orationibus fundendis ibidem et alleviatione portantium;

Item, lego capellæ S. Derwæ unum par vestimentorum de viridi sericō cum pertinentibus, et missale meum novum, et unum superaltare;

Item, lego refectioni pontis de Derwa tredecim solidos quatuor denarios, ita tamen quod parochiani ejusdem parochiæ reficiant infra annum pontem prædictum, et, si infra annum non reficiant, volo quod tunc nihil habeant de summa prædicta;

Item, lego unum par[1] vestimentorum de "*worsted,*" pretii decem solidorum et parum ultra, ecclesiæ S. Gothiani;

Item, lego ecclesiæ parochiæ S. Mariæ Docy unum par vestimentorum de bono et puro serico viridi;

Item, lego eidem ecclesiæ ad maximum usum viginti solidos;

Item, volo quod distribuantur inter pauperes ejusdem parochiæ sex solidi octo denarii;

Item, ecclesiæ S. Cridæ, ad quartam campanam emendam quadraginta solidos, et si quartam campanam non emerint parochiani ibidem, volo quod dicti quadraginta solidi convertantur ad usum maxime necessarium illi ecclesiæ;

Item, lego unum missale cum missis dominicalibus et aliis peculiaribus capellæ de Saynt Newnter;

Item, lego ecclesiæ parochiæ Ewe unum par vestimentorum pretii tredecim solidorum quatuor denariorum;

Item, lego fratri meo Johanni meum meliorem crate-

---

[1] *par* omitted in the MS.

rem argenti cum cöopertorio, et meliorem meum mirram cum cöopertorio;

Item, lego Elizabethæ sorori meæ secundum craterem una cum cöopertorio, ita cavent quod non vendantur, sed succedant filiis eorum;

Item, lego Johannæ sorori meæ viginti solidos;

Item, lego Thomæ fratri meo naturali togam meam de scarleto meliorem cum caputio penulato cum "*menyvere*;"

Item, lego Jacobo Chaumpeon, olim servienti meo, sex solidos octo denarios;

Item, lego Ricardo fratri meo tres "*plateres*" et tres "*sauceres*" de stanno, et tertiam mirram et antiquiorem quam habeo;

Item, lego Galfrido servienti meo nunc præsenti meam togam novam de "*mosterdevelys*" cum caputio ejusdem panni;

Item, lego Magistro Paschasio, Rectori de Eydlyngton sex cochlearia argenti, et repertorium meum super libro Clementinarum;

Item, lego Paschasio consanguineo meo unum librum doctrinale, et librum Græcismi, et sex solidos octo denarios;

Item, lego Johanni filio Nicholai fratris mei unum manuale bonum, et sex solidos octo denarios, ut oret pro anima mea; et lego dicto Nicholao decem solidos;

Item, lego Johanni Cariour de Cornubia unam blodiam togam parum crematam, ita tamen quod ille defectus cremationis emendetur meis expensis;

Item, lego eidem unam togam de albo panno duplicato, et caligas quibus utor, una cum duabus camisiis et unum caputium de nigro panno;

Item, lego ecclesiæ cathedrali Exoniæ viginti denarios;

Item, ecclesiæ S. Michaelis de Monte decem denarios;

Item, lego, ad inveniendum unam lampadem ardentem ante imaginem S. Martini de Camborn per unum annum integrum, juxta voluntatem et discretionem executoris mei;

Item, lego ecclesiæ S. Martini in Oxonia unum torticem, arsurum singulis diebus tempore elevationis Corporis Christi in missis ibidem celebrandis, quam diu duraverit, pretii trium solidorum; A. aa. 60.

Item, lego rectori ecclesiæ S. Aldati decem solidos, item reparationi campanarum et pro pulsatione per mensem, ut moris est, tres solidos quatuor denarios;

Item, lego Magistro Radulpho Broune sex solidos octo denarios;

Item, Domino Thomæ Davy sex solidos octo denarios;

Item, Johanni Simon, capellano dicti domini Thomæ, tres solidos quatuor denarios, ut orent pro anima mea;

Item, lego Umiano Cornu, Scholari, unum doctorem juris civilis "Roffrid," et Johannem de Blamasco, cum uno bono tractatu in eodem volumine;

Item, lego ad refectionem fiendam inter aulares aulæ Taurinæ, tres solidos quatuor denarios;

Item, domino Radulpho Cronehill, canonico de D . . cester, sex solidos octo denarios;

Item, lego Johanni Caam, bedello, tres solidos quatuor denarios; item lego uxori suæ unum flammeolum jacens in cista mea;

Item, lego W. Cook, olim coquo aulæ Taurinæ, pro suo bono labore impenso in præparando victualia mea tempore infirmitatis meæ, sex solidos octo denarios;

Item, lego domino Johanni Capell, celebranti missam matutinalem in ecclesia S. Aldati, tres solidos quatuor denarios;

Item, lego Johanni Edward, bedello, tres solidos quatuor denarios; Residuum vero omnium bonorum meorum superius non legatorum pono in dispositione executoris mei, ut illud disponat et distribuat incontinenter post mortem meam pro salute animæ meæ, sicut coram summo JUDICE in die judicii voluerit[1] respondere, re-

[1] *voluit*, MS.

servando sibi de bonis meis competenter pro laboribus suis circa executionem præsentis testamenti mei impendendis: et istud testamentum fideliter exequendi, dominum Robertum Crane, presbyterum, nepotem meum, ordino et constituo executorem per præsentes; his testibus, Magistro Roberto Dorcy, clerico, in legibus baccillario necnon notario publico; Umiano Cornew et Galfrido Spargut, clericis, testibus ad præmissa vocatis specialiter et rogatis.

Abduction of a girl.

March 27, 1447. *Memorandum*, quod Cancellarius commisit specialiter jurisdictionem inquirendi de et super subtractionem cujusdam puellæ, Evele Coke, Magistris Thoma Chalke et Galfrido Hargreve, quod crimen impositum est Magistro Nicholao Belle, et asserebatur, quousque prædictus Nicholaus Belle fuerit declaratus et purgatus, anno Domini millesimo quadringentesimo quadragesimo septimo, vicesimo septimo die Martii.

Promise to pay a debt.

A. aa. 56.
May 6, 1447.
A farmer indebted to the Warden of Merton College, undertakes to pay his baker's bill.

Memorandum, quod sexto die mensis Maii, anno supradicto, Rogerus Carpentare, firmarius dominii de Halywelle in parochia S. Petri in Oriente, indebitatus ut asseruit Custodi aulæ Mertone in octo libris[1] bonæ et legalis monetæ Anglicanæ, pro eo quod dictus custos tenebatur Johanni Hanslake, pistori, pro pane in octo libris legalis monetæ Anglicanæ, voluitque quod dictus Rogerus satisfaceret pro eodem præfato Johanni de dictis octo libris pro se, prout Wilhelmus Gentylmane, procurator dicti custodis publice in judicio declaravit, devenit debitor ad solvendum dictas octo libras infra terminum duorum annorum proxime sequentium, vide-

[1] *pro eo* erased here in the MS.

licet in fine cujuslibet termini illorum annorum viginti solidos, incipiendo primam solutionem in festo S. Johannis Baptistæ proxime futuro post datum præsentium; ad quam quidem solutionem, ut præfertur, fideliter faciendum præfatus Rogerus præstitit fidem corporalem.

Pseudo-Scholars banished.

May 13, 1447.

Two persons pretending to be Scholars, having been guilty of violence, after the usual proclamation are banished

Memorandum, quod dominus Ricardus Rede, capellanus, Johannes Berfelde, Wilhelmus Asshtone, ac Wilhelmus Flynsham, prætensi Scholares, super perturbatione [1] pacis et homicidio defamati,[2] vocati legitime per scholas, nullo modo comparentes, propter eorum facinora prædicta et contumacias, decimo tertio die Maii, anno Domini millesimo quadringentesimo quadragesimo septimo, sunt banniti.

The Grammar Masters are to pay six marks to the University.

A. aa. 55.

April 21, 1447.

Memorandum, quod vicesimo primo die mensis Aprilis, Magistris grammaticalibus, *videlicet* Ricardo Bulkeley, Johanne Cobbow, et Johanne Russell, ad domum congregationis Universitatis Oxoniæ vocatis per nostrum nuncium communem, et ibidem comparentibus, Magister Johannes Burnebye, in sacra theologia doctor, domini Cancellarii ad tunc Commissarius generalis, decrevit, in præsentia Magistrorum sic in congregatione ad tunc celebrata præsentium, dictos Magistros et quemlibet eorundem ad solvendum summam sex marcarum, [inter se communiter vel divisim],[3] dictæ Universitati citra horam immediatam, sive in eadem hora immediata diei proxime sequentis, seu ad allegandum causam

---

1 An erasure here in the MS.

2 *diffamati*, MS.

3 The words in the brackets are written over the line by a contemporary hand.

The Grammar Masters consent to pay,

but fail to appear for that purpose at the appointed time, whereupon they are summoned to show cause why they should not be excommunicated;

rationabilem quare solvere non teneantur, seu eorum quilibet solvere teneatur, sub pœna majoris excommunicationis ferendæ in eosdem et eorum quemlibet, quod quidem decretum fuerat latum singulorum Magistrorum eorumdem [Magistrorum grammaticalium][1] de consensu. Quo quidem die et hora assignatis venientibus, Magistris prædictis et eorum quolibet diutius expectatis et minime comparentibus, dictus Commissarius, assidentibus sibi Procuratoribus Universitatis, eos et eorum quemlibet in summa antedicta inter se divisim seu communiter solvenda condemnavit, et [in] eorum contumaciam [necnon][2] singuli eorumdem quamcumque causam rationabiliter allegandi penitus exclusit; insuperque decrevit eos et eorum quemlibet fore citandum, ad dicendum causam rationabilem quare non deberent denunciari, excommunicari, et eorum quemlibet denunciari excommunicatos, die lunæ proximo tunc sequente, hora octava, coram Commissario antedicto.

April 24.

they then appear before the Commissary, and promise to pay the sum.

Vicesimo quarto die mensis Aprilis, anno Domini millesimo quadringentesimo quadragesimo septimo, comparuerunt Magistri grammaticales, *videlicet* Ricardus Bulkeley, Johannes Cobbowe, et Johannes Russell, coram Magistro Johanne Burnebye, in sacra theologia doctore, et Commissario generali Cancellarii, et promiserunt se soluturos esse summam sex marcarum hora secunda post prandium dicti diei instantis.

Payment by a Friar to the University on being licensed to incept.

A. aa. 57.

June 16.

The Prior of the Austin Friars at Oxford

Coram Cancellario: *Memorandum*, quod frater Johannes Gudwyn, [Prior de ordine Augustinensium Oxoniæ,][3] licentiatus ad incipiendum in sacra theo-

[1] An erasure here in the MS.

[2] *necnon* is a correction, by the same hand, for *et*.

[3] The words in brackets are added by another hand.

logia, obligatus ad solvendum decem libras die inceptionis Universitati, vice convivii sui, solvit [1]Magistro Johanni Gygur, uni Procuratorum ejusdem Universitatis,[2] eandem summam præ manibus, ad disponendum medietatem ejusdem summæ, secundum decretum congregationis Regentium nuper latum super eadem, in præsentia nostra; *videlicet* anno Domini millesimo quadringentesimo quadragesimo septimo, decimo sexto die Junii, sub conditione quod, si contingat eundem fratrem non incipere die sibi assignanda citra proximam vacationem, tunc prædicta summa sibi vel assignatis suis sine contradictione integra restituatur. pays ten pounds as a composition instead of feasting the Regent Masters on his inception.

An Indenture of the goods of Master Harry Layton.

This endenture made þe xxix. day of Marche þe yere of Kyng Harry þe VI^te after the Conquest xxvi^e, of þe goodes and catell of Harry Layton, chapeleyn, beyng in þe ward of Thomas Manciple, whyche goodys and catellys weren preysed bethwex John More and Robert atte Wode, and sworne upon a boke before Rychard Osborn bedelle, to preyse everythyng as hyt was worth be there conscience and be auctorite of þe Chaunceller: A. aa. 87. March 29, 1447.

Fyrst, 1 gowne of blew medle lynyd with fryse, prys - - - - -	iiii^s
Item, 1 hood of blak, 1 turnyd, prys -	ii^d
Item, 1 coverlyt of reed and blew with estryche fetherys, pris - - -	ii^s iiii^d
Item, 1 coverlyt of grene and yelow poudred with roses, — - - - - - -	ii^s
Item, 1 olde whyte materes patched, pris -	ii^d
Item, 1 olde clothe of reed and blak, pris -	i^d
Item, 1 olde reed dowblet, pris - -	ii^d

[1] The capital letter J. occurs in the MS. before *Magistro.*

[2] *solvit* repeated in the MS. after *Universitatis.*

Item, 1 olde Kendale gowne and a hood of þe same, pris - - - - - ixd
the gowne lynyd with whyte blanket.
Item, 1 coffer, pris - - - - - iid
Item, 1 obligacion, in the whyche oon Johan Croxdone was bounde to the sayd Harry[1] in 40 shillings;
Item, 1 book begynnyng with "*Deus, noster* "*Salvator*," and the ende of þe book is "*Hic Deus*[2] *habet totum*;"
Item, þe sayd Thomas Mancipul axeth allowance for diverse costes to þe sayd Rycharde Osberne bedell for proclamacion makyng in[3] the scholys - - 4d
Item, to the preisoures of the said goodes - 4d
Item, to the wrytyng of þs byll - - 4d

An Indenture of the goods of Master John Morris.

[4]Thys endenture made the xxix. day of March, þe yere of Kyng Harry þe VIe after þe Conquest xxvi., of þe goodes and catell of Johan Moris, chapelleyne, beyng in þe ward of Thomas Mancipul, whyche goodes and catelles weren preysed be thwex Johan More and Robert att Wode, and sworne upon a book beforne Rycharde Osberne, bedyll, to preyse every thyng as hyt was worth to theire conscience, and by þe auctorite of þe Chanceller:

First, 1 coverlyt of whyte and blak wyth birdys and flowris and wyth roses ypowdr - - - - - - xvid

[1] The letter *s.* with the contraction for *secundum* is in the MS. before the word *Harry*, probably merely an error of the transcriber.

[2] The word *Deus* is dotted underneath as spurious in the MS., and over it is written, in a contemporary hand, or nearly so, the word *die*.

[3] *to*, MS.

[4] There is here some mistake, either in the copying by the scribe or in the dating of the folio. These two indentures occur in the MS. under the year 1450.

Item, coverlyt of rede and yelow wyth birdis and powdr wyth roses, pris - viii[d]
Item, 1 cote of ffustian lynyd wyth canvas, pris - - - - - - - - x[d]
Item, ii. blanketts, pris - - - - vii[d]
Item, the sayd Thomas Manciple axeth allowance for dyverse costes to the said Rycharde Osberne, bedyll, for proclamacion makyng in þe scoles - - iiii[d]
Item, to þe preisoures of þe said goodes - ii[d]
Item, to þe wrytyng of þe byll - - ii[d]

Ordinatio Universitatis de providendo debita media pro constructione novarum Scholarum complenda, edita in congregatione Regentium et Non-regentium cum unanimi consensu omnium facultatum, existentibus Cancellario Universitatis Magistro Gilberto Kymer, Doctore in medicina, et Procuratoribus Magistris Johanne Gigur et Waltero Bate.[1] A. aa. 245.

The executors of Cardinal Beaufort having given five hundred marks to the University for the erection of new schools at Oxford;

Cum reverendus in Christo pater et dominus dominus Johannes, miseratione divina sacrosanctæ Romanæ ecclesiæ tituli S. Balbinæ presbiter Cardinalis, nobilis et præpotens dominus Edmundus marchio Dorsetiæ, et alii electi et eximiæ circumspectionis viri simul cum eis, executores testamenti recolendæ semper memoriæ reverendissimi in Christo patris et domini domini Henrici nuper sacrosanctæ Romanæ ecclesiæ tituli S. Eusebii presbiteri Cardinalis, nuper nuncupati "de "Anglia," Winton. episcopi, per bonam mediationem præclari et honorabilis viri Magistri Gilberti Kymere, almæ Universitatis matris nostræ Cancellarii, quin-

[1] This ordinance is misplaced in the MS. under the year 1467, it should be in the year 1447. Among the entries of the year 1449, occurs a list of the doctors and masters mentioned in this article, but without any statutes relating to their appointment.

gentas marcas eidem Universitati, pro scholis ædificandis, de bonis dicti domini Henrici gratiose contulerunt,

on the condition that certain trustees should be found, who would undertake to erect the building within five years, or, in default, refund the money;

sub conditione quod certæ personæ dignæ et honorabiles dictæ Universitatis dictam pecuniarum summam præfatis executoribus restituendam ante ejusdem summæ liberationem obligentur, si hujusmodi scholæ ante finem quinque annorum proxime sequentium primum diem Martii, anno regni regis Henrici sexti vicesimo sexto contingentem, complete non fuerint

and no one being found willing to undertake the said trust,

ædificatæ, qualiter omnes pæne valentes Universitatis personæ, quamquam ad hoc intimius rogatæ, obligari recusarunt, quod quam necessaria ac expediens præmissarum scholarum ædificio dicta summa existit,

Doctor Kymer and Master Holcote agreed to undertake it, and the University promised to indemnify them for any loss they might sustain;

præfatus Gilbertus Kymer, et Magister Elias Holcote, aulæ sive collegii Mertonis Oxoniæ attentius perpendentes, promisso Universitatis de ipsos et eorum utrumque in ea parte salvando indemnes specialiter confidentes, ad dictam pecuniarum summam sub conditione præmissa, ut præfertur, solvendam per suum scriptum obligatorium astrinxerunt, facta eis ad præmissum usum integra præfatæ summæ liberatione.

wherefore the University feeling themselves bound to the aforesaid persons,

Pro quo dicta Universitas, sentiens se eis plurimum teneri, nolensque eos, ut decet, propter suam gratitudinem sibi monstratam quomodolibet molestari, quinimo ut eis, ad ipsos suum juxta promissum salvando indemnes, per sufficientis pecuniæ et aliorum mediorum ad completionem antedictarum scholarum necessariorum provisionem, ab instante Regentium et Non-regentium congregatione sufficiens exhibeatur securitas, *statuit et decrevit*

determine to elect twelve commissioners conversant with such business to devise means for the erection of the said schools, &c.;

quod duodecim Doctores et Magistri, viri in ædificando providi et circumspecti, deputentur per venerabilem congregationem Regentium et Non-regentium, qui omnes, aut eorum octo, nomine et auctoritate totius Universitatis, congrua media tam pro constructione præmissæ scholæ, ut præfertur, consummanda, quam pro sufficienti securitate de dictas personas, ut præfertur, obligatas indemnes salvando, inveniendi et ordinandi plenam habeant potestatem, quorum ordinationes in ea parte faciendæ vim et robur obtineant statutorum: Ad quos effectus celeriter expediendos, *videlicet* tam ad inveniendum quam ordinandum congrua media pro fabrica dictæ scholæ citra finem quinquennii prædicti complenda, quam media congrua ad inveniendum et ordinandum pro sufficienti securitate ad salvandum, ut præmittitur, dictas personas obligatas indemnes erga executores prædictos, præfata congregatio Regentium et Non-regentium deputavit hos duodecim Doctores et Magistros, Cancellarium, duos Procuratores, Gascoyng, Beauchamp, Sugur, Beck, Sampson, Evelyn, Billesdon, Cowper, et Hext, eosdem et eorum quemlibet onerando, quod in fide præstita Universitati suam prædictam potestatem bene et fideliter exercerent. Unde præfati Doctores et Magistri sic, ut præfertur, deputati et insimul congregati pro efficaci dicti statuti executione, unanimi eorum consensu has subscriptas statuerunt ordinationes.

And they, being elected, drew up a set of regulations for the purpose.

The Regulations drawn up by the Commissioners.

Imprimis, quia verisimile eis videbatur quod nonnulli præfatorum Doctorum et Magistrorum, ut præmittitur, deputatorum, durante dictarum scholarum constructione, propter propria gerenda negotia multoties adeo erunt impediti, quod quoties necesse fuerit aut opus ad communicandum pro dictis mediis inveniendis et ordinandis cum vocentur convenire et attendere non valebunt, *ordinaverunt* quod alii Doctores et Magistri loco præfatorum Doctorum et Magistrorum in ædificando providi et experti ad supplendum vices eorum, cum illos contigerit impediri, ut præmittitur, deputentur, qui æqualem quoad executionem præfati statuti ab Universitate editi cum eis, quorum loco deputantur, necnon alios eorum vices ad gerendum in præmissis subrogandi, habeant potestatem; et hoc

Deputy commissioners, to serve in case of the inability of the commissioners, are appointed.

toties fiat de Doctoribus et Magistris subdeputandis vice aliorum quoties necessitas postulat et requirit. Super quo præmemorati duodecim Doctores et Magistri, ad supplendum vices eorum absentium aut præsentium vocatorum non comparentium, deputarunt hos Doctores et Magistros, *videlicet*, Wilnale, priorem Prædicatorum, Chalk, Mason, Bulkley, Martyn, Temmys, Cygur, Lambarte, Bate, Wiltshyre, Witney, et Leyly: *observato semper* quod quotiescumque aliquis prædictorum, ut præfertur, deputatorum vel subdeputatorum ad monitionem Cancellarii vel ejus Commissarii ad communicandum pro utilitate ædificii scholarum vocetur, loco et tempore assignatis compareat, sua votum et consilium ibidem dicturus.

Item, iidem dicti duodecim Doctores et Magistri, ut prædicitur, congregati *statuerunt et ordinaverunt* quod duo Magistri artium in ædificando providi et experti fideles et diligentes, quorum unus Australis et alter Borealis, in supervisores dictarum scholarum deputentur, qui prudenter et discrete de omnibus et singulis materialibus necessariis ad earumdem provideant constructionem, et artifices et laborarios plus sua æstimatione expertos et utiles pro dictis scholis construendis leviori pretio quo poterint conducant; necnon eos in suis operibus frequenter et diligenter supervideant, ut sua opera juxta suas conventiones debite compleant et perficiant, et quod de pecuniis ad præmissa expedienda sibi administratis fideles faciant dispensationem et computum, nihil de hujusmodi pecuniis celando, nec pluris quam de eis per ipsos juste expenditur allocationem petendo; et quod, ad præmissa, ut præfertur, integre et fideliter peragenda uterque ipsorum in dicti officii ingressu juramentum præstet corporale; et quod ipsorum quilibet pro suo annali stipendio per annum, dummodo utrumque ipsorum per computum suum clare constiterit suum debite executum esse officium, quatuor

Two Masters of Arts are to be appointed to act as superintendents of the works during the building; to engage and pay the workmen employed, &c. They shall render an account of all moneys which they shall receive, and they shall be bound by oath to the faithful discharge of these duties. They shall each receive a salary of four marks yearly.

marcas habeat et recipiat; *proviso semper*, quod quotiescunque videatur octo Magistris dictorum duodecim Doctorum et Magistrorum, aut eorum deputatis vel subdeputatis seu subdeputandis, expediens ut aliquis dictorum supervisorum a suo amovendus sit officio, et alius suo loco subrogandus, auctoritate eorum amoveatur, et alius ad ejus vices gerendas substituatur, *hoc addito*, quod si videatur octo personis supradictis quod unica persona ad dictum officium exercendum absque socio sufficiat, tunc unica persona habilis et idonea, sub conditionibus prædictis ab ea observandis et jurandis, ad dictum officium deputetur occupandum, eandem summam pro suo annali obsequio receptura sicut alter prædictorum supervisorum sub conditionibus prælimitatis reciperet;

They shall be removeable from their office by the twelve commissioners.

One such superintendent only shall suffice, if the commissioners shall think fit.

Unde dicti duodecim Doctores et Magistri auctoritate Universitatis, qua in hac parte fungebantur, deputabant Magistros Johannem Evelyn et Wilhelmum Leyly, et tandem, dicto Wilhelmo Leyly mortuo, vice ejus Magistrum Robertum Cowper in supervisores fabricæ dictarum scholarum, præstito per eos juramento de præmissa ordinatione integre observanda.

Two superintendents are appointed subject to the above regulations.

Item, dicti duodecim Doctores et Magistri *statuerunt et ordinaverunt* quod, quamvis dicta summa quingentarum marcarum dictis Gilberto Kymere et Eliæ Holcote per executores prædictos ad intentionem præmissam liberata et servanda et administranda sit supervisoribus prædictarum scholarum, prout opus et necessarium fuerit, secundum quod voluntas dictorum executorum fuerat, tamen quæcunque alia summa, per Universitatem via gratiæ aut aliter fabricæ sæpedictarum scholarum concessa aut alio modo ad eandem donata tantum per custodes cistæ "quinque clavium" recipiatur, et in ea sub tuta reponatur custodia; de qua, juxta quod opus et necessarium fuerit, fiat dictis supervisoribus per dictos custodes sub scripto indentato inter eosdem de liberatis et receptis deliberatio; *Proviso semper*, quod nihil

All other sums of money given by the University, to supplement the said five hundred marks, shall be in charge of the guardians of the chest "*of five keys*," and delivered in instalments by them to the superintendents.

None of the moneys, given or raised howsoever for the erection of the said schools, shall come into the hands of the Proctors.

talium summarum taliter concessarum aut donatarum ad manus veniat Procuratorum Universitatis, sed quod illi contenti sint, prout per juramentum suum sunt astricti, solummodo ad summas specificatas recipiendas in statutis editis tempore Magistri Ricardi Courtenay, Cancellarii, anno Domini millesimo quadringentesimo, undecimo, mensis Martii die duodecimo; et tempore Magistri Thomæ Chace, Cancellarii, anno Domini millesimo quadringentesimo vicesimo sexto, mensis Januarii die vicesimo primo, sub pœna duplandi recepti in statutis præmissis posita; ita quod toto tempore, quo dictæ scholæ in construendo fuerint, quatuor Magistri in artibus prædictorum octo Magistrorum in custodes cistæ "quinque clavium" eligantur, qui cum Cancellario, qui pro tempore fuerit, custodiam ejusdem cistæ habeant, computum per eos receptorum secundum exigentiam statuti dictæ cistæ annuatim reddituri.

No sums shall be paid to the superintendents of the works from the chest *of five keys*, except by the express consent of the commissioners, and then only under an indenture.

Item, ordinatum est per dictos duodecim Doctores et Magistros, quod custodes cistæ "quinque clavium," qui pro tempore constructionis dictarum scholarum fuerint, non deliberent de dicta cista præfatis earumdem scholarum supervisoribus, nec cuiquam eorum, aliquam pecuniæ summam, nisi prius deliberetur per octo Magistros dictorum duodecim esse pro dicta fabrica necessario faciendum, et hoc sub indentura, per quam poterint in suo computo exonerari de summa taliter liberata.

To raise additional funds for the completion of the building, Congregation shall be allowed to grant graces, with certain restrictions, upon payment of certain sums by the persons seeking such graces.

Item, per eosdem duodecim Doctores et Magistros videntes potissimum medium perficiendi fabricam dictarum scholarum esse pecuniam, quæ per Universitatem, saltem a seipsa, ad hoc sufficiens sine gratiis haberi non poterit, *ordinaverunt et statuerunt,* quod gratiæ aliquæ rationabiles pro bonis et honestis personis, per quas aliquæ pecuniæ possent provenire ad fabricam dictarum scholarum, in congregatione Regentium vicissim peti debent et concedi, quousque summa pecuniæ ad completionem præfatarum scholarum sufficiens habeatur:

ubi, si impetrari nequeant, per Cancellarium et Procuratores in congregatione magna fienda hujusmodi gratiæ expediantur, ita quod toto tempore prædicto instante ad hoc quod hujusmodi gratiæ in congregatione magna tractentur, sufficiat quod prius articulus gratiosus una et tales gratiæ in congregatione artistarum per unum Procuratorem proponantur in magna congregatione tractandæ absque aliqua deliberatione inde inter eos durante dicto tempore quoquo modo habenda.

Item, dicti duodecim Doctores et Magistri *ordinaverunt,* quod mittantur literæ ab Universitate ad regiam celsitudinem pro meremio et aliis materialibus ad constructionem prædictam necessariis obtinendis, necnon quod aliæ literæ dominis ecclesiasticis, tam sæcularibus quam religiosis, necnon aliis quibuscunque potentibus, præsertim illis, qui sunt graduati aut filii Universitatis, dirigantur, ad certas pecuniarum summas ad dictum opus secundum sui beneplacitum erogandas.

The University shall write to the King to ask for materials for the said building, and also to ecclesiastics both secular and religious, especially to such as are graduates, to ask for money.

Item, iidem duodecim Doctores et Magistri *ordinaverunt,* quod a sanctissimo patre et domino domino summo pontifice, archiepiscopis et episcopis per Universitatem certæ inpetrarentur indulgentiæ omnibus pecuniam aut aliquod aliud bonum fabricæ dictarum scholarum conferentibus.

Indulgences shall also be sought from the Pope and bishops for those who give money.

Item, prædicti duodecim Doctores et Magistri *statuerunt,* quod Universitas in magna congregatione ordinet quod quilibet qui doctoralem vel magistralem apicem in hac Universitate adepti sunt, et extra Universitatem moram faciunt, singulis annis, quibus morantur extra Universitatem, octo denarios Universitati solvere teneantur: qui vero gradum bacallariatus in aliqua facultate sumpserunt in eadem, et consimiliter extra Universitatem moram trahunt, pro annis singulis, quibus ab Universitate taliter se absentant, Universitati quatuor denarios solvere astringantur.

All non-resident Doctors and Masters shall pay eight pence, and all Bachelors four pence, a year to the University.

Executors of wealthy persons deceased shall be asked for benefactions.

Item, iidem duodecim Doctores et Magistri *ordinaverunt*, quod fiat instantia per venerabiles personas Universitatis, aut per ipsam Universitatem, executoribus testamentorum divitum et ministratoribus bonorum potentium personarum defunctarum, aut vivæ vocis oraculo aut per literas, ad bona in dispositione eorum relicta largienda fabricæ dictarum scholarum, quoties octo Magistris dictorum duodecim aut eorum deputatis vel subdeputatis videbitur expedire.

Fines levied by the University shall be applied to the purposes of the aforesaid building.

Item, iidem duodecim doctores et Magistri *statuerunt*, quod omnes et singulas pœnas pecuniarias contentas in statutis, aut registro Cancellarii commissas et debitas Universitati per actionem Procuratorum ejusdem judicialiter pro commissis coram Cancellario probatas, idem Cancellarius levet vel levari faciat eum effectu, quæ in usum fabricæ novarum scholarum convertantur.

The offer of one hundred pounds by certain religious societies, on condition of a relaxation of the statutes in their favour, shall be accepted.

Item, cum alias erat oblatum per viros religiosos possessionatos de dando Universitati centum libras ad fabricam novarum scholarum, dummodo dicta Universitas formam quam possint complere sine gratia pro gradu bacallariatus in jure canonico sumendo, necnon quod octo anni in philosophia et sex anni in theologia possint eis sufficere ad effectum quod possint admitti ad lecturam libri sententiarum statueret et ordinaret, præfati duodecim Doctores et Magistri *statuerunt* quod, primitus facta securitate sufficiente per dictos religiosos de præmissa summa Universitati fideliter solvenda, Universitas ordinet formam quam possent complere pro dicto gradu recipiendo sine gratia, et quod anni præfati sufficiant eis pro admissione ad lecturam libri sententiarum.

A further offer from the same shall also be accepted.

Item, cum alias oblatum esset ex parte dictorum religiosorum Universitati, quod si Universitas per ordinationem dignaretur regentiam in artibus de forma licentiandi ad incipiendum in theologia auferre et delere, tunc quilibet eorum de cetero licentiandus ad incipiendum in eadem tempore licentiationis suæ quatuor marcas solveret Universitati, quemadmodum religiosi non possessionati obtulerunt pro consimili ordinatione per Universitatem edenda quadraginta solidos per ipsorum quemlibet, ut præfertur, in facultate prædicta licentiandum tempore suæ licentiationis fideliter persolvendos, præfati duodecim Doctores et Magistri *ordinaverunt* quod Universitas pro suo proprio commodo præ-desideratam faciat ordinationem.

Letters testimonial granted to a Bachelor in Canon Law.

Anno Domini millesimo quadringentesimo quadragesimo septimo, tempore Magistri Gilberti Kymere, A. aa. 58. June 17, 1447. *Decani de Wymborne Mynstre, ac thesaurarii Sarum, præbendarii Wellensis et Gillingham, necnon rectoris de Ffordyngbrigge, Cancellarii hujus Universitatis studii Oxoniæ.*

Memorandum, quod dominus Robertus Kyngescote, bacillarius in jure canonico, habuit literas testimoniales de suo gradu et sua conversatione, anno supradicto, mense Junii die subscripto.

Letters testimonial granted to a Scholar.

Item, frater Robertus Gillyng, de ordine fratrum Prædicatorum, Scholaris in sacra theologia, habuit literas testimoniales de suo profectu in studio et de sua conversatione, anno supradicto, mense Junii, die decimo septimo.

A pretended Scholar banished.

June 28.

Item, quod dominus Robertus Shirlegh, capellanus, prætensus Scholaris, super perturbatione pacis et homicidio convictus, tam per ecclesias quam per scholas, primo, secundo, et tertio citatus, præconizatus, legitime expectatus, nullo modo comparens, propter prædicta [1] facinora et suam [2] manifestam contumaciam fuit bannitus indilate, et pro taliter bannito publice proclamatus, anno et mense supradictis, die vicesimo octavo.

Shooting at the Proctors.

W. Carpenter, a townsman, is banished for shooting at the Proctors.

Item, ... [3] Wilhelmus Carpenter, laicus, super sagittatione ad Procuratores et pacis perturbatione rite et legitime convictus, et per ecclesias primo, secundo, et tertio citatus, præconizatus, legitime expectatus, nullo modo comparens, propter prædicta facinora et suas manifestas contumacias [4] fuit indilate [5] bannitus, et pro taliter bannito publice proclamatus, anno, die, et mense proximo prædictis.

Imprisonment for carrying a dagger.

Memorandum, quod Johannes Childe, ex eo quod portavit unum daggarium, qua de causa incastratus fuit et postea deliberatus, juravit quod non de post portabit aliquod daggarium seu aliqua alia arma infra villam et Universitatem Oxoniæ et ejus præcinctum, et hoc sub pœna quadraginta solidorum, in pacis perturbationem.

---

[1] *prædictas*, MS.
[2] *suas manifestas contumaces*, MS.
[3] A blank space in the MS.
[4] *contumaces*, MS.
[5] *indili*, MS.

The names of the Bakers, Tavern-keepers, and Butchers of Oxford in the year 1447. A.D. 1447.

Nomina Pistorum.

Johannes Wodeatone.
Johannes Bowbery.
Walterus Bowbery.
Wilhelmus White.
Alicia Trill.
Ricardus Goldryng.
Johannes Hanslape.
Ricardus Benet.
Andreas Baker.

Nomina Equi-pistorum.

Johannes atte Belle.
Robertus Jeffrey.
Johanna Bernarde.
Johannes Telme.
Johannes Mynsherde.
Hugo Mason.

Nomina Pandoxatorum.

Thomas Whithicke.
Johannes Clif.
Johannes Keele.
Robertus Wode.
Johannes Wilmott.
Agnes Treders.
Johannes Walker.
Henricus Ffelipe.
Wilhelmus Hans.
Ricardus Coore.
Johannes Milton.
Thomas Bertone.
Wilhelmus Hanell.
Thomas Hanell.
Johannes Blakethorne.
Johannes Belymasone.
Johannes Skynnere.
Thomas Sherman.
Wilhelmus Dagvile.
Henricus Barwike.

Nomina Carnificum.

Johannes Lyegh.
Georgius Bochere.
Nicholaus Faireway.
Wilhelmus Monsleigh.
Johannes Bristowe.
Thomas Lusnam.
Wilhelmus Saltmersshe.
Wilhelmus Swanbourne.
Ricardus Asshewell.
Johannes Waryn.
Johannes Asshebury.
Ricardus West.
Thomas Perkyns.
Wilhelmus Toyngton.
——— Tameworth.
Thomas Weyghmonde.
Ricardus Wyntryngham.
Ricardus Jorneman.
Godfridus Bochere.

Hiring of a Servant.

A. aa. 60.
April 2, 1448.
A man servant hired for one year;—wages 40s. and a gown.

Anno Domini millesimo quadringentesimo quadragesimo octavo, secundo die Aprilis, quidam Thomas Trelyffe conductus est a Magistro Ysaac Lydesbery, doctore sacræ theologiæ, pro quadraginta solidis et una toga, ad faciendum sibi fidele servitium in omnibus licitis et honestis pro anno diem præfatum immediate sequente.

A Butcher owes a Scholar five nobles.

A. aa. 61.
May 9, 1448.
Promise to pay by three instalments.

Memorandum, quod coram nobis Magistro W. Dowson, in sacra theologia professore, honorabilis viri Magistri Gilberti Kymere Cancellarii Universitatis Oxoniæ Commissario generali, Thomas Gray, carnifex, indebitatus in quadam summa pecuniæ, [scilicet quinque nobilium,][1] domino Ricardo Grove, Scholari facultatis juris canonici, promisit fide sua ipsum vere soluturum præfato domino Ricardo ad festum S. Trinitatis proximo futurum sex solidos octo denarios, et in festo S. Johannis Baptistæ proximo sex solidos octo denarios, et ad festum Assumptionis S. Mariæ proximo futurum sex solidos octo denarios, et totam residuam partem debiti ad festum S. Martini proximo futurum: Factum est hæc promissio nono die mensis Maii, anno suprascripto.

Suspension from entering Church.

A. aa. 62.
July 6.

Memorandum, quod sexto die Julii Wilhelmus Bowechyrche, capellanus, ex hoc quod citatus erat ad respondendum Wilhelmo Cole, capellano, in causa debiti, præconizatus et legitime expectatus et non comparens, suspensus erat ab ingressu ecclesiæ per decretum domini Cancellarii.

---

[1] The words in the brackets have been added, but apparently by the original hand, over the line.

A Scholar's Goods appraised.

Bona Symonis Beryngton, Scholaris, dimissa in aula A. aa. 63.
"Colsell" per biennium, appreciata per Johannem More, 1448.
communem stationarium, in præsentia W. Large, bedelli, ad interessendum per dominvm Cancellarium deputati in festo S. Margaretæ, anno Domini [1]

Imprimis, una toga nigra per fullonem eversa, pretium - - - -	iiij^{d}
Item, unum cöopertorium lecti de blodio et rubeo, pretium - - - -	xvj^{d}
Item, una lodix, pretium - - - -	ij^{d}
Item, unus "*canveys*," pretium - - -	vj^{d}
Item, una tunica et unum pulvinar, pretium - - - - - -	j^{d}
Item, unum "*cofer*," pretium - - -	ij^{d}
Item, una lanterna, pretium - - -	ij^{d}
Item, unum penitrale, pretium - -	obolus.
Item, unum "*Hornpipe*," pretium - -	j^{d}
Item, quatuor candelabra, pretium - -	x^{d}
Item, unus rotulus de septem Psalmis ..	ij^{d}
Item, unus rotulus de Gallico - - -	i^{d}
Item, duodecim libri, pretium - - -	iv^{d}
Summa - - -	iiij^{s}, iij^{d}, obolus.

Bona cujusdam Scholaris, nuncupati Samon, dimissa in aula "Colsell," appreciata ut supra:—

Imprimis, unum "*materesse*," pretium -	xx^{d}
Item, unum cöopertorium lecti, pretium -	viij^{d}
Item, unum linteamen pendens supra lectum	ij^{d}
Item, una curtina de blodio, pretium -	iij^{d}
Item, duæ lodices, pretium - - -	x^{d}
Item, tres libri, pretium - - - -	ij^{d}
Item, "*canveise*," pretium - - -	iij^{d}
Summa - - - - -	iiij^{s}

[1] The date is 1448, but it is added by obviously a recent hand, attempting to imitate the original.

Inquisition into the character of certain persons.

A. aa. 64.
1441.

A court appointed by the Chancellor, sitting in the Church of S. Peter in the East, makes inquisition into the character of certain suspected persons living in the parishes of S. Peter in the East and S. Clement.

Memorandum, quod anno Domini millesimo, &c., quadragesimo octavo, auctoritate domini Cancellarii, nobis judicibus delegatis et in ecclesia S. Petri in Oriente Oxoniæ judicialiter sedentibus, in crastino S. Mariæ Magdalenæ, in sacra, *videlicet*, theologia Doctore, Bulkeley, Wilhelmo Fry, et Wilhelmo Wag, artium Magistris, de et super malæ suspicionis viris et fœminis in dicta parochia S. Petri et in parochia S. Clementis ultra pontem in oriente commorantibus, inde comparuerunt coram nobis octo seniores et saniores viri parochiani ibidem, die et loco supradictis, quos per bedellum, ut moris est, antea præconizari procuravimus, qui omnes una voce super sacramentum suum deponunt et dicunt;—

Imprimis, quod Agnes Barboure, uxorata, male vivit et vixit in corpore præter virum suum; insuper dicunt iidem jurati, quod prædicta Agnes est et fuit communis objurgatrix intolerabilis, vexans vicinos ibidem commorantes.

Item, dicunt iidem jurati, quod Johanna Walishe a diu fovit male viventes mulieres in domo sua.

Item, dicunt iidem jurati, quod Catherina at Yate, *aliter* Hasilly, male vivit et a diu vixit in corpore; insuper dicunt iidem jurati, quod jam dicta Catherina est et fuit intolerabilis objurgatrix cum vicinis ibidem.

Item, dicunt iidem[1] jurati, quod Isabella Baw a diu jam fovet male viventes in corpore in domo sua;[2] insuper dicunt iidem jurati quod jam dicta Isabella est et fuit intolerabilis objurgatrix.

Item, dicunt iidem jurati, quod Christina Baw, filia jam dictæ Isabellæ Baw, est in eisdem defectibus.

---

[1] *ibidem iidem*, MS.; "*ibidem*" marked as spurious.

[2] *suo sua*, MS.

Item, dicunt iidem jurati, quod Margareta Michell, vidua, male vivit et a diu vixit in corpore suo.

Item, dicunt iidem jurati, quod Mauricius Kariore fovet male viventes in domo sua, et consuetudinarie custodit vigilias suspiciosas ultra tempus.

Item, dicunt iidem jurati, quod Elena Basqin est consuetudinaria objurgatrix cum vicinis ibidem.

Item, dicunt iidem jurati, quod Margareta Hokyn similiter est consuetudinaria objurgatrix cum vicinis ibidem.

Item, dicunt iidem jurati, quod Isabella Hay custodit vigilias suspiciose et frequenter usque ad mediam noctem.

Item, dicunt iidem jurati, quod Johanna Begister *of Bocardo* a diu [male][1] fovit male viventes in domo sua ; insuper dicunt iidem jurati quod jam dicta Johanna est consuetudinaria objurgatrix cum vicinis ibidem.

Item, dicunt, quod Johannes Walische est communis objurgator, et sæpius fregit pacem cum armiscudio et armis proximos suos invadens.

Item, dicunt, quod Agnes Wottone male vivit in corpore suo, et suspiciose et male viventes personas in domo sua sustinet.

Item, dicunt, quod Johannes ap Howell[2] suspiciose[3] et male viventes sustinet in domo sua, longas vigilias et ultra tempus secundum consuetudinem celebrantes.

Item, dicunt, quod Margareta Anastas male vivit in corpore, alias etiam personas male viventes in domo sua sustinet.

Item, dicunt, quod Marjoria Snow male vivit in corpore.

Item, dicunt, quod Alicia Smythe nuper et frequenter solet custodire suspiciosas maleque viventes personas in domo sua.

---

[1] The word *male* is probably an error of the writer, it is marked under as spurious in the MS.

[2] *Uphowell*, MS.

[3] *suspicione*, MS.

Inventory of the goods of Master Ralph Dreff of Broadgate's Hall.

A. aa. 64. *Memorandum*, quod anno Domini millesimo quad-
Aug. 13, 1448. ringentesimo quadragesimo octavo, mensis Augusti die decimo tertio, factum est inventorium omnium bonorum Magistri Radulphi Dreff, in aula Latæ portæ,[1] in parochia Omnium Sanctorum repertorum, prout sequitur;

In primis, una Biblia,[2] secundo folio, "*omnium* " *prophetarum*."

Item, Januensis "Super sermonibus Dominicalibus," secundo folio, "*tres differentias*;"

Item, Liber Clementinarum cum glossa ordinata, secundo folio in textu, "*eas . . . prompto*;"

Item, Liber sextus cum glossa ordinata, secundo folio in textu, "*viderint*;"

Item, Parvum volumen, secundo folio in textu, "*atque injusti*;"

Item, Digest: infortiati, secundo folio in textu, " *-so ab hostibus*;"

Item, Portiforium, secundo folio, "*-cant merita*;"

Item, Digest: vetus, secundo folio in textu, "*edic-* " *tum*;"

Item, Repertorium, secundo folio, "*nota hic*;"

Item, Casuarius super Digest: vetere, secundo folio, " *possum*;"

Item, Casuarius super decimo libro decretalium, secundo folio, "*capiatur cognoscens*;"

Item, Jurnell, secundo folio, "*-nat semper ma-* " *nans*;"

Item, C——.[3] Magistri Johannis Stevenys;

Item, aliæ schedulæ;

---

[1] Corrected in the MS. to *latarum portarum* by a late hand.

[2] *bilia*, MS.

[3] The capital letter C. stands for *Clementine constitutions*.

Item, sex togæ;
Item, septem caputia;
Item, unus "*helyng*" of grene;
Item, alius "*helyng*" of grene;
Item, duo "*baukertys*" of grene;
Item, unus "*tabard*" cum caputio penulato[1] de "*mury*;"
Item, una diplois,[2] et una tunica de "*red*;"
Item, una "*mantell*" de "*blew*;"
Item, tres camisiæ cum quatuor braccis;
Item, quatuor "*nappkenys*;"
Item, una diplois[2] de "*blacke*;"
Item, tres "*red-clothys*;"[3]
Item, una "*materas*," et una "*blankett*;"
Item, una "*schylere*" de "*steyned-werke*" cum tribus "*curtennys*" de "*grene*;"
Item, una "*calept*;"[4]
Item, unum Digest: in usum, secundo folio, "*ipsi vero*;"
Item, liber C——.[5] secundo folio, "*culmis*;"
Item, Doctor super decretis, secundo folio, "*gravi*;"
Item, prima pars Rabani "de naturis rerum" in quaternis papiri;"[6]
Item, Repertorium super Clementinas, secundo folio "*In*;"
Item, parvus liber decretalium clapsatum argento, secundo folio "*spiritus*;"
Item, una bursa coria,[7] cum tribus solidis, uno denario, tribus obolis, et denario;
Item, unus liber in manu privata;"[8]
Item, unum missale parvum;

---

[1] The contraction in the MS. is simply *pe*.
[2] *diploid*, MS.
[3] Over "*redclothys*," a later hand has written "*tractus*."
[4] Over "*calept*," a later hand has written "*hure*."
[5] The capital letter C. stands for *Clementine constitutions*.
[6] *panpiri*, MS.
[7] *correa*, MS.
[8] Such appears to be the word intended by the contraction; over it is written, by another hand "*secreto*."

Item, duo parvi libri coöperti rubeo;

Item, duo paria linteaminum, quorum unum est penes lotricem et alterum cum Reginaldo Thomas;

Item, compilatio per dictum episcopum super constitutionibus provincialibus, in quaternis de manu domini;

Item, unum par cultellorum cum una chapia argenti;

Item, una camisia;

Item, par precularum [1] de "*goot*;"

Item, una tena linea; [2]

Item, unus torques corii.[3]

A Letter from one of the Executors of the late Bishop of S. David's respecting the above-named Books.

A. aa. 65. Aug. 13, 1448.

Memorandum, quod Magister Robertus Pyke, unus executorum episcopi Meneviensis, misit unam literam Magistro Gilberto K.,[4] Cancellario Oxoniæ, quemdam dictorum bonorum concernentem sub his verbis;

Anno Domini millesimo quadringentesimo quadragesimo octavo, mensis Augusti die decimo tertio.

Desires the books to be placed in charge of the Warden of Merton College.

Præstantissime domine, debita recommendatione præmissa; sciat prænobilis vestra discretio qualiter per clericum meum jam nuper misi vobis vera nomina librorum domini mei nuper episcopi Meneviensis, accommodatorum Magistro Radulpho Dreff, cum eorum secundo folio, secundum quod plenius elucescit in inventorio nostro remanente penes dominum meum dominum Archiepiscopum Cantuar.; ac nomina aliarum rerum et jocalium, prout patet in quadam schedula in manibus Magistri Holkot, Guardiani aulæ Mertonis; Hinc est quod vestram reverentiam intimius deprecor et exoro, quatenus singula supradicta committantur cus-

[1] *precarum*, MS.

[2] *lynea*, MS.

[3] Over "*torques*," is written by a later hand "*rotulus*."

[4] *Kymer*.

todiæ Magistri Holkot, custodis aulæ, &c., ad tempus, &c., et indubie, Deo auspice, vobis sufficienter retribuetur pro vestris diligentiis ac laboribus in hac parte; Non plura, &c. Sed vestrum statum prænobile semper conservet ac felicitet Christus, &c.

Scriptum Londonii præcipitanter in vigilia S. Laurentii martyris.

Insuper, volo ex consensu sociorum meorum quod "corpus juris civilis" remaneat penes possidentem, ac sub conditione ut debite suam faciat diligentiam in ceteris perquirendis ad meam voluntatem, quia ejus persona penes nos non modicum commendatur.

with the exception of one of them.

Abbas de Oseney contra Magistrum Ricardum Herberd, olim Principalem aulæ Aquilæ.

A. aa. 68.
Nov. 19, 1448.

Undevicesimo die Novembris, anno Domini millesimo quadringentesimo quadragesimo octavo, coram Magistro Burneby, Commissario, &c., in collegio Dunelmiæ, hora secunda post meridiem, pro tribunali sedente, comparuerunt Magistri Lucas Lancok et Johannes Morton, procuratores dicti Abbatis de Oseney, ut apud registrum, ad quod se referebant, continetur; et dictum Magistrum Stephanum Herberd, olim Principalem aulæ Aquilæ, ad dictam horam et locum de et super pensione ejusdem aulæ citatum, [ad summam quadraginta novem solidorum quatuor denariorum],[1] certificatum, præconizatum, nullo modo comparentem, idem Commissarius pronunciavit contumacem, et, in pœnam contumaciæ, bona ejusdem Magistri Stephani realiter sequestranda [fore,][1] et eadem sub arta custodia custodiri facienda decrevit, et mandavit tunc ibidem, quousque cautionem de judicio sisti et judicatum solvendo duxerit faciendam pro præmissis.[2]

The late Principal of Eagle Hall, being summoned by the Abbot of Oseney for nonpayment of the rent of his Hall, and refusing to appear, is pronounced contumacious,

and his goods sequestrated.

[1] The words in brackets have been added above the line in the MS., and by another hand.

[2] *promissis*, MS.

Decision of the case postponed.

The same Principal is again summoned,

Vicesimo die Novembris, anno Domini millesimo quadringentesimo quadragesimo octavo, Magister Johannes Burneby, Commissarius generalis Magistri Gilberti Kymere, Cancellarii, &c., in collegio Dunelmiæ, Magistrum Stephanum Herberd ad comparendum coram eo personaliter super iis quæ præmittuntur et inactitantur in principio ejusdem folii, ex altera parte responsurum iterum decrevit, et, quia certificavit bedellus quod eundem personaliter apprehendere non potuit, quia in aula sua, *videlicet* "Hensey Halle," sub abscondito, ut personalem eludere posset citationem, latitabat, idem Commissarius eundem ad domum et coram sociis suis iterum citari mandavit; et, quia sic ad domum citatus et certificatus contumaciter latitando se absentavit, dictus Commissarius, facta fide in ea parte requisita, dictum Magistrum Stephanum per publicæ citationis edictum per scholas Universitatis citari demandavit, quo quidem Magistro Stephano sic vocato, vicesimo quarto die mensis Novembris, anno Domini supradicto, compromiserunt reverendus pater Abbas de Oseneya et Magister Stephanus Herbert, albus monachus, in manus Magistri Johannis Botteler et Magistri Johannis More, sub pœna quinque marcarum, de et super viginti solidis, in quibus dictum Magistrum Stephanum prædictus Abbas ei fore indebitatum asserit, quod in causa prædicta cognoscant non per modum arbitrii, sed amicabilis compositionis, et eam eorum laudo terminent infra festum Purificationis proximo jam futurum, si concordare poterint, si vero dissentiant, tertium auctoritate componentium eligant, qui potestatem terminandi materiam habeat a festo Purificationis prænominato ad primam Dominicam Quadragesimæ inclusive proxime sequentem, et ad quorum vel cujus laudo et arbitrio tam in alto quam in basso standum, parendum, et in

but the bedell cannot find him, as he conceals himself in Hinksey Hall;

he is therefore again summoned by public proclamation in the schools.

Finally the matter is compromised.

omnibus obtemperandum, prædictus Abbas adhibuit fidejussores, *videlicet*, Johannem Edwardys, bedellum, et dictus Magister Stephanus Magistrum Thomam Nynnhede, sub pœna prædicta applicanda parti obtemperanti, qui fidejussores consensu partium fuerunt admissi coram dicto Commissario in collegio Dunelmiæ ante ostium aulæ, anno, mense, die supradictis. Unde dominus Cancellarius causam prædictam, in statu quo tunc pendebat, usque ad primam Dominicam Quadragesimæ proximo futuram continuavit, et potestatem procedendi contra dictum Magistrum Stephanum ex tunc sicut nunc reservavit, et sic procedendum fore decrevit.

The Principal of White Hall makes Oath that he is not a Scotchman.

A. aa. 68. Dec. 2, 1448.

Master Thomas Bysshopp, Principal of White Hall, having been falsely defamed as being a Scotchman, by Master Thomas Elslake,

Memorandum, quod, anno Domini millesimo quadragesimo octavo, mensis vero Decembris die secundo coram nobis Magistro J. Burneby, sacræ theologiæ professore, honorabilis viri Magistri Gilberti Kymer, Cancellarii Universitatis Oxoniæ, Commissario generali, in collegio Dunelmiæ, quidam Magister Thomas Bysshopp, Principalis aulæ Albæ personaliter comparuit, et, quia per quemdam Magistrum Thomam Elslake, pro Scoto et adversario domini regis, ut asseruit, minus juste defamatus erat, juravit coram nobis in præsentia[1] multitudinis copiosæ populi, quod ipse et parentes sui fuerunt veri legii domini regis Angliæ, et in eadem regione Angliæ nati, et quod præfatus Magister Bysshoppe in parochia de Kyrkby Kendell sui traxit originem, in qua plures de consanguinitate et affinitate sua permanere dixerat: super quibus adduxit testes fidedignos, *videlicet*, honorabilem virum Magistrum Wilhelmum Spenser et Magistros Henricum Scaffe et Wilhelmum Bonyfawnt, qui quidem Magistri dixerunt et

produces witnesses to prove that he and his family are true Englishmen.

[1] *in præsentia populi*, &c., MS.

testificati sunt, et quilibet eorum dixit et testificatus est prædictum Magistrum Thomam et esse Anglicum et verum legium domini regis Angliæ; et præfatus Magister Bonyfawnt testificatus est se bene novisse matrem ejus et alios consanguineos suos veros Anglicos esse; et præfatus Magister Spenser dixit se, ante nativitatem prædicti Magistri Thomæ Bysshoppe, suum patrem agnovisse et villam in qua moratus est; dixeruntque prædicti testes, et unusquisque eorum dixit, quod præfatus Magister Thomas Bysshoppe habet verum consanguineum Anglicum, et verum legium domini regis, et in artibus Bacallarium, in Collegio Reginæ.

Acta sunt hæc anno et die suprascriptis, his testibus, Magistro Gilberto Haydoke, artium Magistro, Magistro J. Daltone, et Magistro Johanne Stewarde, et aliis.

Promise to keep the peace.

A. aa. 69. *Memorandum*, quod, vicesimo septimo die mensis
Dec. 27, 1448. Decembris, anno Domini millesimo quadringentesimo
The vicar of S. Giles' promises to keep the peace. octavo, in collegio Dunelmiæ, coram nobis, Magistro Johanne Burnby, Commissario generali venerabilis viri Magistri Gylberti Kymer, Cancellarii Universitatis Oxoniæ, Ricardus Andrew, perpetuus vicarius ecclesiæ parochialis S Ægidii extra portam borealem, promisit se ad servandum pacem penes Johannem Wynmere et omnes regis legios, sub pœna viginti librarum.

Examination of bread and other provisions.

A. aa. 71. Inquisitio capta vicesimo die mensis Martii, anno regni
March 20, 1449. regis Henrici sexti post conquestum Angliæ vicesimo octavo, coram Gilberto Kymer, medicinæ doctore, Cancellario Universitatis Oxoniæ, infra mansum dicti Cancellarii, videlicet collegio Dunelmensi, per sacramentum dispensatorum collegiorum et mancipiorum aularum Universitatis prædictæ, super articulis[1] concernentibus victualia et eorum venditores;

---

[1] *articulos*, MS.

Qui dicunt in sacramento præstito, quod omnes et singuli pistores Universitatis antedictæ faciunt panes male-*paste* in substantia, colore, et sapore, necnon minus ponderantes, in non modicum detrimentum utriusque communitatis, scilicet Universitatis et villæ.

The bakers of Oxford make bad bread, and of light weight;

Ulterius dicunt, quod prædicti pistores dant taxatoribus,[1] et aliis hominibus ab eis ementibus panes, tredecim denarios in pane pro una duodena, et Universitati et ministris ejusdem, nisi planam et sterilem duodenam, *videlicet* duodecim denarios pro una duodena, in grave et non modicum detrimentum Universitatis;

and they only give twelve to the dozen to clerks, whereas they give thirteen to the townsmen.

Item dicunt per eorum sacramentum, quod Henricus Berwicke, Johannes Bailymason, Thomas Wythig, Wilhelmus Hans, Wilhelmus Hanell, Robertus Wode, Johannes Keell,[2] Henricus Ffelipe, et Wilhelmus Miltone, pandoxatores, brasiaverunt et fregerunt assisam, necnon faciunt ex consuetudine cerevisiam debilem, corpori humano insalubrem, non bene coctum nec ejus pretii habilem, quin potius modici aut nullius valoris, in grave et non modicum detrimentum utriusque communitatis, scilicet Universitatis et villæ;

The brewers also have violated the assize, also their beer is weak and unwholesome;

Et ulterius dicunt, quod prædicti pandoxatores sunt obstinati[3] et rebelles, ac recusantes servire Principalibus aularum et suis cöaularibus de cerevisia, post debitam punitionem dictis pandoxatoribus pro eorum male brasiationibus et delictis per ipsos eis impositam prout consuetum est, &c.;

and since they were fined they refuse to serve the Principals and other members of the Halls.

Insuper dicunt per eorum sacramentum, quod Johannes Clerke, Johanna Bertone, Johannes Croke, Nicholaus Croke, Wilhelmus Gille, Wilhelmus Hawdene, Agnes Frankelayne, Alicia Merarde, et Johannes

Certain persons buy up all the sea-fish, and retail it at an exorbitant price;

---

[1] *taxatoribus* is a conjecture, the word in the MS. is *tax:*, abbreviated.

[2] A portion of the MS. is here torn off, but nothing, apparently, is lost, on comparing the list of names given at p. 577 supra.

[3] *obstinatos*, MS.

Ufforde sunt communes regratarii piscium recentium marinarum, et causant eas magis duplo carius vendi, necnon custodiunt et recipiunt eas infra eorum domos per duos, tres, vel quatuor dies post earum emptionem a foraniis, antequam ponunt eas in venditionem, et hoc contra statutum regium inde editum, in grave et non modicum detrimentum utriusque communitatis; scilicet, &c., *ut supra;*

and they are in league with other dealers not in Oxford, to enhance the price of such fish.

Et amplius dicunt, quod supradicti piscatores impediunt piscatores extraneos vendere eorum pisces quos ad villam deferunt, et cum illis extraneis confœderati sunt, [qua][1] ratione omnes[2] pisces sunt magis cariores, in grave et non modicum utriusque communitatis detrimentum; &c.

The same misdemeanour with respect to fresh-water fish is practised by certain others.

Præterea dicunt, quod Wilhelmus Haynes et Agnes Jenyne sunt communes forestallarii et regratarii dentricium, anguillarum et aliarum piscium fluvii recentis ea ornando[3] præ cæteris emere festinantes, lucrum scienter[4] viciosum, pauperum opprimentes et divitiores despicientes, multo carius vendere machinantur, in grave et non modicum utriusque communitatis præjudicium, et hoc contra statutum regni inde editi.

Violence of Scholars of "Broad-gates" Hall.

A. aa. 72.

May 4, 1449.

Certain scholars have entered the house of a townsman and done violence to him.

Memorandum, quod subscripti, *videlicet*, Magister Haywode, Johannes Foxe, Johannes Man, W. Dicson, Selby, Thomas Blakeman, W. Laybern, et Hewode, Scholares de aula communiter nuncupata "Brodeyates," in parochia S. Aldati, vi et armis nocte quarti diei Maii, anno Domini millesimo quadringentesimo quadragesimo nono, domum Ricardi Wyntryngham intraverunt, et super eumdem Ricardum ad tunc et ibidem insultum fecerunt.

---

[1] *qua* supplied by conjecture, not in the MS.

[2] *omnis*, MS.

[3] *ornando* is plainly a clerical error, but what for is not so clear. —ED.

[4] *scienter*, I suspect this should be *sitientes*.—ED.

Compromise between John Harris and John Boseworth.

Memorandum, quod, anno Domini millesimo quadringentesimo quadragesimo nono, sexto die mensis Septembris, coram nobis Magistro Wilhelmo Dowson, sacræ theologiæ professore, et Magistri Gilberti Keymere, hujus almæ Universitatis Cancellarii, Commissario generali, quidam Johannes Harris, inferior bedellus sacræ theologiæ, ex parte una, et Johannes Boseworth ex parte altera, compromiserunt, et uterque eorum compromisit, ad standum et parendum, in alto et in basso, laudo, decreto, et arbitrio venerabilium virorum, *videlicet*, Magistri Johannis German et J. Ward, ex parte dicti Johannis Harris electorum, ac Magistri J. Beek et Radulphi Drewe, ex parte dicti J. Boseworth consimiliter electorum, super causis, querelis, et controversiis quibuscunque inter partes prædictas motis et pendentibus ante datum præsentium, sub pœna viginti librarum, prout patet in quadam obligatione inde confecta, ita tamen quod dicti arbitri terminent et finiant materiam infra festum S. Michaelis Archangeli mensis supradicti; qui quidem arbitri infra tempus et diem limitatum laudarunt, pronunciarunt, et sententiam fulminarunt, sub forma, quæ sequitur, verborum tenore.

A. aa. 76. Sept. 26, 1449. The arbiters of the quarrel give sentence.

In Dei nomine, Amen. Nos, Magistri J. Beek, Radulphus Drewe, et Magistri J. German et J. Ward, arbitri electi inter partes prædictas, unanimi consensu et assensu nostris, visis, auditis, et primitus per nos intellectis de causis, querelis, et controversiis inter partes prædictas motis coram nobis, ad sententiam, laudum, et arbitrium *procedimus in hunc modum*:—

In primis, laudamus, arbitramur, et sententiamus, quod antedictus Johannes Bosworth deponat et tradat in manus antedicti J. Harris viginti libras, hac tamen conditione, quod idem J. Harris retradat easdem viginti libras præfatis arbitris, qui quidem arbitri remunera-

John Bosworth shall hand over to John Harris twenty pounds, and he shall give the same into the hands of the said arbiters, who shall assign forty shillings to J. Harris, that he may repair his mace.

bunt præfatum J. Harris quadraginta solidis, et ipse J. Harris baculum suum fractum reparabit, et iterum faciet ita quod melior sit quam prius fuit; et, si contingat dictum J. Bosworth vexari per Universitatem pro fractione illius baculi, seu pro aliqua causa baculo pertinente, quod tunc præfatus J. Harris retradet seu retradi faciet prædictos quadraginta solidos prædicto J. Bosworth sine contradictione aliqua, quibus solutis, ut præmittitur, retraditis, utraque pars stet actioni suæ, sicut ante compromissum steterunt.

Datum die, mense, et anno prædictis.

A laundress claims the privilege of the University.

Sept. 26.

Memorandum, quod, vicesimo sexto die mensis Septembris, Alicia Skynner, *alias* Spenser, comparuit coram nobis, et probata erat lotrix Scholarium per fidedignos in forma juris juratos, et sic stetit et stabat ad tunc per duos annos ante, et dicta Alicia constituit ibidem coram nobis duo procuratores, *videlicet*, Magistrum Clementem Roo [et][1] J. Clere, in omnibus causis motis et movendis personæ suæ tangentibus, cum clausula substituendi "*ratum et gratum habitura quidquid dicti procuratores [mei]*[2] *fecerint nomine meo ac si personaliter interessem.*"

The last Will and Testament of Henry Scayfe, Fellow of Queen's College.

A. aa. 80. March 22, 1449.

In Dei nomine, Amen. Vicesimo secundo die mensis Martii, anno Domini millesimo quadringentesimo quadragesimo nono, *Ego*, Henricus Scayfe, clericus et socius collegii Reginæ Oxoniæ, compos mentis et sanæ memoriæ, *condo testamentum meum in hunc modum;*

In primis, do et lego animam meam Deo omnipotenti, Beatæ Mariæ matri Suæ et omnibus Sanctis, corpusque

---

[1] *et* is not in the MS.

[2] *mei* has been added in the MS. by a later hand.

meum sacræ sepulturæ; *Item,* lego dicto collegio duos torchios post meam sepulturam, pretii duodecim solidorum;

Item, lego cuilibet presbytero dicti collegii existenti ad meam sepulturam duodecim denarios;

Item, lego cuilibet Scholari dicti collegii sex denarios;

Item, lego ad pietantiam sociorum et Scholarium dicti collegii sex solidos;

Item, lego patri meo septem libras quas debuit mihi, et longam togam blodii cum caputio ejusdem;

Item, lego matri meæ optimam togam meam cum caputio;

Item, lego fratri meo Mylys seniorem equum de juvenibus equis;

Item, lego Christophero fratri meo juniorem equum de dictis equis;

Item, lego Edwardo fratri meo omnia pecora, quæ emit cum pecuniis solutis per Wilhelmum Ascheby;

Item, lego Leoni fratri meo quadraginta solidos, equum meum apud Quenyngtone, sellam cum freno, unum "*materys,*" unum "*bolstyr,*" duo paria linteaminum, par lodicum, coöpertorium blodium cum tapeto blodio, unam tunicam de "*ffustyane,*" et camisias et togam curtam.

Item, lego Nicholao fratri meo viginti solidos;

Item, lego fratri meo Thomæ sex solidos octo denarios;

Item, lego fratri meo Wilhelmo sex solidos octo denarios;

Item, lego Elizabethæ sorori meæ sex solidos octo denarios;

Item, lego Johannæ sorori meæ omnes vaccas meas cum vitulis, togam sanguineam cum caputio ejusdem, et sex solidos octo denarios;

Item, lego Isabellæ, filiæ Thomæ fratris mei, sex solidos octo denarios;

Item, lego Elizabethæ, filiæ ejusdem Thomæ, sex solidos octo denarios;

Item, lego Adæ Qwytchede sex solidos octo denarios;

Item, lego Henrico, filio ejusdem Adæ, quinque solidos;

Item, lego ad distribuendum inter famulos patris mei sex solidos octo denarios;

Item, lego Magistro Johanni Trope collobium nigrum cum precülis;

Item, lego Domino Hugoni Kyrkelonde, capellano, longam togam viridem cum caputio ejusdem;

Item, lego Thomæ Ascheby sex solidos octo denarios;

Item, lego Wilhelmo Richardson, pincernæ dicti collegii, octo denarios;

Item, lego Johanni coquo octo denarios;

Item, lego Johanni Heron duas antiquas tunicas;

Item, lego Johanni Holme curtam togam viridem cum caputio ejusdem;

Item, lego vicario S. Petri in oriente Oxoniæ, pro decimis oblitis, viginti denarios;

Item, lego Roberto Elystone sex denarios;

Item, lego Thomæ Scafe de "*litil*" Ascheby quinque solidos;

Item, lego Wilhelmo Clarke ejusdem villæ quinque solidos;

Item, lego superpellicium meum ecclesiæ de Quenyngtone.

Residuum vero omnium bonorum meorum do et lego patri meo Johanni Scayfe, Leoni fratri meo, et Magistro Wilhelmo Spenser, Præposito dicti collegii, quos ordino, facio, et constituo meos executores, ut ipsi inde ordinent et disponant pro salute animæ meæ, prout eis videbitur melius expedire.

Ulterius, ordino et volo quod dominus W. Longstrother, miles, sit supervisor testamenti mei, et videat quod "velle" meum sit impletum, si bona extendant. In cujus extremæ voluntatis meæ testimonium sigillum meum præsentibus apposui, his testibus, Magistro Johanne Trope, Magistro Johanne Mulcastyr, Magistro

Johanne Caldbek, sociis dicti collegii, Magistro Johanne Pereson, et Thoma Ascheby, Scholare.

Datum die et anno supradictis.

Probatum fuit præsens testamentum coram nobis Magistro Ricardo Ryngstede, sacræ theologiæ professore, et Magistri Gilberti Kemere, hujus almæ Universitatis Cancellarii, Commissario generali, decimo septimo die mensis Aprilis, anno Domini supradicto, ac per nos approbatum, insumatum, legitimeque pronunciatum pro eodem; commissaque est administratio omnium bonorum idem testamentum concernentium Leoni Scayfe infrascripto, in forma juris jurato et admisso; dictus executor fideliter computavit cum effectu, et dimissus est, salvo jure cujuscunque.

The last Will and Testament of Thomas Elkyns, of Oxford, Freemason.

In Dei nomine, Amen. Vicesimo nono die mensis A. aa. 77.
Septembris, anno Domini millesimo quadringentesimo Sept. 29, 1449.
quadragesimo nono, regnique regis Henrici sexti post conquestum vicesimo octavo, *Ego*, Thomas Elkyns de Oxonia, "*Freemason,*" *condo testamentum meum in hunc modum;* "*In primis,*" do et lego animam meam Deo omnipotenti, beatissimæ Virgini Mariæ matri Ejus, et omnibus Sanctis, corpusque meum ad sepeliendum in ecclesia conventuali fratrum [1] Augustinensium;

Item, lego fabricæ ecclesiæ matricis Lincolniæ quatuor denarios.

Item, lego prædicto conventui pro sepultura mea, et pro laboribus suis in divinis servitiis, sex solidos octo denarios.

Item, lego eidem conventui, ad eorum pietantiam, ut ipsi orent pro anima mea, tres solidos quatuor denarios.

---

[1] *Sancti* is inserted by mistake between *fratrum* and *Augustinensium* in the MS.

Item, lego fabricæ ecclesiæ S. Petri in Oriente viginti denarios.

Item, lego ad reparationem communis viæ in parochia S. Mariæ Magdalenæ extra portam borealem viginti denarios.

Item, lego Wilhelmo apprenticio meo meam secundam blodiam togam, togam meam stragulatam, meliorem diploidem meam, et alia instrumenta cum pecuniis, sicut fit mentio in indentura suæ apprenticiotatis.

Item, volo quod tenementum meum cum omnibus terris et pertinentiis suis in Beryntone in comitatu Glocestriensi vendentur per meos executores, et quod fratres Hospitalis S. Mariæ Magdalenæ in hundredo de Dodestone prope Glocestriam percipiant inde de pecunia recepta, ad fabricam ecclesiæ eorum, quadraginta solidos; et quod Katerina uxor mea percipiat residuum quodcunque dictæ pecuniæ ad usum suum et filii nostri.

Item, do et lego reversionem tenementi mei in vico de "*Catstrete*," situati inter tenementum Abbatis de Oseney, ex parte australi, et tenementum Johannis Arundelle, clerici, ex parte boreali, post decessum Katerinæ uxoris meæ, Johanni filio meo, habendum et tenendum prædicto Johanni et hæredibus de corpore suo legitime procreatis, de capitalibus dominis feodi illius pro servitio inde debitis et de jure consuetis; et, pro defectu hæredum de corpore suo legitime procreatorum, volo quod prædictum tenementum cum suis pertinentiis vendatur per meos executores, si superstites fuerint,[1] vel per executores ipsius Katerinæ vel Johannis, qui diutius vixerit, et pecunia inde percepta pro anima mea et pro animabus ipsorum et omnium fidelium defunctorum fideliter et plenarie distribuatur in missas et alios pios usus. Residuum vero omnium bonorum meorum do et lego Katerinæ uxori

[1] *fuerit*, MS.

meæ, Johanni Cleve, et Georgio Skydmore, ut ipsi inde ordinent et disponant pro salute animæ meæ prout eis videbitur melius faciendum, et eosdem Katerinam, Johannem, et Georgium ordino, facio, et constituo meos executores per præsentes, ut præsens testamentum meum fideliter exequantur et compleant cum effectu; et lego cuilibet eorum pro labore suo tres solidos quatuor denarios; et Magistrum W. Bede, vicarium Magdalenæ, constituo eorum supervisorem, cui lego etiam tres solidos et quatuor denarios pro labore suo. In cujus extremæ meæ voluntatis testimonium præsenti testamento meo sigillum meum apposui, his testibus, Ricardo Spragot, Majore villæ Oxoniæ, Roberto Walforde, Thoma Whithik, Johanne Fitz-Aleyne,[1] Roberto atte-Wode, "*alder-"man,*" Olivero Urry, altero ballivo, Johanne Dolle, David Penkayer, et aliis.

Datum Oxoniæ, die et anno expressatis.

"*Coleshill*" *Hall repaired.*

Memorandum, quod anno Domini millesimo quad- A. aa. 79.
ringentesimo quadragesimo nono, coram nobis Johanne —, 1449.
Wylley, decretorum doctore, comparuerunt Johannes Gode et Johannes Core, et obligarunt se in centum solidis legalis monetæ Angliæ, ut patet in quadam obligatione inde confecta, quod aula vulgariter vocata "Colsul-Halle" erit de novo constructa, cum una nova camera in fine aulæ, citra festum S. Michaelis proximum futurum, sub pœna summæ prædictæ.

Surety for the Town-clerk.

Item, vicesimo secundo die mensis Februarii, com- Feb. 22, 1449.
paruit etiam coram nobis prædicto Commissario quidam Wilhelmus Brugges, "*Town Clerk,*" et invenit fidejussores ad solvendum Magistro Nicholao Gosse et vicario eccle-

[1] *Fizt Aleyne*, MS.

siæ Beatæ Mariæ Virginis in Oxonia, in die S. Matthiæ proximo futuro, tredecim solidos quatuor denarios, et in Dominica in passione Domini proxime futura viginti sex solidos octo denarios: fidejussor pro tota summa prædicta, scilicet pro summa quadraginta solidorum, est Johannes Cornyshe, "*skynnere*."

Settlement of a dispute as to the offerings at S. Peter's in the East.

A. aa. 84. July 4, 1450. *Memorandum*, quod anno Domini millesimo quodringentesimo quinquagesimo, quarto die mensis Julii, coram nobis, Magister Thomas Peny, vicarius S. Petri in Oriente in Oxonia, ex parte una, et Thomas Avarey, Thomas Browne, Johannes Telme, Johannes Mason, Johannes Ffurbur, parochiani ejusdem, ex parte altera, procuratores deputati in quadam causa controversa oblationis fiendæ singulis diebus Dominicis, ut asseruit idem vicarius, prætextu cujusdam compositionis nobis probatæ et exhibitæ per majorem partem parochianorum prædictæ ecclesiæ, qui compromiserunt unanimi consensu in Magistrum Thomam Bonefawnt, in Magistrum Johannem Martyn, in Magistrum Thomam Pray, promittentes se stare laudo et arbitrio prædictorum Magistorum in alto et in basso, sub pœna quadraginta librarum, si quod tulerint citra festum S. Michaelis post datum antedictum. Arbitri vero prædicti octavo die Julii comparentes coram nobis, auditis, visis, et intellectis evidentiis, allegationibus utriusque partis, laudaverunt, arbitraverunt, sententiarunt, quod quilibet parochianus ecclesiæ antedictæ, solvens annuam pensionem unius marci domino domus in qua moratur vel in posterum morabitur, offerat quolibet die Dominico annis singulis, temporibus futuris, unum denarium,[1] sub

Every parishioner whose rent amounts to one mark quarterly shall offer one penny every Sunday.

[1] The words *unum denarium* are accidentally misplaced in the MS. occurring there after the word *denariorum*.

pœna sex solidorum octo denariorum, prædictæ ecclesiæ applicandorum, toties quoties probari possit aliquem dictorum parochianorum in solutione prædicta fore negligentem.

The last Will and Testament of Alice, wife of Thomas Barett.

In Dei nomine, Amen; Anno Domini millesimo quadringentesimo quinquagesimo, mensis Julii die decimo sexto, *Ego,* Alicia Barett, uxor Ricardi Barett, *condo et ordino testamentum meum in hunc modum;* A. aa. 83. July 16, 1450.

In primis, lego animam meam Deo omnipotenti, Beatæ Mariæ, et omnibus Sanctis, corpusque meum sepeliendum in cœmeterio ecclesiæ parochialis S. Petri in oriente, in Oxonia;

Item, summo altari ejusdem ecclesiæ unum linteamen et unum manitergium;

Item, lego Mawdæ Kyng optimum meum monile pendens ad preces meas de '*amber;*'

[1] *Item,* procuratoribus præfatæ ecclesiæ S. Petri tria candelabra de aurichalco:—

Residuum vero omnium bonorum, expensis funeralibus deductis, et debitis, si quæ post mortem meam appareant, solutis, do et lego marito meo Ricardo Barett, quem et . . . . .[2] Ballard, scriptorem, facio et constituo executores meos, ut illi ordinent et disponant de bonis meis residuis, prout eis melius videbitur expedire: His testibus, Roberto Carpenter et W. Barbour de collegio Animarum.

Probatum fuit infrascriptum testamentum coram nobis Johanne Beek, sacræ theologiæ professore, ac Magistri

[1] From this place to the end the MS. is by a modern hand; the folio has been destroyed and repaired, and the lost portion of the will re-written.

[2] The Christian name is omitted in the MS.

Gilberti Kymere, hujus almæ Universitatis Cancellarii, Commissario generali, vicesimo quinto die mensis Julii, anno Domini suprascripto, ac per nos approbatum, insumatum, ...[1] atum pro eodem, commissaque est administratio omnium bonorum . . . . .[1] executoribus infrascriptis . . . ,[1] juratis et admissis . . . . .

Agreement to resign the Principalship of White Hall.

A. aa. 84. Aug. 13. 1450. Decimo tertio die mensis Augusti, anno Domini suprascripto, datum erat laudum et arbitrium per reverendum virum Magistrum Robertum Mason, legum doctorem, super jure principalitatis aulæ Albæ de "Cheyneylane," et aliis *specialiter* in compromisso suprascriptis inter Magistrum W. Ballarde et W. Godyere sumpto, sub eo qui sequitur, quoad effectum, tenore verborum;

Master Godyer shall resign the principalship of White Hall in Cheney Lane to Master W. Ballard.

In primis, jussit et præcepit idem arbitrator præfato Magistro W. Godyer, quod dimittat et renunciet principalitati dictæ aulæ de "Cheyneylane," et omni juri seu clameo, si quod in ipsis habuerit, et pacifice dictum Magistrum W. Ballard ipsas occupare permittat.

And White Hall "*under the walls*" shall only have one key, the same to be kept by the Principal of White Hall in Cheney Lane.

Item, quod non sit nisi unica clavis ostii aulæ albæ sub muris, et quod remaneat apud Principalem dictæ aulæ albæ de "Cheyneylane," et quod ostium firmetur clave[2] continue, ac alius aditus non pateat ad eandem nisi per dictam aulam albam in "Cheyneylane," excepto quod dictus Magister W. Godyer habeat exitum in diebus festis pro missa audienda.

The scholars of White Hall, "*under the walls*" shall attend lectures and take their meals at White Hall in Cheney Lane.

Item, quod et singuli Scholares et inhabitatores dictæ aulæ albæ sub muris veniant ad mensam, et lecturas, correctiones, et ad communes ad dictam aulam albam in "Cheyneylane," et ejus Principali subsint legitime et obediant in præmissis, ac cetera onera aula[ria subeant][3] in eadem.

---

[1] Portions of the MS. lost.

[2] *clavis*, MS.

[3] The words in the bracket are supplied by a later hand, the folio being torn and patched.

Item, quod non moveat seu moveri faciat dictus Magister W. Godyer brigam aut separationem aut istiusmodi aliquod inter Principalem dictæ aulæ albæ in "Cheyneylane," qui pro tempore fuerit, vel ejus substitutum, et Scholares seu inhabitatores dictarum aularum; nec alium erigat, vel tenere permittat communes in dicta aula alba sub muris, nec ejus principalitatem resignet, nisi ei in quem major pars communariorum dictæ aulæ albæ in "Cheyneylane" volunt consentire; et quod, quantum in se est, juvabit et procurabit concordiam et tranquillitatem ad habendam, nutriendam, et fovendam inter dictos communarios et præfatum Principalem, qui pro tempore fuerit, vel ejus substitutum.

Master Godyer shall not excite quarrels between the Scholars of the two said Halls and the Principal of White Hall in Cheney Lane.

Item, quod dictus Magister W. Godyer non admittat aliquem ad dictam aulam albam sub muris, nisi qui fuerit honestæ vitæ et laudabilis conversationis, et talis cui major pars communariorum dictæ aulæ albæ in "Cheyneylane" voluerint consentire.

Item, idem Magister W. Godyer habeat lecturam integre in jure civili, præterquam in libro institutionum, cujus emolumentum, si excedat lecturam ordinariam libri, moderandum est arbitrio dicti doctoris ad lucrum et commodum dicti Magistri W. Godyer.

Insurrection to hinder execution of sentence of excommunication.

A. aa. 85.
Aug. 19, 1450.

Memorandum, quod decimo nono die mensis Augusti, existente die Dominico, anno Domini millesimo quadringentesimo quinquagesimo, Johannes Martyn, *alias* Clerke, pædagogus[1] de parochia S. Michaelis ad portam borealem Oxoniæ, seditiose congregavit multitudinem Scholarium in ecclesiam parochialem dicti S. Michaelis, in tempore altæ missæ parochialis, ad hunc finem quod, si Magister Wilhelmus Strete, tunc eidem

John Martyn, a schoolmaster, being threatened with excommunication, formed a conspiracy with his scholars to the end that, when the sentence should be in reading, they should snatch the document

[1] *petagogus*, MS.

from the hands of the priest, and drag him from the pulpit.

ecclesiæ deserviens in divinis, seu aliquis alius nomine suo, sententiam suspensionis seu excommunicationis auctoritate ordinarii cujuscunque fulminaverit vel executus fuerit contra eundem Johannem Martyn, [quod,] tunc ipsi sic congregati, vel aliquis eorum, extraherent vel extraheret mandatum de manibus suis, ipsumque deponerent vel deponeret de pulpito: super qua re dicti Scholares, una cum Johanne Martyn præfato, coram nobis Johanne Beek, Commissario generali venerabilis viri Gilberti Kymer, in medicina[1] doctoris, Cancellarii Universitatis Oxoniæ, convicti fuere: ceterum nos, Johannes Beek, Commissarius generalis præfatus, officium nostrum exequentes, ipsum Johannem Martyn carceribus mancipavimus; propter quod quidam juvenes Scholares ei nequiter adhærentes, multitudine copiosa noctis principio insurrexerunt ad carceres domini regis infringendos; qua insurrectione nutu divino pacifice sopita, quosdam principales actores, factores, et fautores ejusdem insurrectionis incarceravimus, eundemque Johannem, ultra satisfactionem diversis personis, in quos deliquerat, factam, fecimus summa centum solidorum de pace servanda Universitati obligari.

The said John Martyn is therefore imprisoned, together with the ringleaders.

Several persons abjure the game of tennis.

Aug. 22, 1450.

Vicesimo secundo die mensis Augusti, anno Domini millesimo quadringentesimo quinquagesimo, Thomas Blake, peliparius, Wilhelmus Whyte, barbitonsor, Johannes Karyn, chirothecarius, "*husbundemen,*" comparuerunt coram nobis Magistro J. Beek, sacræ theologiæ professore, ac Magistri Gilberti Kymer, hujus almæ Universitatis Oxoniæ Cancellarii, Commissario generali, [et] abjuraverant ludum tenesiarum infra Oxoniam et præcinctum ejusdem, tactis sacrosanctis evangeliis.

---

[1] *medicinis*, MS.

Surety given that a claim shall be legally proven.

Memorandum, quod octavo die Octobris, anno Domini supradicto, Ricardus ffere, "*carpenter*," de Oxonia intervenit fidejussor pro Magistro W. Mallan, pro octo solidis solvendis Thomæ Tanfeld, de prædicta Oxonia, ad festum Omnium Sanctorum proxime futurum, sub ista conditione, scilicet, si prædictus Magister Wilhelmus defecerit in probatione, per sex manus sive sex viros fidedignos, cujusdam equi, quem dicit esse et fuisse suum per duos annos cum venerit festum S. Frideswydæ proximo futurum, quem quidem equum prædictus Thomas vindicat pro suo.

A. aa. 87. Oct. 8, 1450.

Penance and absolution.

Memorandum, quod, anno Domini millesimo quadringentesimo quinquagesimo, octavo die Novembris, coram venerabili viro domino Gilberto Kymere, Universitatis Oxoniæ Cancellario, comparuit quidam Johannes Norreyes, Oxoniæ prædictæ, ac, peracta pœnitentia pro quadam manuum injectione violenta per eumdem Johannem in quemdam fratrem, scilicet dominum Thomam English, ordinis Augustinensium, infra Oxoniam prædictam, debitaque satisfactione per dictum Johannem præfatæ parti læsæ adhibita, obtentoque absolutionis beneficio, dimissus est plenarie ab officio.

A. aa. 89. Nov. 8, 1450.

The Principal of Lawrence Hall promises that he will pay his rent.

Memorandum, quod, anno Domini millesimo quadringentesimo quinquagesimo primo, decimo nono die mensis Januarii, comparuit coram nobis Magistro Johanne Beek, sacræ theologiæ professore, ac Commissario generali venerabilis viri Magistri Gilberti Kymere, Univer-

A. aa. 90. Jan. 19, 1450.

sitatis Oxoniæ Cancellarii, Magister Thomas Rayneald, Principalis aulæ Laurentii, et confessus est coram dicto Commissario se soluturum Abbatissæ de Godstow pensionem cujusdam horti, quem occupat, pro anno ultimo elapso, ac in futurum et durante tempore suæ principalitatis; ac se ulterius soluturum Agnetæ Estbury, quondam uxori Johannis Estbury, dominæ aulæ supradictæ, quolibet anno pro pensione ejusdem tres marcas, nisi et quatenus poterit probare dictam aulam legitime minori summa taxatam ante hæc tempora.

The last Will and Testament of Master Robert Hoskyn.

A. aa. 91 Jan. 27, 1450. *In Dei nomine, Amen.* Vicesimo septimo[1] die mensis Januarii, anno Domini millesimo quadringentesimo quinquagesimo, *Ego*, Robertus Hoskyn, rector ecclesiæ parochiæ de S. Maria et S. Brigida, proponens ecclesiam S. Petri in Roma et alia sancta loca per Dei gratiam visitare, *condo testamentum meum in hunc modum;*

In primis, lego animam meam Deo et Beatæ Mariæ, Matri Annæ, et omnibus Sanctis, corpusque meum ecclesiasticæ sepulturæ ubicumque Dominus disposuerit.

Item, do et lego ecclesiæ supradictæ unum craterem, et viginti sex solidos et octo denarios ad faciendum unum calicem de novo.

Item, do et lego ecclesiæ antedictæ unum ordinale.

Item, do et lego fabricæ ecclesiæ Beatæ Mariæ de Woverane viginti solidos, ad orandum pro animabus patris et matris meæ.

Item, do et lego Johanni Hoskyn, seniori fratri meo, sex marcas et unam togam penulatam cum "*bevere*,"

---

[1] *septimo* is probably correct, I have ventured to insert it in place of *ultimo*, which is the reading of the MS. The date of the *proving* of the will is "*ultimo die Januarii.*" See infra p. 608.—Ed.

coloris de "*musterdevillis*," et unam mappam cum duobus[1] tuellis et duobus[1] sanappis, et unam magnam ollam æneam, et unum optimum lectum et unum optimum "*masere*," unum craterem.

Item, lego Wilhelmo Hoskyn, juniori[2] fratri meo, quadraginta solidos et unam togam penulatam cum "*fuchens*," coloris de "*musterdevillys*," unam mappam cum duobus tuellis et duobus sanappis, et unum bovem et unam vaccam.

Item, do et lego Johanni Hoskyn juniori quadraginta solidos et unam togam penulatam cum "*bevere*," blodii coloris, unam mappam cum duobus tuellis et duobus sanappis.

Item, do et lego Helenæ Hoskyn, sorori[3] meæ, quadraginta solidos, unam mappam cum duobus tuellis et duobus sanappis.

Item, do et lego Agnetæ[4] Hoskyn, sorori meæ, quadraginta solidos, unam mappam cum duobus tuellis et duobus sanappis.

Item, do et lego Johannæ sorori meæ quadraginta solidos, unam togam sanguinei[5] coloris et unum caputium, unam zonam deargentatam, unam mappam cum duobus tuellis et duobus sanappis.

Item, do et lego fratribus et sororibus meis antedictis viginti quatuor cochlearia.

Item, volo ut viginti solidi distribuantur inter parochianos meos pauperrimos.

Item, do et lego domino Petro Dyane, capellano, decem marcas, vel habeat de bonis meis ad valorem decem marcarum.

Item, do et lego domino de Pulla duos libros de-

---

[1] The contraction here used is ii[d]; in the case of the other items where the same words occur, the usual contraction for duobus is used.

[2] *seniori*, MS.

[3] *soreri*, MS.

[4] *Angnetæ*, MS.

[5] *sanguynyy*, MS.

cretalium, et sex solidos octo denarios, ad orandum pro anima mea.

Item, do et lego fratribus Haverford duos libros Godfredi et Rexmundi, et sex solidos octo denarios, ad orandum pro anima mea.

Item, volo ut omnes alii libri mei vendantur, et pretium distribuatur inter pauperes, missali excepto, quod volo ut tradatur Johanni Crabell, durante vita ipsius, et, post mortem ejus, volo ut vendatur, et pretium tradatur capellano honesto ad celebrandum pro animabus patris et matris meæ.

Item, do et lego ecclesiæ S. Ishmäelis juxta Haverford[1] unum par vestimentorum diversi coloris, et tres solidos quatuor denarios, ad orandum pro anima Johannis Harold et pro anima mea.

Item, do et lego cuilibet ecclesiæ infra diaconatum[2] de Ros duodecim denarios.

Item, do et lego cuilibet omnium puerorum a me sublevatorum a sacro fonte, existentium infra parochiam antedictam, duodecim denarios.

Item, do et lego omnibus virginibus viribus[3] petentibus duos solidos, existentibus infra parochiam meam antedictam:

Item, volo et lego capellano honesto celebranti per tres annos viginti marcas;

Residuum vero bonorum meorum non legatorum do et lego Magistro David Husbond, in legibus Baccalario, Magistro Waltero West, Petro Dyan, clericis, Johanni Hoskyn seniori, ut ipsi inde ordinent et disponant, prout illis pro salute animæ meæ melius videbitur faciendum; et eosdem meos facio executores, ordino et constituo per præsentes, ut ipsi, Deum præ oculis habentes, præsens testamentum meum fideliter exequantur et com-

---

1 *Hoverford.*

2 *deaconatum*, MS.

3 There is no difficulty in the MS. here, though there is evidently some error of the transcriber, *viribus* for *viros* perhaps?

pleant cum effectu; et Philippum Lagharn illorum supervisorem constituo; et volo quod idem Philippus habebit pro labore suo optimum craterem cum coöpertorio.

Item, do et lego cuilibet executorum meorum pro labore viginti sex solidos octo denarios.

Memorandum, quod habeo[1] in una parva cista,[2] existente cum Johanne Hoskyn avunculo, [continente] quadraginta marcas in auro, cum aliis necessariis; et in una alia parva cista [continente] viginti marcas cum quinque zonis[3] deauratis cum uno circulo et aliis necessariis, quarum unam rubeam zonam deauratam do et lego Margaretæ Lagharn, et unam optimam zonam do et lego Johanni Craboll.

Hæc sunt debita mea:—

Item, habeo in manibus meis de pecuniis S. Katerinæ, ecclesiæ de S. Maria et Brigida in Ros sexdecim solidos.

Item, debeo Thomæ Balsina tres solidos quatuor denarios; et volo quod omnia alia debita mihi ignorata solventur, juramento[4] a recipientibus prius accepto.

Hoc est testamentum meum, et ultima mea voluntas in recessu ab Universitate, &c., Oxoniæ, facta per Magistrum Robertum Hoskyn, rectorem ecclesiæ parochiæ supradictæ, manu pro sigillo, &c.

Probatum, approbatum, ac insumatum fuit præsens testamentum coram nobis Magistro Johanne Beek, sacræ theologiæ professore, almæque Universitatis Oxoniæ vice-Cancellario, et per nos pro eodem legitime pronunciatum; commissaque est administratio bonorum dictum testamentum concernentium Johanni Hoskyn, seniori executori infrascripto, in forma juris jurato, et per eundem admissa, reservata nobis potestate committendi administrationem aliis executoribus infrascriptis, cum venerint et onus administrationis in se

---

[1] *hembeo*, MS.
[2] *sista*, MS.
[3] *yonis*, MS.
[4] *juramen*, MS.

assumere voluerint; In cujus rei testimonium sigillum officii cancellariatus dictæ almæ Universitatis, quod ad manus habemus, præsentibus apposuimus.

Datum Oxoniæ, ultimo die mensis Januarii, anno Domini millesimo quadringentesimo quinquagesimo.

Oath on entrance to Library.

A. aa. 92. Feb. 7, 1450. Eodem die, coram eodem Magistro Van, Commissario pro tempore, comparuerunt dominus Johannes Stanley, Scholaris sacræ theologiæ, et dominus W. Burton, Scholaris insistens philosophiæ, monachi ordinis S. Benedicti, qui in introitu librariæ corporale juramentum præstiterunt præsentibus pluribus.

The last Will and Testament of Master Henry Caldey, vicar of Cookfield.

A. aa. 94. April 4, 1451. *In Dei nomine, Amen:* Anno Domini millesimo quadringentesimo quinquagesimo primo, quarto die Aprilis, *Ego*, Henricus Caldei, vicarius de Cookfelde in diœcesi Cicestrensi, compos mentis meæ, *condo testamentum meum in hunc modum*:—

In primis, lego animam meam Deo omnipotenti, Beatæ Mariæ, ac omnibus Sanctis, corpusque meum sepeliendum in ecclesia S. Martini coram crucifixo;

Item, ordino et constituo in executorem meum, omnium bonorum meorum mobilium, dominum Symonem Godmeston, clericum, ad implendum voluntatem meam in hac parte;

Item, lego Nicholao, nepoti meo, omnes terras et tenementa, quæ habeo in partibus Hiberniæ, et in pecunia numerata eidem Nicholao viginti marcas;

Item, lego sociis meis in aula nuper vocata "Maudelen Halle," decem marcas pro celebratione missarum, exequiarum, commendationum, et aliorum suffragiorum, in primo die trigintali, et aliis secundum discretionem dicti Symonis;

Item, lego fabricæ campanilis collegii de Marton tredecim solidos quatuor denarios;

Item, lego ecclesiæ S. Martini sex solidos octo denarios pro sepultura mea, et ejusdem ecclesiæ superiori altari tres solidos quatuor denarios;

Item, lego ecclesiæ Beatæ Mariæ sexdecim denarios;

Item, lego ecclesiæ S. Petri in Oriente duo solidos; His testibus, Magistro Petro Paris, Magistro Thoma Smyth, Magistro W. Heeward, in artibus Magistris; domino Ricardo Beernys, capellano, Johanne Wellys, cum aliis.

Probatum est præsens testamentum, sexto die mensis Maii, anno Domini millesimo quadringentesimo quinquagesimo primo, coram nobis, Magistro Johanne Beek, Commissario generali venerabilis viri Magistri Gilberti Kymer, Cancellarii Universitatis Oxoniæ, ac legitime probatum, insumatum et pronunciatum pro eodem; commissaque est administratio bonorum executori subscripto nominatim in forma juris jurato, et eum ab ulteriori computo nobis aut officio nostro cancellariatus faciendo dimittimus et acquietamus per præsentes.

Datum die et anno supradictis.

Hæc sunt bona Magistri Henrici Calday, appreciata per Johannem Moore, Stationarium, et Johannem Mathugh, scissorem, ad idem admissos per Magistrum Johannem Beek, Commissarium generalem venerabilis viri Magistri Gilberti Kymer, Cancellarii Universitatis Oxoniæ, nono die Maii, anno Domini millesimo quadringentesimo quinquagesimo primo. A. aa. 95. May 9, 1451.

In primis, unus liber "*De potentia Dei et malo*" secundum Thomam, secundo folio "*poma*," pretium - - - xiij^{s}. iv^{d}.

Item, Commentator super libros propheticorum, secundo folio "*–cœ igitur;*" pretium - - - - - iij^s. iv^d.

Item, liber vocatus "*Petrus paludis;*" super primum sententiarum, secundo folio, "*–gra quo;*" pretium - - ij^s.

Item, Psalterium glossatum, secundo folio "*titulus aliorum;*" pretium - - vj^s. viij^d.

Item, liber Homiliarum Gregorii Papæ, secundo folio "*dum transit;*" pretium - - - - - vj^s. viij^d.

Item, liber vocatus "*Digestus Fortiati,*" secundo folio "*et quarta;*" pretium vj^s.

Item, liber vocatus "*Digestus Vetus,*" secundo folio "*in nomine Domini;*" pretium - - - - - - iiij^s.

Item, liber vocatus "*Sextus,*" cum glossa cardinali, secundo folio "*spem gratiæ;*" pretium - - - - v^s.

Item, liber vocatus "*Digestus Fortiati,*" secundo folio "*animam;*" pretium v^s.

Item, liber vocatus "*Codex,*" secundo folio "*generalium;*" pretium iv^s.

Item, liber "De diversis contentis," secundo folio "*dein fanu–;*" pretium - xx^d.

Item, liber vocatus "*Casus Bernardi,*" secundo folio "*sum nisi;*" pretium v^s.

Item, liber Prisciani "*in maiore,*" secundo folio "*de corporativis;*" pretium - - - - - - - iiij^s.

Item, liber Anselmi vocatus "*Cur Deus homo,*" secundo folio "*–lo nec;*" pretium - - - - - ij^s. iv^d.

Item, liber de communi glossa secundum Mattheum, secundo folio "*–col lacol;*" pretium - - - - - - xij^d.

Item, liber "*doctrinalis,*" secundo folio "*–er vel –ur;*" pretium - - - xij^d.

Item, liber "De diversis contentis," secundo folio "*propria nomina locorum*;" pretium - - - - - v^{s}.
Item, liber de *Epistolis*[1] *Senecæ ad Lucilium*, secundo folio "*est tecto*;" pretium - - - - - - ij^{s}.
Item, unum portiforium, secundo folio "*dicentur*;"[2] pretium - - - vj^{s}. viij^{d}.
Item, Hugo de Victore de [3] et [3], secundo folio "*fecisse et mali*;" pretium - - - - - - xvj^{d}.
Item, liber vocatus Martialis, secundo folio "*nam soliditatem*;" pretium - xij^{d}.
Item, Plato in *Timœo*,[4] secundo folio, "*Platonis*"; pretium - - - vj^{d}.
Item, liber "*Clementinus*," secundo folio "*ipsum Dei verbum*;" pretium - iij^{s}. iiij^{d}.
Item, vetus liber Decretalium, secundo folio "*seu natura*;" pretium - xvj^{d}.
Item, liber "De diversis contentis," secundo folio "*-tare clerici*;" pretium v^{s}.
Item, pro omnibus aliis quaternis - iij^{s}. iv^{d}.

Summa v^{li}. vj^{d}.

Item, unum vetus "*bolster*" de plumis; pretium - - - - - - viij^{d}.
Item, una lodix; pretium - - - viij^{d}.
Item, unum carentinillum; pretium - xvj^{d}.
Item, unum aliud carentinillum; pretium viij^{d}.
Item, unum matracium vetus; pretium xvj^{d}.
Item, una[5] lodix; pretium - - viij^{d}.
Item, alia[6] lodix; pretium - - vj^{d}.

[1] *ptis*, MS.

[2] *ps* occurs before the abbreviation for *pretium* in the MS., probably a repetition only.

[3] I am unable to discover what the title of the book here mentioned is.—Ed.

[4] *themeo*, MS.

[5] *unus*, MS.

[6] *alius*, MS.

Item, par linteaminum; pretium - - ij^{s}.
Item, tria linteamina fracta cum commissuris - - - - - x^{d}.
Item, coöpertorium lecti; pretium - ii^{s}. viij^{d}.
Item, cöopertorium, tres curtinæ, et unum "*tester*" de "*say*" rubri coloris; pretium - - - - - viij^{d}.
Item, una diplois russetica; pretium - xij^{d}.
Item, una tunica albi coloris; pretium xx^{d}.
Item, una toga curta viridis coloris cum caputio; pretium - - - iv^{s}. viij^{d}.
Item, una alia toga blodia curta; pretium - - - - - ij^{s}. viij^{d}.
Item, unum caputium blodium mixtum; pretium - - - - - - x^{d}.
Item, unum caputium de "*musterdevelys*;" pretium - - - - xij^{d}.
Item, una toga vetus de "*musterdevelys*;" pretium - - - - ij^{s}.
Item, una toga rubra mixta cum caputio; pretium - - - - - - v^{s}.
Item, una alia toga colore mixto cum caputio; pretium - - - v^{s}.
Item, unus habitus cum caputio cum "*tartorone*" duplicato; pretium viij^{d}.
Item, una armilausa russetica, pretium xx^{d}.
Item, vetus mantellum, pretium - - xij^{d}.
Item, vetus curtina, pretium - - iv^{d}.
Item, cista sine clave, pretium - - xiv^{d}.
Item, toga talaris viridis coloris cum caputio duplicato cum "*tartorone*," pretium - - - - - x^{s}.
Item, unum "*seldre*"[1] supra lectum pendens viij^{d}.
Item, in diversis cordulis - - - iv^{d}.

---

[1] *celare*, MS.

Item, unum par "*tongs*" - - - ij^{d}.
Item, duo paria follium; pretium - - iij^{d}.
Item, una cathedra; pretium - - xij^{d}.
Item, una tabula cum duobus tripodibus; pretium - - - - - vj^{d}.
Item, una parva cista sine clave - - iij^{d}.
Item, in pecunia numerata, summa - v^{li}. vj^{d}.
Summa viij^{li}. xviij^{s}. vj^{d}.
Summa totalis xiij^{li}. xix^{s}.

Item, in bonis legatis.

In primis, Nicholao, nepoti suo, in pecunia numerata - - - xiij^{li}.
Item, unus habitus blodii coloris cum caputio penulato, Magistro Parys.
Item, toga talaris, caputium cum habitu viridis coloris, domino Begge.
Item, una toga curta colore marmoreo colorata, Nicholao.
Item, in pecunia numerata, legata ecclesiæ S. Martini - - - - - - x^{s}.
Item, in pecunia numerata, legata ecclesiæ S. Petri in Oriente - - - ij^{s}.
Item, in pecunia numerata, legata collegio "Mertone" - - - - xiij^{s}. iv^{d}.
Item, in pecunia numerata, legata ad aulam Beatæ Mariæ Magdalenæ vj^{li}. xiij^{s}. iiij^{d}.

The last Will and Testament of Master John Moreton.

Ego, Johannes Moreton, capellanus, compos mentis, versus apostolorum limina viam arripiens peregrinationis causa, in mea ultima voluntate existens, *condo meum testamentum, in hunc modum;* A. aa. 98. April 15, 1451.

In Dei nomine, Amen; Si contigerit me prædictum Johannem in dicto itinere viam universæ carnis ingredi, tunc volo et concedo quod Ricardus Hooghe, consanguineus meus, habeat lectum meum et omnes pannos meos ad qualemcunque usum sibi placuerit, et volo quod Magister Wilhelmus Kettill, facultatis artium Magister, habeat quinque libros meos physicales, nomen unius "*Trefolium*," alter "*Jacobus Fortunensis super teg̃. Gal.*"[1] nuncupatur, tertius vero liber "*De praxi amici tui*" nuncupatur, quartus "*Tabula de simplicibus*" nominatur, et quintus est "*Liber de Attonone*;" volo etiam quod alius magnus liber, in quo continentur omnes istæ materiæ, scilicet, "*Expositio aphorismorum in conclusionibus secundum Jacobum Fortunensem, &c*;" "*Quæstiones super eosdem libros secundum eundem doctorem*;" "*Expositio super Summa de pulsibus*" et quæstiones ejusdem, et quidam "*De contemplatione cordis*" secundum eundem doctorem novum ponatur in libraria communi Universitatis ad usum communem totius Universitatis; et, ad omnia ista voluntatis meæ singula perimplenda et exequenda, ordino et constituo dictos Magistrum Wilhelmum et Ricardum veros executores meos per præsentes; In cujus rei testimonium præsentibus sigillum meum apposui, his testibus, Johanne Gryffyn, scissore, Thoma Merbury, capellano, et aliis.

Datum quintodecimo die Aprilis, anno Domini millesimo quadringentesimo quinquagesimo primo. *Et volo*, quod Magister Wilhelmus habeat unum "*Antidotarium*," secundum Magistrum Bartholomeum de Mantiniana.

Probatum fuit præsens testamentum coram nobis, Magistro Johanne Beek, sacræ theologiæ professore, Commissario generali venerabilis viri Magistri Gilberti Kymer, almæ Universitatis Oxoniæ Cancellarii, et per nos approbatum, pro eodemque legitime pronunciatum et insumatum, commissaque fuit administratio omnium bonorum dictum testamentum concernentium Magistris Wilhelmo et Ricardo, executoribus infrascriptis in forma juris juratis, et per nos admissis per præsentes; et eos

---

[1] *τεχνῃ Galeni.*

ab ulteriori computatione nobis aut officio nostro Cancellariatus. faciendo dimittimus et acquietamus per præsentes, salvo jure cujuscunque:

Datum quintodecimo die mensis Augusti, anno Domini millesimo quadringentesimo quinquagesimo primo.

Permission to build an oven.

A. aa. 94. May 3, 1451. The owner of the "King's Head" tavern obtains permission from the Chancellor to erect an oven for his private use on the said premises.

Tertio die mensis Maii, anno Domini millesimo quadringentesimo quinquagesimo primo, Walterus Bowlery comparuit coram nobis Magistro Johanne Beek, Commissario generali venerabilis viri Magistri Gilberti Kymer, Cancellarii Universitatis Oxoniæ, et petiit licentiam ad construendum et faciendum unum furnum vel "*ovene*" apud caput hospitii vulgariter nuncupati "*The Kyngys Hede,*" in vico boreali, in parochia S. Martini; cui quidem[1] Walteri petitioni dedit et annuit, eidem dando licentiam nullo modo in præjudicium illius artificii pistoris pistandi, sub tali tamen juramento interveniente, quod non pistaret alium panem neque panes nisi ut consuetudo illius artis requirit, videlicet pro se et suis panes albos et alios panes sicut solent pistare, *&c.*, qui sunt illius artis.

Goods detained by a creditor.

A. aa. 96. May 23, 1451.

Vicesimo tertio die mensis Maii, Johanna Dagfylde confessa erat coram nobis, Magistro Gilberto Kymere, Cancellario Universitatis Oxoniæ, se habere et detinere de bonis Johannis Harrys, bedelli theologiæ Universitatis Oxoniæ prædictæ,—

Imprimis, duos scyphos argenteos, pretii - - - - xxx^{s}.
Item, unam murram, pretii - xiiij^{s}.
Item. unam baslardam deargentatam, pretii - - xl^{s}.[2]

---

[1] *siquidem*, MS.

[2] The *s* is omitted after xl., MS.

Item, unum annulum, pretii -	xv^{s}.	
Item, unam zonam, pretii -	vj^{s}.	viij^{d}.
Item, unum par precularum, pretii - - - -	v^{s}.	
Item, tres uncias argenti fracti, pretii - -	vij^{s}.	vj^{d}.
Item, pro pretio bonæ cerevisiæ	v^{s}.	
Item, pro octo quartis[1] de bona cerevisia - -	xiij^{s}.	iiij^{d}.
Item, pro zona - - -	vj^{s}.	viij^{d}.
Item, pro zona - - -	—	xx^{d}.
Item, pro lana - - -	v^{s}.	viij^{d}.
Item, T. Scherman - -	v^{s}. pro bona cerevisia.	
Item, de auro - - -	vj^{s}.	viij^{d}.
Item, duodecim "*hellys of lynnyn clod*," pretii -	viij^{s}.	

Defamation of a Scholar.

May 25.

A Scholar being slandered by a citizen and his wife, prays to be admitted to compurgation.

Vicesimo quinto die mensis Maii, anno Domini millesimo quadringentesimo quinquagesimo primo, coram Magistro J. Van, decretorum Doctore, Commissario generali Magistri Gilberti Kymere, Cancellarii Universitatis Oxoniæ, comparuit Thomas Peney, clericus et Scholaris facultatis juris canonici, conquerendo de [super][2] Johanne Martyn, "*corsere*," et sua uxore, qui[3] ipsum multipliciter infamarunt, denigrando ejus famam et statum apud bonos et graves, dicendo et imponendo sibi Thomæ Peny, quod uxorem dicti Johannis Martyn, illegitime et contra bonum matrimonium, injuste desideraret, sic insuper ipsum malitiose diversis in locis enormiter scandalizando, in perniciosum aliis exemplum: De

---

[1] There is evidently some mistake here in the MS. either in the word *quartis* or in the price, xiij^{s}. iiij^{d}.—Ed.

[2] *De super*, MS.

[3] *quæ*, MS.

[super] [1] quibus dictus Thomas Peny humiliter supplicavit quatenus de [super] [1] præmissis ad suam purgationem canonicam, factis legitimis proclamationibus et denunciationibus, canonice admittatur; insuper dabatur sibi terminus ad suam innocentiam purgandam coram Cancellario, die Lunæ proximo inde futuro.

May 27. The aforesaid citizen on being questioned, denies having ever slandered the said scholar.

Vicesimo septimo die mensis Maii, anno Domini supradicto, coram nobis, Commissario præfato, comparuit dictus Johannes Martyn juratus, et, sub debita juris forma interrogatus de et super dicta defamatione, respondit se nunquam præfatum dominum Thomam Peny defamasse, nec clam nec palam se quicquid sinistre unquam de dicto domino Thoma vidisse; inquisitus præterea an ad dicti domini Thomæ [2] laborasset per se vel per complices, respondit quod non, cum causam aliquam contra eum non possit prætendere.

Prohibition from entering a certain house.

A. aa. 98. Aug. 18, 1451. John Harrys, one of the bedells, is required to abstain from entering the house of a certain citizen.

Octodecimo die Augusti, anno Domini millesimo quadringentesimo quinquagesimo primo, Johanni Harys, inferiori bedello sacræ theologiæ, injunctum est in præsentia amborum Procuratorum, Magistrorum Wilhelmi Ketyll et Thomæ Balsale, per Magistrum Johannem Beek, sacræ theologiæ professorem, venerabilis viri Magistri Gilberti Kymer, Cancellarii Universitatis Oxoniæ, Commissarium generalem, quod ab inde non ingrediatur suspiciose domum Johannis Mychell, sartoris Oxoniæ, nec communicabit sive se associabit cum uxore ejusdem Johannis, nisi quatenus jura requirunt, sub pœna perditionis viginti solidorum, fabricæ novarum scholarum applicandorum, et hoc toties quoties dictæ injunctionis fecerit contrarium.

---

[1] *De super*, MS.

[2] *defamationem* seems to be here omitted in the MS.

A List of the Halls, with the names of the Principals and their Sureties, for the Year 1451.[1]

A. aa. 98. Sept. 9, 1451.

Aula "Colsell," nomine Magistri Johannis Hall. Et pro horto sibi annexo, nomine W. Palett.

Schola magna juris canonici, nomine doctoris Chalke, fidejussores Ricardus Suttone *alias* Glover, W. Wake, "*goldesmyth.*"

Schola juris civilis, nomine doctoris Mason, fidejussores, Morgan, "*tayler,*" et Johannes Schyrborne.

Schola in parvo judaismo, nomine Nicholai Bell.

Aula Latarum Portarum in parochia Omnium Sanctorum, nomine W. Sprig.

Aula Latarum Portarum in parochia S. Aldati, nomine W. Laster.

Aula "Nevelys-yn," nomine Radulphi Drewe, fidejussores Johannes Myncherd, et Ricardus Polglasse.

Aula "Nunn Halle," nomine Paschasii Noelle.

Aula S. Laurentii, nomine Magistri Thomæ Raynald, fidejussores Thomas Barton et W. Nangyll.

Item, pro quodam horto sibi annexo, nomine Thomæ Stephyns.

Aula Georgii, nomine Jacobi Coldewell.

Aula Albani, nomine Magistri W. Sheryff, fidejussores Johannes More, W. Gregory.

Item, pro horto sibi annexo, nomine Magistri W. Lenem.

Aula "Nun Halle" juxta aulam Albani, nomine Henrici Trewlufe.

Schola magna juris civilis, nomine doctoris Huske.

Aula parva "Bedell," in parochia S. Ebbæ, nomine Roberti Carpenter.

---

[1] There is no title or date at the head of this list in the MS., and the list itself is apparently misplaced, for the entry immediately before it is of the date October 8th, whereas the day on which the sureties deposited cautions was regularly September 9th.

Aula "Bekys-yn," nomine Stephani Kylyowe.

Aula Nigra magna in parochia S. Petri, nomine Magistri Nicholai Gosse.

Aula Petri juxta collegium Exoniæ, nomine Magistri Thomæ Coplestone, fidejussores Johannes. Harrys et Johannes Wheryll.

Aula Profunda, nomine Johannis Walter.

Aula Cervina, nomine Magistri Walteri Wyndysore.

Aula parva Nigra in vico scholarum, nomine Magistri Ricardi Tenawute.

Aula S. Michaelis juxta ecclesiam S. Aldati, nomine Magistri Edwardi Bland, fidejussores Johannes Hyde et Gye Capeleyn, sutor.

Aula Leonina, nomine Magistri Johannis Cobowe.

Aula Beatæ Mariæ, nomine Magistri Johannis Smyth.

Aula Vitrea, nomine Magistri Wulstani Broune.

Aula Bassa annexa sibi, nomine Magistri Thomæ Merbury.

Aula S. Edmundi, nomine domini W. Hall.

Aula quondam vocata "ly Sarysynshed," annexa collegio Beatæ Mariæ Magdalenæ, nomine Magistri Arell.

Aula S. Edmundi in parochia S. Petri, nomine Magistri Johannis Temys.

Aula Alba in eadem parochia, nomine Magistri Thomæ Hyll.

Aula Hugonis in eadem parochia, nomine Thomæ Reye.

Item, pro gardinis de tenemento[1] S. Johannis annexis gardino aulæ S. Edmundi, nomine Magistri Nicholai Lethynow.

Aula "Plumarum," nomine domini Thomæ Rawlynys fidejussores Johannes Telme et Henricus Gryffyn.

Aula vocata "Trellokys-yn," nomine W. Wytney.

Aula Vinea, nomine W. Colman.

---

[1] The abbreviation in the MS. is merely *ten'*.

Aula Ænea, nomine Magistri W. Chirche.

Aula parva Universitatis in vico Scholarum, nomine W. Altophte.

Aula S. Thomæ in parochia S. Michaelis, nomine Magistri W. Braggys.

Item, pro gardino vocato "Sheld Hall gardyn," nomine domini Roberti Benet.

Aula parva Universitatis in parochia S. Petri, nomine Magistri Johannis Semore.

Aula "Hamptone," nomine Magistri Thomæ Runke.

Aula "Sykyll," nomine Magistri Antonii Cleytone.

Aula Solarii, nomine Ricardi Foweye.

Aula parva Martonis, nomine Magistri Henrici Sampsone.

Aula Bedelli, nomine Magistri Henrici Popy.

Aula Mildredæ, nomine Magistri Ricardi Thring.

Item, pro quodam horto sibi annexo ex parte boreali, nomine Johannis Thring.

Aula S. Johannis, nomine Magistri Johannis Wodd.

Aula Græca, nomine Thomæ Sandyofe.

Item, pro horto situato inter aulam Vineam et aulam Solarii, nomine W. Gyon.

Pro gardino annexo collegio Lincoln:, nomine Magistri Johannis Seghfelde, fidejussores Johannes Came et Thomas Parscher.

Aula Angularis, nomine Magistri Andreæ Maukeswell.

Aula Urbani, nomine Johannis Gyfford.

Aula Aquilæ, nomine domini Matthei Gryffyn.

Aula Aristotelis, nomine Wilhelmi Rawfe.

Aula Trabina, nomine Magistri Roberti Geffraye.

Aula S. Andreæ, nomine Johannis Newlande.

Aula de "Pery," nomine W. Rawfe.

Aula "Haburdashe," nomine Magistri Petri Parys.

Aula "Bul Halle," nomine Magistri Johannis Warkworth.

Aula Bovina, nomine domini Roberti Hall.

Aula Urbana, annexa eidem, nomine Egidii Whytyngtone.

Aula Jacobi eidem annexa, nomine Thomæ Woller.

Aula "Henkysaye," nomine domini Thomæ Nyny.

Aula "Cros Hall," in parochia S. Ebbæ, nomine Roberti Wedynem.

Aula Alba in "Chenylane," nomine W. Gudeȝere.

Aula Alba super muros in parochia S. Michaelis, nomine W. Ballet.

Aula "Hawk Hall," nomine Thomæ Rawlyns.

Aula "Takelys-yn," nomine Ricardi Bukeley. A. aa. 99 a.

Aula "Cuthbert Hall," nomine Johannis Brygan.

Aula "Saleshury," nomine Magistri Walteri Hopton.

Pro quodam horto situato inter eandem aulam et aulam S. Edmundi, nomine Magistri Thomæ Lemster.

Aula S. Edmundi in vico scholarum, nomine Magistri Roberti Cary.

Aula Stapulina, nomine Magistri Henrici Danyell.

Aula "Nevelys-yn," nomine Magistri Ricardi Langstone, fidejussores W Gentilman, et W. Wigynton.

Aula "Edward Hall," situata juxta magnas scholas juris canonici, nomine Owyn-y-floide.

Item, pro horto quodam vocato "Cathall," nomine Magistri W. Ketell.

Aula Nigra juxta aulam Cervinam, nomine Magistri N. Gosse, fidejussores Johannes Harrys et Johannes Wheryll.[1]

For selling too[2] dear, contrary to Proclamation.[3]

Item, detectum est coram G. K.,[4] domino Cancellario, quod quædam Johanna Schoo, exercens artem coquinariam apud quadrivium, vendit communiter unam au-

[1] This last entry is merely a repetition of one which has occurred above, and it is made in a different, though apparently contemporary, hand.

[2] *to*, MS.

[3] The title is on the margin, and of much later date than the text.

[4] Gilbert Kymer.

cam rostitam pro octo denariis, contra proclamationem factam de victualibus vendendis, et quod communiter vendit unum pastellum de duobus pipionibus pro duobus denariis, contra, etc.

The last Will and Testament of John Edwards.

A. aa. 101. June 20, 1451. *In Dei nomine, Amen:* Vicesimo die Junii, anno Domini millesimo quadringentesimo quinquagesimo primo, *Ego,* Johannes Edwards, compos mentis, videns mihi mortis periculum imminere, *condo testamentum meum in hunc modum:* In primis lego animam meam Deo omnipotenti, Beatæ Mariæ, et omnibus Sanctis, corpusque meum sepeliendum in cœmeterio Omnium Sanctorum de Brehill;

Item, lego luminaribus ejusdem ecclesiæ, *videlicet,* S. Trinitati, Beatæ Mariæ, S. Nicholao, S. Margaretæ, et S. Christophero, cuilibet eorum quatuor denarios;

Item, lego ecclesiæ prædictæ residuum duorum torticorum, quos ordinavi ardendos circa corpus meum in die sepulturæ;

Item, lego Johannæ matri meæ unam togam, unam tunicam, unum caputium, duo flammeola, unum par linteaminum, unum quarterium frumenti, et unum quarterium hordei;

Item, lego Wilhelmo filio meo optimam togam penulatam, optimum caputium, unum defensorium alias vocatum "*le Jacke,*" cum parva tunica, unam galeam vocatam "*salat,*" unam *vesam* alias vocatam "*pollax,*" [1] unum par chirothecarum de "*plate,*" unum gladium, unum arcum cum omnibus sagittis meis, unum equum optimum, mortuario tantum excepto, cum sella et freno, unam mappam optimam, unum lectum album cum toto apparatu, unam ollam optimam, unam patellam optimam, unum verutum optimum, unum par vocatorum "*cawberts,*" unum aratrum, unam bigam, unum bovem

[1] *pollox,* MS.

optimum, viginti oves, et duo cochlearia argentea, unum scyphum argenteum stantem sine cöopertorio;

Item, lego Johanni filio meo unam togam, unum caputium, unam parvam tunicam, unum lectum cum toto apparatu, unum equum secundum optimum, unum bovem secundum optimum, unam ollam, unam patellam, unum verutum, unam mappam, duo cochlearia argentea, viginti oves;

Item, lego Ricardo filio meo unam togam, unam tunicam, unum lectum cum toto apparatu, unum equum tertium post optimum, unam ollam, unam patellam, unam mappam, duo cochlearia argentea, et viginti oves;

Item, lego Isabellæ filiæ meæ unum lectum, unum equum quartum post optimum, unum bovem quartum post optimum, unam ollam tertiam post optimam, unam patellam, unam mappam, duo cochlearia argentea, et viginti oves;

Item, lego Aliciæ filiæ meæ unum lectum, unum equum, unum boviculum, unam ollam, unam patellam, unam mappam, duo cochlearia argenti, et viginti oves;

Item, lego Katherinæ filiæ meæ unum lectum, unam ollam, unum boviculum, unam mappam, duo cochlearia argentea, et viginti oves;

Item, lego Thomæ filio meo unum lectum, unum boviculum, unam ollam, unam mappam, duo cochlearia argenti, et viginti oves;

Item, lego Johanni servienti meo unum boviculum, unam juvencam, sex oves, et unum lectum;

Item, lego Emmotæ sorori meæ tres solidos quatuor denarios:

Item, lego Johanni Caam unam togam optimam stragulatam cum caputio;

Item, lego Aliciæ Robyn unam togam blodiam;

Item, lego Johannæ Bocher unum *luke* de panno viridi;

Item, lego Aliciæ sorori meæ tres solidos quatuor denarios;

Item, lego Roys fratri meo unam obbam pro vino;

Item, lego Wilhelmo capellano ibidem unam obbam pro vino;

Item, lego cuilibet puerorum meorum unum quarterium hordei et dimidium quarterii frumenti;

Item, lego Johanni Weston duas obbas pro vino;

Item, lego Roberto Roys, "*carpenter*," centum "*lathes*," cum tribus peciis de meremio, ac totum fenum remanens in stabulo dicti Roberti.

Item, lego uxori dicti Roberti optimum par linteaminum, quæ habeo infra Universitatem Oxoniæ;

Item, volo quod, si aliquis puerorum meorum decesserit in hoc tempore pestilentiæ, vel infra annum proxime sequentem, tunc dicta legata eisdem, seu eorum alicui relicta distribuantur pro anima mea, uxoris meæ, ac filiorum filiarumque meorum;

Item, volo quod, si bona post debita soluta legataque satisfacta extendere possunt, [quod] executores mei inveniant unum presbyterum idoneum celebrantem pro anima mea per annum;

Item, do et lego prædicto Johanni Weston tenementum meum, cum pertinentiis, in Oxonia, in parochia Beatæ Mariæ Virginis in vico de "Catstrete," ad vendendum, et pecuniam inde percipiendam pro anima mea, et pro animabus parentium et benefactorum meorum, ad disponendum in operibus caritativis.[1]

A. aa. 101 b. *Item*, do et lego antedicto Johanni Weston tenementum meum cum pertinentiis in parochia S. Ægidii in suburbio Oxoniæ, situatum inter tenementum Ricardi "at Seler" ex parte australi et fundum[2] domini regis ex parte boreali, ad vendendum, et pecuniam inde per-

[1] *caritativa*, MS.

[2] *fundum* is a correction in the MS. by a contemporary hand for *toftum*, which is erased.

cipiendam pro anima mea et pro animabus parentium et benefactorum meorum ad disponendum in operibus caritativis.[1] Residuum vero omnium bonorum meorum superius non legatorum do et lego domino Thomæ Dalton, rectore de Ikford, et Johanni Weston, debitis meis primitus persolutis, et eosdem, dominum Thomam et Johannem, ordino, facio, et constituo meos executores per præsentes, ut ipsi, Deum præ oculis habentes, præsens testamentum fideliter exequantur[2] et compleant cum effectu, et his testibus, domino W. ffecher, capellano, Johanne Caam, bedello, et Ricardo Roys.

Datum die et anno supradictis.

Probatum fuit præsens testamentum coram nobis Magistro Johanne Beek, sacræ theologiæ professore, Commissario generali venerabilis viri Magistri Gilberti Kymere, almæ Universitatis Oxoniæ Cancellarii, et per nos approbatum, pro eodemque legitime pronunciatum et insumatum; commissaque fuit administratio omnium bonorum dictum testamentum concernentium domino Thomæ et Johanni, executoribus infrascriptis, in forma juris juratis et per nos admissis per præsentes, et eos ab ulteriori computatione nobis aut officio nostro cancellariatus facienda dimittimus et acquietamus per præsentes, salvo jure cujuscunque.

Datum vicesimo primo die mensis Junii, anno Domini millesimo quadringentesimo quinquagesimo primo.

Master J. Chepman clears himself from a charge of incontinence.

Decimo die mensis Februarii, anno Domini millesimo quadringentesimo quinquagesimo primo, comparuit coram nobis Magistro Johanne Beek, Commissario generali

A. aa. 102. Feb. 10, 1451. Admitted to compurgation.

[1] *caritativa*, MS.

[2] *exequendum*, MS.

venerabilis viri Magistri Gilberti Kymere, Cancellarii Universitatis Oxoniæ, Magister Johannes Chepman, artium Magister in ecclesia S. Martini, accusatus super crimine fornicationis, quod commisisset cum quadam Elizabetha, serviente Roberti Walford; et[1] proclamatione præhabita in debita juris forma, et nullo contradicente, purgavit se cum personis et nominibus subscriptis, *videlicet*, Magistro Johanne Ward, Magistro Roberto Jurdane, Magistro W. Rede, vicario Beatæ Mariæ Magdalenæ, Magistro Ricardo Tryng, Magistro Nicholao Bay, Magistro Barone, et Philippo Worth; et, quia nullus contradicebat suæ purgationi, Commissarius antedictus præcludebat omnibus ad tunc ulteriorem viam contradicendi seu contra purgationem dicti Magistri Johannis aliquid dicendi.

Robert Harpe-maker finds sureties.

A. aa. 105. June 5, 1452. Robert Harpe-maker promises that he will not further molest Master J. Van.

Decimo quinto die Junii, anno Domini millesimo quadringentesimo quinquagesimo secundo, comparuerunt coram nobis Thomas Blake, de parochia S. Mariæ, Johannes Dyer, ejusdem parochiæ, Stephanus Barbor, de parochia S. Mariæ Magdalenæ, et Robertus Donton, de parochia S. Petri in Oriente; intervenerunt fidejussores pro Roberto "harpe-maker," quod ipse de cetero non vexabit Magistrum Johannem Van, nec aliquem alium servientem Universitatis occasione incarcerationis suæ, nec pro aliqua alia causa terminabili ad infra, sub pœna viginti librarum, Universitati applicandarum [ac incarcerationis et excommunicationis];[2] etiam injunctum est eidem Roberto sub pœna prædicta, vel incarcerationis, quod non intrabit temporibus vel horis suspectis domum Johannæ Fytz-[3]John, et idem Ro-

---

[1] *et* omitted in the MS.

[2] The words in the brackets have been added over the line by a contemporary hand.

[3] *Fyzt*, MS.

bertus Harper promisit personaliter coram Commissario antedicto servare ipsos in hac parte indemnes sub pœna antedicta.

Proclamation.

Memorandum, quod vicesimo sexto die mensis Junii, anno Domini millesimo quadringentesimo quinquagesimo secundo, facta est proclamatio publica in scholis omnium facultatum, sub forma quæ sequitur:— A. aa. 106. June 26, 1452. Whereas certain Benedictine monks, Scholars of Burnell's Inn, refuse to pay their rent to Balliol college, and whereas their goods are under sequestration; *this is to give notice,*

"Cum certa bona diversorum Scholarium, virorum "religiosorum ordinis S. Benedicti, alias occupantium "diversas cameras hospitii vulgariter nuncupati "'Burnellys-ynn,' ad certas summas taxatas ad in- "stantiam Magistri et sociorum Collegii Ballioli, pro "pensionibus earumdem camerarum sibi debitis et "aliis damnis in eodem loco illatis, a festo S. "Andreæ, anno Domini millesimo quadringentesimo "quinquagesimo primo, usque ad festum S. Johan- "nis Baptistæ ultimo elapsum, steterunt et adhuc "stant sequestrata, quas pensiones dicti religiosi, "quanquam ad solvendum per dictos Magistrum et "socios multoties requisiti, nihilominus solvere eis "recusaverunt, et adhuc recusant, in non modicum "præjudicium dictorum Magistri sociorumque suorum "pariter et gravamen; Auctoritate domini Cancel- "larii hujus almæ Universitatis matris nostræ mo- "nemus primo, secundo, et tertio peremptorie dictos "religiosos, et alios quoscunque jus seu interesse in "hujusmodi bonis habentes, quod citra primum diem "mensis Julii proximo futuri dictis Magistro et "sociis pro pensionibus dictarum camerarum et aliis "damnis in eodem loco sibi illatis satisfaciant, aut "pro eis componant cum eisdem; sin autem dicta "bona taliter sequestrata, facta de ipsis taxatione "debita secundum laudabiles consuetudines Universi- "tatis, venditioni publicæ exponentur." that, unless they pay the said rent before the first day of July next, their goods will be sold to defray the same.

Sequestration of the goods of the aforesaid Scholars.

The aforesaid Scholars having refused to pay their rent,

Memorandum, quod nuper diversæ cameræ in hospitio Burnelli, communiter dicto "Burnellys-ynne," ad certas summas taxatæ, per diversos Scholares, viros religiosos ordinis S. Benedicti, diversis terminis diversorum annorum fuerunt occupatæ et inhabitatæ, pro quibus taliter inhabitatis nonnulli prædictorum religiosorum multitoties et frequenter petiti ad satisfaciendum pro pensionibus earumdem, per Magistrum et socios collegii Ballioli dominos ejusdem hospitii, easdem summas ad quas taxabantur solvere recusarunt, et in præsenti recusant; unde, cum iidem viri religiosi dictum hospitium et cameras taliter per ipsos vacuas dimiserunt, dicti Magister et socii, nullum modum invenientes quo dictas suas pensiones obtinere poterant, institerunt penes officium domini Cancellarii ad sequestrandum bona dictorum religiosorum Scholarium dimissa in eodem loco, ut eis inde posset de pensionibus sibi debitis satisfieri: super quo, prout decuit, idem dominus Cancellarius, volens eis in præmissis justitiæ facere complementum, dicta bona in eodem loco sequestravit, inhibendo ne quis sub sententia excommunicationis dictum sequestrum violaret, verum quod, durante hujusmodi sequestro, a festo S. Andreæ, anno Domini millesimo quadringentesimo quinquagesimo primo, usque ad festum Nativitatis S. Johannis Baptistæ, anno Domini millesimo quadringentesimo quinquagesimo secundo, bonisque ipsis incipientibus putrescere ac non modicum deteriorari, dicti Magister et socii penes dictum dominum Cancellarium, secundum consuetudines Universitatis in hujusmodi observari solitas, institerunt quod dicta bona taxarentur per communes taxatores et appreciatores, necnon de post, quod, proclamatione inde facta, exponerentur venditioni, ad effectum quod summas pro

the Master and fellows of Balliol college obtain leave from the Chancellor to sequestrate their effects.

The said effects are now beginning to rot through lapse of time,

dictarum camerarum pensionibus [1] sibi debitis obtinerent, super quo prædictus dominus Cancellarius, vocatis Johanne More, et communibus taxatoribus et appreciatoribus talium rerum in Universitate, ordinavit eos specialiter ad hoc juratos quod bene et fideliter omnia et singula dicta bona taxarent et appreciarent ad verum valorem eorumdem; unde iidem appreciatores bona subscripta in dicto loco reperta et alias, ut præfertur, sequestrata in forma, quæ sequitur, taxaverunt.

wherefore they are ordered to be valued by the appraiser of the University.

The valuation of the aforesaid effects.

Capella.

In primis, tria mappalia depicta, - pretii xij^d^.
Item, sinistrum altare cum asseribus pertinentibus [2] - - - - pretii iv^d^.
Item, duo scabella - - - pretii ij^d^. obolum.
Item, quatuor mappalia depicta ex parte dextri altaris - - - - pretii xviij^d^.
Item, altare dextrum cum asseribus pertinentibus [2] - - - - - - iv^d^.
Item, tres "*ledgesse*" - - - pretii iij^d^.
Item, duo candelabra ferrea - - pretii ij^d^.
Item, quatuor phialæ plumbeæ - pretii vj^d^.
Item, situla plumbea - - - pretii iij^d^.
Item, cista lignea - - - - pretii viij^d^.
Item, unum scamnum sive formula cum asseribus pertinentibus [2] - - pretii iij^s^. iv^d^.
Item, una olla stannea - - - - iv^d^.
Summa Capellæ viij^s^. x^d^. obolum.

---

[1] *pro* is written over the line here in the MS.

[2] This word is a conjecture, the MS. has merely pt.

Coquina.[1]

In primis, tria veruta appreciantur libra ad denarium.

Item, crater ferreus[2] cum patella ferrea -	xx^d^.
Item, duo mortariola - - pretii	xvj^d^.
Item, una vanga - - - pretii	ij^d^.
Item, tres patellæ æneæ - - -	xvj^d^.
Item, tripos ferreus - - -	iv^d^.
Item, tres asseres de ulmo cum uno "*planke*" et tres longæ "*ledgesse*" et duæ curtiores - - pretii	xxij^d^.
Item, senenectorium - - pretii	v^d^.
Item, duæ ollæ æneæ appreciantur libra ad duos denarios.	
Summa coquinæ -	vij^s^. iij^d^.

Aula.

In primis, apparatus aulæ - pretii	xxj^s^ viij^d^.
Item, duo lavacra ænea - - pretii	ij^s^.
Item, tres asseres, non appreciati.	
Summa aulæ -	xiij^s^. viij^d^.

Promptuarium.

In primis, sex cadi.	
Item, tres cadi pro verinsse - -	xx^d^.
Item, una arca et duæ longæ[3] "*buttes*" pro pane - - - -	x^d^.
Item, tria salsaria stannea - -	iij^d^.
Item, tria candelabra ænea - -	iij^d^.
Item, una mappa longa - - -	ij^s^.

[1] *conquina*, MS.
[2] *cratera ferrea*, MS.
[3] This word is a conjecture, the MS. has merely the contraction *lē*.

Item, alia mappa longa - - - ij^s.
Item, alia mappa longa - - - ij[s]. iv[d].
Item, duo longa manitergia - - xviij[d].
Item, alia duo manitergia ejusdem sectæ xiij[d].
Item, alia duo manitergia alterius sectæ xij[d].
Item, aliud manitergium longum - viij[d].
Item, quatuor curta manitergia - - iv[d].
Summa promptuarii xiv[s]. iv[d].
Summa totalis liv[s]. j[d]. *obolum*.

A Trial by a jury of twelve men before the Chancellor of the University.[1]

A. aa. 107. June 25, 1452. T. Calbush summons J. Browne and his wife before the Chancellor for repayment of a loan;

Memorandum, quod anno Domini millesimo quadringentesimo quinquagesimo secundo, vicesimo quinto die mensis Junii, coram nobis Magistro Gilberto Kymere, Cancellario Universitatis Oxoniæ, comparuit Magister Thomas Calbush, artium Magister, et obtinuit decretum de citando Johannem Browne, "*corvysere*," Oxoniæ, et ejus uxorem, super quadam actione mutui commodati seu depositi, ad diem Mercurii proxime ex tunc sequentem: Quo die adveniente, comparuerunt coram nobis in loco nostro præfati Magister Thomas Calbush, Johannes Browne, et uxor ejus, ministrata tandem actione mutui, petendo scilicet ab eisdem decem marcas et sex solidos, fatebatur dictus Magister Thomas coram nobis, adversario præsente, quod suam intentionem probare nequiret, neque de jure civili neque de jure canonico, et sic affectavit dictus Magister Thomas nos eligere [2] viam procedendi secundum statuta et jura regalia, quam viam elegimus secundum nostra privilegia: Tandem præfatus Magister Thomas Calbush de-

but admits that he is unable to prove his case, and therefore prefers to put the defendants on oath,

[1] This title is from the MS., though by a later hand: the process here described does not however appear to bear much resemblance to a trial.—Ed.

[2] *elegere*, MS.

tulit juramentum præfatis Johanni Browne et ejus uxori, ut jurarent ipsi, et alter eorum juraret cum manu duodena vicinorum, secundum limitationem ipsius et nostram, quod non debent, nec alter eorum debet, sibi præfatam summam; qui quidem jussu nostro et sponte receperunt terminum ad sic jurandum die Veneris ex tunc sequente: Quo die adveniente, comparuerunt præfati Johannes Browne et ejus uxor coram nobis, in loco nostro per antea eisdem assignato, cum manu duodena vicinorum, secundum nostram et ipsius limitationem, bonæ famæ, bonæ conversationis, et vitæ laudabilis, habitis juris solemnitatibus in hac parte requisitis et necessariis, vocatoque præfato Magistro Thoma Calbush legitime et citato, nos decrevimus fore procedendum secundum vim, formam, et effectum juramenti delati pro parte dicti Magistri Thomæ Calbush præfatis Johannis Browne et ejus uxori: Qui quidem Johannes et ejus uxor, et alter eorum, juraverunt et juravit coram nobis sedentibus pro tribunali, quod nec illi, nec alter eorum, debebant nec debebat, nec debent nec debet præfato Magistro Thomæ Calbush dictam summam, neque actione mutui neque depositi neque commodati, sex solidis exceptis tantum: ex tunc eorum vicini duodecim jurabant more legali et solito, prout a nobis eis juramentum erat delatum, quorum vicinorum et testium nomina subscribuntur, *videlicet*, Johannes "*of the Crowne*," Radulphus Tayler, Johannes Austyne, Guido Chapelayne, Wilhelmus Core, Wilhelmus Unghulle, Ricardus Stacy, Wilhelmus Howdene, Johannes Mowyere, Thomas Parchyere, Michael Nicoll, Johannes Grace. Omnibus rite peractis, Nos, præfatus Gilbertus Kymere, eosdem et alterutrum eorum ab inquietatione et molestatione per dictum Magistrum Thomam Calbush Johanni Browne et ejus uxori eisdem factis absolvimus, et dicto Magistro Thomæ Calbush perpetuum silentium super præfatis actionibus adversus eosdem et alterum eorum imposuimus et in præsenti imponimus, præsen-

along with twelve of their neighbours, that they do not owe him the sum in question.

This process having been duly performed,

the defendants are acquitted and discharged.

tibus quam plurimis testibus ac viris fidedignis ambarum partium consensu electis et assignatis.

Disturbance of the peace.

A. aa. 106. June 27, 1452. Master R. Denoyty is charged with having carried weapons and gathered bodies of armed men for the purpose of disturbing the peace.

Memorandum, quod anno Domini millesimo quadringentesimo quinquagesimo secundo, vicesimo septimo die Junii, *videlicet* tertio die post adventum nostrum ad Universitatem, comparuerunt nonnullæ personæ honorabiles et fidedignæ coram nobis Gilberto Kymer, Cancellario Universitatis prædictæ, quæ, tactis sacrosanctis, juraverunt quod Magister Ricardus Denoyty per portationem armorum contra statuta Universitatis, per confœderationem et conventiculas factas per eum ac per congregationes armatorum et minas de damno corporali diversis inferendo, immo per malefactorum manutentionem, notorie pacem et tranquillitatem istius Universitatis multoties citra diem Pentecostes ultimo transactum perturbavit; unde decrevimus ipsum de hujusmodi perturbatione convictum: *Insuper*, eædem personæ juraverunt quod, propter maleficia ac suum contemptum et verba opprobriosa dicta Commissario nostro, Magistro Johanni Vanne, decretorum doctori, per eundem jussus adire carceres, contumaciter recusavit.

Robert Smyth abjures the society of Joan Fitz-John.

A. aa. 106 b. June 28, 1452.

Memorandum, quod vicesimo octavo die Junii, anno Domini millesimo quadringentesimo quinquagesimo secundo, Robertus Smyth, *alias* Harpmaker, de "*Candich*," suspectus de adulterio commisso cum Johanna Fytz-[1]John, tapsetricem, morantem in domo angulari lateris orientalis de "*Catstrete*," e regione capellæ Beatæ Mariæ Virginis in "*Smythegate*," abjuravit societatem ejusdem Johannæ, et quod non veniet in

---

[1] *Fyzt*, MS.

aliquem locum ubi ipsa fuerit, nisi in strato publico, mercato, aut ecclesia seu capella, sub pœna quadraginta solidorum sine contradictione Universitati solvendorum.

Disturbance of the peace by armed men.

A. aa. 107.
June 29, 1452.

Several townsmen and a Scholar are summoned before the Chancellor for violence, parading the streets at night, assault and battery, and robbery, for which they are imprisoned.

Vicesimo nono die mensis Junii, coram honorabili viro Magistro Gilberto Kymer, Cancellario Universitatis Oxoniæ, in manso suo "*Coventre's Hall*" vulgariter nominato, per personas certas et diversas in forma juris ad hoc juratas et examinatas, Johannes Pede, scissor, filius . . . Pede, tegulatoris, de parochia Beatæ Mariæ Magdalenæ, et Johannes Matthew, "*fyshmongere,*" filius Matthei Coke, de parochia S. Ægidii, Wilhelmus Ellismere, Scholaris de collegio Glowcestriæ, et Johannes Haws, chirothecarius, de parochia Beatæ Mariæ Magdalenæ, convicti fuerunt de perturbatione pacis, et specialiter quod arma portantes notivagaverunt in vigilia Nativitatis S. Johannis Baptistæ per totam parochiam S. Ægidii et Beatæ Mariæ Magdalenæ, ac etiam verberaverunt quemdam Johannem Lews, laborarium, et surripuerunt cuidam fabro, in parochia Beatæ Mariæ Magdalenæ, unam glenam quam secum circumferebat, propter quod carceribus mancipati sunt. Deinde tamen præfatus Johannes Pede, ad instantiam et mediationem patris sui prædicti, seipsum obligantis in centum solidis Universitati fideliter solvendis, si de cetero prædictus Johannes Pede, filius suus, pacem vel tranquilitatem Universitatis quoquo modo perturbaverit, a carceribus liberatus est, præstito prius juramento de conservando pacem Universitatis.

One of them, a fishmonger, is also accused of having assembled Scholars for the purpose of beating a certain

Insuper detectum erat domino Cancellario quod prædictus Johannes Matthew [1] congregasset Scholares et alios ad verberandum quemdam Johannem Wodestok, scissorem, de parochia S. Mariæ Magdalenæ, ac etiam

[1] *Mathew* throughout in MS.

surripuisset cuidam Mattheo Bath, Scholari de Aula "*Arestotil*," quoddam caputium valoris sex solidorum et octo denariorum, alias injurias sibi inferendo, in vigilia Nativitatis S. Johannis Baptistæ, in hospitio "Georgii," extra portam Borealem: Pro quo quidem Johanne Matthew, decimo die Julii proximo sequente, Wilhelmus Gylle et Stephanus Lucas, "*pewterere*," intervenerunt fidejussores in decem libris Universitati sine contradictione vel dilatione conferendis, si dictus Johannes Matthew quoquo modo in posterum pacem vel tranquilitatem Universitatis perturbaverit: prædictus etiam Wilhelmus Gylle seipsum obligavit in sex solidis et octo denariis ad respondendum Mattheo Bath prædicto in causa subtractionis et surreptionis unius caputii prædicti, per præfatum Johannem Matthew ut prætensum est. Et ita, tactis sacrosanctis, ad pacem Universitatis prædictæ servandam sæpedictus Johannes Matthew juratus, solutis per eum quatuor solidis Universitati in pœnam percussionis cum pugno, a carceribus extitit liberatus.

tailor, also of having robbed a Scholar of his hood: He finds sureties for his future good conduct, and is liberated on payment of a fine.

Certificate by the Chancellor of the adjudication of a foregoing claim.

A. aa. 108. July 1, 1452.

Universis sanctæ matris ecclesiæ filiis præsentes literas inspecturis, Gilbertus Kymere, Doctor in medicina, Universitatis Oxoniæ Cancellarius, ac ecclesiæ cathedralis Sarum: Decanus, salutem in Eo qui est omnium vera Salus:

Quia pium et meritorium est veritati testimonium perhibere, ut veritas elucescat et dubitantibus hæsitandi materia subtrahatur, hinc est quod Universitati prædictæ innotescimus per præsentes quod, cum Magister Thomas Calbush, Scholaris, in Universitate Oxoniæ moram faciens, quosdam Sibillam Browne et Johannem Browne, maritum ejus, de parochia S. Michaelis ad portam borealem, nostræ jurisdictioni subditos, et subjectos eidem, obnoxios in decem marcis sterlingorum

We hereby certify all whom it may concern, that Sibilla Browne and her husband J. Browne, having submitted to take the oath required by T. Calbush, were thereupon acquitted by us of the charge preferred against them by the said T. Calbush.

ratione mutui eidem Sibillæ per ipsum Magistrum Thomam dati prætendens, convenisset, nullamque speciem probationis in dicta sua petitione contra eosdem Sibillam et Johannem dictum prætensum debitum negantes coram nobis produxisset, tandem omni genere probationum destitutus dictæ Sibillæ sic, ut præmittitur, neganti petitionem suam, præfatus Magister Thomas sub hac forma detulit jusjurandum, *videlicet*, quod, si prædicta Sibilla juraret, una cum duodecim viris vicinorum suorum, assignandorum per præfatum Magistrum Thomam, se nullam debere eidem pecuniam, præfatæ Sibillæ et ejus marito dictas decem marcas per ipsum petitas prorsus remitteret, et ipsos super eisdem amodo nunquam inquietaret: Ad quod quidem jusjurandum sic delatum dicta Sibilla una cum marito suo suum præbuit consensum, posteaque dicta mulier, una cum dictis duodecim viris per prædictum Magistrum Thomam assignatis et nostra auctoritate ad hoc monitis, certis die et loco a nobis præfixis, in præsentia procuratoris dicti Magistri Thomæ comparuit, ac primo ipsa Sibilla, tactis sacris, jurata et examinata super veritate, an dictam summam decem marcarum eidem Magistro Thomæ debuit, constanter negavit, deinde prædicti duodecim viri jurati, et examinati per se singillatim, asseruerunt ipsam Sibillam verum præstitisse juramentum. *Nos igitur*, attendentes præfatum Magistrum Thomam nullo modo probare potuisse intentionem suam, dictamque Sibillam formam delati juramenti debite et rite observasse et perimplevisse, ipsam et ejus maritum ab impetitione ejusdem Magistri Thomæ super dictis decem marcis in perpetuum duximus absolvendos: In quorum omnium et singulorum fidem et testimonium eisdem Sibillæ et Johanni has literas nostras testimoniales fieri fecimus sigilli nostri officii appensione munitas.

Datum Oxoniæ in mansione nostra, primo die mensis Julii, anno Domini millesimo quadringentesimo quinquagesimo secundo.

Arbitration of a quarrel.

Memorandum, quod vicesimo primo die mensis Julii, anno Domini supradicto, Thomas Condale, serviens collegii Beatæ Mariæ Wynton: in Oxonia, et Johannes Morys, "*tayler*," villæ Oxoniæ, mutuo consensu et assensu nominaverunt et elegerunt Magistrum Robertum Mason, legum doctorem, in arbitrum et amicabilem compositorem sua sententia ad terminandum et ad definiendum omnes lites, controversias, et causas quascunque, undecunque traxerint originem suam, ex contractu vel quasi, vel ex maleficio vel quasi, citra festum S. Petri quod dicitur "ad vincula" ex tunc proximum sequens: promiserunt insuper stare laudo et arbitrio ejusdem Magistri Roberti in alto et in basso, sub pœna centum solidorum, quam pœnam eorum unusquisque ab altero promittente solemniter stipulatus est, in casu quod non sit dicti arbitri sive amicabilis compositoris sententiæ sive laudo paritum, ut nonparens sententiæ in pœnam dictæ stipulationis incidat, parti parenti effectualiter solvendam; et, ad omnia supradicta fideliter servanda, partes se juramento hinc inde præstito astrinxerunt: unde, vicesimo septimo die mensis ejusdem, plenius discussis meritis negotiorum, causarum, litium, et controversiorum pendentium inter Thomam et Johannem supradictos, idem Magister Robertus, arbiter et amicabilis compositor præassumptus pro damnis, injuriis, molestiis, gravaminibus, transgressionibus, et contractibus quibuscunque, dictum Johannem Morys, "*tayler*" in viginti denariis condemnavit per sententiam, solvendis[1] prædicto Thomæ Condale sub pœna compromissi citra festum S. Petri quod dicitur "ad vincula" ex tunc proximo sequens; et, ut hæc sententia foret finis dissensionis et vinculum caritatis inter eosdem in posterum observandæ, idem

A. aa. 109. July 21, 1452. Thomas Condale, a servant of New College, and John Morys, a tailor, agree to refer their dispute to the arbitration of Master R. Mason, doctor of laws,

under a penalty of one hundred shillings, to be paid by the party refusing to abide by the said arbitration to the party content therewith;

and the arbitrator condemns John Morys to pay to Thomas Condale twenty pence, and

[1] *solvendam*, MS.

requires that the two parties shall, as an earnest of their mutual good will for the future, invite their neighbours, and, at their joint charges, provide two gallons of ale for their entertainment.

arbiter decrevit quod dictus Thomas vel ejus uxor, et dictus Johannes, vicinos eorum præsentes in tempore latæ sententiæ vocarent ad commune solatium, et ex mutuis sumptibus duas lagenas bonæ cerevisiæ darent eisdem in eodem die post nonam, quam sententiam uterque compromittentium palam et expresse homologavit, confirmavit, et acceptam habuit, præsentibus tunc ibidem W. Lothingtone, sutore, Nicholao Downe, "*sedelere*," Galfrido Bowier, W. Core, "*taverner*," W. Angle, "*brewer*," Stephano, "*pewtrer*," testibus ad præmissa vocatis specialiter et rogatis.

The last Will and Testament of Master Thomas Bray.

A. aa. 112.
Sept. 12, 1452.

In Dei nomine, Amen ; Ego, Magister Thomas Bray, capellanus artiumque Magister, duodecimo die Septembris, anno Domini millesimo quadringentesimo quinquagesimo secundo, compos mentis sanæque memoriæ, *condo meum testamentum in hunc modum ; Inprimis,* do et lego et commendo animam meam Deo omnipotenti precibusque Beatæ Virginis Mariæ necnon omnium Sanctorum, corpusque meum sepeliendum in cœmeterio Sanctorum Apostolorum Petri et Pauli ecclesiæ in oriente Oxoniæ: *Insuper,* do et lego carissimis meis parentibus omnia mea vestimenta lectualia cum mappis atque manitergiis, excepto[1] uno novo et longissimo, quod do et lego domino Roberto Maunsell ;

Item, lego matri meæ optimam meam togam cum caputio eidem congruente ;

Item, lego meum regentiæ habitum, capam scilicet cum caputio, domino Thomæ Lee, in artibus bachilario ;

Item, lego domino Johanni Grene, in artibus similiter bachilario, collobium cum caputiis eidem correspondentibus ;

---

[1] *excepte,* MS.

Insuper, lego Johanni fratri meo arcum unum cum duodecim sagittis;

Item, Wilhelmo fratri meo optimam meam diploidem.

Ulterius, do et [lego] [1] Mauricio Gayner, si iterum ad Universitatem venerit expectaturus, mantellum meum album;

Item, lego domino Roberto Maunsell unum arcum, quem usui sibi tradidi: Residuum vero bonorum meorum hic non legatorum do et lego dispositioni Magistri Johannis Thamyse, in sacra theologia bacularii, ac domini Johannis Threme, capellani, quos ordino et constituo in meos fideles executores, ut ipsi, Deum præ oculis habentes, eadem disponant atque dividant prout sanctius et salubrius animæ meæ ipsis eisdem videatur expedire; His testibus, Magistro Nicholao Lethnathe, artium Magistro, domino Roberto Maunsell, capellano, et Henrico Lagharne, cum aliis.

Probatum est præsens testamentum, decimo tertio die mensis Septembris, coram nobis Magistro Johanne Beek, Commissario generali venerabilis viri Magistri Gilberti Kymer, Cancellarii Universitatis Oxoniæ, ac legitime probatum, insumatum, et pronunciatum pro eodem; commissaque est administratio bonorum executoribus subscriptis nominatis in forma juris juratis, et eos [2] ab ulteriori computo nobis aut officio nostro cancellariatus faciendo dimittimus et acquietamus per præsentes. *Datum die et anno supradictis.*

The last Will and Testament of Richard Browne alias *Cordone, Archdeacon of Rochester, &c.*

Summi Altithroni nomine sacratissimo et ineffabili, A. aa. 117.
quod est tetragrammaton, primitus invocato, octavo Oct. 8, 1452.

[1] Omitted in the MS.

[2] *eum*, MS.

die mensis Octobris, anno Domini millesimo quadringentesimo quinquagesimo secundo, regni regis Henrici sexti post conquestum tricesimo, in domo habitationis mei Ricardi Cordone in "Silverstrete," *ego*, Ricardus Browne, vulgariter tamen appellatus cognomine Cordone, Archidiaconus Roffensis, legum doctor, canonicus ecclesiarum cathedralium Eboracensis, Wellensis, Assavensis, dudumque, tempore Martini Papæ quarti, consistorii apostolici et curiæ Cantuariensis "de arcubus" actualiter advocatus, compos mentis corpore tamen insanus, *condo, facio, ordino meum testamentum et supremam voluntatem meam sub modis et forma quæ sequuntur; In primis,* do et lego animam meam omnipotenti Deo Creatori et Salvatori meo, Beatissimæque Virgini Mariæ genitrici Unigeniti Filii Dei, et universali choro omnium Sanctorum, corpusque meum ad sepeliendum ut sequitur; Si enim me diem claudere supremum seu mori contingat in civitate Londonio vel prope, tunc in porticu ecclesiæ S. Dunstani in occidente, vel extra porticum sive introitum dictæ ecclesiæ sub divo, si infra fieri non potest, prope patrem meum dudum in dicta parochia artis latonariæ, et ibidem sepultum, cum superpositione unius lapidis plani marmorei, sculpti cum epitaphio infrascripto, ad decorem dicti loci, levibus tamen expensis et sine pompa[1] volo:

Si vero infra diœcesem Roffensem me obire contingat, tunc ordino corpus meum in cancello ecclesiæ parochialis de Longfeld, Roffensis diœcesis, ex opposito summi altaris, cum superpositione similis lapidis et epitaphio prædicto funerandum: Si vero infra civitatem Roffensem me mori contingat, tunc volo corpus meum sepeliri in cancello Beatæ Mariæ Virginis infra ecclesiam conventualem et cathedralem Beati Andreæ Roffensis, ad pedes domini Ricardi Yonge, quondam episcopi Roffensis, et primi promotoris mei, cum superpositione lapidis et

[1] The words *corpus meum sepeliri* seem to be omitted here.—Ed.

epitaphio prædicto: Et si me mori infra civitatem Eboracum contingat, tunc modo et forma prædictis, si fieri possit, infra ecclesiam cathedralem Eboraci loco canones sepeliri consueto, corpus meum tumulari ordino: Et si me mori contingat infra parochiam de Bugthorpe præbendæ meæ Eboracensis, tunc volo corpus meum sepeliri in cancello ecclesiæ parochialis præbendæ meæ prædictæ, cum lapide et epitaphio similibus superponendis:

Si vero in civitate sive villa Wellensi me mori contigerit, vel prope, tunc eligo meam sepulturam in loco ubi sacerdos diebus dominicis in processione fundit preces stando ibidem, cum . . [1] et lapide ac ceteris præmissis ibidem faciendis: Et si in Universitate Oxoniæ . . . [1] [e]veniat, tunc volo locum sepulturæ meæ esse in introitu januæ ecclesiæ . . . . . .[1] versus austrum orientaliter in cœmeterio prædictæ ecclesiæ, ad terendum . . . . [1] [p]edibus hominum post mortem putridum corpus meum, quod in vita . . . . [1] [multi]fariam superbuit: Si enim extra civitates vel loca prædicta, infra tamen . . . . . .[1] [me] mori contingat, tunc volo corpus meum deferri cum duobus . . . .[1] ciis lucentibus tantum, ut sepeliatur corpus meum in aliquo prædictorum . . . . . [1] locum mortis meæ:

Item, volo quod statim postquam corpus meum traditum fuerit Christianæ sepulturæ, postpositis omnibus aliis negotiis præter funeralia, debita mea omnino, præsertim infrascripta, persolvantur: *In primis,* quia conscientiam habeo de eo quod minus expendi in Romana curia super impetratione cujusdam gratiæ ad incompatibilia pro domino Nicholao Capronum, quondam rectore de Wytesham, Cantuariensis diœcesis, volo quod quinque marcæ de bonis meis distribuantur, pro anima dicti domini Nicholai jam defuncti, per

[1] The corner of the folio in the MS. has been torn off.

A. aa. 118. manus executorum meorum Londonii et in Cantia commorantium, in pios usus pauperum parochianorum ecclesiæ parochialis suæ de Wyttesham, Cantuariensis diœcesis, quæ distat per quatuordecim milliaria de Horsmundene, Roffensis diœcesis, transeundo per Gontheherst, et est in quadam insula prope "le Mersshe," ubi ultimo degebat et mortuus est dictus dominus Nicholaus, ac etiam in usus pauperum consanguineorum ejusdem Nicholai:

Item, lego et volo quinque marcas de bonis meis distribuendas inter pauperes parochianos ecclesiæ parochialis de Newchurche, cujus rector quondam fui, in "Rumney-mersshe," quia[1] tantum ibidem distribuendum, ut recordor dudum, injunctum fuit mihi ex causa in confessione, usque modo omissum, ideo reor hoc, ut verum esset, debitum. *Item*, lego eidem ecclesiæ de Newchurche quadraginta solidos, ad comparandum duo candelabra de latone ponenda in cancello ecclesiæ prædictæ:

Item, volo quod cetera debita mea, si quæ supersint tempore mortis meæ, *videlicet*, pro pensionibus domorum Londonii, Welliæ, aut Oxoniæ, et pro petris liberis Welliæ, apud magistrum fabricæ, aut servientibus Londonii, solvantur ante omnia:

Item, volo quod si in Universitate Oxonia aut aliqua civitatum prædictarum, *videlicet*, Londonii, Welliæ, Eboraci, Roffiæ, aut prope dicta loca, ad decem milliaria vel infra, me mori contingat, quod tunc quilibet ordo fratrum, existentium in loco sepulturæ meæ, habeat de bonis meis existentibus infra diœcesem illam, per executores meos infra diœcesem illam existentes, unum nobile pro labore missarum et aliorum suffragiorum, pro salute amimæ meæ et omnium fidelium defunctorum, dicendorum:

Item, volo, quia in civitate et villa Roffensi ac

---

[1] *qui*, MS.

Wellensi nunc habentur dictorum quatuor ordines, [volo,] si in aliquo dictorum locorum me sepeliri contingat, tot nobilia, de bonis meis prodeuntia, distribuenda, ut sequitur, inter pauperes sacerdotes et sæculares ac curatos, et alios Christi pauperes ibidem commorantes, per bonorum meorum infra diœcesem illam executores distribuendos, tredecim solidos octo denarios; et, si ibidem me sepeliri non contingat, lego inter monachos ecclesiæ cathedralis Roffensis sex solidos octo denarios, et inter fratres de Ayleford, Roffensis diœcesis, alios sex solidos octo denarios, ad orandum pro anima mea:

Item, lego rectori de Longefeld, ad celebrandum pro anima mea in ecclesia de Longfeld post mortem meam per unum mensem continuum, excepto impedimento infirmitatis, viginti solidos:

Item, si me mori contingat Welliæ, ac ibidem sepeliri, tunc volo quod intersint in choro ecclesiæ cathedralis prædictæ diebus obitus, mentionario, et anniversario meo,[1] primo anno post mortem meam, omnes et singuli canonici, vicarii, choristæ, cantistæ, et clerici dictæ ecclesiæ cathedralis exequiis et missis celebrandis in crastino; et quod temporibus illorum suffragiorum in choro, saltem ab inceptione antiphonæ "*Dirige*," quilibet eorum expectet usque in finem totius servitii, et quod quilibet, saltem cum socio aut per se, dicat dictas exequias de cero, et, si est sacerdos, missam in crastino pro salute animæ meæ et salute animarum parentium et benefactorum meorum; et tunc volo quod quilibet canonicus vel vicarius sacerdos dictæ ecclesiæ cathedralis Wellensis sic exequias in nocte obitus mei de cero, et, qui est sacerdos, missam in crastino celebraverit, habeat pro exequiis in nocte octo denarios, et pro missa in die alios octo denarios, et, pro suffragiis in sepultura, quilibet duos denarios; et quod quilibet alius

[1] *meorum*, MS.

non-sacerdos habeat pro exequiis et missa ac sepultura tredecim denarios, *videlicet,* pro exequiis in nocte sex denarios, et pro missa in die sex denarios, et pro sepultura unum denarium, si intersint, alias non, et hoc de bonis meis existentibus Welliæ:

Item, volo quod sacerdotes in collegio Motrey Welliæ habeant pro exequiis de nocte et missa in crastino dicenda per quemlibet sacerdotem sex solidos octo denarios æqualiter inter eos dividendos, una vice tantum:

Item, volo quod prior et confratres sui de S. Johanne Welliæ, dicentes consimiliter exequias de nocte et missam de mane,
A. aa. 118 b. habeant[1] sex solidos octo denarios:

Item, volo quod sacerdotes et pauperes hospitalis Welliæ dicant suffragia præmissa, et quod habeant sex solidos octo denarios:

Item, volo quod inter capellanos celebrantes in ecclesia parochiali S. Cuthberti, dicentes prædicta suffragia, distribuantur quadraginta denarii, et quod quilibet sacerdos dicat missam in crastino pro anima mea, et quod quilibet clericus interessens missis et exequiis prædictis habeat duos denarios, et quod inter alios pauperes dictæ villæ Welliæ distribuantur per æquales portiones viginti solidi, et hæc omnia fieri volo Welliæ a notitia mortis meæ, et etiam de bonis meis existentibus Welliæ in manibus communarii[2] aut alterius cujuscunque: reliquas expensas funerales fiendas relinquo discretioni executorum meorum ubi me sepeliri contingat, dummodo non fiant nimis superstitiose, pompose, aut voluptuose, et quod major pars executorum meorum circa distributionem præmissarum consentiat:

Item, volo quod si extra Welliam me mori contingat,
A. aa. 119. *videlicet,* Londonii, Eboraci, Roffiæ, Longefeld, quod tunc singuli sacerdotes, exequiis et missæ sepulturæ meæ interessentes, habeant octo denarios, et singuli

---

[1] *et quod habeant,* MS. | [2] *comminarii,* MS.

clerici ecclesiarum parochialium interessentes duos denarios, et fratres ac alii portionem eorum, ut supradictum est; et inter Christi pauperes per executores illius loci et diœcesis, ubi me sepeliri contingat extra Welliam, viginti solidos, ut præmittitur, distribuendos:

Item, volo quod duo sacerdotes studentes Oxoniæ in Universitate ibidem, eligendi per executores meos commorantes Oxoniæ, habeant, ad celebrandum ibidem in Universitate prædicta pro anima mea et animabus parentium et benefactorum meorum et omnium fidelium, per unum annum continuum post mortem meam, quilibet eorum decem marcas, et celebrabit unus eorum "trentale" Beati Gregorii Papæ, in ecclesia Beatæ Virginis in Universitate prædicta, pro anima mea et omnium fidelium defunctorum: et pro exhibitione ac usu vestium altaris, ac pro pane uno et lumine et uno clerico ad deserviendum sacerdoti concordabunt executores mei Oxoniæ cum sacerdote, si tale onus in se suscipere velit, alioquin cum volentibus[1] interesse, et volo quod ille sacerdos pro me celebraturus non sit curatus stipendiarius alibi aut collegiatus, et simpliciter nullo modo promotus. Alius vero sacerdos celebrabit in ecclesia S. Petri ad altare in capella Beatæ Virginis per annum continuo post mortem meam simile "trentale" Beati Gregorii pro anima mea et matris meæ Johannæ, cum suffragiis ad hoc pertinere consuetis. Et hos duos sacerdotes Oxoniæ celebrantes, ut præfertur, volo sic inveniri de bonis meis existentibus Oxoniæ, ubicunque me sepeliri contingat; et volo quod unus illorum sacerdotum sit de Anglia oriundus, et alius de Hibernia Anglicæ nationis, videlicet, de Lagenia vel media:

Item, volo quod uno anno continuo post mortem meam sit unus devotus sacerdos celebrans in ecclesia

---

[1] *habentibus* is the reading of the MS., I have ventured to alter the text to *volentibus*, which, apparently, is the word wanted.—Ed.

parochiali de Longefeld, Roffensis diœcesis, pro me et animabus parentium ac benefactorum meorum, et pro animabus Magistri Ricardi Yonge bonæ memoriæ, quondam episcopi Roffensis, et Ricardi Monteyne capellani sui, sive me ibidem sepeliri contingat sive non; et volo quod ille sacerdos sic celebrans habeat, pro se et clerico suo, decem marcas, sex solidos, et octo denarios, pro uno pane et aliis[1] quadraginta denarios: Et si me contingat sepeliri in ecclesia cathedrali Roffensi, tunc do et lego monacho, eligendo per Priorem et executores ad celebrandum "de requiem" singulis diebus in capella sepulturæ meæ ibidem, centum solidos, medium applicandum in usum[2] dicti monachi de consensu Prioris, et aliud medium in usum reparationis ecclesiæ cathedralis Roffensis antedictæ, juxta arbitrium Prioris antedicti et executorum meorum:

Item, lego Johanni Bokeland, quondam vicario chorali Wellensi, jam conjugato, meam togam longam.

Item, do et lego Ricardo Willesdonum[3] quondam
A. aa. 119 b. servitori meo, jam conjugato, commoranti in parochia S. Mariæ Oterey, diœcesis Exoniæ, unam togam longam meam de blodio foderatam furratura vulpium "*de Iseland*," et existentem Welliæ:

Item, volo quod ceteræ togæ meæ de fino panno "*engrayned*," ubicunque fuerint, cum foderaturis et liniaturis vendantur pro executione ultimæ voluntatis meæ:

Item, volo quod omnes libri mei non donati aut legati, ac cetera bona mea, sive sint argenti sive deaurata, vel utensilia seu suppellectilia mea pro domibus, cameris, capellis, ac mensis, coquinis, quocunque locorum existant, exceptis iis quæ certis personis aut incertis, vel in alios usus, deputavi, seu in hoc testamento meo deputabo, legavi vel in posterum legabo, [quod] simi-

---

[1] There is again apparently some error here.

[2] *usu*, MS.

[3] *Willesdon?*

liter vendantur, et in pios usus pauperum distribuantur.

Item, do et lego Waltero Manby, clerico registri mei in archidiaconatu meo Roffensi, ad adjuvandum eum transire ad scholas Oxoniæ, et aliter non, viginti solidos:

Item, lego eidem Waltero unum coöpertorium Flaundrense cum floribus existens Welliæ, ac unum par linteaminum:

Item, do et lego Magistro Roberto Hereford unum parvum scyphum meum deauratum cum coöpertorio ejusdem, in una capsula de corio positum, et parvam zonam deauratam et foderaturam meam de martreno in toga mea de viridi lira:

Item, do et lego, ad orandum pro anima mea, domino Ricardo Middletone, capellano, commoranti apud Southflet, Roffensis diœcesis, unam togam de scarleto foderatam, cum caputio de scarleto, sed foderaturam de "*menevere*" ejusdem caputii volo vendi per executores meos pro executione ulterioris voluntatis meæ:

Item, do et lego domino Johanni Gaylard, celebranti in "Greschurchstret" Londonii, unum librum vocatum "*Zoacherium*:"

Item, do et lego Magistro Johanni Beke, sacræ theologiæ professori, Rectori collegii Lincoln: Oxoniæ, unum "*pelowe*" de opere Flaundrensi, et unam togam viridem longam, cum tabardo et caputio ejusdem coloris, foderato cum "*menevere*:"

Item, do et lego Magistro Wilhelmo Strete unum pennare meum cum incausterio de opere Parisiensi, pendentem in studio meo Oxoniæ:

Item, do et lego Magistro Johanni Segefeld unam longam togam de violet "*ingrayne*" foderatam cum "*putys*," et caputium ad eandem foderatam cum "*menevere*," una cum habitu pro doctore juris civilis de panno similis coloris:

Item, do et lego Magistro Henrico Morecote, socio

ejusdem collegii Lincoln: unam longam togam de "*sadde medle*" foderatam cum nigris pellibus agninis hibernicis, cum caputio ejusdem panni duplicato, ut oret pro me:

Item, volo quod ubicunque me mori contingat, [quod] a die obitus mei currentis (*sic*) die notitiæ celebrentur exequiæ meæ in dicto collegio per socios et alios præsentes in eodem, et quod habeant in communi, pro una pietancia in prandio et cœna, quadraginta denarios pro illo die, et quod quilibet sacerdos de sociis ejusdem collegii interessens exequiis et missæ prædictis, et dicens missam in dicto collegio vel in ecclesia Omnium Sanctorum Oxoniæ orando pro anima mea, habeat quatuor denarios, et quilibet clericus expectans in collegio, interessens ibidem exequiis et missæ prædictis, habeat unum denarium; et quilibet pauper veniens ad portam illo die, masculus vel femina, habeat de pane vel prandio ad valorem oboli, vel obolum in pecunia, et hoc usque ad summam undeviginti denariorum:

Item, do et lego, ad usum librariæ ejusdem collegii, unum librum meum novum, scriptum in "*velyme*," continentem diversos tractatus Lincolniæ:

Item, do et lego vicario et custodibus bonorum ecclesiæ parochialis de Naas in Hibernia, Diœcesis Darensis, ad usum perpetuum pauperum scholarium ad
A. aa. 120 a. dictam villam undecunque confluentium, et ut pro perpetuo stent et maneant catenati infra dictam ecclesiam in loco competenti et magis luminoso, expensis meis, libros infrascriptos; *inprimis*, unam partem bibliæ de veteri litera existentem in studio meo Oxoniæ:

Item, unum "*Catholicon*," secundo folio, "*item scias quod producit*," manentem in manibus Johannis Bokebyndere Oxoniæ, soluto prius per executores meos pro ligatura et luminatura ejusdem libri, prout in indenturis inter me et ipsum factis plenius continetur:

Item, lego eidem ecclesiæ de Naas viginti quaternos,

in papiro scriptos, de sermonibus *Jordani* [1] "*de temporali et Sanctorum*:"

Item, volo quod executores mei existentes Londonii vel in Cantia, liberent et transmittant Magistro Thomæ Walsh, commoranti Dubliniæ, si superstes fuerit, alioquin Majori Dubliniæ, cuicunque pro tempore mortis meæ existenti, de bonis meis existentibus Londonii, ad celebrandum apud Naas prædictam pro anima mea et animabus parentium et benefactorum meorum, viginti marcas:

Item, do et lego duabus domibus fratrum in dicta villa de Naas existentium, ad æqualiter distribuendum inter eas, sex solidos octo denarios, et quatuor libros sermonum, scriptorum in papiro et pergameno, existentes Welliæ infra describendos, *videlicet*, unicuique domui duos libros, ad perpetuo remanendum in dictis domibus fratrum, ut orent pro me:

Item, do et lego fratri David Carrewe [2] ordinis fratrum Minorum, Magistro in theologia, sex solidos octo denarios:

Item, do et lego librariæ Wellensi, ad manendum in eadem libraria, "Petrum de Crescentiis" et alios duos libros, *videlicet* "Jeronymum [3] in Epistolas," et "Lathbury super Threnis," ad standum in ecclesia in capsis ligneis, prout ordinavi:

Item, do et lego cuilibet executorum meorum, qui in se onus administrationis executionis hujus testamenti susceperit, et non aliter, quadraginta solidos et quatuor virgatas panni nigri pro toga et caputio, pretium cujuslibet virgatæ duo solidi sex denarii, ac omnes et omnimodas expensas quas fecerint, vel alter eorum fecerit, post mortem meam, in negotiis prosequendis, defendendis, et exequendis; et ad hanc voluntatem

---

[1] *Jordanio.* MS. This name in the MS. has the *o* marked beneath as spurious, and *a* written over instead.

[2] Or *Carreve*, MS.

[3] *Jerononium*, MS.

meam fideliter exequendam ordino, facio, et constituo meos veros et indubitatos executores infrascriptos; *videlicet*, pro bonis meis administrandis, quæ sunt Londonii vel in comitatu Eboracensi seu in Cantia, vel in diœcesi Assavensi, Magistrum Robertum Hereforde, officialem meum, Magistrum Wilhelmum Bryane, dominum Henricum Walffrey, celebrantem in ecclesia parochiali S. Michaelis Wodestret Londonii, dominum Wilhelmum Marshall, rectorem ecclesiæ S. Olavi in Silverstret, et Johannem Pye, stationarium, Londonii; et, pro bonis meis ministrandis seu exequendis, quæ sunt Oxoniæ, Magistrum Johannem Beek supradictum, et Magistrum Johannem Segefeld, socium dicti collegii Lincoln; et pro bonis meis administrandis et exequendis quæ sunt Welliæ, Magistrum Johannem Stokes, dominum Johannem Pedwell, communarium[1] ecclesiæ cathedralis Wellensis, dominum Thomam Chewe, subthesaurarium ibidem: et volo quod executores mei prædicti jurent coram ordinario, ad quem insumatio et approbatio præsentis testamenti habet pertinere, ultra solitum juramentum de fideliter administrando, &c., quod quilibet eorum coram prædicto ordinario juret, quod absque consensu sociorum suorum coëxecutorum, seu saltem majoris et sanioris partis eorundem, et præsertim absque consensu Magistri Roberti Hereforde, officiarii mei, nihil de bonis meis administret seu alienet, sicut ante mortem meam coram Magistro W. Bryan, notario publico, juraverunt; et quod ipsi executores manentes Welliæ non intromittant se cum bonis meis administrandis quæ sunt Oxoniæ, Londonii, vel alibi, et quod simili modo executores mei commorantes Londonii vel Oxoniæ non intromittant se de bonis meis Welliæ, nec alteruter eorumdem, nisi de bonis in suis locis apud eos manentibus, et quod omnes executores mei prædicti conveniant simul

[1] *comminarium*, MS.

pro approbatione et insumatione præsentis testamenti mei coram ordinario, ad quem pertinet approbatio sive insumatio:

Præterea, lego fraternitati pauperum presbyterum S. Johannis apostoli et evangelistæ de Pappey Londonii, sex solidos octo denarios:

Item, lego rectori et custodibus S. Olavi in Silverstret Londonii, ad unam legendam comparandam in dicta ecclesia permansuram perpetuo, tredecim solidos quatuor denarios:

Item, lego Wilhelmo Pater-noster, servienti meo, A. aa. 120 b. vadia viginti solidos quadraginta denarios, et collobium meum blodii coloris, et togam meam viridem de lira foderatam cum "*oterys*," una cum caputio, et unam togam nigram de novo panno, sicut executores mei habent, si me mori contingat ante festum Natalis Domini:

Item, lego ecclesiæ meæ præbendæ de Bugthorpe duas tunicas, unam capam de blodio serico, secundum sectam pannorum, altari ejusdem ecclesiæ alias per me datam:

Item, lego vicario moderno dictæ ecclesiæ de Bugthorpe tres virgatas panni [1] coloris pro toga et caputio, pretium virgatæ triginta denarii:

Item, lego pauperibus monialibus de Kellourne quadraginta denarios:

Item, lego David Conell unum vetus corpus juris civilis, videlicet "*Digestum vetus*," secundo folio ——:[2]

Item, lego eidem David unum librum *Decretalium*, *secundo folio* ——:

Item, lego eidem David unum librum noviter ligatum,

---

[1] The colour is not specified.

[2] Neither in the case of this book, nor of those afterwards mentioned in this will, with one exception, are the initial words of the second folio mentioned: in this instance, but in this only, a blank space occurs in the MS. where the words should have been written.

coöpertum corio rubeo, continentem "*Sextum*" et "*Clementinas*," cum certis lecturis, secundo folio——:

Item, lego eidem David codicem, digestum novum, digestum Fortiati pro usu studio[1] suo per quinquennium, et postea libri prædicti ponantur in cista mea Oxoniæ in ecclesia S. Petri, ad usum quem statui:

Item, lego eidem David unam togam viridem longam de lira, cum caputio duplicato pertinentem ad eandem, et viginti solidos in pecunia numerata; sed foderaturam togæ volo quod Wilhelmus Pater-noster habeat; Residuum vero omnium bonorum meorum, quæ in inventariis meis scribuntur aut alibi infra loca prædicta administrationum suarum reperiuntur, prius non legatorum aut per me in vita non donatorum aut dispositorum, post debita et legata mea soluta, volo quod ipsi executores mei sic, ut præfertur, disponant in locis suis prædictis de bonis apud eos manentibus, sicut coram summo Judice respondere velint, *proviso semper*, quod se non intromittant de bonis meis per me in vita mea ordinatis communi librariæ Londoniæ, aut librariæ Universitatis Oxoniæ, seu librariæ Welliæ aut ecclesiæ Wellensi, aut de cista mea stante in ecclesia S. Petri in oriente Oxoniæ, aut ecclesiæ S. Dunstani in occidente Londonii, in cujus rei testimonium sigillum archidiaconatus mei Roffensis huic testamento meo, meam ultimam voluntatem continenti, appono, et manu propria me subscribo.

Datum Londonii, die et anno Domini supradictis.

Præterea, volo quod quidam liber *Hugonis de Vienna super libris Regum usque Job*, quem habet Matthæus scriptor meus Oxoniæ pro una copia, restituatur monasterio Glastoniensi, restituto tamen chirographo, qui ibi habetur, super receptione ejusdem libri:

Item, volo quod unus liber Clementinarum, cum doctoribus suis Johanne Rasselino, Wilhelmo Paulo, restitua-

[1] *studio* repeated in the MS.

tur librariæ ecclesiæ cathedralis Wellensis, quem habet ad copiandum Magister de Solerkall, Teutonicus Oxoniæ; alios libros habent Magistri Johannes Segefeld et Shirbourne de collegio Lincoln: Oxoniæ, et unus de "Greke Hall," prout patet in scriptis indenturis positis in "*le tylle*" in studio meo Oxoniæ:

Item, habeo alios duos libros Welliæ de libraria Welliæ, prout patet per indenturas inter Magistrum Johannem Pedirtone et me confectos, quos volo restitui ad librariam prædictam:

Item, sunt diversi libri in quodam magno sacco in domo interiori thesaurariæ Welliæ pertinentes ad librariam Wellensem:

Item, do et lego episcopo Roffensi librum *Augustini*, continentem diversa opera, ad ponendum in libraria ibidem, secundo folio, "*propria res facta*;"

Item, do et lego, ultra relicta superius, Wilhelmo Pater-noster, pro bona custodia tempore infirmitatis meæ, viginti solidos argenti;

Item, do et lego Johanni ffulgure, familiari meo, pro bona custodia tempore infirmitatis meæ, ultra stipendium, quod recepit per quaterium, decem solidos:

Item, lego hospitio *alias* collegio, noviter fundato Cantebrigiæ, vocato "Barnard," unum librum continentem opera Barnardi noviter scriptum, secundo folio: . . .

Memorandum de debitis, quæ mihi Ricardo Cordone, in extremis languenti, [debentur].[1]

In primis, debet Robertus Trevour, armiger, de Wallia, tres libras, vigore cujusdam obligationis, quæ est in custodia Magistri Wilhelmi Bryane, in quadam pixide;

Item, debet idem Robertus Trevour eidem Ricardo, pro duobus annis præteritis in festo Michaelis ultimo præterito, duodecim marcas, pro firma præbendæ meæ

[1] This word is a conjecture, the sentence in the MS. being incomplete.

in ecclesia Assavensi, ut patet per indenturas in una magna pixide in domo dicti Magistri Ricardi;

A. aa. 121 b. *Item*, debet Wilhelmus Ch—,[1] firmarius de Bugthorpe, in festo S. Martini proximo futuro, pro nova firma, prout patet in ultimo computo W. Stillyntone, qui est in longa pixide in plura, ubi prædictus Magister Ricardus jacet, super scamnum, pro uno anno;

Item, debetur de Mertone et Suerby, pro domo[2] Beati Petri ibidem, prout in eodem computo;

Item, debet Johannes Wykes, cum fidejussoribus suis, pro firma manerii de Longefeld, tredecim marcas, per tres obligationes in manibus Magistri Roberti Hereforde, officiario dicti Ricardi;

Item, debentur dicto Magistro Ricardo tres marcæ de duabus firmis præteritis pro præbenda sua in ecclesia Wellensi, quas habuit in manibus dominus Johannes Marshall, vicarius suus choralis;

Item, debetur eidem Magistro Ricardo, de arrearagiis[3] magni communi (sic) ecclesiæ Wellensis, de annis quæ sunt in manibus communarii;[4]

Item, debetur eidem Magistro Ricardo, de magna communa ibidem instantis anni, quæ erit in manibus communarii[4] in fine computi sui circa festum Natalis Domini proximo futuri;

Item, debetur eidem Magistro Ricardo, portio ei contingens de fine novæ residentiariæ, si quis supervenerit hoc anno;

Item, debetur eidem Magistro Ricardo, de officio escaetoris, prout patebit in computo ejusdem de anno transacto;

Item, debetur de eodem officio de eo quod restat;

Item, debentur eidem Magistro Ricardo, in festo S.

---

[1] The name is incomplete in the MS.

[2] *domo* is a conjecture, in the MS. there is only the letter *d*.

[3] *arrearagiis* also is a conjecture, the contraction in the MS. being arr^s.

[4] *comminarii*, MS.

Dunstani proximo, pro firma de Stoktone, de domino Johanne Hollegat, sedecim marcæ;

Item, Lambe, de Westerham in Cantia, debet mihi pro verberatione apparitoris mei, per obligationem, quæ est in una pixide, quadraginta solidos, sed verum debitum est viginti solidi.

Debita vero, quæ dictus Magister Ricardus debet;

In primis, quæ in suo testamento continentur:

Item, debet pandoxatoribus de "*Lyon*" et "*Le legge*," prout in talliis continentur;

Item, debet Oxoniæ, pincernæ de collegio Lincoln: pro stipendio duorum quarteriorum, duo solidos;

Item, coquo ibidem, pro duobus quarteriis, sexdecim denarios;

Item, debet ibidem Magister Ricardus patrono domus suæ, adveniente festo S. Petri "ad vincula" proximo, pro pensione domus qua inhabitat, sex marcas, sex solidos, octo denarios, et rectori ecclesiæ pro oblationibus secundum ratum temporis;

Item, Magister Ricardus debet, pro pensione cameræ suæ in collegio Lincoln: Oxoniæ, in festo Michaelis ultimo, pro anno tunc transacto, tredecim solidos quatuor denarios;

Item, debet idem Ricardus, pro pensione domus suæ Welliæ, magistro fabricæ, ad festum Michaelis ultimum, pro anno transacto, tredecim solidos quatuor denarios;

Item, debet Magister Ricardus, pro panno comparato de Alexando Heysande, et per Johannem famulum suum liberato, et prout patet per unam billam, quatuor libras, duos solidos, sex denarios, quæ billa posita est in longa capsa dicti Magistri Ricardi, sed dictus Johannes habet in custodia quinque virgatàs de panno nigro de lira, pretii quinquaginta solidorum;

Item, Alexander Heysande, debet eidem Magistro Ricardo, ex legato testamenti fratris sui Rogeri, decem marcas, unde vult idem Magister Ricardus ut fiat recompensa eidem pro rata debiti hinc inde, sicut factum est aliis legatoriis in testamento dicti Rogeri, de aliis non recordatur;

Item, vult idem Magister Ricardus ut nullus executorum suorum habeat bona eis legata et alia bona eis relicta, si non susceperit administrationem et actualiter administraverit executionem hujus testamenti sui, sed quod portio illius recusantis accrescat proximo consortiis suis sive consortio suo;

Item, lego uni filiæ Johannis Wykes, cuicumque primo maritatæ, ad ipsius maritagium viginti solidos, et Loræ Bere, filiæ Roberti Bere, cum de consensu patris sui ad maritagium pervenerit, decem solidos;

Item, lego cuilibet puerorum meorum, ad exhibitionem suam in scholis, quadraginta denarios;

Item, quia Magister Stephanus Morpath clamat et petit unam certam summam pecuniæ, mutuatæ mihi, ut dicit, de qua non recordor, volo quod executores mei Welliæ concordent secum, visis prius evidentiis;

A. aa.122 a. *Item*, volo quod post mortem meam, bona mea magis pretiosa, *videlicet*, jocalia de auro, meliores libri, et alia quæcunque, de quibus pecuniæ citius levari possunt, incontinenter post mortem meam vendantur, et non custodiantur usque in futurum sæculum, pro executione executorum meorum, sed quod ex illis pecuniis sic inpromptu habendis fiat executio testamenti mei pro anima mea, quæ est omnibus rebus pretiosior, et hanc clausulam et particulam voluntatis meæ volo omnino servari ; et si supervenerint aliqui petitores postea, tunc potest dici quod plene administratum est;

Item, volo, si bona mea, in alterutro locorum beneficiorum meorum existentia, non sufficiant ad complendum onera alterutri beneficiorum incumbentia, [tunc volo] quod bona, quæ sunt in altero beneficiorum, vel cujuscunque locorum, suppleant et compleant onus alterius beneficii, ubicunque fuerint, aliquibus clausulis non obstantibus.

Probatum fuit præsens testamentum, quoad bona in collegio Lincoln: Oxoniæ existentia, coram nobis Thoma Saundrees, sacrorum canonum professore, Magistri Gilberti Kymere, in medicinis doctoris, hujus almæ Universitatis Cancellarii Commissario generali, vicesimo primo die mensis Decembris, annis Domini et regni regis infrascriptis, ac per nos approbatum, insumatum, legitimeque pronunciatum pro eodem; commissaque est administratio omnium bonorum, in dicto collegio existentium idem testamentum concernentium, executoribus infrascriptis in forma juris juratis et admissis: et dicti executores fideliter computaverunt cum officio et dimissi sunt, salvo jure cujuscunque; In fidem et testimonium omnium et singulorum præmissorum, sigillum cancellariatus Oxoniæ prædictæ præsentibus apposuimus.

Administrators appointed of the effects of W. Mylle deceased intestate.

Universis pateat per præsentes, quod *Nos*, Magister Thomas Sawndres, decretorum doctor, Commissarius venerabilis viri Magistri Gilberti Kymer, Cancellarii Universitatis Oxoniæ, administrationem liberam omnium bonorum domini Wilhelmi Mylle existentium in domo Nicholai Mason, situata in parochia S. Martini, Oxoniæ, nuper morientis intestati, dilectis nobis in Christo Johanni Jevan, clerico, et Nicholao Mason, administratoribus in hac parte ex officio nostro legitime deputatis, commisimus in debita juris forma, præstito primitus ab eisdem juramento corporali, quod requiritur in hac parte, calculo sive ratiocinio administrationis in hac parte nobis specialiter reservato; In cujus rei testimonium sigillum officii nostri præsentibus apposuimus.

A. aa. 124.
Feb. 20. 1452.

Datum vicesimo die mensis Februarii, anno Domini millesimo quadringentesimo quinquagesimo secundo.

Hæc sunt bona domini Wilhelmi Mylle, morientis intestati, in domo Nicholai Mason, situata in parochia S. Martini, Oxoniæ, existentia, administrata auctoritate domini Cancellarii, per Johannem Jevan, Scholarem, et Nicholaum Mason, vicesimo die mensis Februarii, anno Domini millesimo, &c.

In primis, una toga talaris, blodii coloris, et caputium ejusdem panni, pretii - - - -		x^{s}.	
Item, caputium sanguinei coloris, pretii - - - - -			xvj^{d}.
Item, caputium, nigri coloris, pretii			iv^{d}.
Item, una penula de "*bevyre*," pretii		xiij^{s}.	iv^{d}.
Item, liber vulgariter nuncupatus "*Primer*," pretii - - -		ij^{s}.	
Item, unam diploidem, pretii - -		j^{s}.	iv^{d}.
Item, unum coöpertorium album dilaceratum, pretii - - -			iv^{d}
Item, unum coöpertorium rubrum, pretii - - - - -		ij^{s}.	vj^{d}.
Item, aliud coöpertorium album, pretii		j^{s}.	
Item, unum par caligarum, pretii -			viij^{d}.
Item, quinque linteamina, pretii -		viij^{s}.	iv^{d}.
Item, tres lodices, pretii - -		ij^{s}.	iv^{d}.
Item, una camisia, pretii - -			iv^{d}.
Item, unum pulvinar, pretii - -			viij^{d}.
Item, una mappa cum manitergio, pretii - - - - -			ix^{d}.
Item, unum mantellum album, pretii		j^{s}.	viij^{d}.
Item, una misericordia argentea, pretii - - - - -		vj^{s}.	viij^{d}.
Item, unus cliniculus, pretii - -		j^{s}.	
Item, idem dominus Wilhelmus Mylle debet Nicholao Mason, pro expensis funeralibus, pro missa et exequiis in die tricenali celebratis, et ex mutuo - -	iij*l*.	viij^{s}.	ix^{d}.

Item, de administratione bonorum domini Wilhelmi Mylle, Johannes Jevan, Scholaris, et Nicholaus Mason, administratores bonorum memoratorum, computaverunt, et ab ulteriori computatione nobis aut officio Cancellarii occasione administrationis fienda dimittimus et acquietamus.

A Woman banished.

A. aa. 125. Feb. 28, 1452. Margery Snow, not having answered a formal citation, is publicly banished, for violence and breaking prison.

Ultimo die mensis Februarii, anno Domini millesimo quadringentesimo quinquagesimo secundo, Magister Thomas Saundrees, sacrorum canonum professor, venerabilis viri Magistri Gilberti Kymer, Cancellarii Universitatis Oxoniæ, Commissarius generalis, Margeriam Snow, *alias* Lewys, legitime citatam, præconizatam, diutiusque expectatam, nullatenus comparentem, pronunciavit esse contumacem, et in pœna contumaciæ contractæ per eandem ac violentiæ illatæ "*Bocardo*," tecta frangendo, tegulas deponendo, bannivit in scriptis, in hospitio vulgariter nuncupato "*Burnell*;" [In] quam bannitionem in die Mercurii proximo ex tunc sequente publice ad quadrivium proclamari fecit.

Privilege of the University.

Feb. 20. Thomas Luter, on his petition, is admitted to be within the jurisdiction of the University.

Vicesimo die mensis Februarii, anno Domini millesimo quadringentesimo quinquagesimo secundo, comparuit coram nobis, Magistro Thoma Saundrees, sacrorum canonum professore, venerabilis viri Magistri Gilberti Kymer, Cancellarii Universitatis Oxoniæ, Commissario generali, Thomas Luter de hospitio "Campanæ" extra portam borealem villæ Oxoniæ prædictæ, et petiit se admitti ut esse valeat sub jurisdictione Cancellarii, et dictus Commissarius ad tunc admisit eum et Magister Nicholaus Beell prædictum Thomam in servientem suum coram prædicto Commissario recepit.

A Woman in the Pillory.

A. aa. 132. June 16, 1453. Margaret Curtays, for incorrigible prostitution, is condemned to the pillory;

Memorandum, quod sextodecimo die Junii, anno Domini millesimo quadringentesimo quinquagesimo tertio, Margareta Curtays, propter ipsius enorme, notorium, et diu continuatum meretricium, cum non fuerit spes neque præsumptio aliqua quod ab hujusmodi nefando peccato committendo desisteret, per Thomam Saundrees, sacrorum canonum professorem, Commissarium prænobilis viri Magistri Georgii Neville, Cancellarii almæ Universitatis Oxoniæ, extitit posita in collistrigio, cum manifesta peccata non sint occulta correctione punienda, aliquantula ibi facta mora, de speciali gratia dicti Commissarii collistrigium pro derelicto habuit, ac Commissarii præsentiam adiit, jusjurandumque præstitit quod se removeret a sæpefata Universitate ante diem Mercurii proximo ex tunc sequentem, et quod nunquam rediret ad sæpedictam Universitatem sub pœna talionis.

and afterwards promises to leave Oxford for ever.

The last Will and Testament of Thomas Spray.

A. aa. 143. Nov. 9, 1455.

In Dei nomine, Amen. Anno Domini millesimo quadringentesimo quinquagesimo quinto, mensis Novembris die nono, *Ego*, dominus Thomas Spray, capellanus, compos mentis, *condo testamentum meum in hunc modum; In primis*, lego animam meam omnipotenti Deo, Beatæ Mariæ, et omnibus Sanctis, corpusque meum sepeliendum in nave ecclesiæ collegii Animarum Omnium fidelium in Oxonia:

Item, lego prædicto collegio, eo modo et ea conditione quod ibidem sim sepultus, duodecim cochlearia argentea, et duos libros, quorum unus est "*liber sermonum Magdalenæ*" et alter est liber qui vocatur "*Manipulus curatorum*:"

Item, lego vicario Beatæ Mariæ sex solidos octo denarios, cum uno caputio sanguinei coloris, ad orandum pro anima mea:

Item, lego Magistro W. Mylwyn centum solidos remanentes in manibus Johannis Cob, commorantis in Cantia in marisco de Rompney, et in parochia de Newchirche, [et] residuum vero omnium bonorum meorum Oxoniæ existentium do et lego Magistro W. Mylwyn, ut ipse disponat pro salute animæ meæ, et pro exhibitione Laurentii Hamund, famuli mei, dummodo prædictus Laurentius in Universitate Oxoniæ permaneat, et stare velit sub custodia, regimine, et regula prædicti Magistri Wilhelmi Mylwyn; *proviso tamen* quod, prædictus Magister W. ad ampliorem aut longiorem illius Laurentii exhibitionem non artetur vel astringatur virtute præsentis meæ voluntatis et testamenti, quam vires et facultates residui bonorum meorum sic relictorum, debitis meis et expensis circa funeralia mea prius juxta discretionem Magistri W. Mylwyn solutis et computatis, se extendunt vel extendere possunt: et, si contingat prædictum Laurentium aliquo casu mori, seu decedere, seu scholas in Universitate Oxoniensi deserere, tunc reliquam partem residui prius circa eundem Laurentium non expositam converti dispono in alia opera eleemosynæ et pietatis juxta dispositionem et discretionem sæpedicti Magistri W. Mylwyn.

Datum Oxoniæ, anno, mense, et die supradictis.

Probatum fuit præsens testamentum coram nobis, Magistro Georgio Nevell, Cancellario Universitatis Oxoniæ, vicesimo tertio die mensis Novembris, anno Domini infrascripto, insumatum legitimeque pronunciatum pro eodem; commissaque est administratio omnium bonorum dictum testamentum concernentium executori infra-scripto in forma juris jurato, et dimissus est a computo inde reddendo, salvo jure cujuscunque.

The Sheriff's oath.

A. aa. 144. *Memorandum*, quod, decimo die mensis Novembris,
Nov. 10, 1455. Robertus Harecourt, miles, electus vicecomes Oxoniæ et Berks: ratione officii sui præstitit corporale juramentum, per mandatum domini regis a Cancellaria sua, coram nobis, Georgio Nevill, Cancellario Universitatis Oxoniæ, in forma quæ sequitur:—

Ye shall swere that ye shall kepe and defende by all your foorse and power Maisters and Scolers of the Universite of Oxon: and there servants, of injuries and violence, and the pease in the saide Universite, in asmoche as in you is, ye shall make to be kept: ye shall gif your councell and eyde to the Chaunceller and Scolars of the same Universite, to punyshe the distourbours of the pease there, after the privileges and statutz of the said Universite as ofte as hit shall be nede, also ye shall put your eyde by all your myght to defende the privileges, libertes and custumes of the said Universite, and ye shall take suche othes of your undre Sherieffes and other of your ministers of the saide Counte of Oxon: as sone as ye come to the castell or to the toune of Oxenforde, in the presens of some that shall there [to] be deputed of the parte of the saide Universite; to the whiche thynges the kynge wille that youre saide ministers be by you arted and compelled, as God helpe you and all his Seyntes.

Administration of the goods of a Scholar deceased intestate.

A. aa. 143. Georgius Neville, Cancellarius Universitatis Oxoniæ,
Nov. 24, 1455. Lincolniæ diœcesis, Magistris Georgio ffeddes et Roberto White, salutem in Domino sempiternam;

Cum nuper dominus Johannes Lashowe, Scholaris aulæ Vineæ Universitatis Oxoniæ prædictæ, ab intestato decessit, vos administratores in bonis dicti defuncti deputamus et ordinamus per præsentes, onerantes vos virtute juramenti vestri coram nobis præstiti in hac parte, quatenus in bonis prædictis fideliter administretis, ac inventorium omnium bonorum dicti defuncti conficiatis, et debita ejusdem, quatenus suæ appetunt facultates, persolvatis, ulteriusque exequamini quæ in hoc casu fuerint exequenda, ita quod de hujusmodi administratione vestra nobis, cum super hoc fueritis requisiti, possitis fideliter respondere.

Datum Oxoniæ, vicesimo quarto die mensis Novembris, anno Domini millesimo quadringentesimo quinquagesimo quinto.

Inventorium omnium bonorum Johannis Lassehowe, presbyteri, decedentis in aula Vinea Oxoniæ.

In primis, unum portiforium in custodia Johannis Lancok ejusdem aulæ.

Item, Liber grammaticalis Ugucianus, in custodia ejusdem Johannis.

Item, Liber vocatus "*Chartuary,*" una "*baslarde,*" et unum par cultellorum, in custodia dicti Johannis.

Item, Liber "Sequentiarum" glossatus.

Item, Liber sermonum scriptus in papiro.

Item, Liber "De regulis grammaticalibus."

Item, pecunia in manibus Magistri Georgii ffeddes, ultra omnimodas expensas quas fecit circa funeralia, aut alias expensas quascunque, duos solidos duos denarios.

Item, unum cochleare argenteum ponderans viginti duos denarios, et unum par precularum de "*gett,*" et una bursa cum uno "*diall*" de ligno, in custodia ejusdem Georgii.

Item, j. materesse, j. bolster, j. pilowe, ij. payre of olde schetees, ij. blankettes, j. olde paled helyng, with celer and tester of þe same.

j. Murrey lyned gowne bartilmewed, j. medeley gowne

lynyd, j. medeley hoode, j. russet mantell, j. grene doublet, j. longe coote, j. peyr hosyn, j. felt hatte, iij. cappes, iij. towell, j. schert, j. peyre botes and spores, j. peyre bote hosen, ij. stoles, j. scons candelstik of latone, j. candelstik of yron, j. shere to snoffe candels, j. peyre furred cuffes, bed boordes, j. litell boorde, j. peyre belowes.

Hæc sunt omnia debita, quæ dictus defunctus debet in dicta aula, seu villa Oxoniæ.

In primis, debet Mancipio ejusdem aulæ ix^{s}. vij^{d}.
Item, eidem mancipio, pro equo misso ad amicos mortui - - - - ij^{s}.
Item, Principali pro camera, et lectori pro lectura aulari - - - - iv^{s}.
Item, Magistro Bloxham, pro laboribus et medicinis suis, ut dicit - - - xx^{d}.
Item, Johanni Cudbold, pro pecunia mutuata ab eodem - - - - vj^{s} viij^{d}.
Item, Mancipio, pro duabus mulieribus ipsum custodientibus in infirmitate x^{d}.
Item, Pro emendatione linteaminis lacerati in infirmitate sua - - iv^{d}.
Item, Pro stipendio coqui ejusdem aulæ, pro se et famulo suo - - - viij^{d}.
Item, Johanni Cudbold ministranti sibi in infirmitate sua per tres fere septimanas - - - - - - . . . . .

A Scholar's servant admitted.

A. aa. 146. March 10, 1455. John June is admitted by the Chancellor to be servant to a Scholar, and sworn to observe the Statutes of the University.

Memorandum, quod decimo die mensis Martii, anno Domini præscripto, Johannes June, de parochia S. Ægidii, in suburbio Oxoniæ, acceptus est coram nobis ut serviens Scholaris, et juratus est ad observandum et defendendum statuta et privilegia Universitatis.

Another servant sworn before the Chancellor.

Coram nobis, Magistro Thoma Saundres, Commissario generali domini Cancellarii Universitatis Oxoniæ, in loco nostro, *videlicet*, collegio Lincolniæ,[1] vicesimo die mensis Maii, anno Domini millesimo quadringentesimo quinquagesimo sexto, citatus erat Johannes Swann, serviens Walteri Osbarne, de parochia S. Mariæ, Oxoniæ prædictæ, et prædictus Johannes Swann personaliter comparuit, et ibidem ab eodem juramento corporali præstito ad observandum indenturam suam, quæ patet sub hac forma:—

A. aa. 147. May 20, 1456. John Swann, servant, swears before the Chancellor that he will observe the conditions of his indenture.

This endenture bereth witnesse that I, John Swanne, þe sone of John Swanne of Bridlington, in þe counte of Yorke, have putte me servante unto William Osbarne, forto serve him undir þe foorme of a servante for þe terme of iiii. yere, and þe seide William Osbarne forto enfoorme þe seide John Swann in þe kunnyng of writyng, and þe seide John Swann forto have þe first yere of þe seide William Osbarne iij^{s}. iiij^{d}. in money, and ij. peier of hosen, and ij. scherts and iiij. peire schoon, and a gowne, and in þe secunde yeere xiij^{s}. iiij^{d}., and in þe iij. yere xx^{s}. and a gowne, and in þe iiij. yeere xl^{s}. *And in þe witnesse herof*, I mysilf, þe seide John Swann, hath writyn þis same writing wiþ myn owne hande, þe yeere of þe reigne of Kyng Herry þe vj^{te} xxxv.

Imprisonment for carrying weapons and for violence.

Memorandum, quod octodecimo die mensis Junii, anno præscripto, Magister Ricardus Vasy coram nobis de latione armorum et percussione cum pugno convictus et incarceratus induxit arma et solvit quatuor solidos.

A. aa. 148. June 18, 1456.

---

[1] *Lincolniæ.* The MS. has *Londoniæ.*

Fine and imprisonment for shooting at the Proctor.

A. aa. 148. *Item*, eodem die et anno, . . Medeley, pro saggi-
July 3, 1456. tatione nocte ad Procuratorem borealem et sibi consociatos, convictus et incarceratus induxit arcum et solvit viginti solidos.

The will of John Seggefyld, Master of Arts, Fellow of Lincoln College.

A. aa. 159. *In Dei nomine, Amen;* Quinto die mensis Julii,
July 5, 1457. anno Domini millesimo quadringentesimo quinquagesimo septimo, *Ego*, Johannes Seggefyld, Artium Magister et socius Collegii Lincoln. Oxoniæ, compos mentis ac in sana memoria existens, prætextu infirmitatis variæ timens mihi mortis periculum imminere, *condo testamentum meum in hunc modum:*—

In primis, commendo animam meam Deo omnipotenti, Beatæ Mariæ, et omnibus Sanctis Ejus, corpusque meum sacræ sepulturæ in ecclesia Omnium Sanctorum villæ Oxoniæ;

Item, lego magistro meo, Magistro Johanni Beek, rectori ecclesiæ prædictæ, viginti denarios;

Item, lego cuilibet sociorum meorum prædicti collegii, duodecim denarios;

Item, Johannæ Warde, filiæ sororis meæ, unum tabardum de "*murrey*," cum tribus curtenis et "*valans*," de colore rubro et viridi;

Item, lego Johanni Hayle, clerico, unam curtam togam, quam habeo, de "*murrey;*"

Item, Johannæ Belle meam togam talarem de "*medylley;*"

Item, Magistro W. Strete unum librum Anglice, "*De consolatione philosophiæ;*"

Item, Magistro Johanni Chylde unum librum vocatum "*Hampole;*"

Item, lego Isabellæ Downe, pro custodia Johannæ Warde, cognatæ meæ, quadraginta solidos; *volo insuper*, quod omnia tenementa mea, quæ habeo in villa de Kyngestone super Hulle, ex dono et legatione patris mei, vendantur, et postea, cum bonis inde receptis, ante omnia, debita mea, patris mei, ac postea legata fideliter persolvantur; Residuum vero bonorum meorum non legatorum nec dispositorum do libere Thomæ Seggefyld, fratri meo, quem facio et constituo executorem meum hujus ultimæ meæ voluntatis, cui addo supervisorem dictæ meæ voluntatis Magistrum Walterum Bate, et volo quod prædictus Walterus ministret et disponat omnia bona mea quæ habeo in villa Oxoniæ, cui lego pro laboribus tredecim solidos quatuor denarios.

Datum Oxoniæ, die, mense, et anno Domini supradictis.

Probatum fuit præsens testamentum coram nobis Thoma Chawndeler, sacræ theologiæ professore, Cancellario Universitatis Oxoniæ, quartodecimo die mensis Octobris, anno Domini suprascripto, ac approbatum, insumatumque, et legitime pronunciatum pro eodem, commissaque est administratio omnium bonorum dicti testamenti consequenter[1] Thomæ Seggefylde supradicto, in forma juris jurato et admisso; et postmodum comparuit coram nobis idem executor, et fideliter computavit cum officio, et dimissus est, salvo jure cujuscunque.

In fidem et testimonium omnium et singulorum præmissorum, sigillum Cancellariatus Oxoniæ prædictæ præsentibus apposuimus.

Banishment for carrying weapons and resisting the bedel.

Memorandum, quod septimo die Augusti, anno Domini millesimo quadringentesimo quinquagesimo sep- A. aa. 157. Aug. 7, 1457.

[1] Apparently a clerical error for *concernentium*.

timo, Richardus Kyngton, de castro Oxoniæ,[1] convictus est per confessionem propriam de extractione armorum; et, fugiens a manibus Came, bedelli, cum cultello extracto, quod recusavit adire carcerem, juxta mandatum Cancellarii bannitus est.

The vicar of S. Giles' is fined, and forfeits his club.

Item, Oweyn, clericus, vicarius [2] S. Ægidii, juravit super librum de pace servanda, induxit baculum, et solvit duos solidos.

Another priest similarly punished for a like offence, and bound to keep the peace in future.

Aug. 14. Johannes Barton, canonicus regularis, quartodecimo die Augusti, anno supradicto, juravit ad sancta Dei evangelia, quod observabit de cetero pacem istius Universitatis, et quod eandem pacem non perturbabit, et si contingat eum, aliquo unquam tempore de post, in perturbatione pacis infra eandem Universitatem aut ejus præcinctum probari per vim aut formam ordinationum ejusdem Universitatis convictum aut culpabilem, quod tunc sine aliqua contradictione solvet Universitati prædictæ, ad usus communes ejusdem, viginti libras, et eo facto sit pro perpetuo bannitus ab Universitate et præcinctu ejusdem, his testibus, Magistro Thoma Bernesle, altero Procuratore, et Magistro Johanne Fox, inceptore in jure civili.

Johannes Barton, canonicus regularis, convictus de latione armorum, incarceratus est, et induxit arma, et solvit pro latione eorumdem duos solidos.

---

[1] *Oxoniæ* is introduced by a somewhat later hand.

[2] *vicarii* is written in the MS. over the contraction *vic*⁹.

The late Master of the House of S. John at Oxford is banished for his misdemeanours, and for breaking prison.

Eodem die certificatione habita de exitu a prisona castri, in quintodecimo die istius mensis, Ricardi Vyse, quondam Magistri Hospitalis S. Johannis prope Oxoniam, præter licentiam et contra mandatum domini Cancellarii; cujus auctoritate, eodem quintodecimo die, propter diversas enormes transgressiones, de et super quibus coram dicto Cancellario legitime et sufficienter convictus extiterat idem Ricardus Vyse, eo facto, per vim et vigorem statutorum editorum in hac parte, bannitus est. Aug. 16.

Sureties for the vicar of S. Mary the Virgin.

A. aa. 159. Nov. 9, 1457.

Two sureties promise that John Dyer, parish priest of S. Mary the Virgin, shall appear when summoned, to answer a charge of having stolen one hundred pounds from the Danvers chest.

Nono die mensis ejusdem, anno supradicto, —— Sherman et Johannes ffysh intervenerunt fidejussores pro Johanne Dyer, clerico parochiali ecclesiæ Beatæ Mariæ Virginis, Oxoniæ, quod idem Johannes Dyer comparebit coram Cancellario Oxoniæ, aut ejus Commissario, ad respondendum quoties vocatus fuerit de et super ablatione centum librarum de cista Dawnvers, et iidem —— Sherman et Johannes ffysh obligant se, sub pœna centum librarum, exhibere prædictum Johannem Dyer, et quod dictus Johannes Dyer non trahet istam materiam ad extra, nec aliquam aliam materiam ex ista aliqualiter dependentem coram Cancellario Oxoniæ terminabilem. [1]

Trespass in pursuit of game.

A. aa. 160. Nov. 26, 1457

Memorandum, quod, vicesimo sexto die mensis et anni supradicti, Marke Cokworthy, Olyver Chyket,

[1] On the margin of the folio is written "vacat, quod postea, per "confessionem cujusdam furis sus-"pensi Londonii, detegebantur "spoliatores ejusdem cistæ, et in-"nocentia dicti Johannis Dyer pur-"gata est."

Four Scholars having been caught in the pursuit of deer and rabbits, promise, on oath, before the Chancellor, that they will not commit a like offence in future.

Mowseley, Kelley, Coryntone, ffokesey, detecti de ingressu cum armis in warennum aut parcos venando et capiendo cuniculos et damas, juraverunt ad sancta Dei evangelia quod, quamdiu fuerint Scholares Universitatis Oxoniæ, non venabuntur in parcis clausis aut warennis circa Universitatem adjacentibus, sine licentia legitime perquisita ab eo vel ab eis cujus vel quorum interest, nec talia facinora perpetrabunt, aut aliquis eorum perpetrabit, per quod damnum, infamia, aut scandalum dictæ Universitati poterit generari; et hoc sub pœna quadraginta solidorum toties quoties, &c. per eorum quemlibet Universitati solvendorum.

A similar case to the preceding.

Dec. 1, 1457.

The Vicar of S. Peter's in the East takes the same oath, also that he will not visit the house of a certain citizen, nor associate with his wife.

[1] Dominus Thomas Peny, vicarius ecclesiæ parochialis S. Petri in Oriente, juravit ad sancta Dei evangelia, et sub pœna quadraginta solidorum, toties Universitati solvendorum quoties eundem contingeret super simili facto convinci, quod scilicet de cetero non ponet communas in domo Whyrel scissoris, nec de cetero ingredietur suspiciose domum ejusdem Whirel, nec etiam Katerinæ, ejusdem scissoris uxori, suspiciose ullo unquam loco aut tempore associabit:

Sureties for Scholars.

A. aa. 163.

Dec. 26, 1457.

Four sureties undertake that certain Scholars shall obey the royal mandate.

Die et anno proxime supradictis Thomas Whythyke, Thomas Herberfeld, Philippus Marcham, Johannes Mynchard fidejusserunt et fidejussores intervenerunt pro Ricardo [2] Preston et Johanne Brasyer, Scholaribus, quod ipsi obtemperabunt et facient secundum tenorem cujusdam literæ domino Cancellario et ejus Commissario per reginam [3] directæ, sub pœna quadraginta librarum, et eorum quilibet in solidis obligatur.

---

[1] *Eodem die* added in the margin before *Dominus*.

[2] *Ricardo* repeated in the MS.

[3] The words *sub pœna directæ* repeated here in the MS.

The last Will and Testament of Doctor Thomas Gascoigne.

In nomine Dei omnipotentis, Patris et Filii et Spiritus Sancti; Ego, Thomas Gascoigne, filius et hæres domini manerii de Hunslett, in comitatu Eboraci, vocatus sacerdos et doctor theologiæ, *condo et facio testamentum meum* et ultimam voluntatem meam in hac vita, modo qui sequitur. A. aa. 166. March 12, 1457.

In primis, opto et desidero ex præcordiis animam meam afferri in manus Dei omnipotentis, per omnia merita Jesu Christi, et Beatissimæ Mariæ semper Virginis Dei Genitricis, S. Petri apostoli, Beatissimi Pauli apostoli, ac cœlestis doctoris Jeronymi, S. Matris Annæ, S. Mariæ Magdalenæ, S. Brigittæ matronæ, et omnium Sanctorum et servorum Dei.

Item, do et lego omnes libros meos scriptos in papiro, et omnes quaternos meos scriptos in papiro, prædilectis patribus ac viris religiosis Londoniensis diœcesis in monasterio Sion juxta villam de Braynford, ut sint ibidem in perpetuum in usum eorundem, et volo et opto quod scriptum meum seu opus meum scriptum manu mea propria, qui vocatur "*liber seu scriptum de veritatibus ex sacra scriptura collectis et ex scriptis Sanctorum et doctorum,*" scribatur in vitulinis [1] vel in pergameno expensis ejusdem monasterii, et habeat prædictum monasterium utrumque opus, scilicet, opus meum scriptum et opus per eos scribendum.

Item, notifico quod libri, quos prius dedi Collegio "Oriel" in Oxonia, sunt in libraria ejusdem collegii catenati, excepto Scoto "*super tres libros sententiarum,*" quem librum habet ex mutuo Magister Thomas Wiche, socius ejusdem collegii, et onero collegium quod nunquam incistentur. Etiam volo quod prædictum collegium servet pactum eorum mecum factum,

[1] *vitilinis,* MS.

scilicet, quod annuatim in perpetuum, in vesperis S. Stephani, in hebdomada nativitatis Domini, cantet responsorium in medio ecclesiæ "*Aperuit os ejus*" in processione de S. Johanne Evangelista, et in redeundo ad chorum cantare teneatur hoc responsorium de Beatissima Maria semper Virgine, "*Te laudant Angeli, Sancta Dei genetrix,*" &c.

Item, ordino et constituo executores meos Magistrum Wilhelmum Grene, Eboracensis diœcesis, Magistrum Johannem Temmys, et Edwardum Calcote, et do eis omnes libros meos et jocalia ad disponendum pro anima mea, sic ut disposui eis in quadam schedula manu mea propria scripta.

Datum Oxoniæ, in festo Beati Gregorii doctoris, in camera mea alta, teste Johanne Roberde et pluribus aliis viris, anno Domini millesimo quadringentesimo quinquagesimo septimo.

Probatum fuit præsens testamentum coram nobis, Thoma Chippenham, sacrorum canonum professore, prænobilis eximiæque discretionis viri Magistri Thomæ Chaundeler, sacræ theologiæ professoris, Cancellarii almæ Universitatis Oxoniæ, Commissario generali, insumatum et approbatum ac per nos pronunciatum pro eodem vicesimo secundo die mensis Martii, anno Domini suprascripto, commissaque extitit administratio omnium bonorum idem testamentum concernentium executoribus infra nominatis, in forma juris juratis, qui demum cum officio fideliter computaverunt, et dimissi sunt, salvo jure cujuscunque;

In fidem et testimonium omnium et singulorum præmissorum, sigillum cancellariatus Universitatis antedictæ præsentibus apposuimus.

The last Will and Testament of John Helier.

A. aa. 168. *In Dei nomine, Amen;* Penultimo die mensis Junii,
June 29 1458. anno Domini millesimo quadringentesimo quinquagesimo octavo, *Ego*, Johannes Helier, presbyter, compos mentis

et sanæ memoriæ, *condo testamentum meum* in hunc modum:

In primis, lego animam meam Deo omnipotenti, Beatæ Mariæ Virgini, et omnibus Sanctis Ejus, corpusque meum sepeliendum in ecclesia S. Frideswydæ;

Item, lego matrici [1] Lincolniæ, quatuor denarios;

Item, lego Isabellæ, sorori meæ, magnam cistam, unum par lodicum, et unum par linteaminum;

Item, lego Thomæ Helier, fratri meo, unam parvam capsulam, una cum uno gladio, ad electionem suam; omnes libros meos grammaticales lego Johanni White, juniori.

Item, volo quod nulli invitentur ad communales, exequias meas, et ad prandium, nisi duntaxat socii aulæ de "Pekwater-in," et pauperes parochiani mei ad numerum viginti.

Item, remitto Thomæ Helier prædicto totum quod mihi debet;

Item, remitto Thomæ Luffnam totum quod mihi debet ad præsens;

Item, lego Arnulpho Golyn superpellicium meum;

Item, lego Magistro W. Dayfott portiforium, sic quod solvat ad utilitatem animæ Magistri Lucæ Lancock defuncti, quadraginta solidos; residuum vero bonorum meorum volo quod disponatur secundum voluntatem et discretionem executorum meorum pro salute animæ meæ et commodo eorumdem, ut melius viderint expedire; Ac ordino, facio, et constituo executores meos Magistrum W. Dayfott et Arnulphum Golyn præfatos, ac Magistrum Johannem Quyck, per præsentes, ut præsens meum testamentum fideliter exequantur et compleant cum effectu; his testibus, domino Johanne Busshe, capellano, et Thoma Luffnam, cum multis aliis.

Datum Oxoniæ, die et anno superius expressatis.

---

[1] *ecclesiæ* is probably omitted by a clerical error before *matrici*.

Bloodshed, and refusal to submit to punishment.

A. aa. 168. Sept. 1458. Master T. Eslake, convicted of wounding with a dagger, resists the authority of the Commissary; but afterwards submits and pays the fine.

Memorandum, quod Magister Thomas Eslake convictus est, et postea confessus coram Commissario in judicio, quod percussit Edmundum Steynour in capite cum sica usque ad effusionem sanguinis, contra pacem. Dictus igitur Thomas per nos Johannem Danvers, Commissarium, jussus ut sicam prædictam tanquam forisfactam nobis redderet, et ad carceres transiret, et quod decem solidos tanquam Universitati forisfactos solveret nobis, dictus Magister Thomas quodlibet istorum præceptorum facere recusavit, immo quod nullum eorum faceret penitus asseruit, et se neque Scholarem neque famulum Scholaris firmiter asserebat, &c. Hæc nostra præcepta prædicta et responsiones prædictæ facta fuerant coram nobis in die S. Bertini, mensis Septembris, anno Domini millesimo quadringentesimo quinquagesimo octavo; qui Magister Thomas postea pœnituit, et se submisit, et solvit decem solidos coram domino episcopo Lincolniæ, scilicet vicesimo primo die Septembris eodem anno.[1]

The Organist of All Souls College imprisoned.

A. aa. 168. Sept. 1458. T. Bentlee, imprisoned for adultery, repents with tears, and is released after three hours.

Thomas Bentlee, *alias* Deneley, "*organpleyer*" de Collegio Animarum, convictus est publice et in judicio confessus, quod erat solus cum sola in camera cum uxore Johannis Gwasmere, coqui[2] Collegii Mertonis, in parochia S. Petri in Oriente, circa horam duodecimam in die, scilicet, in festo translationis S. Cuthberti, mensis Septembris; qui quidem Thomas jussus adire carceribus flevit amare: igitur Magister . . .

---

[1] On the margin of the MS. is written "*De istis decem solidis levatis de Magistro T. Eslake, vice-Procuratores* (*viz. Magister Henricus Strotter et J. Julyan*) *receperunt pro portione Procuratorum inter se* iii[s] 4[d]."

[2] *coci*, MS

Keele, custos Collegii Animarum, bonam spem habens quod dictus Thomas bene se gereret in futurum, fidejussit pro eodem; dictus igitur Thomas per tres horas incarceratus liberatur.

Expositio cautionis aularum in crastino Nativitatis Beatæ Mariæ Virginis, anno Domini millesimo quadringentesimo quinquagesimo octavo. A. aa. 169. Sept. 9, 1458.

Magister Wilhelmus Scrivener, vicarius ecclesiæ Beatæ Mariæ Virginis, exposuit cautionem nomine suo proprio, hora octava in matutino, pro aula in vico scholarum vocata "*Seynt Mary entre,*" pro decem annis proximo futuris, et exhibuit hos fidejussores, pro toto tempore prædicto decem annorum, Thomam Sherman et Nicholaum Robyns, eodem die, &c.

Magister Graftone, nomine Doctoris Melwyn, pro schola juris civilis.

Idem, nomine Magistri Poltone, pro aula S. Johannis, in parochia S. Aldati, fidejussores Johannes Wykes et Thomas Halman.

Magister Graftone, nomine proprio, pro "Catte-Hall," in vico murilegorum.

Magister Johannes Fissher, nomine proprio, pro aula Bovina.

Magister Thomas Darsy, pro "Jamys Hall," in parochia Aldati.

Magister Johannes Fissher, nomine Magistri Roberti Rushden, pro aula Michaelis, in eadem parochia.

Idem, nomine Doctoris Halle, pro aula "Adulstane," juxta "Beef-Halle."

Magister Robertus Passelow, nomine proprio, pro Plomer-Halle," fidejussores Wilhelmus Hayl et Thomas Awfyn, "*corveyser.*"

Magister Griffeth Park, nomine Magistri Lodovici ap-Owen, pro "Georg-Halle."

Magister Ketell, nomine proprio, pro gardino annexo Collegio Lincolniæ.

Magister Chirch, nomine proprio, pro aula "Brasynose." Idem, nomine Magistri Wulstani Brown, pro aula S. Thomæ. Idem, nomine Roberti Spycer, pro "Sheld-Halle gardeyne."	fidejussor, Thomas M. de Brasnose.

Idem, nomine Magistri Johannis Molyneux, pro "*Seynte Mary entre,*" in vico scholarum, fidejussores Thomas M. de Brasnose et Johannes Wybymbury.

Idem, nomine Roberti Benet, pro "Salesurry" in vico scholarum.

Magister Robertus Passelow, nomine Magistri Wilhelmi Thomas, pro "Lawrens Halle," fidejussor W. Hayl.

Idem, nomine W. Baron pro gardino annexo, fidejussores W. Hayl et Thomas Awfyn, "*corveyser.*"

Magister Ricardus Toppe, nomine proprio, pro aula "Latæ portæ" in parochia Omnium Sanctorum.

Idem, nomine Magistri Joh. Ward, pro aula Vinea.

Magister W. Goodyeere, nomine proprio, pro aula Alba in vico catenarum.

Idem, nomine Magistri Walteri Bate, pro aula alba prope muros.

Magister Thomas Bayly, nomine doctoris Saunders, pro "Greek Halle."

Idem, nomine ejusdem, pro schola juris canonici, fidejussores Johannes Beek, "*brewer,*" et Johannes Couper, parochiæ Michaelis australis.

Magister Henricus Stroother, nomine proprio, pro "Hamptone Hall."

Thomas Bayly, nomine Magistri Kilyow, pro "Coventre Halle."

Magister Johannes Temmes, nomine proprio pro aula Edmundi in Oriente.

Idem, nomine doctoris Johannis Fisher, pro gardinis annexis.

Idem, nomine Magistri Thomæ Lee, pro aula Alba juxta Estgate.

Idem, nomine Magistri Hugonis Grace, pro aula Hugonis ibi.

Magister Robertus Kaynelle, nomine proprio, pro "Soler-Halle."

Idem, nomine doctoris Chipman, pro "Henxi-Halle."

Magister Robertus Passelowe, nomine doctoris Lichfeld, pro "Nevel's-inne."

Idem, pro eodem, pro magnis scholis juris civilis.

Magister Robertus Bugmowth, nomine Magistri W. Rumsey, pro "Corner-Halle."

Idem, nomine proprio, pro horto annexo, vocato "Christopher Halle."

Idem, nomine doctoris Thomæ Thrulby, pro aula Urbani.

Idem, nomine Magistri Johannis Wymark, pro "Colsyl-Halle."

Idem, nomine Magistri Johannis Thorp, pro horto annexo eidem.

Magister Johannes Selly, nomine doctoris Fox, pro aula Profunda.

Magister Wilhelmus Greene, nomine Magistri Henrici Gellis, pro "Stapul-Halle."

Magister Thomas Bemysley, nomine proprio, pro "Hamptone Halle."

Magister Johannes Thryng, nomine proprio, pro "Mildred Halle."

Idem, nomine W. Ashford, pro "Pury-Halle."

Idem, nomine doctoris Thomæ Hendy, pro horto ex parte boreali aulæ prædictæ.

Magister W. Benysone, nomine Magistri Ricardi Luke, pro "Burnelle-ynne."

Doctor Johannes Talwyne, nomine Magistri Nicholai ——, pro aula S. Johannis.

Magister W. Dayfoot, nomine proprio, pro "Pekwater's-ynne."

Magister W. Benne, nomine Magistri Thomæ Waltone, pro "Lata porta" in parochia Aldati.

Magister Johannes Hulle, nomine proprio, pro aula Edwardi in parochia Beatæ Mariæ.

Magister Johannes Tregansown, nomine proprio, pro aula Cervina.

Idem, nomine Magistri Roberti Abdy, pro "Blak-Halle."

Magister Johannes Cobbow, nomine proprio, pro "Lyon Halle."

Magister Johannes Harlow, nomine Magistri Stephani Tyler, pro "Boem-Halle."

Idem, nomine Magistri Thomas Wodhille, pro "William Halle" in "Kybal-strete."

Magister Thomas Parys, nomine proprio, pro aula Beatæ Mariæ.

Idem, nomine Magistri Henrici Sampsone, pro "Litelle-Martyn-Halle," fidejussores Bosworth et Thomas Karter.

Idem, nomine Magistri Henrici Popy, pro "Bidell Halle."

N—— Walshe, nomine Magistri Johannis Seymer, pro "Mawdlen Hall" cum pertinentibus.

Magister Symon Fosdyke, nomine Magistri Thomæ Jolyff, pro aula Vitrea.

Marcus Thomas, nomine doctoris Oweyn, pro aula Edwardi in parochia S. Edwardi.

Magister Ricardus Bulkley, nomine proprio, pro aula S. Lawrentii.

Idem, nomine Magistri W. Stayntone, pro horto annexo.

Idem, nomine Magistri Thomæ Rawlyns, pro "Plomer Halle."

Idem, nomine Henrici Molyneux, pro "Takley's-ynne."

Magister Johannes Julian, nomine proprio, pro aula S. Petri annexa collegio Exoniæ.

Magister Henricus Strother, nomine Johannis Wiltone, pro "Andrew Halle" in parochia S. Johannis Baptistæ.

Magister Ricardus Marchal, nomine proprio, pro "Sykell Halle."

Magister Thomas Hede, nomine Magistri Ricardi Lawgharne, pro "Ynge Halle."

Magister Johannes Attewille, nomine proprio, pro "Beeks-ynne."

Robertus Skarlett, nomine Magistri Johannis Redyng, pro "Haburdash Halle."

Idem, nomine Magistri Johannis Greene, pro aula S. Edwardi minore.

Magister Johannes Attewille, nomine Magistri W. Pyknam, pro "Michell Halle."

Magister Johannes Aleyn, nomine proprio, pro aula Aquilæ.

Magister Ricardus Andrew, nomine Magistri Philippi Burgeyny, pro "Trillock's-ynne."

Idem, nomine proprio, pro aula "Aristotil."

Magister Johannes Attewille, nomine Magistri Johannis Brycon, pro "Stapulle Halle."

Magister Ricardus Toppe, nomine Magistri Ricardi Bannam, pro "Nonne Hall."

Hæc facta erant in crastino nativitatis Beatæ Mariæ Virginis:

Magister Thomas Reynolde, nomine proprio, pro "Michelle Halle," in parochia S. Aldati, octodecimo die Septembris, anno Domini millesimo quadringentesimo quinquagesimo octavo; fide-jussores Robertus Barbur et Johannes Geffrey, "*glover*."

Item, in die S. Mauricii, scilicet, vicesimo secundo die Septembris, Magister Johannes Attewille re et verbo resignavit totum jus quod habuit ad principalitatem aulæ de "Bek's-ynne," et, eodem instante temporis, Magister Stephanus Kylyow resignavit totum jus quod habuit ad "Coventre Halle," et exposuit cautionem pro

"Bek's-ynne," et admissus est, salvo, &c.; et etiam idem Magister Stephanus tunc exposuit cautionem nomine Magistri Symonis Taure, pro "Coventre Halle," &c.

Master Piknam apologises for having slandered the Commissary.

A. aa. 171. Dec. 22, 1458. Master Piknam is summoned before Convocation by the Commissary, and retracts his offensive language; admits that it had no truth in it, and humbly sues for pardon.

Memorandum, quod vicesimo secundo die mensis Decembris, anno Domini millesimo quadringentesimo quinquagesimo octavo, *Nos*, Johannes Danvers, decretorum doctor, venerabilis viri Magistri Thomæ Chaundeler, hujus almæ Universitatis Cancellarii, Commissarius generalis, censentes dignitatem officii nostri prædicti læsam fore ex quadam falsa proclamatione facta publice in scholis ordinariis juris canonici, in præsentia nostra ibidem, per quendam Magistrum Wilhelmum Piknam, in jure civili bacallarium, ipsum Wilhelmum propterea coram convocatione Magistrorum regentium et non-regentium in domum congregationis vocavimus, qui ibidem publice confitebatur quod nos Commissarius prædictus, eramus justus judex, et quod non scivit nec credidit nos dictum Commissarium judicem injustum fore; et cum dictus Magister Wilhelmus dixisset publice in judicio et etiam in scholis quod nos dictus Commissarius injustus judex essemus, hoc dictus Magister Wilhelmus confitebatur se dixisse ex rancore, et etiam dictus Magister Wilhelmus, quia taliter in nos dictum Commissarium deliquisset, veniam et remissionem inde humiliter imploravit, se ipsum propterea nostræ correctioni submittendo: et sic speramus quod fama nostra permanet illæsa, dicta proclamatione falsa non obstante.

David ap-Thomas swears that he will keep the peace, &c.

A. aa. 174. March 17, 1458. David ap-Thomas will keep the

Memorandum, quod decimo septimo die mensis Martii, anno Domini millesimo quadringentesimo quinquagesimo octavo, David ap-Thomas de "Gowerslonde," in "Suth-walle" juravit ad sancta Dei evangelia quod observabit pacem penes Cancellarium Oxoniæ qui nunc est, et qui pro tempore fuerit, etiam penes Magistrum Johannem Molyneux, alterum Procuratorem ejusdem Universitatis, penes omnes eorum servientes, et omnes eisdem aut eorum alteri adhærentes, ac omnes Scholares Universitatis Oxoniæ antedictæ, et quod idem David impediet, quoad vixerit, quantum in eo fuerit, ne prædicti Cancellarius, Procurator aut aliquis alius de supradictis, occasione alicujus facti infra eandem Universitatem vel extra a principio mundi usque in præsentem diem injurietur, lædatur, aut aliquo alio modo gravetur; et, si aliquando constiterit eidem David ap Thomas de aliquo damno corporali, injuria, seu gravamine alicui supradictorum verisimiliter eventuro, quod citius quo poterit illi vel illis, ad cujus damnum seu injuriam seu gravamen sic de verisimili agetur, intimabit viis et modis quibus melius poterit revelando;

peace towards the authorities of the University,

and will inform them of any plot against them which may come to his knowledge;

Item, quod non conspirabit, nec mediationes aut instantias suas interponet ad illegitimam eductionem Ricardi Lude, modo incarcerati in carcere de "Bocardo," ab eisdem carceribus, nec ab aliis carceribus infra præcinctum ejusdem Universitatis, sed, quantum in eo fuerit, omnem hujusmodi carceris infractionem impediet, nec permittet ab aliis fieri.

also he will neither attempt nor assist the rescue from prison of Richard Lude;

Item, quod idem David recedet, decimo octavo die instantis mensis, citra tertiam horam post nonam ejusdem decimi octavi diei, ab eadem Universitate et præcinctu ejusdem, et quod idem David non præsumet per spatium duodecim septimanarum immediate post diem præsentem sequentium appropinquare eidem Universitati Oxoniæ per decem milliaria eidem Universitati proxime adjacentia.

and further, he undertakes to leave Oxford the next day, and remain beyond the precincts for twelve weeks.

Acta sunt hæc die et anno supradictis, præsentibus ibidem discretis viris et venerabilibus doctoribus Magistro Johanne Bedon in sacra theologia, et Magistro Ricardo Lichfeld in jure civili.

Drawing a dagger.

A. aa. 176. Magister Johannes Weston convictus est et etiam
1459. confessus quod extraxit daggarium sive unam sicam
contra Thomam Awfyn, "*corvyser.*" Dictus Magister Johannes petiit quod deberet purgare se, scilicet quod seipsum defendendo extraxit, et nos petivimus ab eo an vellet se purgare quod non extraxit, et ipse respondebat quod non, sed quod per juramentum suum velle probare quod seipsum defendendo extraxit, et quod duodecim Magistri jurati crederent ipsum fideliter jurasse. Nos ipsum Magistrum ad hoc non admisimus, sed condemnavimus ad castrum Oxoniæ usque solveret quatuor solidos, secundum tenorem statuti "*Cum effrenata.*"

Master J. Weston is convicted of using a dagger: his excuse is not accepted, and he is committed to the castle.

Various offenders against the peace excommunicated.

A. aa. 181. Excommunicati sunt solemniter, per omnes ecclesias
1460. parochiales Oxoniæ, omnes et singuli qui insultum fecerunt in domum parentium domini Thomæ Trylle, in parochia S. Thomæ juxta Oxoniam, et monitio processit ne quis de cetero talia temptare præsumat.

Excommunicati sunt omnes solemniter qui in hospitium, ubi signum est corona, nocte sequente quartam feriam in "capite jejunii," insultum fecerunt, et ibidem præhonorabilem dominum Dominum de Fytzwalter[1] vulneraverunt, aut alio modo vexaverunt, contra pacem domini regis et Universitatis.

Insuper, excommunicati sunt omnes, qui Thomam fforde, satrapam villæ Oxoniæ, percusserunt et læserunt aut vulneraverunt; omnes etiam qui furcas aut alia signa detestabilia signis aliquorum dominorum Angliæ apposuerunt . . . . . .[2] famæ alicujus derogantia in locis publicis seu privatis . . . . . .[2]

---

[1] *Fytzwater*, MS.

[2] The MS. is here torn, and a portion of the folio lost.

An inhibition from the Archbishop of Canterbury ineffectual.

Memorandum, quod occasione cujusdam discordiæ ortæ inter venerabilem virum Ricardum Rodnore et . [1] Roby, fratres ordinis S. Francisci, quidam ex parte ejusdem . . [1] Roby impetrarunt a curia "de arcubus" inhibitionem ne dictus Ricardus Rodnore admitteretur ad gradum doctoratus in facultate sacræ theologiæ, et ultimo die Junii, omnibus ex more dispositis in ecclesia Beatæ Virginis ad inceptiones in diversis facultatibus celebrandas, quidam Johannes Morley, serviens Thomæ Matyn, ut postea patebat, detulit prædictam inhibitionem in principio inceptionum Magistro Wilhelmo Ive, sacræ theologiæ doctori, et reverendi patris domini Georgii, Exoniæ episcopi, ac hujus almæ Universitatis Cancellarii, Commissario generali pro tunc, in loco Cancellarii consueto sedenti, inhibens eum et Procuratores, ex parte domini Archiepiscopi Cantuariæ, ne præfatus Ricardus Rodnore procederet ad gradum suum; et assistebant huic nuncio in hac parte Johannes Wallingforde et Thomas Matyn, bacularii juris. Nihilominus tamen processerunt in inceptionibus; et in tertio die sequente convocati sunt coram congregatione Regentium prædicti J. Wallingforde et T. Matyn, et ex consensu congregationis missi sunt ad castrum, tanquam perturbatores pacis et violatores privilegiorum, et in crastino die educti, suspensi sunt per prædictum Commissarium ab omni officio procurandi et advocandi usque ad festum Michaelis proximum sequens.

A. aa. 183. June 27, 1461. Certain persons having procured from the Archbishop of Canterbury an inhibition to prevent a monk from being admitted to his degree, endeavour to carry it into effect; but the Chancellor and Proctors proceed notwithstanding, and afterwards suspend from their office in the University those who backed the inhibition.

Secundo die Julii Johannes Morley, quia detulit Commissario prædicto inhibitionem a curia "de arcubus," incarceratur in Bocardo, et post octo dies dimittitur.

July 2.

[1] A blank space in the MS.

Immodici sumptus disputantium.[1]

The expenses at responsions and opponencies are excessive, wherefore it is decreed that for the future such expenses shall be strictly limited.

Nos, Wilhelmus Ive, Commissarius antedictus, considerantes excessivas et intolerabiles expensas, quas faciunt sophistæ in diebus ascensionum suarum et quum contigerit eos tenere vel respondere in parviso, in grave damnum Scholarium, *decrevimus et injunximus* singulis Principalibus aularum et locorum facultatis artium, quatenus nullus sophista, si solus ascendat, expendat in sua ascensione ultra sedecim denarios; si duo simul ascendant in eodem loco, duos solidos non excedant; si contingat tres simul ascendere, non liceat eis excedere duos solidos sex denarios; si vero quatuor, tres solidos quatuor denarios, absque speciali licentia Cancellarii et Procuratorum, sub pœna carceris: et, cum alias contingat aliquem respondere vel opponere ibidem, non expendat ultra duos denarios occasione oppositionis aut responsionis suæ; sub pœna prædicta. Acta sunt hæc quarto die Julii, anno supradicto, et in *parviso*, per prædictum Commissarium et Procuratores publice declarata.

Two poor Scholars receive from the University written authority to ask alms.

A. aa. 183. July 13, 1461. Eodem die Dionysius Burnell et Johannes Brown, pauperes Scholares de aula "Aristotelis," habuerunt literas testimoniales sub sigillo officii ad petendum eleëmosynam.[2]

A horse stolen by two Welsh Scholars.

A. aa. 184. Aug. 3, 1461. Eodem die comparuit coram nobis et Magistro Wilhelmo Fenton, baculario sacræ theologiæ, Johannes

[1] This title is written on the margin by a later hand.

[2] *eleemosynas*, MS.

Vincent, custos hospitii vocati vulgariter "*The Cardinalles hat*," in parochia S. Mariæ Magdalenæ Oxoniæ, et fatebatur quendam equum receptum fuisse in hospitium suum octavo die Februarii jam proxime præteriti, et dixit quod duo Scholares, videlicet, filii Rogeri Vawghan, cum quodam domino Wilhelmo, creditore eorumdem, intrarunt idem hospitium suum, et abduxerunt equum prædictum, et circa horam decimam noctis equitarunt versus partes Walliæ, ut dicebatur, cum quodam vocato Hugone Brekenok et aliis multis; et iste equus dicitur fuisse cujusdam Roberti Knolles, qui nono die ejusdem mensis comparuit coram nobis, et, præstito juramento corporali, confessus est quod solvit pro ipso equo et sella cum alio apparatu ejusdem plusquam quadraginta solidos, per quindenam ante prædictam diem octavam Februarii. Dixit etiam quod intrabat hospitium illud circa horam tertiam post meridiem, et tradidit equum suum famulo prædicti hospitis; et idem famulus recepit ab eo gladium, frenum, et armilausam de russeto in suam custodiam; et vicesimo die Januarii proximo sequente comparuit prædictus Johannes Vincent coram nobis Commissario antedicto, et judicialiter condemnatus est, ex confessione, ad solvendum prædicto Roberto Knolles, aut suo procuratori, quadraginta sex solidos octo denarios, solvendos in terminis subscriptis, videlicet, ad festum S. Gregorii[1] . . . proximo sequens sedecim solidos octo denarios, et ad festum Apostolorum Philippi et Jacobi proximo tunc futurum sedecim solidos octo denarios, et ad festum S. Johannis Baptistæ proximo sequens tredecim solidos quatuor denarios.

One John Vincent, the keeper of the inn "The Cardinal's Hat," acknowledges that the horse was entrusted to him, and asserts that it was stolen by two Welsh Scholars, who rode off with it towards Wales:

He is condemned to pay the price of the horse and its furniture, &c., 46*s.* 8*d.* in all, to the owner in three instalments.

[1] Here the MS. breaks off abruptly, and, after an interval of several lines, which are occupied by other entries in the register, goes on again as in the text.

A servant hired, and admitted to the privilege of the University.

A. aa. 187. Oct. 5, 1461. Eodem die Magister J. Alyn, Principalis aulæ Aquilinæ, deposuit coram Commissario antedicto quod Margareta Wynter est et erit lotrix vestium suarum, et accepit Symonem Wynter, maritum ejusdem Margaretæ, in servientem suum, promittens se daturum sibi non solidos octo denarios vel unam robam per annum; Et idem Symon præstitit juramentum corporale[1] . . . . et libertates Universitatis, quoad potuerit.

Excommunication of turbulent persons.

A. aa. 192. Feb. 7, 1461. Septimo die Februarii, facta proclamatione legitima, excommunicati sunt omnes qui posuerunt furcas aut alia hujusmodi opprobriosa circa arma vel alia signa domini regis, aut aliorum dominorum, in scholis juris canonici et civilis, aut aliis quibusdam locis infra præcinctum Universitatis.

A horse valued.

A. aa. 193. Feb. 3, 1461. Tertio die Februarii, anno Domini millesimo quadringentesimo sexagesimo primo, Edmundus Skyner obtinuit decretum ad appreciandum equum domini Ricardi Say, quem idem Edmundus habuit in custodia per unum annum integrum et dimidium, viz., a dominica palmarum, anno Domini millesimo quadringentesimo sexagesimo, usque ad festum Michaelis, anno Domini millesimo quadringentesimo sexagesimo primo. Et Johannes Lawrence et Petrus Barbour, de parochia S. Petri in Oriente in Oxonia, jurati coram nobis Magistro Wilhelmo Com-

---

[1] Here the MS. is torn, and a portion lost.

missario, etc., quod, præsente Johanne Harrys, bedello, appreciati sunt equum prædictum ad tredecim solidos quatuor denarios, qui, certificantes nos de pretio, testati sunt eundem equum habere oculos sanos et alia membra integra.

Expositio cautionum pro aulis, &c., coram domino Commissario et Procuratoribus, in ecclesia Beatæ Mariæ, nono die Septembris, videlicet, in crastino Nativitatis Beatæ Mariæ, anno Domini millesimo quadringentesimo sexagesimo secundo. A. aa. 196. Sept. 9, 1462.

Pro magna schola juris civilis in parochia S. Edwardi, Magister Thomas Waltone, nomine Magistri Johannis Strettun.

Pro aula vulgariter nuncupata "Brodeyates," in parochia Omnium Sanctorum, dominus Johannes Kyng, nomine Magistri W. Pyknam.

Pro magna schola juris civilis dominus Johannes Kyng, nomine doctoris Potman, [fidejussores Johannes Mowyere et Johannes Croftone].[1]

Pro aula vulgariter nuncupata "Vine Halle," Magister Reginaldus Stone, nomine Magistri Johannis Warde.

Pro aula vulgariter nuncupata "Soler Halle," idem nomine suo proprio.

Pro aula S. Edwardi, situata in parochia S. Edwardi, idem nomine Magistri Lodowyci John.

Pro aula nuncupata "Hengsey Hall," idem nomine doctoris Kaynelle.

Pro aula dicta "Bedyl Halle," idem exposuit cautionem nomine doctoris Schalke.

Pro aula dicta vulgariter "Bul Halle," idem nomine Magistri Nicholai Newtone.

Pro aula Bovina, dominus Johannes Tonyar, nomine

[1] The passages enclosed in brackets, throughout this article, are by a different hand, and have apparently been written at a somewhat later date than the rest of the MS.

Magistri Laurentii Cokkys, [exhibuit fidejussores Johannem Mowyere et Johannem Croftone].[1]

Pro aula Colcillina, et pro parvo horto annexo horto ejusdem aulæ, Magister Georgius Hargylle.

Pro aula Nigra juxta aulam Cervinam, Magister Johannes Aryndelle [exhibuit fidejussores Edmundum Fuller et Ricardum Leyke].

Pro aula Cervina, Magister J. Treganson, [fidejussores Edmundus Fuller et Ricardus Leyke].

Pro aula "Hamtone," Magister W. Summaster nomine proprio, [fidejussores Ricardus Bustarde et Johannes Geffray].

Pro aula S. Mildredæ, idem nomine domini J. Tabyn, [fidejussores Ricardus Bustarde et Johannes Geffray].

Pro aula vulgariter nuncupata "Chekeley[1] Hall," idem Magister nomine domini Johannis Tharscher.

Pro aula S. Laurentii, Procurator australis, nomine Magistri Thomæ Sotyfforde, [fidejussores Radulphus Bysshop et Thomas Taylor, de parochia S. Michaelis ad portam Borealem].

Idem pro aula Plummer, nomine Wilhelmi Senyn, idem pro quodam horto juxta aulam Laurentii, nomine Ricardi Payne.

Idem pro aula Beati Petri juxta collegium Exoniæ, nomine Nicholai Stanbery.

Pro magnis scholis juris canonici, Davyd Husbande, nomine Magistri Johannis Russhell, [fidejussores W. Mylle, Thomas Taylor, de parochia Omnium Sanctorum].

Pro aula Græca, Johannes Pese, nomine Magistri Johannis Vowell.

Pro aula Profunda, Magister Thomas Proctor nomine proprio.

Pro aula Mureligorum, Magister Johannes Aschby nomine proprio.

---

[1] The word *Chekeley* in the MSS. has been dotted beneath as spurious, and the word *Sykyll* (the name of a hall—see previous catalogue on p. 679) written above it by another and later hand.

Pro aula S. Johannis in parochia S. Aldati, Johannes Pese, nomine doctoris Butler.

Pro aula S. Johannis, Magister W. Stevene, nomine proprio.

Pro aula Aquilæ, Magister Robertus Lawles, nomine Magistri Johannis Alleyn.

Pro aula vulgariter nuncupata "Lytyl Edwarde Halle, Magister Johannes Mowar, [fidejussores Mowyere, Johannes Love, et Robertus Glover].

Pro aula Alba, situata juxta venellam vocatam "Cheyny Lane," Magister Johannes Grene.

Pro aula parva Alba, situata juxta muros, Magister W. Goodeȝere.

Pro aula vulgariter dicta "Hauke Halle," Magister Johannes Mederey.

Pro aula "Haburdasche," Magister Johannes Cornysche.

Pro aula Edmundi in parochia Beatæ Mariæ, Magister J. Pykyg.

Pro aula angulari, Magister Henricus Sutton.

Idem Magister Sutton pro aula Urbani, nomine domini Thomæ Thurleby, [et exhibuit fidejussores pro aula Urbani Johannem Smythe, "*baker*," et Robertum Glover.]

Idem pro aula vulgariter nuncupata "Nun-Halle," nomine Magistri Jonys, et invenit fidejussores coram domino Cancellario T. Gylbarde et Thomam Marton.

Idem Magister Henricus Sutton exhibuit cautionem pro aula Christopheri, in nomine Magistri Johannis Arnolde.

Idem pro aula Taurina, in nomine Magistri Johannis Paynter.

Pro magnis scholis juris civilis, Magister J. Pese, nomine doctoris Lychfelde.

Idem pro aula vulgariter nuncupata "Nevellys-ynne," nomine ejusdem doctoris.

Idem pro aula nuncupata "Nun-halle," nomine Magistri Reginaldi Wyllyam.

Pro aula Ænea[1] Magister W. Braggys nomine suo proprio.

Idem Magister pro aula Universitatis in vico scholarum, nomine domini Johannis Warnar.

Idem Magister exhibuit cautionem pro aula S. Thomæ in parochia S. Michaelis juxta portam borealem, nomine Gilberti Samesbery.

Pro aula Vitrea Magister Bonifacius Blundell, nomine Magistri J. Gregory.

Idem Bonifacius exhibuit cautionem pro aula Ænea[1] nomine suo proprio.

Idem pro aula Universitatis, nomine Johannis Warner.[2]

Idem Magister pro aula S. Thomæ in parochia S. Michaelis juxta portam borealem, nomine domini Gilberti Sammesbery.

Pro aula Beatæ Mariæ, Magister Thomas Parys nomine proprio.

Idem Magister pro aula vulgariter nuncupata "Takylhys-yn,"[3] nomine Magistri Roberti Schefelde.

Pro aula vulgariter nuncupata "Lytyl Merton Halle," Magister Henricus Samson.

Pro aula vulgariter nuncupata "Bedyl-Hall," Magister Henricus Popy.

Pro aula Trabina, Magister Thomas Wuodehylle, nomine Magistri Stephani Tylar.

Idem Magister pro aula Wyllyami situata in "Keballstrete."

Pro parva aula Universitatis in vico Scholarum, Magister W. Gregeforde.

Idem Magister pro aula Edwardi ex opposito collegii Reginensis,[4] nomine Magistri Hulle.

Pro aula Hugonis in parochia S. Petri in oriente, Magister W. Preston.

---

[1] *Ennea*, MS.

[2] *Wnaren*, MS.

[3] *Takylhysynne*, MS.

[4] *regii*, MS.

Idem pro aula Edmundi, nomine Magistri T. Lee.

Idem Magister pro aula Alba in eadem parochia, nomine Magistri Ricardi Broke.

Idem Magister pro horto quodam situato juxta ecclesiam S. Petri in Oriente, nomine Magistri J. Mede.

Pro aula Ænea [1] in vico scholarum, Magister Johannes Molyneux.

Idem Magister Johannes pro aula parva [2] S. Thomæ infra præcinctum aulæ Æneæ,[3] nomine Magistri Henrici Molyneux.

Etiam pro gardino juxta aula S.[4] Thomæ, nomine Magistri Adami Hele.

Idem pro parvo introitu S. Mariæ in vico Scholarum, nomine Magistri J. Lane.

Pro aula Bovina, situata in parochia S. Ebbæ, Magister Johannes Obyn, [fidejussores Ricardus Lawnde et Robertus Heth].

Pro aula Jacobi, situata in parochia S. Aldati, Magister Thomas Clarsat.

Pro aula Michaelis, situata in dicta parochia S. Aldati, Magister T. Raynolde.

Pro aula de "Burnellys-ynne," Magister W. Corte, nomine Magistri Lampton.

Idem Magister W. Corte, pro aula Passerina [5] in parochia S. Mariæ Magdalenæ, nomine proprio.

Pro aula Stapulina, dominus Johannes Hurste, nomine Magistri Henrici Gellys.

Idem pro quodam horto situato juxta portam nuncupatam "Smyȝthȝate," nomine proprio.

Pro aula vocata "Pery-Halle," Magister Johannes Thryng.

---

[1] *Ennea*, MS.
[2] *paruua*, MS.
[3] *Enne*, MS.
[4] *Sanctæ*, MS.
[5] *parserina*, MS.

Pro aula de "Pekwatur-hys-ynne,"[1] Magister Johannes Coke.

Pro aula vulgariter nuncupata "Beke-hys-ynne,"[2] Magister Bulkeley.

[Magister W. Bragg exhibuit fidejussores pro aula Ænea, Thomam Stremer, W. Caterike, et Robertum Geffray.

Magister Henricus Molyneux exhibuit fidejussores pro eadem aula Ænea, W. Gryffyn et Nicholaum Kele.

Magister Thomas Lee exhibuit fidejussores pro aula Edmundi, Thomam Barton et Johannem Upholder.

Magister W. Summaster exhibuit fidejussores pro "Sykyll-Halle," Edmundum Ffuller et Ricardum Brown.]

Acknowledgement of a debt.

A. aa. 197.
Sept. 26, 1462.
A debtor acknowledges his debt, and offers in part payment two pieces of cloth, which are accepted.

Vicesimo sexto die Septembris, Thomas ffowler confessus est se esse obnoxium Magistro Johanni ffarmer in triginta octo solidis, prout liquebat per quoddam scriptum obligatorium scriptum manu propria ejusdem Thomæ, et sigillo suo signatum, quod quidem scriptum prædictus Magister Johannes coram nobis exhibuit: in satisfactionem vero hujus debiti dictus Thomas deliberavit præfato Magistro Johanni per manus nostras duas particulas panni serici, viz., unam de viridi "*tartorum*," continentem sex virgatas, et alteram de "*russett tartorum*," continentem quinque virgatas et dimidium; quas quidem particulas dictus Magister per decretum appreciari fecit, scilicet per Johannem Seman et Johannem Northewode, juratos in præsentia Benedicti Stokis, bedelli, qui dictas portiones panni simul et in grosso appreciati sunt ad viginti tres solidos, et

---

[1] *Pekwaturhysnne*, MS. | [2] *Bekehysynne*, MS.

sic prædictus Magister accepit pannos prædictos ita, ut præmittitur, appreciatos in partem solutionis triginta octo solidorum; unde præter pretium pannorum prædictorum remanent solvendi quindecim solidi.

A servant hired.

Sexto die Octobris, Robertus Martyn præstitit coram nobis juramentum corporale de bene et fideliter serviendo Johanni Ketyll, "*vinter*," de Oxonia, usque ad Pascha proximo futurum; et quod non recedet a servitio suo nisi prius eum præmoneat, viz., per tres menses, et prædictus Johannes promisit fide media se daturum sibi pro stipendio suo secundum ratam quadraginta solidorum per annum, prout antiquitus dare solebat. Oct. 6, 1462.

A Scholar imprisoned for threatening language.

Eodem die Nicholaus Hawyht, Scholaris de "Haburdaysh Hall," convictus de verbis minatoriis illatis in Galfridum David, "*taylour*," incarceratus est, et solvit duodecim denarios. Eodem die prædictus Galfridus et quidam Johannes famulus suus, quia insultum fecerunt in prædictum Scholarem post incarcerationem, condemnati sunt in sex solidis octo denariis, solvendis infra duos dies post festum S. Hilarii proxime futurum, sub pœna dupli, pro quibus fidejussit Robertus Glover, de parochia Omnium Sanctorum.

Oct. 27, 1462.

A Scholar is imprisoned for threatening a tailor, and afterwards the tailor and his servant are fined for insulting the said Scholar during his confinement.

The administrator of the effects of an intestate is discharged from further liability.

Wilhelmus Ive, sacræ theologiæ professor, reverendi in Christo patris et domini domini Georgii, Dei gratia A. aa. 190. Nov. 3, 1462.

Exoniæ episcopi, hujus almæ Universitatis Cancellarii, Commissarius generalis :—

Cum nos alias Johanni Russhe, Scholari, commisimus administrationem bonorum cujusdam Magistri Thomæ Blacklow, utriusque juris bacallarii, ab intestato decedentis, qui quidem Johannes Russhe, secundum vim, formam, et effectum commissionis antedictæ officium sibi injunctum executus est cum effectu, a quo, debitis calculo et ratiocinio receptis, ipsum dimisimus, et dimissum declaravimus ab omni onere et periculo quæ ratione administrationis sibi commissæ incurrere poterit quovismodo. Datum sub sigillo officii nostri, in ecclesia collegii S. Mariæ Magdalenæ extra muros villæ Oxoniæ, tertio die mensis Novembris, anno Domini millesimo quadringentesimo sexagesimo secundo.

A surgeon, after examination, is admitted to practise in Oxford.

A. aa. 190. Nov. 7, 1462. Eodem die Petrus de Alcomlowe, chirurgicus, examinatus secundum formam statuti, admissus et licentiatus est ad practizandum in arte chirurgiæ in Universitate et infra præcinctum ejusdem.

Restrictions as to the price and manner of sale of beer.

A. aa. 198. Nov. 12, 1462. The price. *Memorandum*, quod dicto duodecimo die mensis prædicti [1] Novembris, coram dicto Commissario, viz., David Husbond decrevit,[2] in præsentia brasiatorum

[1] The word *mensis* repeated in the MS.

[2] Such is the reading of the text here; all the entries under this date are very carelessly made, and barely legible.

cerevisiæ, quod non recipiant pro "*quarter*" melioris cerevisiæ ultra undeviginti denarios, et quod dictorum brasiatorum certus numerus singulis hebdomadis brasiarent juxta limitationem et assignationem duorum actorum seu, vulgariter vocatorum, gardianorum: qui quidem gardiani ad præmissam limitationem seu assignationem absque dolo et fraude faciendam, cum ceteris pertinentibus ad officium ipsorum in hac parte exercendum, per dictum Commissarium dicto die fuerunt per sancta Dei evangelia astricti.

The appointed officers for the regulation of beer are sworn in.

Item, eodem die dictus Commissarius decrevit, quod dicti brasiatores per se seu per dictos gardianos visitabunt collegia, aulas, et cetera loca tertia die post vetturam seu "*entunnyng*" cerevisiæ, ad probandum seu examinandum qualitatem et quantitatem cerevisiæ;

They shall test the quantity and quality of the beer in the colleges and halls, &c.

Item, statuit eodem die dictus Commissarius, quod non minus[1] festine post brasiationem veherent cerevisiam, dum fuerit callida et plena bullitionibus ventosis, sub pœna forisfactionis ad arbitrium domini Cancellarii faciendæ, in parte vel in toto, juxta quantitatem delicti in hac parte.

The beer shall be allowed to cool before being sold.

Restrictions as to the baking of bread.

A. aa. 198.
Dec. 4, 1462.

Quarto die Decembris, anno suprascripto, decretum est per Magistrum W. Ive Commissarium, quod nullo hospitio publico infra præcinctum Universitatis Oxoniæ pindatur panis equinus, aut cujuscunque alterius generis, sub pœna quadraginta solidorum, quorum una medietas applicabitur officio Cancellarii, et altera medietas pistoribus ejusdem Oxoniæ, nisi pro se et familia sua si velit.

Bread may not be baked at any inn; except for private use.

---

[1] *minus*, MS., as in the text: probably the word should be *nimis*.

No baker may bake both white bread and horse bread.

Item, eodem die decretum est quod nullus pistor pindat panem album et panem equinum, sub pœna prædicta similiter applicanda.

Violence and intent to murder.

A. aa. 191.
Dec. 29, 1460.

Several persons, Scholars and others, violently enter the house of John Harris, the bedel, with intent to murder him.

Vicesimo nono die Decembris, coram Commissario et Procuratoribus, convicti fuerunt Johannes Marshall, scriptor, tunc incarceratus, Rogerus Bride, nuper de collegio Exoniæ, Laurentius consors suus, de eodem collegio, Johannes Bethune de aula "Brasenose," Radulphus Smythe de eadem aula, et Dionysius Paynter de parochia S. Petri in Oriente, quod ipsi noctanter invaderent Johannem Harres, inferiorem bedellum sacræ theologiæ, et eum occiderent, videlicet guttur ejus scindendo, et domum ejus spoliarent penitus, et inter eos ejus bona dividerent, et consimili modo facerent Johanni Paytow, de parochia S. Ægidii, etc.

An agreement between the Principal of Eagle Hall and his deputy.

A. aa. 199.
Jan. 10, 1462.

The deputy shall hold office for nine months, the name and dignity of Principal being reserved to the real Principal for the first three months;

Memorandum de conventione facta decimo die mensis Januarii, anno Domini millesimo quadringentesimo sexagesimo secundo, inter Magistrum Johannem Alleyne, aulæ Aquilæ Principalem, ex una parte, et Magistrum Tatheum Laghnan ex altera; *videlicet*, quod idem Magister Tatheus a die supradicto subibit omnia onera aulæ prædictæ, cum damno et lucro irrevocabiliter, usque ad festum Michaelis ex tunc proximo sequens, reservatis solummodo prædicto Magistro Johanni, usque ad quartum diem proxime sequentis Martii, principalitatis nomine et honore.

after the expiration of the said time the Princi-

Item, quandocunque post prædictum festum S. Michaelis contingat supradictum Magistrum Johannem

Alleyne redire ad istam almam Universitatem, tunc bene licebit eidem, sine aliqua contradictione prædicti Magistri Tathei, seu alterius cujuscunque nomine suo, prædictam aulam Aquilæ cum omnibus oneribus et honoribus ut prius possidebat, reassumere et pacifice retinere.

pal may resume his office.

Item, si ante adventum dicti Magistri Johannis Alleyne, de prædicta Universitate antedictus Magister Tatheus quovismodo transiverit, tunc ad instantiam Magistri Reginaldi Murlay et domini Walteri Maundewylle, prædictam aulam cum supradictis conditionibus resignabit, et ipsis successive sine fraude dimittet, ac etiam, ipsis non recipientibus principalitatem cum sæpedictis conditionibus, quod tunc Magistro Roberto Lawles modo supradicto resignabit.

In case the deputy should leave the University during the said time, he shall resign his office to certain persons herein named.

Item, usque ad prædictum diem quartum Martii, fores ejusdem aulæ, cum libera dispositione cameræ suæ, præfato Magistro Johanni patebunt sine aliqua contradictione vel molestia ejusdem Magistri Tathei. Ad quarum conventionum observationem uterque suo juramento corporali se obligat per præsentes, etc.

For the first three months the Principal shall have free access to and use of his rooms in the Hall.

Acta sunt hæc coram nobis, Magistro Wilhelmo Ive, Commissario generali Universitatis Oxoniæ, in Collegio beatæ Mariæ Magdalenæ, die et anno supradictis.

Thomas Gloucester degraded and banished.

Eodem die frater Thomas Gloucester,[1] de ordine Carmelitarum, convictus est de verbis opprobriosis et scandalosis dictis in quodam sermone publico ad Carmelitas, in festo Purificationis, ad personalem infamiam duorum honorabilium Baculariorum theologiæ, et in magnam perturbationem et inquietationem Universita-

A. aa. 200.

Feb. 18, 1462.

Thomas Gloucester, a Carmelite friar, has been guilty of a gross libel in a public sermon

[1] *Glowcester*, MS.

whereupon, being summoned with the usual formalities, and refusing to appear,

tis; qui per publicum servientem quæsitus ad domum non est repertus, deinde publice vocatus per scholas et ecclesias sub pœna bannitionis non comparuit, expectatusque per multos dies venire contempsit; tandem deliberatione facta, et matura communicatione habita, in congregatione Regentium diversis diebus super eadem causa convenientium in domo congregationis, ex eorum consilio et consensu prædictus frater Thomas Gloucester, propter multa et gravia delicta sua infra Universitatem commissa, præcipue propter perjurium super quo legitime convictus erat, prius in congregatione declaratus, ad instantias ejusdem congregationis degradatus est, undevicesimo die Februarii, et propter manifestam ac multiplicem contumaciam suam bannitus.

he is degraded in congregation,

and banished.

Inventory of the goods of Sir John Lydbery.

Theys beyn the gods of Syr W. Lydbery that byn praysyd by Jhon More, Stasynary, and Jhon Harys, bydall and supervysor.

In primis, j. coverlyt of wyhtt with red ffolys and blaw	pretium	xij^d^.
Item, iij. blankets	pretium	xij^d^.
Item, a peyr of schets	pretium	xx^d^.
Item, ij. hods scet[1] (sic)	pretium	vj^d^.
Item, a materas	pretium	xx^d^.
Item, ij. pelows		ij^d^.
Item, j. gowne with j. hod		iij^s^.
Item, a payr of strepys		ij^d^.
Item, a lewt	pretium	vj^d^.
	Summa totalis	ix^s^. viij^d^.
Item, pro bidello et stationario		iv^d^.
Item, pro registro		ij^d^.

[1] Possibly a contraction for *scarlet*, though there is no mark of contraction over the word in the MS.

A case dismissed by the Commissary.

A. aa. 201. March 28, 1463.

Two persons appear before the Commissary to settle their dispute, but, on inquiry, it appears that neither of them is under the jurisdiction of the Chancellor.

Vicesimo octavo die ejusdem mensis, comparuit coram nobis, Commissario antedicto, in collegio Beatæ Mariæ Magdalenæ, Willelmus Lyon, de Oxonia, ad instantiam Johannis Ketell, de eadem, evocatus. Verum nos, videntes neutram ipsarum partium Scholarem neque servientem Scholaris vel Scholarium, judicialiter pronunciavimus neutram ipsarum nobis aut jurisdictioni nostræ fuisse et esse pro nunc ratione personarum subditam et subjectam. Insuper, dictus Wilhelmus, ad exhibendum præstandumve cautionem de non trahendo prædictum Johannem Ketell, extra Universitatem, in aliqua causa infra Universitatem terminabili, per partem dicti Johannis Ketell requisitus, finem litium hoc tempore affectans omnibus actionibus infra hanc Universitatem terminabilibus, si quas dictus Wilhelmus Lyon adversus dictum Johannem habeat vel habuisse repertus fuerit, sponte et voluntarie, renunciabit, ac coram alio judice quocunque nunquam prædictum Johannem in talibus actionibus vexabit aut quomodolibet vexari procurabit.

Rent of a house.

A. aa. 202. May 17, 1463.

Decimo septimo die mensis Maii, anno Domini supradicto, comparuerunt coram nobis, Cancellario nato, doctore Watys, Wilhelmus Sturvyll, procurator generalis Magistri Johannis Fregusson et Ricardus Saner, et inde prædictus Wilhelmus petiit, nomine antedicti Magistri, viginti sex solidos octo denarios, pro pensione unius anni cujusdam domus a prædicto Ricardo conductæ; qui quidem Ricardus præstitit cautionem de judicio sisti per quemdam Ricardum Wade, obligatum in summa quadraginta solidorum, qui Ricardus Saner[1] . . . . . .

---

[1] The remainder of this article is not in the MS.

Compurgation.

May 22.

A writer accused of attaching a new document to an old seal, is admitted to compurgation.

Vicesimo secundo die mensis antedicti, Wilhelmus Salmon, scriba communis Oxoniæ, canonice, cum sufficienti numero compurgatorum vicinorum suorum, in ecclesia Beatæ Mariæ Virginis, Oxoniæ, ex decreto Cancellarii, seu verius ejus Commissarii generalis, super eo videlicet, quod ab æmulis ipsius et iniquitatis filiis, quorum nomina ignorantur, extiterat in villa Oxoniæ antedicta defamatus, quod cuidam veteri sigillo domini nostri regis Edwardi, per glutinem seu alio illicito exquisito colore, novam scripturam falso subdolo et nequiter supposuisset, seu hujusmodi facto nefario opem, consilium, seu favorem adhibuisset, factis publicis proclamationibus ac monitionibus in dicta ecclesia Beatæ Mariæ, in ecclesia, et in aliis ecclesiis et locis circumvicinis, quod omnes et singuli volentes ejus purgationem impugnare legitime compareant, et aliis in hac parte fieri consuetis perhibitis, se purgavit.

An Action for breach of contract withdrawn.

A. aa. 203.

July 2, 1463.

Secundo die Julii, anno supradicto, comparuit coram nobis Johannes Sendal de Sowthhamptone, "*bowyer*," qui pure, sponte, et absolute, in præsentia Magistri Walteri Hylle, alterius Procuratoris Oxoniæ, cessit et dedit actionem suam, quam habuit contra Thomam Boxwel de Oxonia, "*bowyer*," virtute cujusdam contractus emptionis et venditionis arcuum extendentem se ad summam centum solidorum, ut plene patet in quodam scripto obligatorio inde confecto, cujus datum est tertio die Novembris, anno regis Edwardi quarti secundo, Magistro Henrico Sellys, Magistro Ricardo Lancaster, et Thoma Sellys ad exhibitiones suas in Universitate Oxoniæ.

Coquorum annualis equitatio.[1]

A. aa. 205. Aug. 19, 1463. The two persons appointed by the cooks of Oxford to collect money for their annual festival, appeal to the Commissary against one of the craft who has refused to contribute for this purpose;

Decimo nono die mensis Augusti, coram doctore Husbond, Commissario,[2] Thomas Dalton et Tibot Coke, procuratores artis coquorum Universitatis Oxoniæ, nomine procuratorio dictorum coquorum, seu saltem nomine majoris partis eorumdem in quadam causa subtractionis inventionis quorumdam cereorum vulgariter vocatorum "*Coke-lyght,*" in ecclesia Beatæ Mariæ Virginis Oxoniæ situata, necnon subtractionis seu violationis cujusdam laudabilis consuetudinis in contribuendo ad quandam refectionem consuetam in die equitaturæ coquorum annuatim semel in mense Maii, contra et adversus Johannem Coke, de domo S. Johannis extra portam Orientalem Oxoniæ: partibus vero prædictis judicialiter comparentibus, dictus Johannes confessus fuit se teneri ad refectionis prædictæ contributionem: Unde judex prædictus assignavit terminum octo dierum prædictis procuratoribus ad probandum inventionem ipsorum super præmissis per dominum Johannem, ut præmittitur, negatis: quo quidem die adveniente procuratoribus prædictis, nomine quo supra, comparentibus, dicto Johanne contumaciter absente, ipsius accusaverunt contumaciam, et in pœnam ipsius contumaciæ petierunt se admitti ad suam probationem super præmissis, et testes ad tunc produxerunt, quorum nomina sequuntur.

A day is appointed for investigation of the matter, and, the defendant being absent, several witnesses are produced to prove the assertions of the plaintiffs.

Robert, the cook of "Hamptone Hall," deposeth, that all the cooks of Colleges and Halls have hitherto been accustomed to contribute to their annual feast;

Robertus Coke, de aula "Hamtone," primus testis productus in causa præmissa juratus, legitimæ ætatis, bonæ famæ, et opinionis illæsæ, ut dicit, per judicem interrogatus deposuit, hujusmodi refectionem coquorum fuisse et esse consuetam annuatim semel in mense Maii, et quod omnes coqui tam collegiati quam aulares Universitatis

[1] This title is by a later hand on the margin.

[2] The word *comparuerunt* seems to be omitted.—Ed.

Oxoniæ, solebant contribuere ad hanc refectionem in mense Maii, ut prædicitur, consuetam, excepto dicto Johanne Coke, qui tempore suo contribuere recusavit:

that he has been a cook for six years;

Item, interrogatus per judicem qualiter scivit hujusmodi refectionem esse tempore prædicto consuetam, dixit quod fuit coquus in Universitate Oxoniæ per sex annos, et interfuit hujusmodi refectionibus, et vidit ita factum:

A. aa. 206.

that the cooks have always appointed two of their number to collect contributions.

Item, dicebat quod omnes coqui collegiati solebant annuatim constituere unum procuratorem, et omnes coqui aulares alium, pro contributionibus cereorum dictorum et dictæ refectionis colligendis:

Item, interrogatus de fama, dicit quod super præmissis in Universitate laborant publica vox et fama, et dicit quod nec prece nec pretio est corruptus, nec curat de victoria dummodo justitia habeatur.

Stephen, the cook of "Vine Hall" corroborates the above testimony;

Stephanus Coke, de aula Vinea, secundus testis in dicta causa productus et juratus, bonæ famæ &c., concordat cum præcedente teste in omnibus, et dicit quod vidit ita factum per viginti annos.

also Walter, another cook;

Walterus Coke, tertius testis productus et juratus, ut supra, concordat cum duobus primis in omnibus, et dicit quod vidit ita factum per viginti annos, nec prece nec pretio, &c.

and John, the cook of "Brasenose."

Johannes Coke, de "Brasenos," quartus testis productus et juratus, ut supra, idem deposuit quoad contributiones refectionis et quoad famam, et dicit quod vidit ita factum per septem annos, et dicit quod uno anno fuit procurator, et hujusmodi contributiones colligebat, nec prece nec pretio est corruptus, nec curat de victoria, &c.

Sanctuary in "Broadgates Hall."

Aug. 25, 1463.

A tailor having wounded another

Vicesimo quinto die mensis prædicti, scilicet Augusti, Johannes Harry, scissor, statim cum percusserat cum quodam parvo cultello in quemdam . . . . . ,[1] fugiens in aulam "Latæ portæ," parochia Omnium Sanctorum Oxoniæ, causa immunitatis consequendæ ibidem, —quæ quidem aula pertinet ad jus et proprietatem Hospitalis seu domus S. Johannis Baptistæ extra portam Orientalem Oxoniæ prædictæ, unde dicta aula dignoscitur habere jus defendendi quemcunque ad eam gratia immunitatis consequendæ fugientem,—Magister Walterus Hil, australis Procurator Universitatis Oxoniæ antedictæ, velut hujusmodi privilegii immunitatis, prædictæ aulæ ab antiquo Romanis Pontificibus concessi, inscius et ignarus, præfatum Johannem Harry, licet invitum, reclamantem, et publice ibidem protestantem se prædictæ immunitati nolle qualitercumque renunciare, sed immo eidem omnimodo velle adhærere, ab eadem aula in publicam custodiam abstrahendo induxit, protestando tamen expresse, quod si posset in eventu de hujusmodi privilegio immunitatis prædictæ sibi apparere, [et] aliquod damnum corporale occasione dictæ percussionis dicto Johanni posse verisimiliter contingere, ex tunc, quam cito commode posset, eundem Johannem ad prædictam aulam occasione præmissa reinduceret; consequenter coram Commissario Universitatis prædictæ facta fide quod hujusmodi percussio antedicta non ad mortem nec alicujus membri mutilationem dicti patientis tendens, immo quod levis et modica extiterat, Thomas Taylour, parochiæ prædictæ, pro dicto Johanne fidejussit, tantum ut infra sequitur, videlicet, de satisfaciendo Universitati prædictæ decem solidis pro dicta percussione, scilicet in festo Natalis Domini et Paschæ per æquales portiones:

man with a knife flees for sanctuary to "Broadgates' Hall."

He is pursued by the Proctor, and, in spite of his protestations,

dragged forth and placed in custody, under a promise, however, to restore him to Sanctuary in case his life should be in danger;

and, it being proved that the wound inflicted was not serious, another tailor is allowed to give surety for the payment of the regular fine,

Item, quod dictus Johannes Harry reddet se paratum ad respondendum cuidam Groftone, *alias* Croftone, scissori, Oxoniæ prædictæ, secundum juris exigentiam, in omnibus actionibus suis personam et res suas con-

and that the accused shall appear to answer the charge of one Croftone;

[1] Here is a blank in the MS.

cernentibus, quas contra prædictum Johannem Harry dictus Groftone, *alias* Croftone, movere et prosequi intendat. Ex post facto vero præfatus Johannes Harri, personaliter existens in collegio S. Mariæ Oxoniæ antedictæ, timens mortem occasione percussionis sæpedictæ sibi verisimiliter imminere, a prædicto Magistro Waltero Hil, Procuratore, ut præfertur, petiit instanter immunitatem, virtute privilegii prædictæ aulæ concessi, sibi restitui cum effectu: prædictus igitur Procurator, de dicto privilegio per custodem dictæ domus et alios fidedignos interim plenius instructus, volens libertatem dictæ domus S. Johannis cum suis locis adhærentibus servare illæsam, antedictum Johannem in dictam aulam, pro immunitate sua secundum omnem juris effectum, reinduxit.

Finally he is restored by the Proctor to Sanctuary, on alleging that he believes his life to be imperilled.

Inventory of the Goods of John Hosear.

A. aa. 210. Feb. 1463.

Hæc sunt bona Johannis Hosear appreciata per viros subscriptos, *videlicet* per Johannem Matthew, Nicolaum Kele, Johannem Croftone, Edmundum Seyner, Johannem Flechyr, Johannem Dobynette,

In primis xxxviij. schort bordys - -	viij^{d}.
Item, iij. stodys and iij. endys of stodys -	ij^{d}.
Item, ij. syde bordys of a bed w^{t} iiij. ffete	iv^{d}.
Item, ij. long bordys and ij. schort -	vj^{d}.
Item, a forme w^{t} ffete and j. w^{t}owte ffete	ij^{d}.
Item, ij. schort formes - - -	ij^{d}.
Item, a lytyl table w^{t} iij. ffette - -	j^{d}.
Item, a joyned table - - -	xij.
Item, a reel for woollen ȝerne - -	j^{d}.
Item, a table w^{t} iiij. fette - - -	iv^{d}.
Item, a forme for a whele - - -	j^{d}.
Item, ij. lytyl brochys - - -	iv^{d}.
Item, a posnet of brasse w^{t} a frying panne	xij^{d}.
Item, ij. lytyl olde brokyn pannys -	ij^{d}.
Item, a lytyl hachet w^{t} a fleshe hoke	j^{d}. obolum.
Item, repe hoke and candelstyk - -	ij^{d}.

Item, ij. podengerys wt a sawcer - - iijd.
Item, iv. stolys and a morter - - vd.
Item, a selyr and a peynted cloth - ijd.
Item, a liytyl cofyr wt a lyd and j. wtowte lyd - - - - - ivd.
Item, a lytyl grene cloth wt a quarter of kendal - - - - - ivd.
Item, an harpe - - - - ivd.
Item, iv. lytyl olde barrells - - ijd.
Item, a staffe schoyd wt iryn wt odyr small stavys - - - - -
Item, a skewer and a new hors combe - } iijd.
[1]*Item*, a lytyl cofyr wt loos bordys in ye syde - - - - -

* * * * *

The last Will and Testament of Robert Hesyl, rector of the parish of Teynton.

In Dei nomine, Amen; Anno Domini, secundum computationem ecclesiæ Anglicanæ, millesimo quadringentesimo sexagesimo quarto, vicesimo quinto die Aprilis, *Ego,* Robertus Hesyl, rector ecclesiæ de Teynton, ortus in comitatu Lincolniæ, in villa vulgariter Conyngesby nuncupata, et inter civitatem Lincolniæ et villam S. Botulphi sitututa, compos tam mentis quam corporis, *ordino et condo testamentum meum in hunc modum; In primis,* volo, desidero, et deprecor, et me et omnia mea corporaliter seu spiritualiter re seu spe concernentia cedere Domino Deo meo, Creatori, Custodi, Gubernatori, Reparatori, et Glorificatori hominum, ad honorem et gloriam; glorificatis gaudium et lætitiam, vivis misericordiam et gratiam, et omnibus fidelibus defunctis veniam et requiem sempiternam; A. aa. 211. April 25, 1464.

[1] Here the folio has been torn, so that the lower half is lost.

ceterum vero specialiter volo, do, et lego animam meam Deo Trino et Uno, corpusque meum, postquam exanime fuerit, sepeliendum in cœmeterio Omnium Sanctorum Oxoniæ juxta crucem magnam ad boream, facie versa ad eandem a parte australi;

Item, do et lego operibus ecclesiæ cathedralis Lincolniæ, sex solidos octo denarios;

Item, ad cultum summi altaris ecclesiæ Omnium Sanctorum Oxoniæ, tres solidos quatuor denarios;

Item, ad reparationem et innovationem cancellæ ampliandæ ibidem, sex solidos octo denarios;

Item, ad reparationem et innovationem campanarum ejusdem ecclesiæ, sex solidos octo denarios;

Item, ad intitulandum nomina librorum in libraria collegii Lincoln: contentorum, supra dorsa eorum coöperienda cornu et clavis, sex solidos octo denarios;

Item, ad fabricam imaginis S. Hugonis, in tabernaculo supra ostium ascendendi ad capellam in pariete situandæ, viginti solidos;

Item, ad cultum summi altaris S. Michaelis Oxoniæ ad boream, tres solidos quatuor denarios;

Item, do et lego pauperibus Christi in et de parochiis Omnium Sanctorum et S. Michaelis, decem solidos distribuendos die aut nocte defunctionis meæ;

Item, volo quod in die exequiarum mearum, et in missarum solemniis, fiant circa corpus meum sex torchetæ et quinque cerei, et totidem in die trigintali et in die annali;

Item, volo quod in die exitus mei, et exequiarum, et triginta diebus sequentibus, ut moris est, fiat pro me pulsatio;

Item, volo lapidem marmoreum habere reponendum super corpus meum, in memoriam mei, cum epitaphio, pretii quadraginta solidorum, aut quinquaginta trium solidorum quatuor denariorum, vel plus si videatur executoribus meis hoc faciendum;

Item, do et lego ad observandum obitum meum

infra Collegium Lincoln: per decem annos continuos sexaginta sex solidos octo denarios, expendendo omni anno per æquales portiones sex solidos octo denarios, sic quod pauperes Christi inde percipiant annuatim viginti denarios, et qui circuit villam proclamando nomen meum quatuor denarios omni anno;

Item, do et lego ad cultum summi altaris ecclesiæ meæ de Teynton, calicem cum patena de argento partim deauratum, et cum nodo deaurato et annamelato, et in pede habentem imaginem Crucifixi deauratam;

Item, ad reparationem seu innovationem ecclesiæ meæ de Teynton, quadraginta solidos;

Item, pauperibus Christi parochiæ meæ de Teynton præsentibus tempore exequiarum mearum et missarum solemniis, cuilibet tres denarios; et presbyter parochialis recipiat duodecim denarios;

Item, ad reparationem et sustentationem domorum pertinentium Magistro et sociis collegii de Whythyngtone Londonii in Ryola, ex una parte, tredecim solidos quatuor denarios;

Item, ad reparationem et sustentationem domorum pauperum ejusdem collegii, ex altera parte, decem solidos;

Item, Philippo, Scholari meo, ad subsidium suæ exhibitionis, dum scholas exercet Oxoniæ, dumtaxat quinque annis immediate sequentibus, omni septimana quatuor denarios;

Item, Johanni Meyborne, bibliotistæ Collegii Lincoln:, ad subsidium suæ exhibitionis, dum scholas exercet Oxoniæ, tribus annis duntaxat, omni septimana quatuor denarios;

Item, Christophero, domus S. Johannis, ad subsidium suæ exhibitionis, sex solidos octo denarios; Residuum vero bonorum meorum omnium ac debitorum ubicunque existentium, post debita mea persoluta, sepulturam meam honeste factam, et præsentis testamenti mei completionem, do et lego integre ad faciendum, disponendum, et distribuendum pro anima mea in operibus caritativis, per executores meos, prout ipsi melius viderint Deo placere, et saluti animæ meæ proficere:

Executores meos ordino, volo, et statuo, Magistrum Johannem Trysthorpe, Rectorem Collegii Lincoln: Oxoniæ, Magistrum Johannem Marchall, ejusdem collegii socium, et dominum W. Lowsone, publicum notarium, et capellanum de Conyngesby; et volo quod Magister Johannes Trysthorpe, Rector collegii prædicti, habeat, ultra expensas pro me faciendas, pro suis laboribus viginti solidos, et togam meam optimam sanguinei coloris, cum caputio correspondente; similiter dominus W. Lowsone, ultra viginti solidos, pro laboribus suis in hac parte receptos, togam meam optimam de blodio cum caputio correspondente;

In cujus quidem testamenti mei ac ultimæ meæ voluntatis, ut præfertur, expressatæ, fidem et testimonium, sigillum meum præsentibus apposui, his testibus, Magistris Thoma Wyche, Magistro Waltero Bate, et Magistro Thoma Canne.

Datum Oxoniæ, anno, mense, et die supradictis.

Probatum est præsens testamentum vicesimo septimo die mensis Maii, anno Domini millesimo quadringentesimo sexagesimo quarto, coram nobis, Magistro Johanne Mulcaster, sacræ theologiæ professore, reverendi in Christo patris et domini domini Georgii, Dei gratia, Exoniæ episcopi, ac Universitatis Oxoniæ Cancellarii, Commissario generali, et per nos approbatum et insumatum et legitime pronunciatum pro eodem: commissaque est administratio omnium bonorum idem testamentum concernentium executoribus suprascriptis, in forma juris juratis, quos ab ulteriore computo nobis aut officio nostro faciendo dimittimus et acquietamus, salvo jure cujuscumque;

In cujus rei testimonium sigillum commune officii cancellariatus præsentibus apposuimus.

A member of the University claims to be exempt from any other jurisdiction.

A. aa. 212. July 16, 1464. W. Alyarde summons John Croke, for having sued him in a court other than that of the University.

Sextodecimo die mensis Julii, anno Domini millesimo quadringentesimo sexagesimo quarto, comparuit Johannes Croke, ad instantiam W. Alyarde, capellani perpetui cantariæ S. Mariæ, in ecclesia S. Martini Oxoniæ, coram nobis, Magistro Thoma Chaundelere, sacræ theologiæ professore, ac almæ Universitatis Oxoniæ Commissario generali, pro eo quod injuste vexavit [1] dictum Wilhelmum coram judice foraneo; qui promisit, sub pœna viginti librarum, de servando præfatum Wilhelmum indemnem erga quemcunque judicem in quacunque causa mota vel movenda nomine ipsius, et quod non traheret sæpefatum Wilhelmum in futurum, in aliqua causa terminabili infra præcinctum Universitatis, ad foraneum judicem sub pœna prædicta.

A taverner mulcted for selling bad beer.

A. aa. 213. Aug. 4, 1464. The Commissary and others, on tasting the beer sold by a certain taverner, oblige him to refund a portion of the price paid.

Convocatis coram nobis diversis Magistris et aliis laicis cerevisiam vendentibus, quarto die Augusti, defalcavimus octo denarios de cerevisia Johannis Janyn, pandoxatoris, quam misit Anisiæ Barbour, extra pontem orientalem Oxoniæ, videlicet unum cadum pro viginti denariis, sic quod ipsa solveret eidem Janyn tantum duodecim denarios pro eodem, quia secundum judicium nostrum et aliorum inde gustantium non plus valuit.

Sureties for an abusive woman.

A. aa. 214. Sept 18. Anisia Lambard finds sureties that she will

Decimo octavo die Septembris, Wilhelmus Lambard, Johannes Snowdon, Thomas Smyth, coram nobis fidejusserunt pro Anisia uxore dicti Wilhelmi, quod ipsa

[1] *vexan*, MS.

abstain from abusing and threatening her neighbours in future. pacifice et quiete manebit inter proximos suos, et specialiter versus Johannem Davidson et Agnetem uxorem suam, non inferendo eis seu eorum alicui verba litigiosa, contumeliosa, comminatoria, seu scandalosa omnino in futurum, sub pœna viginti solidorum, cujus una medietas erit ecclesiæ S. Clementis ultra pontem orientalem, alia vero medietas Universitati Oxoniæ applicabitur, si possit probabiliter probari coram Cancellario vel ejus Commissario generali quod contrarium fecerit in aliquo prædictorum.

A private baker licensed.

Oct. 1. *Memorandum*, quod eodem die mensis Octobris, anno Domini millesimo quadringentesimo sexagesimo quarto, *Nos*, Rogerus Bulkeley, sacræ theologiæ professor, reverendi in Christo patris et domini domini Georgii Exoniæ episcopi, hujus almæ Universitatis Cancellarii, Commissarius generalis, licentiavimus quendam Johannem Wysdom, de parochia Omnium Sanctorum Oxoniæ, ad pinsendum sive pistandum in furno suo quoties opus fuerit, in vigiliis Sanctorum et Sanctarum jejunabilibus, ac etiam in Quadragesima, panes vulgariter nuncupatos "*Wygges*" et "*Symnelles*," sic quod non fiat in præjudicium artis communis pistorum, sed ad proficuum Universitatis et villæ prædictæ Oxoniæ.

Privilege of the University claimed.

A. aa. 215. Nov. 19. Undevicesimo die ejusdem mensis, comparuit coram nobis Commissario prædicto Johannes Skydmore, asserendo se esse mancipium collegii monachorum ordinis Cisterciensium, et hoc probavit per tres religiosos ejusdem loci, viz., Radulphum Harbotell, Robertum Charley, et Wilhelmum Huntte, et sic petebat se admitti ad privilegium servientibus Scholarium indultum, quem nos auctoritate qua fungimur admisimus.

The last Will and Testament of David Turnour.

In Dei nomine, Amen; Septimo die Junii, anno Domini millesimo quadringentesimo sexagesimo quinto, *Ego,* David Turnour, compos mentis licet æger corpore, *condo, ordino, et facio testamentum meum in hunc modum:* A. aa. 217. June 7, 1465.

In primis, lego animam meam Deo omnipotenti, Beatæ Mariæ Virgini, et omnibus Sanctis, corpusque meum ad sepeliendum infra ecclesiam Apostolorum Petri et Pauli, in oriente Oxoniæ;

Item, lego ad utilitatem ecclesiæ ejusdem unam crateram argenteam, in recompensam sepulturæ meæ in eadem, et ut particeps fiam suffragiorum pro benefactoribus inibi effundendorum;

Item, lego unam mappam de "*diaper*" et manitergium ad ecclesiam S. Margaretæ in Suthwork, ubi sepeliuntur parentes mei;

Item, lego Magistro Thomæ Lee meliorem murram meam, et septem nobilia aurea antiqui cunagii, una cum toga mea nigra, desiderans ipsum parentes meos, Ricardum Turnour, W. Zetter, et Johannam Turnour, et me David Turnour, in suis orationibus habere commendatos;

Item, lego Magistro Johanni Fyscher meam aliam murram, una cum tredecim solidis quatuor denariis, sub consimili desiderio;

Item, lego fratri meo, Johanni Reede, salsarium meum argenteum cum operculo suo, et zonam vocatam "*le fenyce coorse,*" et annulum meum argenteum sigillatorium, ac etiam quatuor paria linteaminum, quæ sunt in sua custodia Londonii, cum quadam mensa, olla ænea, et cum maxima patella;

Item, lego Edithæ, uxori prædicti fratris mei, zonam meam de corio deargentatam, et duos annulos aureos;

Item, lego Aliciæ, filiæ prædicti fratris mei, sex cochlearia argentea, cum parva ollula;

Item, lego duabus filiabus sororis meæ Isabellæ duas zonas blodias deargentatas, et unum par precularum de "*corall*" seniori earum, quibus etiam lego sex cochlearia et unum duodenarium paropsidum de stagno, cum duabus ollis æneis, et duabus simplicioribus patellis meis, sic tamen quod, si una illarum ante annos pubertatis et maturæ ætatis obierit, tunc sors sua superstiti cedat, et, si neutra earum hujusmodi annos attigerit, tunc hæc bona prænotata per executores meos disponantur;

Item, lego avunculo meo W. Gybsone, et uxori ejus, duos annulos argenteos, omnia candelabra mea Londonii, et secundariam patellam meam;

Item, Radulpho Bygoode unum nobile aureum, cum cochleari usuali, et omnibus libris meis grammaticalibus;

Item, domino Stephano Sawndre meum meliorem pectinem:

Item, lego Johanni Martone omnes libros meos logicales, cum toga curta;

Item, lego Humfrido Everarde omnes libros meos vocatos "*primers*;"

Item, lego uxori ejusdem Humfridi meam togam de "*violett*," et omnia linteamina Oxoniæ existentia; Residuum vero bonorum meorum superius non legatorum do et lego executoribus meis, ut ipsi de his disponant prout melius viderint pro salute animæ meæ, quos ordino et constituo Magistrum Thomam Lee et fratrem meum Johannem Reede.

The Commissary adjusts a dispute.

A. aa. 225. Jan. 10, 1465. Thomas Chaundler, Commissary, elected arbiter by the parties at variance, settles their difficulties, as follows:

Decimo die mensis Januarii, anno Domini millesimo quadringentesimo sexagesimo quinto, *Nos*, Thomas Chaundelere, sacræ theologiæ professor, ac hujus almæ Universitatis Oxoniæ Commissarius generalis, arbiter, arbitrator, et amicabilis compositor indifferenter assumptus et electus inter partes infra scriptas, *viz.*:

inter venerabilem virum dominum Ricardum Lancester,[1] canonicum regularem, ac ejusdem ordinis studentium priorem, et Simonem Marshall, ex parte una, et Johannem Merton, pædagogum, et uxorem ejusdem, ex altera, super certis gravaminibus a prædictis partibus coram nobis porrectis et oblatis, scrutata veritate prædictorum gravaminum, sub forma quæ sequitur inter partes prædictas laudando, arbitrando, amicabiliter componendo, et definiendo *decernimus, in primis,* quod nullus partium prædictarum, nec aliquis alius eorumdem nomine, verba minatoria, opprobriosa, scandalosa, defamatoria, vel vultus inhonestos vel extraneos, aut aliqua alia verba, prædictas partes ad iram vel rixam promoventia habebit, offendet, vel manifestabit: *Insuper, laudando decrevimus,* quod partes prædictæ sibi inimicæ omnia et singula gravamina, lites, brigas, querelas, et demandas ab initio mundi usque ad diem confectionis præsentium habita pro se et suis perfecte et plenarie remittent;

neither of the parties to the quarrel shall abuse, or threaten, or make faces at the other;

and they shall forgive each other for all past offences.

Item, nullus partium prædictarum, per se vel per suos, aliquam actionem, persecutionem, vel convictionem, in judicio vel extra judicium, intentabit vel aliquo modo procurabit, sed, quantum in eis est, impediant ne hujusmodi persecutiones, actiones, et convictiones fiant;

They shall neither of them institute any further legal proceedings.

Item, quod infra quindenam, a tempore hujus laudæ datæ connumerando, partes prædictæ, infra collegium Beatæ Mariæ canonicorum regularium Oxoniæ, unam refectionem ex sumptibus eorundem sub forma quæ sequitur, *viz.,* dictus Johannes Merton pro se et suis unam aucam cum potello vini exhibebit, et dictus venerabilis vir dominus Ricardus Lancaster, panem et cerevisiam, cum aliis juxta libitum sive voluntatem, eodem tempore ministrabit; Ad quæ omnia et singula præmissa bene et fideliter perimplenda partes prædictæ

They shall also, within fifteen days from the date hereof, at their joint charges provide an entertainment;—the one party to provide a goose and a measure of wine, the other bread and beer,—the same to take place in S. Mary's College.

---

[1] *Laycester,* MS.

se firmiter astrinxerunt et obligarunt, sub pœna decem librarum solvendarum, si defectus sit in parte vel in toto circa præmissa, solvendo unam partem prædictarum decem librarum officio Cancellariatus, secundam partem Universitati, et tertiam parti aggravatæ.

Arbitration of a dispute between certain members of "White Hall" and "Deep Hall."

A. aa. 226.
Feb. 6, 1465.

Dr. John Caldbeke, elected arbiter by the disputants, arranges the terms of their agreement, as follows:

In Dei nomine, Amen. Nos, Magister Johannes Caldbeke, professor sacræ theologiæ, amicabilis compositor et impar communiter et concorditer assumptus et electus inter Edwardum Cheny, clericum, et Ricardum Gren, mancipium aulæ Albæ, cum adhærentibus eisdem de eadem aula et aliis locis, partem querelantem ex una parte, et dominum Radulphum Blaistone et dominum W. ffairebarn de aula Profunda, cum adhærentibus eisdem de eadem aula et locis aliis, partem querelatam parte ex altera, de et super omnibus et singulis transgressionibus, injuriis, ac contumeliis verbo aut facto exortis et natis inter partes prædictas et adhærentes eisdem a principio mundi usque in diem confectionis præsentium, prout in compromisso inde confecto plenius continetur,—visis igitur ac diligenter rimatis et intellectis petitionibus utriusque partis, et super his communicato consilio sapientium, solemnique per nos deliberatione præhabita, Dei omnipotentis nomine primitus invocato, pro bono pacis et concordiæ inter partes prædictas perpetuo habendæ,—

The parties shall mutually forgive one another, and shall not commence any ulterior proceedings;

laudamus, arbitramur, ac pronunciamus, quod partes prædictæ hinc inde remittant, et abhinc pro remissis ac renunciatis habeant, omnibus et singulis querelis, transgressionibus, injuriis, ac contumeliis prædictis,[1] super his de cetero quæstionem de jure aut de facto non moturæ, utrique parti perpetuum silentium imponentes;

[1] *prædictionis*, MS.

proviso semper, quod in prædicto laudo non veniat quæstio de quodam desco [1] seu sedili, de quo lis pendet inter aulares prædictarum aularum, cujus determinationem relinquimus discretioni domini Cancellarii pro tempore existentis: *Insuperque, laudando mandamus* quod illæ quatuor personæ supra specificatæ, una cum quatuor aliis aularibus ad minus de utraque aula, conveniant ad locum et tempus arbitrio Magistri Johannis Lidford et Magistri N. Hosy signandum, et quod utraque pars expendat in vino lagenam, ac quod verbo et facto præmissa perimpleant, et ante recessum ab illo loco manus hinc inde capiant ad discretionem dictorum Magistrorum: et hæc omnia et singula mandamus perfici, sub pœna viginti librarum in compromisso inserta, pro parte dimidia parti parenti applicanda, et pro alia dimidia officio Cancellariæ.

but as to a certain desk, which has been a subject of dispute between the members of the two Halls, the decision of the difficulty shall be left to the Chancellor.

Moreover the said disputants, along with four members from each of the two Halls, shall meet at a time and place to be named, and shall provide wine for their mutual entertainment, and shall shake hands before parting.

Datum decimo sexto die Februarii, anno Domini millesimo quadringentesimo sexagesimo quinto.

Master R. Scarburgh swears that he will obey certain injunctions, in consequence of the proper form having in his case been dispensed with for the degree of Doctor in Theology.

Memorandum, quod vicesimo primo die Maii, anno Domini supradicto, de communi consensu atque decreto in sacra theologia doctorum actu tunc regentium, venerabilis vir Magister Ricardus Scarburgh, artis Magister ac in sacra theologia bachallarius, quoniam non complevit formam ad doctoratus gradum requisitam juxta statuta Universitatis, sed usus est gratia quadam largissima, ne cederet in infamiam maxime doctorum in dicta theologiæ facultate accelerata ejus admissio, quasdam accepit injunctiones sub expresso juramento dictis doctoribus in ejus licentiatione præstito.

A. aa. 228.
May 21, 1466.

---

[1] *disco*, MS.

He shall complete his due term of regency.

Prima injunctio, quod complete regat per duos annos, nulla obstante promotione ad beneficium quodcunque, si de non residendo poterit quisquam citra summum Pontificem dispensare; quod si licentiam infra dictum tempus a summo Pontifice ipsum obtinere contigerit, non eo minus a sua regentia per dictum tempus excusabitur.

He shall not be excused from preaching his sermons according to form.

Secunda injunctio, quod prædicabit sermonem examinatorium in termino Michaelis proximo, nisi forsan ad sermonem prima Dominica Adventus tenebitur, quod si contigerit, dictum sermonem prædicabit intra annum post ejus inceptionem.

Tertia injunctio, quod omnes sermones sibi incumbentes in propria persona prædicabit.

He shall fulfil the conditions of his grace of dispensation.

Quarta injunctio, quod omnia in sua gratia contenta, absque dispensatione quacunque complebit.

He shall determine certain questions herein specified.

Quinta injunctio, quod certas determinabit materias, *videlicet,* de purgatorio, in speciali has ambiguitates: Si est Purgatorium? Utrum ignis purgatorius est materialis? Utrum pœna inflicta in purgatorio sit pœna inflicta a Deo immediate vel per ministros? Si per ministros, an una anima aliam punit? vel per angelos, et tunc utrum per angelos bonos vel malos vel indifferentes? Alia difficultas, utrum animus in purgatorio æque intense affligetur ut alius damnatus? Alia dubitatio, quum incipit purgatio, et quamdiu durabit? et de loco purgatorio, si est determinatus?

Item, determinabit de simonia et de usura: et has perficiet determinationes per media accepta, ex scriptis sacris, ex originibus Sanctorum, et ratione materiali sicubi habebit locum, &c.

Agreement to complete the wood fittings in the new schools.

A. aa. 228.
June 11, 1466.

In festo S. Barnabæ Apostoli, Johannes Edward de "Bokylbury," in comitatu Barks., "*hosbandman,*" obligavit se ad faciendum ambones cum formulis pro novis scholis sacræ theologiæ Oxoniæ, *viz.*, triginta septem ambones cum scabellis correspondentibus, sub forma et modo tractatis in eisdem scholis in præsentia Doctoris Calbek, Magistri Wilhelmi Lamptone, Magistri Johannis Byrde, et Magistri Arnold, ac Magistri Ricardi Mey, et mei Thomæ Chaundelere, Universitatis Oxoniæ Commissarii generalis, ita quod idem opus plene, perfecte, et bene perficiatur, secundum formam et modum prædictos, ante festum S. Andreæ proximum futurum, et sub pœna quadraginta librarum Universitati prædictæ solvendarum. Acta sunt hæc coram nobis, Thoma Chaundelere, Commissario antedicto, prædicto die Junii, anno Domini millesimo quadringentesimo sexagesimo sexto, in præsentia Doctoris Cokkys, Magistri Johannis Molyneux, Magistri Johannis Arnold. Pro quibus recipiet viginti duas libras, verum in partem solutionis præ manibus modo recipit centum solidos per manus Magistri Ricardi Mey, vicarii ecclesiæ S. Helenæ Abendoniæ.

Several persons fined for carrying weapons.

Laurentius Nevyl, convictus de portatione armorum, A. aa. 229.
incarceratus reddidit arma, et solvit duos solidos. July 26, 1466.

Eugenius Foylond convictus de simili, incarceratus reddidit arma, et solvit duos solidos.

Philippus Walshe, convictus de simili, incarceratus reddidit arma, et solvit duos solidos.

[1] Procurator Australis habet portionem Universitatis et portiones Procuratorum.

---

[1] This is written in a different hand, and obviously inserted afterwards as a note of an unusual circumstance.

A woman forbidden to entertain Scholars in her house.

A. aa. 230.
Aug. 11, 1466.

The house of the widow of Philipp Marcham is the constant resort of immoral and turbulent scholars; the owner is also suspected of other mal-practices: wherefore she is forbidden to entertain scholars in future, or to sell beer.

Eodem die vidua, quæ fuit uxor Philippi Marcham, convicta est per confessionem suam de frequenti hospitatione Scholarium per noctes quasi continuas in domo sua; probatum est etiam coram nobis per testimonia fidedignorum, quod in eadem domo sua fiunt conspirationes et frequentes confœderationes contra pacem et tranquilitatem studentium in Universitate; habetur insuper suspecta notorie de fornicatione et aliis flagitiis per eam et mulieres inibi habitantes perpetratas: quamobrem injunximus eidem, sub pœna bannitionis, ne unquam de cetero hospitetur Scholarem aliquem in domo eadem vel alia infra Universitatem, ne etiam post decimum quintum diem hujus instantis mensis vendat cerevisiam infra præcinctum Universitatis, quousque actualiter fuerit maritata, sub pœna prædicta.

Agreement between Thomas Peny, vicar of S. Peter in the East, Oxford, and Thomas Draper of Uxbridge.

A. aa. 235.
Nov. 7, 1466.

This byn the grements and poyntments made by twene Mayster Thomas Peny, vicare of Seynt Petyr in þe este in Oxenforde, on that one party, and Thomas Drapere of Woxbrygge of þt othyr party, as folowyth,

Fyrste, þt the sayde Thomas Drapere schal make to hys whyfe a jointere in his lyvelode to the summe of v. marke yerely terme of here lyfe, and the dedes thereof to be made by the avise[1] and counseyle of Mayster Thomas Peny afore seyde: and if it so be þt there be any person or persones enfeffed in þe same lyvelode, that thanne þe sayde Thomas .Draper to labour unto[1] them for a refeffment, and effectually

[1] The words *avise* and *unto* in this document are written *a vise*, *un to*, in the MS.

gete by hys costys such state as they have in the seyde lyvelode, and there dede and relesse to be brought unto þe foresayde Master Thomas, that he by hys avise and counsell, suche as he wolle calle unto hym, may undyrstonde and knowe that the sayde lyvelode stonde clere, [undyr þe payn of xl. pounds.] [1]

Also, the sayde Mayster Thomas hathe payed to þe seyde Thomas Draper for the sayde joyntere xiiij. pounds, vj. shillings, viij. pence, in party of payment of xx. pounds.

Also, the foresayde Thomas Draper schal delyvere to þe seyde Mayster Thomas Peny, a fore þe feste of Mihelmas nexte comyng, a obligacion of xx. pounds made by twyxt Thomas Charyltone, sum tyme knyght, and the saide Maister Thomas [2] schal pay or make to pay to þe seyde Thomas Draper þe residue of þe foresaide xx. pounds, þt is to sey viij. marke vj. shillings and viij. pence, or ells not [3] . . .

Also, the saide Thomas Draper schal delyvere to þe saide Maister Thomas Peny, by þe xij. day of January next comyng, an oþer oblygation of x. pounds, in whyche þe saide Maister Thomas and Nicholas Molle be bounde to þe foresaide Thomas Draper.

Also, þe foresaide Thomas schal inhabite hym or dwelle wt in þe towne of Oxenforde or suburbis of þe same at Mihelmas nexte comyng.

Also, þe fore saide Thomas Draper ys sworne a pon a boke þt he, nother none in hys name, schal never sewe þe foresaide Maister Thomas wt oute þe Universite of Oxonforde in no cause þt ys termyabil wt yn

---

[1] The words in the brackets are added by a different hand, but of the same date.

[2] The other party to the agreement is omitted in the MS.

[3] Here the line breaks off abruptly, the penalty for violation of this article of the agreement being omitted.

þe foresaide Universite, under þe payne of xl. pounds, were of half schal be payed to þe Universite forseyde, and halfe to þe parte y-hurte.

Settlement of a quarrel between the Master and Fellows of "Great University Hall" and Robert Wright esquire-bedel.

A. aa. 236.
Nov. 26, 1466.

The parties at variance agree to abide by the decision of Humfrey Hawardyn and Thomas Hatton,

Eodem die comparuerunt coram nobis Magister et socii Magnæ aulæ seu collegii Universitatis, et Robertus Wryght, armiger, bedellus:[1] compromiserunt etiam concorditer partes prædictæ de et super omnibus actionibus, tam realibus quam personalibus, querelis, et transgressionibus dictos Magistrum et socios collegiatos tangentibus, ex una parte, ac etiam personas, res, et bona dicti Roberti contingentibus, ex alia parte, in Humfridum Hawardyn et Thomam Hatton, juris civilis baccalarium, arbitratores et amicabiles compositores a partibus prædictis concorditer electos, dantes eisdem potestatem plenariam et arbitrium liberum arbitrandi, laudandi, et sententiandi de et super omnibus prædictis prout eis videbitur: promiserunt insuper prædicti Magister et socii, nomine suo et collegii, sub pœna viginti librarum, et idem Robertus sub eadem pœna, parere et observare cum effectu sententiam et laudum, si quid fieri contigerit per prædictos electos, in alto et basso, sub pœna prædicta parti parenti per partem non parentem effectualiter solvenda; et, si nullum latum fuerit per prædictos electos infra tempus prædictum, tunc partes prædictæ concorditer elegerunt Magistrum Thomam Stephyn, sacræ theologiæ doctorem, dantes eidem potestatem liberam laudandi, &c., sub pœna in superiori compromisso expressa: promiserunt insuper partes prædictæ concorditer se observaturos laudum, si quod ipsum ferre contigerit, partibus præsentibus vel absentibus, a

and, if either party fail to do so, they bind themselves to pay twenty pounds to the other party.

If no decision be made by the aforesaid arbitrators within the time assigned, then the decision of the quarrel shall be referred to Doctor Thomas Stephen.

[1] *bidellus*, MS.

dicto quarto Non: Decembris usque quintum Id: ejusdem mensis tunc proxime sequentis inclusive, sub prædicta parti parenti per partem non parentem effectualiter persolvenda: et, si nullum laudum vel arbitrium per prædictos arbitros seu per imparem prædictum ferri contigerit, tunc ad satisfaciendum legitime de libello oblato prædictæ parti compareant proximo die Mercurii post quintum Id: Septembris.

The Mayor in bodily fear.

A. aa. 237. Feb. 11, 1466.

Thomas Dagfeld Mayor of Oxford makes oath before the Commissary that he is in bodily fear of John Davell, wherefore two persons stand surety that the said Davell shall keep the peace towards him.

Undecimo die Februarii, coram nobis Magistro Thoma Hylle, sacræ theologiæ professore, ac hujus almæ Universitatis Commissario generali, comparuit . . . [1] Dagfeld, Major villæ Oxoniæ, cum quatuor Aldermannis et aliis vicinis suis, faciens fidem super librum quod timuit Johannem Davell,[2] "*Gentilman,*" ne per se vel per alios adhærentes sibi inferret[3] corporalem læsionem; qua de causa instanter requisivit de prædicto Johanne Davell securitatem pacis; pro qua observanda, quantum concernit prædictum . . . .[1] Dagfeld et prædictum Johannem Davell, obligavit se Magister C. Davell, frater ejusdem Johannis, et Magister Matoke, socii aulæ Mertonis.

Settlement of a dispute by the Commissary.

A. aa. 243. June 3, 1447.

Tertio die Junii anno suprascripto, *Nos*, Thomas Chaundelere, arbiter et amicabilis compositor inter partes prædictas[4] concorditer electus, laudum et arbitrium tulimus in hunc modum;

Universis Christi fidelibus præsens scriptum visuris vel audituris notum sit, quod *Nos*, Thomas Chaundelere,

[1] A blank here in the MS.

[2] Or *Danell*, MS.

[3] *sibi* repeated in the MS. after *inferret*.

[4] *prædictas* seems to be an error for *infra scriptas*.—Ed.

sacræ theologiæ professor, reverendissimi in Christo patris et domini domini Georgii Nevyll, permissione divina Eboracensis Archiepiscopi, et almæ Universitatis Oxoniæ Cancellarii, in eadem Universitate Commissarius generalis, inter Magistrum Wilhelmum Suttone, Thomam Pekke, et Johannem Mortone, cum suis adhærentibus, partem actricem et querelantem ex una parte, et Wilhelmum Vowell ac Edmundum Martyn, cum suis adhærentibus, partem ream et querelatam ex altera parte, in arbitratorem et amicabilem compositorem per partes antedictas concorditer electus pariterque assumptus, de et super omnibus ac singulis causis, querelis, transgressionibus, forisfactionibus, et criminibus quibuscunque motis vel movendis ab origine mundi usque in diem confectionis præsentium, sub pœna quadraginta librarum parti parenti per partem non parentem applicandarum infra terminum nobis a dictis partibus concorditer indultum, —visis et intellectis, ac summa deliberatione pensatis, petitionibus utriusque partis ac defensionibus coram nobis ostensis et propositis, seu quas proponere voluerint, pro bono pacis et concordiæ inter prædictas partes perpetuo servandæ,—*laudamus, arbitramur, ac pronunciamus definitive*, quod dicti Wilhelmus Vowell et Edmundus Martyn humiliter et cum vera cordis affectione illico petant coram nobis indulgentiam ac remissionem a dictis Magistro Wilhelmo Sutton, Thoma Pekke, et Johanne Nortone, omnium et singularum querelarum, criminum, et transgressionum prædictarum, quæ prætenduntur intulisse eisdem; et *insuper* ex adverso *laudamus et arbitramur*, quod dicti Magister Wilhelmus Suttone, Thomas Pekke, et Johannes Nortone, et eorum unusquisque pro se, ex vera cordis affectione eisdem Wilhelmo Vowell et Edmundo Martyn cum eorum adhærentibus omnia crimina, injurias, transgressiones, et forisfactiones antedictas pro perpetuo remittant, et pro remissis simpliciter habeant, ac manus ad invicem applicent, de cetero super his litem aliquam

Thomas Chaundler, Commissary, being appointed arbitrator between W. Suttone and others, the plaintiffs, and W. Vowell and others, the defendants in a certain dispute,

pronounces judgment as follows: first, the defendants shall humbly ask pardon of the plaintiffs,

and the plaintiffs shall cordially grant it, and the parties shall shake hands;

in judicio vel extra judicium minime moturi; Ac *insuper, Nos,* arbitrator antedictus, *laudamus,arbitramur, et condemnamus* dictos Wilhelmum Vowell et Edmundum Martyn ad solvendum statim antedicto Thomæ Pekke, nomine emendæ pro gravaminibus suis et læsuris, viginti solidos, ultra et præter summam medico suo pro medicamentis et laboribus suis debitam: ac etiam condemnamus dictos Wilhelmum Vowell et Edmundum Martyn ad solvendum supradicto Johanni Nortone, pro medicamentis et laboribus medici sui, ac pro gravaminibus et læsuris suis, triginta tres solidos quatuor denarios: *Volumus insuper, laudamus. et definitive arbitramur* omnia prædicta, cum plene soluta fuerint, cedere in plenariam satisfactionem omnium et singulorum gravaminum præscriptorum: *postremo, laudamus et arbitramur*, ut tam supradicti Thomas Pekke et Johannes Martyn ac Wilhelmus Vowell et Edmundus Martyn, Deum præ oculis habentes, jurent coram nobis, ad sancta Dei evangelia, quod pacem hinc inde veraciter et firmiter observabunt, et quod pacem hujus Universitatis non perturbabunt, nec occasione alicujus facti ante hanc præsentem horam quemquam molestabunt in aliquo seu gravabunt. Acta sunt hæc tertio die mensis Junii, anno Domini millesimo quadringentesimo sexagesimo septimo, in præsentia Procuratorum Universitatis Oxoniæ, Magistri Ricardi Bernarde et Magistri Wilhelmi Suttone.

further, the defendants shall pay to the plaintiffs the sum of twenty shillings, besides discharging the bill of their medical attendant;

and both parties shall swear to keep the peace toward each other for the future.

Leave granted to a Principal to repair his Hall.

A. aa. 244.
June 29, 1467.

Eodem etiam die concessimus Magistro Wilhelmo Brew, Principali aulæ Laurentii, licentiam atque potestatem reparandi unam magnam cameram aulæ prædictæ annexam, quæ communiter vocatur "*le Dortor,*" quia procuratorem domini . . .[1] invenire non potuit.

Item, eodem die dedimus licentiam eidem Magistro

[1] A word written over the line here is illegible.

Wilhelmo, nomine Principalis aulæ communiter vocatæ "Plummer's Hall," ad exhibendam reparationem circa principalem cameram illius aulæ, et aliis si indigeant, quia dominus sæpius præmonitus illud facere renuit.

Literæ testimoniales pro salvo conductu.

A. aa. 247. July 5, 1467.

All, to whom these presents shall come, are requested to allow the bearer safe passage.

Universis sanctæ matris ecclesiæ filiis[1] ad quos præsentes literæ pervenerint, Thomas Chaundeler, sacræ theologiæ professor, et almæ Universitatis Oxoniæ[2] Cancellarius, salutem in omnium Salvatore.

Noverit universitas vestra quod Nos N., dictæ Universitatis Scholarem, pacificum et honestum laudabiliterque studentem,[3] vestris reverentiis pleno[4] pro suis meritis recommendamus affectu, rogantes attente quatenus, cum per loca vestra, terras, castra, villas, fortalicia, dominia,[5] jurisdictiones, et passagia ipsum transire contigerit, absque impedimento, molesto,[6] arresto, seu gravamine, cum rebus et bonis suis pertransire, aut in ipsis expeditionibus suis moram facere, libere permittatis; et si quando ei in persona, rebus, aut bonis injuriari contigerit, id reformare dignemini, contemplatione prædictæ Universitatis illum ut deceat pertractantes: Insuper, ipsum caritativis vestris auxiliari favoribus cum urgeat necessitas, recommendatum acceptare, et caritatis obtuitu supportare dignemini,[7] pie[8] considerantes quod qui miseretur inopi, miserebitur et ei Deus tempore congruo et accepto.

Datum Oxoniæ, sub sigillo officii Cancellariatus prædictæ Universitatis, quinto die mensis Julii, anno Domini millesimo quadringentesimo sexagesimo.[9]

---

[1] *filiis* added over the line in MS.

[2] *Oxoniæ* added over the line in MS.

[3] *conversantes* written above *studentem*, MS.

[4] *pro* written over in MS.

[5] *domicilia* written over in MS.

[6] *molestia* written over in MS.

[7] *dignemini* is inserted by a somewhat later hand in the MS.

[8] *recte* is added under the line in the MS.

[9] The word *septimo* is apparently omitted here, for the entry is under the year 1467.

Two monks receive license to preach.

Memorandum, quod, decimo die Julii, venerabilis in Christo pater et dominus dominus Lincolniæ episcopus, in loco mansionis suæ apud fratres Prædicatores in Oxonia, coram nobis Commissario antedicto, domino Roberto Ebchester, sacræ theologiæ baculario, et domino Wilhelmo Udale, monachis Dunelmi in diœcesi Lincolniæ, ad prædicandum liberam concessit licentiam. A. aa. 244. July 10, 1467.

Assault upon "Great Black Hall."

Auctoritate domini Cancellarii monemus secundo et tertio ac peremptorie citamus omnes et singulos qui ad ostium Magnæ aulæ Nigræ verberaverunt, ac valvam fregerunt, in nocte diei Martis ultimo præterito; ac omnes illos, qui eis auxilium, consilium, seu favorem præbuerunt, quod veniant, et quilibet eorum veniat, ad dominum Cancellarium sive ejus Commissarium, pœnam condignam subeundo pro enormi delicto commisso, infra octo dies a prima monitione, sub pœna excommunicationis in omnes contravenientes non immerito fulminandæ. A. aa. 250. 1467. All concerned in the recent outrage at the gates of "Great Black Hall" are hereby required to appear before the Chancellor.

Forma Banniendi.

Nos, Cancellarius Oxoniæ, N. N., contumacem et nostris præceptis licitis et debitis rebellem, bannimus in his scriptis ab hac Universitate Oxoniæ, et a locis vicinis infra præcinctum ejusdem, monentes primo, secundo, et tertio peremptorie, quod nemo prædictum N. N. infra istam Universitatem aut præcinctum ejusdem scienter recipiat, foveat, aut defendat per diem aliquam aut noctem, sub pœna incarcerationis, et sub pœna excommunicationis majoris in omnes contravenientes merito fulminandæ.

Privilege of banishing granted to the Chancellor.

Rex Henricus sextus dedit privilegium Cancellario Oxoniæ cuicumque, et ejus Commissario generali, a banniendum rebelles officio Cancellarii extra Oxoniam, ita ut non maneant per diem infra duodecim milliaria undique villæ Oxoniæ adjacentia.

Surety for Agnes Petypace.

A. aa. 253.

Dec. 4, 1467.

Two sureties undertake that Agnes Petypace shall not beat her servant immoderately.

Quarto etiam die Ricardus Stanlake et Wilhelmus Clere coram nobis se obligaverunt, sub pœna decem librarum, pro Agnete Petypace, quod servabit . . . .[1] servientem suam sub indemnitate corporali, dum illam cum prædicta Agnete commorari contigerit, et quo non castigabit eam nisi ut decet.

The bailiffs of Oxford are to cause eighteen freemen to appear before the Chancellor.

Præceptum est ballivis villæ Oxoniæ, quod venire faciant coram domino Cancellario, sive ejus Commissario, apud Gyldhallam villæ prædictæ, octodecim liberos et legales homines de villa antedicta et suburbiis ejusdem, ad faciendum et inquirendum ea, quæ eis ibidem ex parte domini regis injungentur, et quod iidem ballivi habeant nomina prædictorum decem et octo liberorum hominum [coram dicto domino Cancellario][2] apud Gyldhallam prædictam, [die lunæ proximo instante post datum præsentium, pariter cum hoc præcepto]:[2] dato octodecimo die Maii, anno regni regis Henrici sexti post conquestum vicesimo quarto: et sigilletur super præceptum dimidium sigilli officii cancellariatus.

---

[1] A blank space in the MS.

[2] The words in the brackets are written over the line in the MS., the words erased are "*coram nobis hac* "*instante die lunæ proximo futura* "*post datum præscutium cum hoc* "*præcepto.*"

Nota quod assisa panis albi communis esset secundum pretium medii grani,—

frumentum	optimum[1]		quatuor[2] denarios, obolum.
„	melius	-	quinque denarios.
„	bonum	-	quatuor denarios.
hordeum	-	-	quatuor denarios.
avena	-	-	tres denarios, obolum.

[1] *optimum* erased and *bonum* written over in the MS.

[2] *quatuor* is apparently an error for *quinque*.

REGISTRUM CONVOCATIONIS.

Visitation and reformation of "The chest of four keys."

A. a. 5.
May 9, 1449.
The chest is found to be full of useless bonds and other documents.

Memorandum, quod nono die mensis Maii, anno suprascripto [1449], in Congregatione solemni Regentium, facta fuit quædam inquisitio, per Magistros certos ad hoc deputatos, in cista "quatuor clavium" pro una indentura in eadem pertinenti cistæ de Langtone, et ejus custodibus antiquis, tunc tarde pro quadraginta libris, undeviginti solidis, et . . .[1] denariis nominatim citatis, videlicet Spekyntone, testibus Arundel, Norland principali custodi et doctori, Wytham executori, ut dicebatur, aut bonorum administratori Magistri Lord tertii custodis. Qua inquisitione facta, pro multitudine rotulorum, obligationum inutilium, et aliorum quæ non sunt digna registratione, eadem indentura non inventa; propter eandem causam, ut creditur, visum fuit Congregationi Regentium certos Doctores et Magistros deputare, qui, habita diligenti inquisitione, quæ digna essent registratione et ad commodum Universitatis utilia incistarent; alia vero, secundum eorum discretionem, a cista penitus expellantur.

Permission is therefore obtained from Congregation to assort the contents of the chest.

Pro quibus Magistris deputatis, cum semper præsentialiter in congregatione talia quærere est nocivum, petita est gratia sequens, "*Placet venerabili Congregationi* " *Regentium dispensare, quatenus isti Doctores et* " *Magistri deputati possint cistam 'quatuor clavium'* " *reformare, utilia munimenta congregando inutilia*

[1] A word illegible here. The whole passage, though the MS. is legible enough, is carelessly transcribed, and as it stands, is unintelligible.

"*sub-congregando extra congregationem, non obstante* "*quocunque statuto edito in oppositum;*" quæ gratia conceditur et conditionatur multipliciter; una conditio est, quod Cancellarius sit præsens, alia quod ....[1] trina vice visitent cistam, alia quod præstent juramentum corporale quod nullum damnum inferant Universitati per raptum sigilli ejusdem; et sub istis conditionibus erat ista gratia legitime pronunciata:

Magistri deputati pro eodem negotio erant isti qui sequuntur:

The names of the committee appointed for this purpose.

in theologia - - - Bulkeley,
in jure canonico - - Wylley,
in medicina - - - Mankyswyll,[2]
in jure civili - - Mason.

Magistri Regentes artium { Mathew, T. Smyth, Marshall, Phyppys,

cum Cancellario, Procuratoribus, et duobus aliis Magistris cistam eandem servantibus:

Acta fuerunt hæc anno, die, mense suprascriptis.

Dispensation for those who have incepted elsewhere.

A. a. 33. A.D. 1449.

Item, in prædicto festo Conversionis S. Pauli, anno Domini suprascripto, petita est gratia sub hac forma;

Those who have incepted elsewhere shall be incorporated at Oxford, and reckoned as Regent-Masters.

"*Supplicant venerabili Congregationi Regentium* "*omnes Regentes quatenus, si contingat aliquem* "*eorum incipere in aliqua facultate extra ipsam* "*Universitatem, infra regnum Angliæ vel extra, quod* "*incorporetur in hac Universitate, et pro Regente in* "*eadem facultate in ista Universitate antedicta re et* "*nomine censeatur:*"

Hæc gratia est concessa, et ab altero Procuratorum legitime pronunciata.

[1] A word illegible.

[2] Or *Maukyswyll*, MS.

Dispensation for Thomas Grene.

A. a. 35. Oct. 7, 1449. Vicesimo septimo die Octobris, petita est gratia sub hac forma:—

"*Supplicat venerabili Congregationi Regentium do-*
" *minus Thomas Grene, Capellanus et Scholaris facul-*
" *tatis juris canonici, quatenus duo anni in facultate*
" *artium cum duabus magnis vacationibus in eadem*
" *facultate, tres anni in jure canonico cum tribus*
" *magnis vacationibus in eodem jure possint sibi*
" *stare pro completa forma, ad effectum quod possit*
" *admitti ad lecturam extraordinariam alicujus libri*
" *decretalium*:"

Hæc gratia est concessa et conditionata; conditio est quod solvat unum nobilem ad pavimentum ecclesiæ S. Mariæ, et alium nobilem ad fabricam novarum scholarum; et sub hac conditione legitime pronunciata.

Dispensation for Master W. Towne, M.A., of Cambridge.

A. a. 44. April 29, 1450. Eodem die "*Supplicat, etc., Magister Wilhelmus*
" *Towne, artium Magister Universitatis Cantabrigiæ,*
" *quatenus quatuor oppositiones ante gradum Bacal-*
" *lariatus suscipiendum, et duæ oppositiones post*
" *eundem gradum, in hac Universitate, sufficiant sibi*
" *ad effectum, quod possit admitti ad lecturam libri*
" *Sententiarum*:"

Hæc gratia est concessa sub conditione quod solvat unum nobilem ad fabricam novarum scholarum; et sub hac conditione, etc.

Dispensation for George Neville.

A. a. 46. June 15, 1450. Eodem die petita est gratia sub hac forma:—

"*Supplicat venerabili Congregationi Regentium præ-*
" *nobilis vir Georgius Nevyll, quatenus ea quæ fecit*

" *in facultate artium sufficiant sibi pro completa* " *forma, ad effectum quod possit admitti ad lecturam* " *alicujus libri facultatis artium in navi ecclesiæ* " *Beatæ Mariæ, et ibidem lectionem legere quæstio-* " *nique respondere, et proxima Quadragesima pro* " *aliis determinare, ita quod possit acceptare sub se* " *tot inceptores quot sibi placuerit, dummodo formam* " *et cetera pertinentia ad gradum compleverint ad* " *incipiendum die admissionis suæ, qui secundum* " *formam statutorum tenerentur dare liberatam et* " *convivare Regentes, sic quod, si contingat ipsum* " *admitti citra festum Omnium Sanctorum, quod* " *regentia omnium incipientium sub ipso, a die* " *admissionis suæ usque ad eundem diem ad annum,* " *sufficiat eis pro tota regentia, et quod Magistri* " *artium disputant per quadraginta dies, ut moris* " *est, et cursorie scientias legant; ac, si incipient ante* " *festum S. Thomæ, ita quod quilibet incipiens satis-* " *faciat seorsum et per se Universitati, officiariis, et* " *servientibus, secundum consuetudines; et, si non* " *contingat decem incipere in facultate artium a festo* " *Omnium Sanctorum citra festum S. Thomæ, tunc* " *dicti incipientes in facultate artium regant per* " *duos annos."*

Hæc gratia est concessa, et conditionata dupliciter: una conditio est quod quilibet Magister artium disputet ter post quodlibet . . . .; secunda conditio est quod quilibet incepturus sub ipso promotus ad summam statutorum, aut qui ex consuetudine solet componere cum Universitate loco convivii, per se componat eodem die cum Universitate, ut moris est; et sub istis conditionibus ab altero Procuratorum legitime pronunciata.

Dispensation for Masters Barber and Bradway.

Eodem die Magister Barber habuit gratiam pro **A. a. 52.**
tribus diebus expendendis in peregrinationibus ad **March 10, 1450.**

Shene; et erat conditionata quod equitaret: eodem die Magister Bradway habuit gratiam pro quatuor diebus expendendis pro operibus suscipiendis.

Dispensation for William Seton, a Benedictine monk.

A. a. 53. April 12, 1451. Eodem die "*Supplicat, etc., Dominus Wilhelmus*
"*Setone,*[1] *monachus ordinis S. Benedicti, quatenus,*
"*habita completa forma ad gradum doctoratus in*
"*theologia pertinente, possit admitti ad incipiendum*
"*in eadem facultate, non obstante quod non rexit in*
"*artibus; ita quod in die inceptionis suæ solvat*
"*Universitati loco convivii viginti libras; sic quod*
"*si alicui Magistro ipse scienter displicuerit, quod*
"*sibi satisfaciat, et quod se in sermone coram Magis-*
"*tris artium publico excuset, et quod ante festum S.*
"*Thomæ ad biennium in eadem facultate incipiat:*"
Hæc gratia est concessa, etc., ut supra.

Dispensation for Thomas Salys, a Benedictine monk.

A. a. 41. April 16, 1450. Anno Domini millesimo quadringentesimo quinquagesimo, et sextodecimo die Aprilis, petita est gratia sub hac forma:—

"*Supplicat venerabili Congregationi Regentium Do-*
"*minus Thomas Salys, monachus ordinis S. Benedicti,*
"*quatenus tres anni in philosophia et quatuor in*
"*theologia, cum quatuor magnis vacationibus et multis*
"*parvis, possint sibi stare pro completa forma, ad*
"*effectum quod possit admitti ad opponendum in*
"*sacra theologia, et deinde ad lecturam libri Senten-*
"*tiarum admitti.*"

Hæc gratia est concessa sub conditione quod solvat ad fabricam novarum scholarum quadraginta solidos, et sub hac conditione ab altero Procuratorum legitime pronunciata.

---

[1] *Cetone*, MS.

Dispensation for Thomas Nedham.

Octodecimo die Aprilis, anno Domini suprascripto,—

"*Supplicat, etc., Dominus Johannes Nedham, Scho-*
" *laris juris canonici, quatenus duo anni in facultate*
" *artium, cum uno termino et duabus magnis vaca-*
" *tionibus in eadem, in hac Universitate, et quatuor*
" *anni in jure civili, cum quatuor magnis vacationi-*
" *bus ibidem, in hac Universitate, sufficiant sibi pro*
" *completa forma, ad effectum quod possit admitti ad*
" *lecturam extraordinariam alicujus libri decretalium*
" *et ad libellum institutionum.*"

Hæc gratia est concessa sub conditione quod solvat unum nobilem ad fabricam novarum scholarum, et sic pronunciata.

Ultimo die Aprilis conditio illa *de nobile solvendo ad fabricam novarum scholarum*, apposita gratiæ Nedham, per aliam gratiam delebatur.

Dispensation for Simon Tawer.

Tertio decimo die Decembris,

"*Supplicat, etc., dominus Simon Tawer, Scholaris* A. a. 58.
" *facultatis juris canonici, quatenus unus annus duo* Dec. 13, 1451.
" *termini cum una magna vacatione in facultate*
" *artium, quinque anni cum duobus magnis vacatio-*
" *nibus in facultate juris canonici, possint sibi stare*
" *pro completa forma, ad effectum quod possit admitti*
" *ad lecturam extraordinariam alicujus libri decre-*
" *talium:*"

Hæc gratia est concessa sub conditione quod solvat unum nobilem usui Universitatis, ad scribendum statuta cistarum, et aliud nobile ad fabricam novarum scholarum, et quod semel excuset Doctorem ante gradum et bis post gradum in scholis, et quod præbeat debitam reverentiam Magistris regentibus in facultate artium:

Hæc gratia sub his conditionibus ab altero Procuratorum legitime pronunciata.

Dispensation for Richard Howseman.

A. a. 67. March 16, 1448. Sexto decimo die Martii, anno suprascripto, petita est gratia sub hac forma:—

"*Supplicat venerabili Congregationi Regentium do-*
"*minus Ricardus Howseman, Bacallarius artium et*
"*Scholaris facultatis juris canonici, quatenus duo*
"*anni in facultate artium citra gradum, et quatuor*
"*in jure canonico possint sibi sufficere ad effectum*
"*quod possit admitti ad lecturam extraordinariam*
"*alicujus libri decretalium:*"

Hæc gratia est concessa sub conditione quod reparet unam fractam fenestram in domo Congregationis, illam videlicet in qua depingitur imago S. Marci; et sub ista conditione est etc.

The Proctor, having been wounded, is to be indemnified by the University for his expenses.

A. a. 68. June 10, 1452. *Memorandum*, quod decimo die Junii deliberatum est inter Magistros regentes, quod omnes expensæ factæ circa vulnerationem Magistri Thomæ Reynald, Procuratoris Australis pro tunc, qui pro bono pacis Universitatis erat mediator inter Scholares de hospitio "*Pekwadir*" et Scholares de aula S. Edwardi, inter quos ex eventu doloroso grave vulnus recepit, sint sibi aut suis assignatis per manus senioris Procuratoris ejusdem anni, retribuendæ infra eundem annum ex bonis Universitatis.

Redemption of University jewels.

A. a. 68. Oct. 17, 1452. Eodem die deliberatum est inter Regentes, quod jocalia Universitatis impignorata in diversis cistis, tempore quo Ricardus Luke fuit Procurator, redimantur cum pecuniis proximo recipiendis, sic quod prædictus Magister Ricardus nusquam sit particeps illius summæ usque cautiones a cistis forent extractæ.

Permission to write " letters of the University

Item, eodem die concessa erat gratia omnibus Regentibus, quod liceat cuilibet eorum scribere literas regratiatorias, commendatorias, et testimoniales dominis et dominabus infra regnum Angliæ et extra libere, quotiescumque eis placuerit, sigillo communi Universitatis sigillandas. A. a. 69. Nov. 18, 1452.

Pecuniary grant to the New Schools.

Item, eodem die deliberatum erat per Magistros regentes, quod decem marcæ essent deliberatæ Magistro Wilhelmo Churche, supervisori fabricæ novarum scholarum sacræ theologiæ, de summa quadraginta marcarum pro aula Bedelli receptarum ad opus earundem continuandum: Et eodem die super hoc deliberatum est, quod solveretur de eadem summa decem marcarum, Wilhelmo Fethurstone, dictarum scholarum carpentario, pro debito Universitatis tempore Magistri Cowper sibi indebitato, prout in quadam billa antedicti Fethurstone plenarie continetur, videlicet tres libræ, duo solidi, unus denarius. A. a. 70.

A day granted to all Regent Masters.

Vicesimo die Novembris, concessus erat unus dies omnibus Regentibus, sub ista conditione, quod expendatur citra festum Natale Domini. A. a. —

Funeral of Humphrey Duke of Gloucester.

Eodem die Februarii, deliberatum est per Regentes pro expensis circa exequias ducis Gloucestriæ, Humfredi. A. a. 71. A.D. 1452 ?

Appointment of Auditors of Cardinal Beaufort's bequest fund.

Eodem die deputati sunt isti Doctores et Magistri ad audiendum computum summarum deliberatarum de A. a. 72. April 29, 1453.

quingentis marcis legatis fabricæ novarum scholarum theologiæ, ex legatione recolendæ memoriæ Henrici Cardinalis et episcopi Winton:, per manus domini Cancellarii et Eliæ Holcot, guardiani Collegii de Merton.

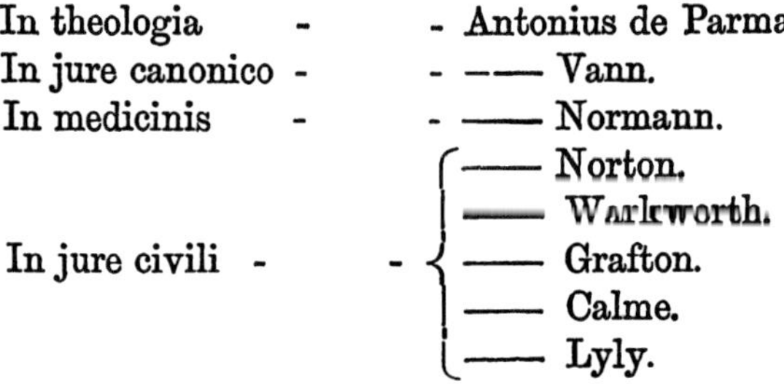

In theologia - - Antonius de Parma.
In jure canonico - - —— Vann.
In medicinis - - —— Normann.
In jure civili - - —— Norton. —— Warkworth. —— Grafton. —— Calme. —— Lyly.

A. a. 73.
May 10, 1453.

Decimo die Maii, data est sententia exonerationis cujusdam summæ remanentis in manibus Gilberti Kymer et Eliæ Holcot, ut patet in sententia subscripta;—

The auditors having examined the accounts, find that the sum bequeathed has been duly applied to the purposes intended, with the exception of fifty shillings and fourpence.

Nos, Doctores et Magistri, in theologia videlicet, Antonius de Parma; in jure canonico —— Vann; in medicinis —— Normann; in jure civili —— Norton, —— Warkworth, —— Grafton, —— Calme, —— Lyly, per Universitatem deputati ad audiendum computum Magistrorum Gilberti Kymer et Eliæ Holcot, de liberatione quingentarum marcarum per executores testamenti recolendæ memoriæ reverendi in Christo patris et domini domini Henrici Cardinalis episcopique Winton: Universitati pro novis scholis suis ædificandis datarum et receptarum, in dictorum Magistrorum custodiam, perscrutatis computis atque indenturis receptionis parcellarum summæ præmissæ Magistrorum Johannis Evelyn et Roberti Cowper, supervisorum fabricæ dictarum scholarum, invenimus dictos Magistros Gilbertum et Eliam, ad præfatarum scholarum constructionem memoratis supervisoribus dictæ fabricæ diversis vicibus totam summam prædictam liberasse; ipsosque præfatos supervisores eandem summam consimiliter recepisse, et circa fabricam dictarum scholarum expendisse, præter quinquaginta solidos et quatuor denarios; Unde auctoritate Universitatis præfatos Magistros Gilbertum et Eliam, de præmissa summa quingentarum marcarum, ut præfertur, per computos dictorum supervisorum ab Universitate allocatos liberata, recepta et expensa, exoneravimus et declaravimus acquietatos erga Universitatem, et condemnavimus eosdem in dictis quinquaginta solidis et quatuor denariis Universitati solvendis.

Acta sunt hæc ultimo die Aprilis, anno Domini millesimo quadringentesimo quinquagesimo tertio.

Mass for Gilbert de Leofardo postponed.

Eodem die dispensatum est per viam gratiæ pro missa A. a. 74.
Gilberti de Leofardo, contingente in parva vacatione May 12, 1453.
præcedente festum Corporis Christi, quod celebretur ubi commodius poterit celebrari.

Academical lectures dispensed with.

Eodem die "*Supplicant omnes Scholares cujuscunque* " *facultatis, quatenus viginti ordinaria audita in isto* " *termino possint sufficere sibi pro completa forma* " *omnium ordinariorum antedictorum in isto ter*-" *mino*:"

Hæc gratia est concessa et conditionata: conditio est quod satisfaciant Principalibus et servientibus eodem modo ac si remansissent per totum terminum, et sic legitime pronunciatur.

Dispensation for John Kype.

Eodem die "*Supplicat, etc., Johannes Kype, inceptor* June 4, 1453.
" *in facultate artium, quatenus non teneatur ad neces*-" *sariam regentiam per proximum annum sequen*-" *tem*:"

Hæc gratia est concessa et conditionata: conditio est quod conducat aliquem legentem in quolibet termino viginti octo ordinaria; et sub hac conditione ab altero Procuratorum legitime pronunciatur.

A banished Scholar restored to the University.

A. a. 77. Ultimo die ejusdem mensis petita est gratia sub hac
Oct. 31, 1453. forma:—

"*Placet venerabili Congregationi, etc., dispensare* "*cum domino Ricardo Dyvet, quatenus possit admitti* "*in Scholarem Universitatis Oxoniæ, non obstante* "*quod est bannitus*:"

Hæc gratia est concessa et conditionata tripliciter: prima conditio est quod inveniat fide-jussores infra quindenam, quorum uterque obligetur Universitati in decem libris pro pace servanda; secunda conditio est quod præstet juramentum corporale de pace servanda in persona sua; tertia est quod reddet gratias Magistris præsentibus; et sub his conditionibus ab altero, etc.

Postponement of the chaining of books in the Library.

A. a. 78. Eodem die petita est gratia sub hac forma:—
Dec. —, 1453. "*Placet venerabili, etc., dispensare cum statuto ubi* "*cavetur de libris collatis Universitati catenandis infra* "*quindenam in communi libraria Universitatis*:"

Hæc gratia est concessa, ita quod incatenentur quam citius commode poterint.

Dispensation for W. Cantrell.

Jan. 18, 1453. Eodem die "*Supplicat, etc., Wilhelmus Cantrell,* "*Scholaris facultatis artium, quatenus tres anni unus* "*terminus in facultate artium in ista Universitate,* "*duæ magnæ vacationes in eadem facultate in ista* "*Universitate, et una magna vacatio in qua lectus*[1] "*extra Universitatem causa pestis, duæ variationes in* "*Parviso, sufficiant sibi ad effectum, quod possit admitti*

[1] A note at the foot of the folio by a later hand explains as follows, *in iter lectus*, i.e. *relegatus vel emissus, frequenter hic occurrit: et talis relegatio cedebat ei pro forma perinde atque si fuisset præsens in Universitate.*

" *ad lecturam alicujus libri facultatis artium: Deinde* " *habitis lecturis et audituris librorum ad formam* " *determinatorum pertinentium poterit pro se deter-* " *minare:*"

Hæc gratia est simpliciter concessa.

Dispensation for Clement Dover.

Eodem die "*Supplicat, etc., dominus Clemens Dovere,* A. a. 79.
" *Capellanus et Scholaris juris canonici, quatenus* Feb. 5, 1453.
" *quatuor anni in eodem jure, cum quatuor magnis* " *vacationibus in ista Universitate, sufficiant sibi ad* " *effectum, quod possit admitti ad lecturam extraordi-* " *nariam alicujus libri decretalium:*"

Hæc gratia est concessa, et conditionata duplici conditione; prima conditio est quod semel excuset Doctorem post gradum; secunda conditio, quod non utatur alia pellura in toga quam conceditur sibi ab Universitate, nec utatur curto liripipio nisi in habitu: et sub his conditionibus, etc.

Payment of certain debts of the University.

Eodem die deliberatum est, quod foret satisfaciendum A. a. 81.
Magistro Godsweyne de proximis pecuniis recipiendis April 9, 1454.
per Universitatem, si ad tantam summam sibi debitam se extendant.

Item, eodem die deliberatum est, quod faber ferrarius de Chepyngnortone recipiat pro sibi debitis de eisdem pecuniis viginti octo solidos, si tantam summam super ex [1]. . . .

Pecuniary grant to the New Schools.

Decimo tertio die ejusdem mensis, deliberatum per A. a. 82.
Magistros regentes quod de cista "*quinque clavium*" May 13, 1458.
extrahantur decem libræ ad usum fabricæ novarum scholarum, sub ista conditione, quod de proximis pecu-

[1] The words wanting are probably [*ex*]*pensas se extendant.*—Ed.

niis recipiendis restituatur eidem cistæ summa prædicta de proximis inceptionibus, si ad tantum se extendant.

A day granted to all Regent Masters.

Eodem die concessus est unus dies Regentibus, ita quod expendatur infra Universitatem.

A grant similar to the preceding.

May 14. Quartodecimo die ejusdem mensis conceditur dies Regentibus conditione triplici; prima est quod, extendat se præsentibus tantummodo in domo; secunda conditio est quod, expendatur ante festum Pentecosten; tertia conditio est quod non excuset aliquem absentem per aliquam gratiam.

The bedel punished.

A. a. 83. May 25. Vicesimo quinto die ejusdem mensis deliberatum est per dominum Cancellarium et per majorem partem Congregationis, quod Ricardus Hosborn, pro delicto commisso contra Magistrum Johannem Goodsweyn, in artibus Magistrum, et per consequens contra totam Universitatem, [quod] amittat baculum, et visitet episcopum Lincolniæ pro beneficio absolutionis acquirendæ, quo adepto, et satisfactione parti læsæ perfecta, stet per mensem infra Universitatem sine baculo, et quod habeat aliam pœnam pecuniariam, secundum arbitrium Cancellarii et Procuratorum, ad commodum Universitatis.

Keys of the Library.

June 5. Eodem die concessa est gratia, quatenus claves discorum librariæ permanerent in manibus alterius Procuratorum usque ad proximam congregationem, pro libris ibidem transponendis; et hæc gratia est concessa simpliciter, etc.

Magister J. Graftone,
Magister J. Jolyffe, } deputati erant ad superintendum catenationem librorum in libraria.

Degradation for perjury.

Eodem die W. Lintone, post legitimam per triduum in scholis citationem, in domo congregationis congregatione solemni pro manifesto ac notorio perjurio per eum commisso, per dominum Cancellarium pro perjuro fuit denunciatus, et in pœna perjurii, auctoritate Cancellarii et totius Universitatis, fuit per dictum Cancellarium degradatus, et ab Universitate tanquam filius degener, ingratus, infidelisque omnino et in perpetuum exclusus et repulsus. June 6.

Superannuated pledges.

Eodem die dispensatum est cum custodibus cistarum, A. a. —
ut possint exponere cautiones superannuatas cuilibet Nov. 7, 1454.
stationario, *videlicet*, Johanni Moor vel Johanni Dolle, sub istis conditionibus; prima est hæc, quod valeant eas exponere hoc anno tantum; secunda est ista, quod custodes quatenus stationarii cistarum indemnitatem observabunt omnino.

Acquittance—Langton chest.

Vicesimo quinto die ejusdem mensis, deliberatum est de sigillatione cujusdam acquietanciæ pro Magistro Johanne Spekyntone sigillo communi Universitatis, pro cista de Langtone. Nov. 25.

Academical exercises dispensed with.

Eodem die " *Supplicant, etc., omnes Baccalaurei* A. a. 87.
" *artium, quatenus unum ordinarium lectum a Ma-* Jan. 14, 1454.
" *gistro regente possit illis sufficere ad exonerationem* " *conscientiæ ipsorum pro omnibus male auditis et* " *lectis.*

Hac gratia est simpliciter concessa.

Dispensation for a Benedictine monk.

A. a. 91. Nov. 23, 1455. Eodem die "*Supplicat venerabili Congregationi, etc.,* "*dominus Wilhelmus Farley, monachus ordinis S. Be-* "*nedicti, quatenus duo anni in claustro, in quibus* "*vacavit theologiæ, novem magnæ vacationes, cum* "*pluribus parvis in ista Universitate, possint sibi* "*stare pro duobus terminis in facultate sacræ theo-* "*logiæ.*"

Ista gratia est concessa simpliciter.

Mass at the Austin Friars' Church.

A. a. 92. Dec. 5, 1453. *Memorandum*, quod, quinto die Decembris, Doctor T. Trayle, ordinis fratrum Augustinensium, in domo congregationis coram Commissario Cancellarii et tota congregatione palam confessus est, quod tertio die ejusdem mensis celebrata erat missa in ecclesia fratrum Augustinensium.

Dispensation for a graduate of a foreign University.

A. a. 96. Feb. 6, 1455. Eodem die "*Supplicat, etc., Wilhelmus de Laguna,* "*in jure canonico Bacularius, quatenus quinque anni* "*in Universitate Tholesana, et duo in Universitate* "*Burdegalensi, ac quinque in ista Universitate, cum* "*lectura aulari . . . . . in libris decretalium* "*Sexti et Clementinarum, ac lectura biennali in* "*scholis publicis juris canonici in hac Universitate,* "*cum lectura . . . . . in scholis publicis, possint* "*sibi sufficere pro completa forma, ut possit admitti* "*ad incipiendum in jure canonico:*"

Hæc gratia est concessa, ita quod satisfaciat servientibus Universitatis ac si complevisset formam suam, etc.

Dispensation for the non-residence of the Chancellor.

A. a. 97. May 5, 1455. Eodem die petita erat gratia sub hac forma:— "*Placeat venerabili Congregationi Magistrorum re-*

" *gentium dispensare cum prænobili viro Magistro* " *Georgio Nevyll, Cancellario Universitatis Oxoniæ,* " *per unum mensem in quolibet termino, usque ad* " *festum Natalis Domini proximo futurum, præter* " *hoc quod dispensatum est secum in statuto, in quo* " *non teneatur ad residentiam in Universitate:*"—

Hæc gratia est concessa simpliciter, et legitime pronunciata.

Academical exercises dispensed with.

Eodem die " *Supplicant, etc. omnes Scholares por-* A. a. 87.
" *tantes libros Magistrorum, quatenus auditura ipso-* Dec. 9.
" *rum ordinariorum per Magistros lectorum sufficiat* " *illis ac si audissent ordinaria secundum formam* " *statutorum:*"

Hæc gratia est simpliciter concessa.

Dispensation for a Benedictine monk.

Eodem die " *Supplicat, etc., dominus Robertus Tully,* A. a. 100.
" *monachus ordinis S. Benedicti, Bacularius sacræ* Nov. 29, 1456.
" *theologiæ, quatenus, completa forma requisita ad* " *formam inceptorum in sacra theologia, possit ad-* " *mitti ad incipiendum in sacra theologia, non ob-* " *stante quod non rexerit in artibus, sic quod in die* " *inceptionis suæ solvat Universitati in loco convivii* " *viginti libras.*"

Hæc gratia est concessa et conditionata; conditio ejus est quod incipiat in sacra theologia infra octo dies infra resumptionem post Pascha proximum futurum.

Academical exercises dispensed with.

Eodem die " *Supplicant, etc., omnes Scholares facul-* Dec. 7, 1456.
" *tatis artium, quatenus lectura unius libri diminuti* " *a quocunque Regente poterit sufficere pro omnibus*

' *ordinariis male auditis et inordinate, impacifice* " *et inattente.*"

Hæc gratia est simpliciter concessa.

The Bedel's proclamation dispensed with.

A. a. 101. Jan. 19. Eodem die " *Placeat venerabili Congregationi, etc.,* " *quatenus lectura hodierna stet pro forma audien-* " *tium atque legentium, non obstante quod non erat* " *publica proclamatio facta per bedellum, ut moris* " *est, in resumptione Magistrorum.*"

Hæc gratia est simpliciter concessa.

Dispensation for John Roberd.

A. a. 103. April 8, 1457. Octavo die Aprilis, " *Supplicat, etc., Johannes Ro-* " *berd, Scholaris facultatis artium, quatenus decem* " *ordinaria unius termini, in quo visitavit amicum* " *infirmum, stent pro completa forma unius termini :*"

Hæc gratia est concessa sub conditione quod semel variet in Parviso; et pronunciatur, etc.

The Duncan chest.

May 4. Eodem die, in congregatione magna Regentium et Non-regentium, conditum fuit unum statutum concernens cistam de Dunken.

Dispensation for Peter Courtenay.

May 7. Eodem die " *Supplicat, etc., Petrus Courtenay,* " *Scholaris juris civilis, quatenus tres anni cum* " *duabus magnis vacationibus et pluribus parvis in* " *facultate artium, et tres anni et unus terminus* " *cum una magna vacatione et pluribus parvis in* " *jure civili, in quibus non audivit ordinaria, pos-* " *sint sibi sufficere pro completa forma, ad effectum* " *quod possit admitti ad lecturam libelli institu-* " *tionum in navi ecclesiæ S. Mariæ, et ibidem lec-*

" *tionem legere, et accipere sub se certum numerum*
" *ipsorum qui tenentur ex statuto dare liberatam et*
" *convivare Regentes, ita quod quilibet eorum licen-*
" *tietur per Universitatem per se, et seorsum sit,*
" *quod satisfaciant Universitatis officiariis et servien-*
" *tibus ejusdem secundum consuetudinem dictæ Uni-*
" *versitatis:"*

Ista gratia est concessa, et ab altero Procuratorum legitime pronunciata, etc.

Election of the guardians of the "Winter" chests.

Eodem die et in eadem Congregatione electi fuerunt custodes cistarum hiemalium pro uno anno: A. a. 101. Dec. 4, 1456.

In primis, ad cistam Wynton., Regentes	Magister Laggherne Magister Hall	Non-regens——Strete.
Ad cistam Gylford, Regentes	Magister Clyffe Magister Benett	Non-regens, Hertypoole: *receperunt vicesimo nono die Februarii.*
Ad cistam Neel, Regentes -	Magister Helyn Magister Wodehyll	Non-regens, Magister Seburgh: *receperunt.*
Ad cistam Turvylle, Regentes - -	Magister Buttelere Magister Gyfford	Non-regens, Magister Calbek.
Ad cistam Wagam et Husy	Magister Bekell Magister Feversham.	
Ad cistam Langton, Regentes	Magister Heede Magister Bemysley	Non-regens, Magister W. Brown.

Ad cistam Lincolniæ, Regentes - -	Magister Tanfeld Magister Hastyg	*Deliberatur vicesimo nono die Martii.*
Ad cistam Chycheley, Regentes - -	Magister Stroker Magister Romsey	Non-regens, Magister Walterus Hopton: *deliberatur vicesimo tertio die Martii.*
Ad cistam Exoniæ, Regentes	Magister Birett Magister Smyth	Non-regens, Magister Grafton.

Election of the guardians of the "Summer" chests.

A. a. 103. Eodem die electi fuerunt custodes cistarum æstiva-
May 7, 1457. lium, qui hic sequenter inscribuntur, in primis:—

Ad cistam quatuor clavium, duo Procuratores,	Magister Gellys, Magister Wyllys.

Ad cistam trium philosophiarum et septem artium liberalium, capellanus Universitatis.

Ad cistam Robury,	Magister Wilhelmus Browne, Magister Wilhelmus Barett, Magister Petrus Parysse.	
Ad cistam Warwyke,	Magister Jacobus Haryngtone, Magister Johannes Trugge.	
Ad cistam antiquam Universitatis, -	Magister Collys, Magister Hytchecoke.	
Ad cistam Burnell,	Magister Joyner, Magister Bower.	*Deliberata fuit quarto die Novembris, Magistris Pany.*

Ad cistam Viennæ, { Magister Granger / Magister H. Bost } *Deliberatur decimo sexto die Februarii.*

Ad cistam Seltone,[1] { Magister Parysse, / Magister Lowson.

Ad cistam Reginæ, { Magister Godhurst, / Magister Joh. Hulle.

Ad cistam Cicestriæ. { Magister Chyrme, / Magister Grafton.

Ad cistam quinque clavium, - - { Cancellarius, / Duo Procuratores, / Magister Wilhelmus Thomas, / Magister Church.

Ad cistam de Danvers, { Magister Henricus Stroker,[2] / Magister W. Browne.

Ad cistam de Dunken, *deliberatam primo die Junii*, - { Magister Joh. Hulle, / Magister Ricardus Luke, / Magister Cornysh.

Dispensation for John Cooke.

Vicesimo tertio die mensis Maii, " *Supplicat, etc.;* A. a. 104.
" *Johannes Cooke, Scholaris facultatis juris civilis,* May 23, 1457.
" *quatenus duo termini in facultate artium et quinque anni in jure civili, cum tribus magnis vacationibus, in hac Universitate, sufficiant sibi pro completa forma, ad effectum quod possit admitti ad lecturam libelli institutionum.*"

Hæc gratia est concessa et conditionata: conditio ejus est quod solvat duodecim denarios ad repara-

---

[1] *Celtone*, MS.

[2] The words *vicesimo secundo die Octobris* are written before this name in the MS.

tionem pavimenti ecclesiæ Beatæ Mariæ Virginis; et sub hac conditione ab altero Procuratorum legitime pronunciata fuit.

Dispensation for Master David Fayrwater.

May 22, 1457. Vicesimo secundo die Maii, " *Supplicat, etc., Magister David Fayrwater pro duodecim diebus, in " quibus non teneatur ad aliquem actum Scholas- " ticum, in quibus possit visitare amicos suos.*" Hæc gratia est concessa simpliciter et pronunciata.

Resignation of the Chancellor.

A. a. 105. Sexto die Julii, reverendissimus in Christo pater et dominus, prænobilis Magister Georgius Nevyll, Exoniensis, electus et confirmatus Cancellarius Universitatis Oxoniæ, per venerabilem virum Magistrum Thomam Sawnders, Doctorem in decretis, prædicti reverendissimi patris in hac parte verum attornatum, testimonio cujusdam scripti notarii publici, coram tota congregatione Regentium resignavit officium cancellariatus Universitatis Oxoniæ: Deinde in eadem congregatione venerabilis Doctor sacræ theologiæ, Magister Thomas Chaundeler, unanimi consensu omnium illorum, quorum interest Cancellarium eligere, legitime electus est ad officium cancellariatus Universitatis Oxoniæ, in domo capitulari ecclesiæ S. Frideswydæ, ibique juramentum suum ac prædicti officii insignia honorifice suscepit.

Superannuated pledges.

Oct. 16. Eodem die, " *Supplicant, etc., omnes custodes cis- " tarum, quatenus omnes cautiones superannuatæ, " super quarum venditione stationarius est probabi- " liter suspectus, possint exponi in manus Johannis " Moore, habita securitate pro parte Universitatis:*"

Hæc gratia est concessa et conditionata; conditio est quod extendat se hæc gratia solummodo cautionibus stationarii; et pronunciata.

The officers of the University.

Officiarii Universitatis pro anno futuro deputati per Procuratores Magistrum Thomam Woodhyll et Magistrum Thomam Bemysley. A. a. 106.

Collatores sermonum in ecclesia Beatæ Mariæ Virginis, - -	Magister Pray. Magister Herlow.
Supervisores panis, -	Magister Lowche. Magister Crooke.
Supervisores vini, -	Magister Ricardus Trene. Magister Wilhelmus Barret.
Supervisores cerevisiæ, -	Magister Besworth. Magister Haryndone.
Supervisores pavimenti,	Magister Robertus Clyffe. Magister Godeale.
Supervisores redituum Universitatis, -	Magister Dulcynge. Magister Thorpe.
Taxatores domorum ex parte Universitatis,	Magister Thomas Hyll. Magister Bottler.
Bachillarii collatores apud fratres Augustinenses disputationum,	Henricus Bryann. Wilhelmus Gort.

Judices deputati ad sedendum in diversis parochiis:—

In parochia S. Petri juxta portam Orientalem, - -	Doctor Bonefaunt. Magister Lee. Magister Coll.

In parochia S. Mariæ, S. Johannis, Cancellarius et duo Procuratores.

In parochia Omnium Sanctorum et S. Edwardi, - -	Doctor Mylwyn. Magister Wyll. Magister Tanfeld.

In parochia SS. Martini, Petri, et Thomæ, -	Doctor Bokelere. Magister Johannes Julyane. Magister Grogford.
In parochia SS. Michaelis, Mariæ Magdalenæ et Ægidii, - -	Doctor Eggecombe. Magister Grugg, Magister Browne, de coll. Ball. Doctor Buttelere.
In parochia SS. Michaelis ad portam Australem, Aldati, et Ebbæ, - -	Magister J. Chaundeloro. Magister Radulphus Forde.

The robbery of the Danvers' chest discovered.

Oct. 31. Eodem die compertum est primo qualiter spoliata fuerat cista de Danvers, de centum libris in nobilibus.

The guardians of the Danvers' chest are admitted to compurgation.

A. a. 107. Nov. 13. Tertio decimo die Novembris, facta convocatione Magistrorum regentium et non-regentium per dominum Cancellarium, Magister Henricus Strother et Magister Wilhelmus Browne, custodes electi et deputati per Universitatem Oxoniensem ad custodiam cistæ de Danvers nuper spoliatæ de centum libris, recepti sunt ad purgationem suam, publice ibidem corporale præstantes juramentum quod nec ipsi nec aliquis eorum præbuit consilium, auxilium, vel favorem alicui vel aliquibus, nec ipsi vel aliquis eorum erat aliquo modo consentiens ad prædictum facinus perpetrandum; Insuper multi Doctores et Magistri ibidem corporale præstabant juramentum, ad purgandum innocentias eorumdem Magistrorum, quod absque aliqua suspicione sinistra crediderunt prædictos duos Magistros verum in hac re jurasse, ac immunes a prædicta spoliatione cistæ penitus fuisse; atque prædicti duo Magistri sufficienter purgati, et ab omni suspicione mala in hac re probati, quieti recesserunt.

Eodem die Magister Stephanus Tylere, capellanus Universitatis, conformem pro seipso purgationem et consimilem priori in eadem convocatione recepit, primo præstando corporale juramentum, cum certo numero Doctorum et Magistrorum pro eo deponentium, ut moris est; atque purgatus ab omni suspicione sinistra, quietus recessit.

Dispensation for Master Thomas Godeale.

Eodem die "*supplicat, etc., Magister Thomas Godeale,* A. a. 108.
"*quatenus secum gratiose dispensetur pro duodecim* Jan. 13.
"*diebus, in quibus sacros ordines valeat adipisci, ita* "*quod pro illis duodecim diebus non teneatur ad* "*aliquem actum scholasticum;*" et concessa est simpliciter.

A monk admitted to the Library.

Eodem die "*supplicat, etc., dominus Wilhelmus Hard-* Jan. 29.
"*wyke, monachus, quatenus possit intrare librariam,* "*et ibi studere, dum tamen præstet juramentum con-* "*cernens statutum librariæ communis Universitatis:*" Hæc gratia est . . . concessa, sic quod extendat se pro isto termino tantum; et pronunciata est.

A register of sermons to be made at the expense of the University.

Eodem die deliberatum est in congregatione solemni A. a. 112.
Regentium pecunias extrahi a cista quinque clavium June 19, 1458.
pro novo registro fiendo, in quo debent inscribi omnes sermones examinatorii.

Permission granted to all Regent Masters to select their own confessors.

Eodem die dominus Cancellarius dispensavit et gratiose licentiam dedit, omnibus Regentibus, ut eligerent sibi confessores idoneos, qui eos absolverent ab omnibus delictis perpetratis usque ad diem istam, quæ ab ipso deberent absolvi omnino, nisi gratiose aliter dispensaret.

The bailiff of the city imprisoned by the Chancellor.

June 24. Vicesimo quarto die Junii, incarcerabatur Stokys, tunc ballivus villæ Oxoniæ, per dominum Cancellarium, quia incarceravit unum Scholarem contra privilegia Universitatis, qui permansit in carcere quousque mandabat eum dominus Cancellarius deliberari, non obstante quod major villæ Oxoniæ media fecerat instantissima ad concilium regale, tunc existens apud Wodestoke, pro ipsius deliberatione ad mandatum domini regis, et non domini Cancellarii, quasi volens, invito dicto Cancellario, ipsum deliberari, et a carceribus dissolvi: Tamen tunc deliberatum est per concilium regis, et ultimate discussum, quod, quia prædictus ballivus privilegiorum Universitatis præsumptuose transgressor extiterat, ipsum in vinculis punire ad tempus quo placeret domino Cancellario illum ballivum suum prisonarium ex sua gratia deliberari.

The mayor appeals to the king ineffectually.

Permission to remove the register from the chest "of four keys."

Oct. 11. Undecimo die Octobris, petita est gratia sub hac forma:—"*Supplicat, etc., Magister Johannes Farley,* "*scriba Universitatis, quatenus gratiose dispensatum* "*ut posset habere registrum secum a cista quatuor* "*clavium per unam septimanam:*"

Hæc gratia est concessa, et ab altero Procuratorum legitime pronounciata.

A condition to a previous grace modified,

A. a. 113. Eodem die, etc., "*Supplicat dominus Wilhelmus*
Nov. 10. "*Dyfot, quatenus conditio alias apposita suæ gratiæ,*

"*hæc scilicet, ut det omnibus Regentibus chirothecas*[1] "*fimbriatas, posset gratiose deleri:*"

Hæc gratia est concessa et conditionata; conditio est ut det præsentibus, quorum numerus erat viginti; et sub ista conditione legitime fuit pronunciata.

Dispensation for J. Danyelle.

Decimo sexto die mensis Novembris, etc., "*Supplicat* Nov. 16. "*venerabili congregationi, etc., dominus Johannes* "*Danyelle, quatenus possit admitti ad lecturam extra-* "*ordinariam alicujus libri decretalium, ita quod ad-* "*mittatur ad eandem lecturam infra octo dies post* "*resumptionem termini Paschalis proximo futuri, sic* "*quod solvat Universitati in die admissionis suæ* "*viginti libras, et ultra, quod det Commissario, duobus* "*Procuratoribus, et omnibus Magistris regentibus* "*nunc præsentibus, decentem et sufficientem liberatam* "*de panno pro toga talari et capitio gradui magistrali* "*congruentibus, cum hoc etiam, quod præsentetur a* "*Doctore nunc præsente, vel a Doctore pro tunc ordi-* "*nario, sic quod sit in hac Universitate ante admis-* "*sionem suam per unum mensem, ac etiam quod illa* "*prædicta et suprascripta particula, scilicet 'quod det* "*'Commissario, Procuratoribus,' etc., non tollatur* "*per aliquam gratiam futuram:*"

Hæc gratia est concessa simpliciter et pronunciata.

A day granted to all Regent Masters.

Eodem die conceditur dies Regentibus, sic *quod ex-* A. a. 114. *pendatur infra mille annos.* Dec. 4.

Permission to pledge the jewels of the University.

Eodem die, etc., etc., "*Placeat venerabili congrega-* Dec. 14. "*tioni Magistrorum regentium, quatenus certa jocalia*

---

[1] *cerotecas*, MS.

" *Universitatis, excepta cruce, possint impignorari, ad* " *valorem summæ centum solidorum, ita quod eadem* " *jocalia redimantur proximis pecuniis Universitati* " *conferendis vel procuratis alias quovismodo:*"

Hæc gratia est concessa et conditionata; conditio est quod ista jocalia sic impignorata redimantur quam cito poterint; alia conditio, quod dominus Cancellarius pro ista vice de ipsis pecuniis pro expensis suis in negotio Universitatis recipiat tantum quatuor marcas; et pronunciata, etc.

The bishop of Lincoln declared to have no power to interfere between the University and the city in matters relating to the statutes, &c. of the University.

Jan. 19. Eodem die, facta convocatione Regentium et Non-regentium, definitum est per dominum Cancellarium et omnes Regentes et Non-regentes, quod episcopus Lincolniæ nullam potestatem aut auctoritatem ab Universitate haberet tractandi, terminandi, aut finiendi aliquam materiam brigosam aut litigiosam, ortam inter eandem Universitatem et villanos, dum illa materia brigosa aut litigiosa sic orta, qualiscunque fuerit, concernat laudabiles consuetudines, statuta, aut privilegia ejusdem Universitatis, aut abusum, si quis sit, eorumdem.

A commission appointed to determine the privileges of the servants of the University.

A. a. 115. Vicesimo sexto die mensis prædicti, propositus est
Jan. 26, 1458. iste subsequens articulus coram congregatione Regentium et Non-regentium sub ista forma:—" *Placeat venerabili congregationi Regentium et Non-regentium* " *deputare unum notabilem virum, aut duos ad* " *maximum, cui aut quibus, per auctoritatem Uni-* " *versitatis, committatur potestas videndi privilegia* " *concernentia servientes Universitatis, et tales omnes*

" *qui gaudere debeant virtute eorundem privilegiorum* " *libertatibus ac privilegiis ejusdem Universitatis; ut* " *per ejus aut eorum visum seu discretionem pona-* " *tur in certo pro perpetuo qui et quales hujusmodi* " *privilegiis gaudere debeant.*"

Iste articulus ab omni facultate est concessus; *proviso tamen*, quod illi duo viri, quicumque fuerint, sic electi, advocent sibi Doctores, unum Doctorem de qualibet facultate, et duos Procuratores ut sibi in eodem negotio assistent. Et sic in eadem congregatione per omnes facultates electi sunt dominus Cancellarius, et dominus episcopus Exoniensis, ad videndum omnia privilegia concernentia servientes Universitatis, secundum tenorem articuli supradicti.

A condition to a previous grace modified.

Eodem die "*supplicat, etc., Magister Thomas Gawge,* March 13.
" *quatenus conditio, etc., hæc, scilicet, quod inciperet* " *ante Pascha, posset gratiose deleri, sic quod solvat* " *viginti solidos pro reparatione libri in capella S.* " *Katherinæ:*"

Hæc gratia conceditur simpliciter, et pronunciatur legitime.

Dispensation for a Portuguese friar.

Vicesimo nono die mensis Maii, etc., "*supplicat, etc.,* May 22.
" *frater Gundesalvius de Portugalia, ordinis Mino-* " *rum, quatenus quatuor responsiones formales et* " *ordinariæ, octo argumenta, sermo examinatorius,* " *sermo ad quem tenetur ex novo statuto, lectura libri* " *sententiarum, lectura unius libri bibliæ, possint sibi* " *sufficere pro forma completa, ad effectum quod posset* " *admitti ad incipiendum in facultate theologiæ, non* " *obstante quod non rexit in artibus:*"

Hæc gratia est concessa et duplici conditione conditionata, prima est quod incipiet infra octavum diem resumptionis post Pascha proximum sequens, secunda est quod det liberatam, id est cultellos, ut antiquitus fieri solebat, omnibus Regentibus; et sub istis conditionibus ab altero Procuratorum legitime fuit pronunciata.

A letter from the King read in Convocation.

A. a. 119. Jan. 18, 1459. Octodecimo die mensis Januarii, convocata congregatione Regentium per dominum Cancellarium et Procuratores, lectæ erant coram eisdem literæ regiæ subsequentes :—

" *Trusty & welbeloved, Forasmoch as we be credebly*
" *enformed that William Kylbek & Robert Wright,*
" *gentilmen bedilles of owre Unyversitee of Oxonforde,*
" *have outrageously uttred and spoken certayn un-*
" *fittyng langage ayenste owre roiall astate, and*
" *ayenste the honour and wurship of owre most dere*
" *and bestbeloved wyf the Quene and owre firstbegoten*
" *son prince Edwarde, contraire to thaire liegeaunce,*
" *We therefore wull and charge you straitly that anoon,*
" *after the sight of thees owre letters, ye utterly dis-*
" *charge the forsaid William and Robert of their offices*
" *or occupacions, and do kepe hem in seure and sauf*
" *garde unto the tyme that ye have otherwise of us in*
" *commaundment; chesing and setting other in the said*
" *offices or occupations as bene of good bering, name, and*
" *fame, and that ye leve not this in any wyse, as ye*
" *woll do us singuler pleasur and eschewe owre grevous*
" *indignacion.*

" *Yeven under owre pryve seall, att owre citee of*
" *Coventre, the xii. daye of Decembre."*

Quibus perlectis et cum omni reverentia auditis, juxta tenorem eorumdem, unanimi consensu domini Cancellarii, Doctorum, Procuratorum, ac Magistrorum regentium præsentium ad tunc, decretum est prædictos Wilhelmum et Robertum suis officiis privari et carceribus tradi absque mora. . . . .[1] *Acta sunt hæc anno*

[1] Here occurs an erasure of one line and part of a second in the MS.

Domini millesimo quingentesimo nono, die et mense suprascriptis, in domo congregationis Universitatis consueto.

Thomas Gloucester, a Carmelite friar, degraded and banished.

Memorandum quod, anno Domini millesimo quadringentesimo sexagesimo secundo, vicesimo die mensis Februarii, in congregatione solemni processum est contra Thomam Glowcetyr, fratrem de ordine Carmelitarum, auctoritate domini Cancellarii et totius Congregationis, propter perjurium manifestum et alia delicta graviora, in his scriptis; A. a. 123. Feb. 20, 1462.

In Dei nomine, Amen: Nos, Wilhelmus Yve, Commissarius reverendissimi domini, domini Georgii Dei gratia Exoniæ episcopi, ac hujus almæ Universitatis Cancellarii, auctoritate nostra et totius congregationis Regentium, Thomam Glowcetyr, fratrem de ordine Carmelitarum, propter perjurium et alia notoria delicta per eum infra præcinctum Universitatis commissa, decernimus degradandum, et ipsum ab omni gradu suscepto degradamus, inhibentes sibi omnem executionem gradus scholastici; Insuper, quia legitime citatus non comparuit, decernimus eum manifeste et multipliciter contumacem, ac in pœnam suæ contumaciæ eum ab Universitate et præcinctu ejusdem bannimus in his scriptis.

Mass for the founder of the Duncan chest postponed.

Vicesimo primo die Aprilis, concessa est gratia, quatenus missa celebranda pro Duncan, proximo die legibili post electionem Procuratorum, possit differri usque ad alium diem non legibilem, in quo poterit celebrari, conditionaliter; conditio est quod celebretur in die Dominico primo. A. a. 126. April 21, 1463.

CATALOGUE OF THE BOOKS GIVEN TO THE UNIVERSITY BY HUMPHREY DUKE OF GLOUCESTER.

F. 52.
Nov. 25, 1439.

Hæc indentura, facta Oxoniæ, vicesimo quinto die mensis Novembris, anno Domini millesimo quadringentesimo tricesimo nono, et anno regni regis Henrici sexti post conquestum decimo octavo, inter serenissimum et illustrissimum principem et dominum inclitissimum dominum Humfridum, regum filium, fratrem, et patruum, ducem Gloucestriæ, comitem Penbrochiæ, et magnum camerarium Angliæ, ex una parte, ac suam humillimam et perpetuam oratricem Universitatem Oxoniæ, ex parté altera, *testatur*, quod dicta Universitas, de summa et magnificentissima liberalitate prædicti inclitissimi principis, centum et viginti volumina per dilectos et speciales nuncios suos, Magistrum Gilbertum Kymere, medicinarum Doctorem, et Radulphum Drewe, utriusque juris Bacalarium, ad ipsam Universitatem destinata recepit, necnon et novem alia volumina per eundem serenissimum[1] principem per alios prius nuncios suos ad eandem Universitatem transmissa; quorum utique voluminum nomina, cum initiis secundorum foliorum, inferius ad perpetuam rei memoriam[2] describuntur.

In primis, Prima pars Nicholai de Lira -	secundo folio, *-tur eam.*
Item, Secunda pars ejusdem - - - -	secundo folio, *iste tamen.*
Item, Tertia pars ejusdem	secundo folio, *-cionis in.*

---

[1] *cerenissimum*, MS. | [2] *rememoriam*, MS.

Item, Prima pars dictionarii - - - -	secundo folio, *similia.*
Item, Secunda pars ejusdem - - - -	secundo folio, *de statu.*
Item, Tertia pars ejusdem	secundo folio, *pro eo.*
Item, Quarta pars ejusdem	secundo folio, *subintrare.*
Item, Biblia - - -	secundo folio, *puerilia.*
Item, Concordantia Bibliæ	secundo folio, *de abysso.*
Item, Eusebius in ecclesiastica historia, cum Beda de gestis Anglorum -	secundo folio, *candidi.*
Item, Tripartita historia	secundo folio, *animæ.*
Item, Beda super Actus Apostolorum - -	secundo folio, *Pauli.*
Item, Opus Gilberti Porretani super "Cantica Canticorum" - -	secundo folio, *-tes.*
Item, Ricardus de S. Victore - - - -	secundo folio, *-mento.*
Item, Origines super librum "Numeri" -	secundo folio, *persequebatur.*
Item, Psalterium glossatum - - - -	secundo folio, *sequitur.*
Item, Johannes Derror super Historiam Scripturæ - - - -	secundo folio, *-ciora.*
Item, Musca super "Cantica Canticorum" -	secundo folio, *cognatione.*
Item, Prima pars Pantheologi - - - -	secundo folio, *desideriorum.*
Item, Secunda pars ejusdem - - - -	secundo folio, *tanquam.*
Item, Consolationes theologiæ Johannis de Cambaco - - - -	secundo folio, *repugnatio.*
Item, Flores certorum librorum Augustini -	secundo folio, *et non.*

Item, Prima pars Petri Damiani - - - secundo folio, *procedere.*

Item, Secunda pars ejusdem - - - - secundo folio, *ejus.*

Item, Franciscus de vita solitaria - - - secundo folio, *ut frugum.*

Item, Beda de temporibus secundo folio, *erat.*

Item, Tabula super diversos libros Augustini secundo folio, *quod amor.*

Item, Epistolæ Cassiodori secundo folio, *odium docet.*

Item, Epistolæ Augustini secundo folio, *gente.*

Item, Epistolæ Hieronymi - - - secundo folio, *immo.*

Item, Epistolæ Ambrosii secundo folio, *unusquisque.*

Item, Petrus de Vineis et Epistolæ Petri Blesensis secundo folio, *quibus.*

Item, Tabula originalium secundo folio, *accedere.*

Item, Epistolæ Cyprianæ secundo folio, *bene.*

Item, Quæstiones theologicæ - - - secundo folio, *–telligentiis.*

Item, Athanasius de Trinitate - - - - secundo folio, *unus bonus.*

Item, Augustinus de sermone Domini in monte secundo folio, *–titudinem.*

Item, Lactantius divinarum institutionum - secundo folio, *ducendi.*

Item, Liber Juliani episcopi de origine mortis humanæ - - - secundo folio, *est alternæ.*

Item, Seneca de causis - secundo folio, . . . *vembris.*

Item, Liber de extractione sermonum cum dictis Lincoln. - - - secundo folio, *nunquam.*

Item, Cato moralizatus - secundo folio, *tertio.*

Item, Liber Aristotelis de anima, cum commento, et Averoes super ethica secundo folio, *–telligitur.*

Item, Liber ethicorum -	secundo folio, *cavet hos.*
Item, Polycraticon - -	secundo folio, *exercentes.*
Item, Isidorus in Etymologiis. - - -	secundo folio, *in altero.*
Item, Franciscus rerum memorandarum - -	secundo folio, *annis.*
Item, Libri Platonis -	secundo folio, *ex quo.*
Item, Ethica Aristotelis traducta per Leonardum Arretinum - - -	secundo folio, *Homerus.*
Item, Politica Aristotelis traducta per eundem -	secundo folio, *initium rerum.*
Item, Seneca de brevitate vitæ - - - -	secundo folio, *quatiat.*
Item, Franciscus de remediis fortuitorum -	secundo folio, *extra.*
Item, Tullius de officiis -	secundo folio, *placet.*
Item, Libri Galeni -	secundo folio, *bene carnosum.*
Item, Compendium medicinæ secundum Gilbertum - - - -	secundo folio, *maxime.*
Item, Expositio super aphorismos Hippocratis	secundo folio, *corpus.*
Item, Liber aphorismorum	secundo folio, *–tomiam.*
Item, Expositio super artem medicinæ - -	secundo folio, *quod sumitur.*
Item, Bernardus de urinis	secundo folio, *–vente.*
Item, Alexander Gerosophista - - -	secundo folio, *libris.*
Item, Galenus de Elementis - - - -	secundo folio, *aliquid cujus.*
Item, Tertius et quintus liber canonum Avicennæ - - - -	secundo folio, *contingat.*
Item, Vincentius super libros Hippocratis -	secundo folio, *in mente.*

Item, Constantinus in Pantegni - - - secundo folio, *ægritudinem.*
Item, Lilium Bernardi de Gordonio - - - secundo folio, *-pilantibus.*
Item, Petrus Hispanus de pulsibus - - - secundo folio, *omnes.*
Item, Ægidius de Urinis, cum arte medicinæ - secundo folio, *imperat.*
Item, Haly Abbas de dispositione regali - - secundo folio, *-dit etiam.*
Item, Serapion de simplicibus medicinis - - secundo folio, *incisio.*
Item, Collectarium Averoise - - - - secundo folio, *dum sint.*
Item, Serapion in practica - - - - secundo folio, *et stercorum.*
Item, Rhazes ad Almasorem - - - - secundo folio, *tribuunt.*
Item, Chirurgia Brunii - secundo folio, *si autem.*
Item, Bartholomæus in practica - - - secundo folio, *soleat.*
Item, Isaac de febribus - secundo folio, *re tacuisti.*
Item, Gerardus super viaticum - - - secundo folio, *istorum.*
Item, Passionarium Theodosii presbyteri - - secundo folio, *ad arcum.*
Item, Expositio super nono Almazoris - - secundo folio, *scilicet.*
Item, Gerardus de modo medendi - - - secundo folio, *facies.*
Item, Liber medicinæ - secundo folio, *pipera.*
Item, Mesuæ de simplicibus et compositis - secundo folio, *amari.*
Item, Platearius de simplicibus - - - secundo folio, *dentur.*
Item, Wilhelmus de Saliceto vel Placentia - secundo folio, *cum assignat.*

Item, Plinius de naturis rerum - - -	secundo folio, *quem*.
Item, Liber philosophorum Aristotelis - -	secundo folio, *Democritus*.
Item, Aphorismi Ursonis	secundo folio, *potentialium*.
Item, Tabula velinga -	secundo folio, *materia*.
Item, Aristoteles de mundo	secundo folio, *hærent*.
Item, Quæstiones super diversos libros medicinæ	secundo folio, *modo*.
Item, Avicenna et Albertus in diversa philosophiæ contenta - - -	secundo folio, *compositis*.
Item, Compendium philosophiæ - - -	secundo folio, *qui continet*.
Item, Albertus super libros Meteororum -	secundo folio, *sicut ex*.
Item, Albertus de animalibus - - - -	secundo folio, *Latine*.
Item, Metaphysica Avicennæ - - -	secundo folio, *naturalia*.
Item, Tragœdiæ Senecæ -	secundo folio, *ferarum*.
Item, Liber Alfragani et Alicen - - -	secundo folio, *et lunam*.
Item, Bacon de cœlo et mundo - - -	secundo folio, *quod in qualibet*. F. 53.
Item, Haly Abenragel -	secundo folio, *per hanc*.
Item, Idem in secunda parte de eisdem - -	secundo folio, *quod mulier*.
Item, Ægidius de cometis	secundo folio, *alii*.
Item, Zaæl de judiciis astrorum - - -	secundo folio, *-teriit*.
Item, Albumazar in magno introductorio - -	secundo folio, *quin*.
Item, Tabula mediæ conjunctionis solis et lunæ	secundo folio, *œqualem*.
Item, Liber astronomiæ cum diversis tabulis -	secundo folio, *ciclus*.

Item, Zaæl de vita hominis - - - -	secundo folio, *aspiciebat.*
Item, Liber Almagesti -	secundo folio, *logicum.*
Item, Liber Thebet -	secundo folio, *magnorum.*
Item, Summa astronomiæ Aschyndon - - -	secundo folio, *nubes.*
Item, Tripartitum Tholomœi - - -	secundo folio, *comprehensorum.*
Item, Tabula de motibus planetarum - - -	secundo folio, *sinistra.*
Item, Panegyricum Porphyrii - - -	secundo folio, *hac pagina.*
Item, Orationes Tullii -	secundo folio, *aut quælibet.*
Item, Epistolæ Nicholai de Clemengiis - -	secundo folio, *–stodia.*
Item, Opera viginti duo Tullii in magno volumine - - - -	secundo folio, *additus.*
Item, Epistolæ Tullii ad Quintum fratrem -	secundo folio, *persuasum.*
Item, Bellum Trojæ cum secretis secretorum -	secundo folio, *ejus.*
Item, Epistolæ Collusii -	secundo folio, *captus.*
Item, Epistolæ Tullii familiares - - -	secundo folio, *nactus.*
Item, Quinctilianus de institutione oratoris -	secundo folio, *rei.*
Item, Macrobius Saturnalium - - -	secundo folio, *quippe.*
Item, Verrinæ Ciceronis et[1] Philippica ejusdem	secundo folio, *in judicium.*
Item, Rhetorica Tullii -	secundo folio, *si res.*
Item, Boccasius de genealogia deorum gentilium	secundo folio, *humeris.*
Item, Glossarius - -	secundo folio, *arbitrari.*

[1] *filc.* is repeated before *Philippica* in the MS.

Item, Apuleius de Asino aureo - - -	secundo folio, *proclivius*.
Item, Catholicon Januensis - - - -	secundo folio, *–totatur*.
Item, ... - -	secundo folio, *. generalibus*.
Item, Aulus Gellius noctium Atticarum - -	secundo folio, ...
Item, Expositio super Valerium Maximum -	secundo folio, *ibi*.

In quorum omnium fidem èt testimonium sigillum commune Universitatis prædictæ præsentibus est appensum.

Datum Oxoniæ, in nostra congregationis domo, die et anno supradictis.

Catalogue of another gift of books by Humphrey Duke of Gloucester.

Hæc indentura, facta Oxoniæ, vicesimo quinto die mensis Februarii, anno Domini millesimo quadringentesimo quadragesimo tertio, et anno[1] regni regis Henrici sexti post conquestum vicesimo secundo, inter serenissimum et illustrissimum principem et dominum, inclitissimum dominum Humfridum, regum filium, fratrem, et patruum, ducem Gloucestriæ, comitem Pembrochiæ, et magnum camerarium Angliæ, ex una parte, ac suam humillimam et perpetuam oratricem Universitatem Oxoniæ, ex altera parte, *testatur*, quod dicta Universitas, de summa et magnificentissima liberalitate prædicti inclitissimi principis, centum et triginta quinque volumina, per dilectos et speciales nuncios suos Magistrum Wilhelmum Say et Radulphum Drew, ad ipsam Universitatem destinata, recepit, quorum utique voluminum nomina, cum initiis secundorum foliorum, inferius describuntur:—

F. 67.
Feb. 25, 1443.

[1] *anno* erased in MS.

In primis, Anselmus Cantuar: Archiepiscopus - - - -	secundo folio, *sicut promissa.*
Item, Hierarchia subcœlestium - - -	secundo folio in libro, *universali doctrina.*
Item, Augustinus de vera innocentia - - -	secundo folio in tabula, *ordo temporum.*
Item, Trevet super Psalterium - - -	secundo folio, *faciendum.*
Item, Augustinus super Johannem - - -	secundo folio, *tibi nisi qui.*
Item, Petrus Blesensis -	secundo folio libri, *–one glomerantur.*
Item, Johannes Chysostomus de compunctione	secundo folio, *meam.*
Item, Primum librum Johannis Chrysostomi ad Plagirium monachum -	secundo folio, *oriri si quis.*
Item, Librum memoriæ Ambrosii episcopi -	secundo folio, *et immaterialia.*
Item, Librum commonitorium de contemptu mundi - - -	secundo folio, *nituntur ea.*
Item, Albertanus de modo dicendi et tacendi -	secundo folio libri, *deinde.*
Item, Meditatio beati Bernardi - - -	secundo folio, *ei alii.*
Item, Liber Alkeron -	secundo folio, *ceteris.*
Item, Epistolæ - -	secundo folio, *imis inscitiam.*
Item, Johannem Damascenum - - -	secundo folio libri, *sensum.*
Item, Dialogum Ocham -	secundo folio, *Jesum tanquam.*
Item, Capgrave super "Regum" primum - -	secundo folio, *fuit vir.*

Item, Capgrave super "Regum" tertium - -	secundo folio, *fulgorem.*
Item, Capgrave super Genesim - - -	secundo folio, *arduum.*
Item, Capgrave super Exodum - - -	secundo folio, *et* . . . .
Item, Athanasium de Trinitate - - -	secundo folio libri *-racti quœ.*
Item, Distinctiones Abel	secundo folio, *Simeon.*
Item, Speculum virginum	secundo folio, *supradicti medicinam.*
Item, De vita Origenis -	secundo folio, *dicitur.*
Item, Johannes Faber in lectura super instituta	secundo folio, *auctoritas.*
Item, Johannis Andreæ quæstiones matrimoniales - - - -	secundo folio, *conceptus.*
Item, Collectarium Johannis Galfridi super libros decretalium - -	secundo folio, *primum in pricipio tibi vi.*
Item, Collectarium Johannis Galfridi - -	secundo folio, *recessit.*
Item, Collectarium Johannis Galfridi - -	secundo folio, *et aliis.*
Item, Collectarium Johannis Galfridi, quartum volumen super libros decretalium - -	secundo folio, *judice stellatus.*
Item, Somnum viridarium	secundo folio, *direxisti.*
Item, Tabula super decreta - - -	secundo folio, *ablutio corporis.*
Item, Conclusiones rotæ -	secundo folio, *post publicas.*
Item, Decreta sanctorum patrum - - -	secundo folio, *nunc sex.*

Item, Aldrati concilia - secundo folio, *dicit enim*.
Item, Summa confessorum secundo folio, *est nisi*.
Item, Baldum super codicem - - - secundo folio, *ratio non est*.
Item, Speculatorem - secundo folio, *de consulibus*.
Item, Sextum librum decretalium - - - secundo folio, *deberent*.
Item, Decretales - - secundo folio, *suo quod*.[1]
Item, Parvum volumen textus - - - secundo folio, *manus*.
Item, Johannis Andreæ in novella - - - secundo folio, *xxxii*^{d}.
Item, Baldum in lectura super tres libros Digesti secundo folio, *ut hic*.
Item, Petrum Jacobum - secundo folio, *imperatorie*.
Item, Clementinas constitutiones - - - secundo folio, *extra*.
Item, Spicam - - - secundo folio, *abbas*.
Item, Johannis Andreæ - secundo folio, *expiret*.
Item, Constantinensis concilii actus - - - secundo folio, *non curat*.
Item, Vincentius in speculo historiali - - secundo folio, *quia Herodes*.
Item, Vincentius in speculo historiali - - secundo folio, *Pipinum jam*.
Item, Vincentius in speculo historiali - - secundo folio, *in eo pauca*.
Item, In speculo historiali secundo folio, *-um hamas*.
Item, Vincentius in speculo naturali - - secundo folio, *quid utpote*.
Item, Secunda pars Vincentii in speculo naturali - - secundo folio, *positione*.
Item, Speculum doctrinale secundo folio, *creaturarum*.
Item, Eusebium - - secundo folio, *rubroque*.

---

[1] An erasure here in MS.

Item, Trogus Pompeius de gestis Romanorum - secundo folio, *-turali filiæ.*

Item, Hegesippus de excidio Judæorum - - secundo folio, *domestici.* F. 68.

Item, Eulogium historiale Angliæ - - - secundo folio, *esset indecora.*

Item, Excidium Trojæ secundum Daretem Phrygium - - - - secundo folio, *Hercules.*

Item, Flores historiarum- secundo folio, *cessaverunt.*

Item, Chronica dicta "Scala mundi" - - secundo folio, *anno primo.*

Item, Granarium Johannis de loco frumenti - secundo folio, *nunc me.*

Item, Secundum partem Johannis granarii de loco frumenti - - secundo folio, *-bantur.*

Item, Secundum et tertium Johannis granarii de loco frumenti - - secundo folio, *hinc inde.*

Item, Polychronicon - secundo folio, *sapiens.*

Item, Epitomum Titi Livii - - - - secundo folio, *educatus.*

Item, Epitomum Titi Livii - - - secundo folio, *subita.*

Item, Primam partem Titi Livii - - - secundo folio, *coalescentium.*

Item, Secundam partem Titi Livii - - - secundo folio, *urbem.*

Item, Josephum in antiquitatibus - - secundo folio, *tradere.*

Item, Josephum in antiquitatibus - - secundo folio, *ab extremis.*

Item, Librum Suetonii Caii - - - - secundo folio, *-andrum.*

Item, Panegyricum Plinii secundo folio, *moderationemque.*

Item, Epistolæ Plinii - secundo folio, *non me.*
Item, Johannem Boccasium - - - secundo folio, *–riarum.*
Item, Johannem Boccasium - - - secundo folio, *amicitiæ.*
Item, Johannem Boccasium - - - - secundo folio, *non superflue.*
Item, Boccasius de montibus - - - secundo folio, ...
Item, Librum Andreæ Dominici - - - secundo folio, *jecore.*
Item, Franciscum Petrarcham - - - - secundo folio, *–tati.*
Item, Franciscum Petrarcham - - - - secundo folio, *vide spatium.*
Item, Franciscum Petrarcham - - - - secundo folio, ...
Item, Franciscum Petrarcham - - - secundo folio, *si filia.*
Item, Franciscum Petrarcham - - - secundo folio, *toto orbe.*
Item, Franciscum Petrarcham - - - secundo folio, *quia nunc.*
Item, Vitam Camilli - secundo folio, *rebus gestis.*
Item, Libri Leonardi - secundo folio, *–terpres.*
Item, Petrum Candidum - secundo folio, *inquirentibus.*
Item, Epistolas Herberti - secundo folio, *emoriatur.*
Item, Vitam Cimonis et Lucilii - - secundo folio, *hominibus.*
Item, Epistolas Petri Abelardi - - - - secundo folio, *dicens.*
Item, Librum de re militari - - - - secundo folio, *–cione.*
Item, Nicholai de Clemengiis Epistolæ - - secundo folio, *O vos.*
Item, Orationem Æschinis secundo folio, *memores.*
Item, Commentaria Caii - secundo folio, *altissimo.*

Item, Vita Marci Antonini	secundo folio, *-etis eorum.*
Item, Catonem Censorem	secundo folio, *si non eo.*
Item, Tranetta super Böethio - - -	secundo folio, *catalogo.*
Item, Pelopidæ vitam -	secundo folio, *Cato senior.*
Item, Palladium de agricultura - - -	secundo folio, *-tes bibentium.*
Item, Titum Livium de republica - - -	secundo folio, *optime.*
Item, Epistolæ declamatoriæ - - - -	secundo folio, *-sulis.*
Item, Isagogicum moralis disciplinæ - - -	secundo folio, *missa.*
Item, Vita Romuli - -	secundo folio, *publicam.*
Item, Vita Demetrii -	secundo folio, *magnitudine.*
Item, Epistolæ Symmachi	secundo folio, *ipse videns.*
Item, Cosmographia Ptolemæi - - -	secundo folio, *vel toto.*
Item, Victorius de architectura - - -	secundo folio, *quia et liberationum.*
Item, Dioscorides de simplicibus medicinis -	secundo folio, *vocat quia.*
Item, Aristoteles de generatione animalium -	secundo folio, *intus habent.*
Item, Librum primum de simplicibus medicinis -	secundo folio, *jam ostendimus.*
Item, Böethium commentatum - - -	secundo folio, *juxta dictum.*
Item, Ovidius de Fastis -	secundo folio, *dexter adest.*
Item, Gwillimus de Saliceto	secundo folio, *infirmi.*
Item, Physica Plinii secundi Veronensis -	secundo folio, *viginti nasturtium.*
Item, Commentaria Dantes	secundo folio, *tormentabunt.*
Item, Terrentii Varronis tres libros de origine linguæ Latinæ - -	secundo folio, *pecus.*

Item, Fabricium in Catilinario - - -	secundo folio, *honoris cupido.*
Item, Librum Dantes -	secundo folio, *-ate.*
Item, Verba Græca et interpretationes linguæ Latinæ - - -	secundo folio, ἀντιδικος.
Item, sermo super libros Virgilii - - -	secundo folio, *olim.*
Item, Claudianum minorem	secundo folio, *anxio.*
Item, Ovidium Metamorphoseos moralizatum -	secundo folio, *amore.*
Item, Nonnum Marcellum	secundo folio, *inter se.*
Item, Ricardum de polis -	secundo folio, *tamen.*
Item, Commenta Böethii de consolatione - -	secundo folio, *dux copias.*
Item, Catonem commentatum - - -	secundo folio, *-tis dono.*
Item, Librum Terentii cum tabula - -	secundo folio, *ad Pamphilum.*
Item, Adamas - -	secundo folio, *-lamus meus.*
Item, Franciscum Petrarcham - - - -	secundo folio, *ignorabam.*
Item, Ægidium de regimine principum - - -	secundo folio, *magna.*
Item, Novam traductionem totius politiæ Platonicæ	secundo folio, *eis incitatam.*
Item, De vitiorum inter se . . . - - -	secundo folio, *superest.*
Item, Vitas triginta virorum illustrium - -	secundo folio, *minus infimis.*

In quorum omnium fidem et testimonium, sigillum commune Universitatis prædictæ præsentibus est appensum:

Datum Oxoniæ, in nostræ congregationis domo, die et anno supradictis.

APPENDIX.

APPENDIX.

APPENDIX A.

Libertas regis de observantia pacis quoad laicòs, de incarceratione malefactorum clericorum et laicorum, et de multis aliis. A. 51.

Henricus, Dei gratia, rex Angliæ, dominus Hiberniæ, dux Aquitaniæ (et) Normanniæ, et comes Andegaviæ, omnibus, ad quos præsentes literæ pervenerint, salutem. A.D. 1255. June 18th.

Sciatis quod ad pacem et tranquillitatem, necnon et utilitatem Universitatis Scholarium Oxoniæ, providimus et concessimus quod quatuor Aldermani fiant in Oxonia, et octo de discretioribus et legalioribus burgensibus ejusdem villæ associentur ipsis Aldermanis, qui omnes jurent nobis fidelitatem, et sint assistentes et consulentes Majori et Ballivis nostris Oxoniæ ad pacem nostram in dicta Universitate conservandam, ad assisas dictæ villæ custodiendas, et ad investigandos malefactores et perturbatores pacis nostræ, et vagabundos nocte, et receptatores latronum et malefactorum, et corporale præstent sacramentum quod omnia prædicta fideliter observabunt. In qualibet autem parochia villæ Oxoniæ sint duo homines electi de legalioribus parochianis, et jurati quod in qualibet quindena inquirent diligenter ne quis suspectus hospitetur in parochia, et, si aliquis receptaverit aliquem per tres noctes in domo sua, respondeat pro eo.

Nullus regratarius emat victualia in villa Oxoniæ vel extra versus villam venientia, nec aliquid emat nec iterum vendat ante horam nonam; et, si fecerit, amercietur et rem emptam amittat.

Si laicus inferat clerico gravem vel enormem lesionem, statim capiatur, et, si magna sit lesio, incarceretur in castro Oxoniæ, et ibi detineatur quousque clerico satisfiat, et hoc arbitrio Cancellarii et Universitatis Oxoniæ. Si clericus protervus fuerit, si minor vel levis sit injuria, incarceretur in villa. Si clericus inferat gravem vel enormem lesionem laico, incarceretur in prædicto castro quousque Cancellarius prædictæ Universitatis ipsum postulaverit; si minor vel levis sit injuria, incarceretur in carcere villæ quousque liberetur per Cancellarium.

Pistores et brasiatores Oxoniæ in primo transgressu suo non puniantur, in secundo amittant panem, et in tertio transgressu habeant judicium de pillorio. Quilibet pistor habeat sigillum suum, et signet panem suum, per quod possit cognosci cujus panis sit. Quicunque de villa brasiaverit ad vendendum, exponat signum suum, alioquin amittat cerevisiam. Vina Oxoniæ communiter vendantur et indifferenter tam clericis quam laicis ex quo inbrochiata fuerint.

Temptatio panis fiat bis in anno, videlicet in quindena post festum S. Michaelis, et circa festum S. Mariæ in Martio; et assisa cerevisiæ fiat eisdem terminis secundum valorem bladi et brasii; et quotiescunque debeat fieri temptatio panis et cerevisiæ intersit Cancellarius prædictæ Universitatis, vel aliqui ex parte sua ad hoc deputati, si super hoc requisiti interesse voluerint; quod si non intersint, nec super hoc requisiti fuerint, nihil valeat temptatio prædicta.

In cujus rei testimonium has literas nostras eidem Universitati fieri fecimus patentes; teste me ipso apud Wodestoke, decimo octavo die Junii, anno regni nostri tricesimo nono.

APPENDIX B.

Carta domini regis de remissione transgressionum pertinentium ad coronam suam quantum ad dissensionem, quæ erat inter Scholares et burgenses. A. 53.

Henricus, Dei gratia, rex Angliæ, dominus Hiberniæ, et dux Aquitaniæ, omnibus ad quos præsentes literæ pervenerint, salutem. A.D. 1264. July 8th.

Cum de pace inter Scholares Universitatis Oxoniæ et burgenses ejusdem villæ reformanda super omnibus transgressionibus, contentionibus, et discordiis inter eos dudum habitis, in certas personas, ut dicitur, fit compromissum, salvis nobis iis quæ ad coronam et dignitatem nostram inde pertinent, sicut in compromisso illo plenius continetur; volentes præfatis Scholaribus gratiam in hac parte facere specialem, ea quæ ad coronam et dignitatem nostram pertinent occasione transgressionum, contentionum, et discordiarum prædictarum, pro nobis et hæredibus nostris, quantum in nobis est, eisdem Scholaribus penitus remittimus et relaxamus.

In cujus rei testimonium has literas nostras fieri fecimus patentes; teste me ipso apud S. Paulum Londonii, octavo die Julii, anno regni nostri quadragesimo octavo.

APPENDIX C.

Carta domini regis de confirmatione privilegiorum ab eodem Universitati concessorum, et contentorum in quadam litera signata sigillo domini Radulphi filii Nicholai.

Henricus, Dei gratia, rex Angliæ, dominus Hiberniæ, et dux Aquitaniæ, omnibus Ballivis et fidelibus suis, ad quos præsentes literæ pervenerint, salutem. A. 51. A.D. 1268. June 21st.

Inspeximus literas patentes dudum confectas apud Wodestoke in presentia procuratorum Scholarium Universitatis Oxoniæ et burgensium ejusdem villæ super quibusdam libertatibus præfatis Scholaribus concessis in hæc verba :—Anno regni regis Henrici, filii regis Johannis, tricesimo secundo, vicesimo nono die Maii, præsentibus apud Wodestoke tam procuratoribus Scholarium Universitatis quam burgensibus Oxoniæ, idem dominus rex concessit eisdem Scholaribus libertates subscriptas, *videlicet*, quod si inferatur injuria prædictis Scholaribus fiat inde inquisitio tam per villatas vicinas quam per burgenses prædictos, et quod, si ipsi burgenses interficiant aliquem de Scholaribus Oxoniæ, vel in aliquem ipsorum insultum faciant, vel alicui eorum gravem injuriam inferant, communitas ejusdem villæ per se puniatur et amercietur, et ballivi per se et non cum communitate eadem puniantur et amercientur, si negligentes fuerint vel dolum fecerint in exequendo officium suum contra illos qui hujusmodi injurias prædictis Scholaribus inferunt; et quod Judæi Oxoniæ non recipiant a Scholaribus prædictis pro libra in septimana nisi duos denarios, et similiter fiat in minori summa secundum suam quantitatem, alioquin prædicti Judæi puniantur secundum constitutionem regni, et quod quotiescunque et quandocunque Major et ballivi Oxoniæ sacramentum fidelitatis suæ præstabunt in loco suo communi, communitas ejusdem villæ denunciet Cancellario, ut per se vel per aliquas electas personas præstationi juramenti prædicti, si voluerit, intersit: quod quidem juramentum tale erit quoad Scholares prædictos, *videlicet*, quod ipsi Major et ballivi conservabunt libertates et consuetudines Universitatis prædictæ, alioquin non valeat juramentum ipsorum, sed iterum præstetur secundum formam præscriptam. Si vero Cancellarius nec per se nec per procuratorem interesse voluerit, ad juramentum nihilominus procedatur, et quod duo Aldermani sint electi et deputati de illis qui pro tempore fuerint, secundum quod ordinati erant a domino W. de Ebor: ad exhibendam justitiam cum præpositi abfuerint, sub eadem pœna qua præpositi tenentur si negligentes vel malitiosi inveniantur, et quod quilibet burgensis Oxoniæ pro familia sua respondeat, ita quod si aliquis de familia sua mortem vel gravem injuriam alicui clerico vel suis inferat, malefactorem exhibeat idem burgensis, ut fiat de eo justitia, alioquin infligatur pœna secundum consuetudinem regni: et quotiescunque debeat fieri temptatio panis et cerevisiæ ab eisdem burgensibus, præcedenti die denuncietur Cancellario et Procuratoribus Universitatis prædictæ, ut per se vel per aliquos ad hoc deputatos per ipsos, si voluerint, intersint temptationi prædictæ, alioquin non valeat ipsa temptatio. Si vero dicti Cancellarius et Procuratores Universitatis per se vel per suos interesse noluerint, ad prædictam temptationem nihilominus procedatur.

In quorum omnium testimonium dominus Radulphus filius Nicholai, senescallus domini regis, ad præceptum ejusdem domini regis, huic scripto sigillum suum apposuit, eodem domino rege per literas suas mandante Vicecomiti, Majori, et ballivis Oxoniæ ut prædictas libertates inviolabiliter observent et faciant observari; quas etiam idem dominus rex fecit irrotulari, anno regni sui tricesimo tertio. *Nos* autem prædictam concessionem prædictis Scholaribus super præfatis libertatibus de præcepto nostro factam, ut prædictum est, ratam habentes et gratam, eam præsentibus literis nostris patentibus Scholaribus antedictis concedimus, et sigilli nostri munimine roboramus. Teste me ipso apud Wodestoke, vicesimo primo die Junii, anno regni nostri quinquagesimo secundo.

APPENDIX D.

Letter of the King to the Sheriff of Oxford relating to an outrage by the Jews on Ascension Day.

A. 73. A.D. 1269, April 27. Henricus, Dei gratia, rex Angliæ, dominus Hiberniæ, et dux Aquitaniæ, vicecomiti Oxoniæ salutem.

Præcipimus tibi quod crucem argenteam portatilem cum attillio suo, quam fieri fecimus sumptibus Judæorum propter fractionem cujusdam crucis per ipsos factum in contemptum et vituperium CRUCIFIXI in solemni processione die Ascensionis Domini proximo præterito, et quæ jam perfecta et parata est, ut intelleximus, dilectis nobis in Christo Cancellario, Magistris, et Scholaribus Universitatis Oxoniæ, quibus dictam crucem argenteam dedimus, ante ipsos in suis processionibus deferendam, et in Monasterio S. Frideswydæ Oxoniæ cum thesauro suo sub salva et secura custodia deponendam, sine dilatione liberari facias habendam de dono nostro in forma prædicta: teste me ipso apud Wyndesore, vicesimo septimo die Aprilis, anno regni nostri quinquagesimo tertio.

APPENDIX E.

[1] *Statuta magnæ aulæ Universitatis, sive pro Scholaribus Magistri W. de Dunelmo, quæ jam extant antiquissima, sub sigillo viridi Universitatis Oxoniensis in thesaurario Collegii Universitatis, in pixide A.A., anno* 1280.

A.D. 1280. Ad honorem Dei et utilitatem Universitatis Oxoniensis, Magistri deputati coram Universitate Regentium

---

[1] These Statutes are transcribed from a copy formerly made by Mr. Smith, a fellow of University College, early in the last century; and he refers to the original as being then in the possession of the college; I have not been able to see it. The date is ascertainable from the name of Dr. Stanton, who was chancellor in the years 1280–1.—Ed.

ad inquirendum et ordinandum de iis quæ spectant ad testamentum Magistri W. de Donelmo, pro ut ista vice potest ordinari,

Istud primo inquirendo invenerunt, quod dictus Magister W. trecentas marcas et decem Universitati legavit sub hac forma, scilicet quod ex illa pecunia emerentur redditus annui ad opus decem vel undecim vel duodecim vel plurium Magistrorum, qui essent de redditibus illius pecuniæ sustentati.

Insuper, per certam inquisitionem invenerunt, quod empti erant redditus ad valorem octodecim marcarum vel circiter de pecunia nominata.

Dicti vero Magistri ulterius inquirentes de residuo pecuniæ invenerunt, quod Universitas Oxoniensis ipsa indigens pro se et quibusdam magnatibus terræ ad ipsam Universitatem recurrentibus residuam pecuniam, videlicet centum libras et decem marcas sterlingorum, partim pro suis negotiis et partim aliis mutuo concessit personis, de quibus nihil est penitus restitutum.

Magistrorum vero sic ab Universitate deputatorum, et voluntatem testatoris considerantium, talis est ordinatio, quod de bonis emptis de pecunia jam prædicta quatuor Magistri bene literati et morigerati, qui in artibus rexerint, eligantur prima vice sub hac forma:

Cancellarius, vocatis Magistris in theologia, de ipsorum consilio vocabit quosdam Magistros de aliis facultatibus, quos viderit esse vocandos; et illi Magistri una cum Cancellario, in fide qua tenentur Universitati astricti, eligent de omnibus, qui se offerunt ad vivendum de redditibus prius dictis, quatuor Magistros, quos viderint secundum suam conscientiam ad proficiendum in sancta Ecclesia aptiores, qui aliunde non habuerint unde in statu magisterii vivere possint honeste, cujus interpretatio eligentium judicio relinquatur.

Deinceps autem idem erit modus eligendi, nisi quod illi quatuor, qui sustentantur de illa eleemosyna, ad electionem una cum prædictis vocentur.

Quorum quatuor Magistrorum unus sit sacerdos ad minus.

Isti quidem quatuor Magistri singuli pro sustentatione sua quinquaginta solidos sterlingorum annuos de jam emptis redditibus sunt accepturi.

Unus autem eorum, qui, una cum quodam Magistro in artibus regente ipsum juvante, redditus emptos custodiet, et emptionem aliorum redditunm procurabit, et negotia tractabit, promovebit, et exequetur, et procurator erit, percipiet quinquaginta quinque solidos annuos, quousque poterit sibi ulterius provideri.

Præfati vero quatuor Magistri simul habitantes audiant theologiam, et poterunt una cum hoc audire decretum et decretales, si sibi viderint expedire.

Qui etiam, quantum ad modum vivendi et addiscendi, se gerent sicut iis per aliquos idoneos et expertes viros a Cancellario deputatos dicetur. Si vero aliquem a præfata perceptione vel officio præfato amoveri debere contingat, super hoc Cancellarius cum Magistris theologiæ habeat potestatem.

Dictus vero procurator, una cum dicto Magistro regente in artibus, astrictus fide qua tenetur Universitati, curam apponet circa reparationem domorum et custodiam earundem, et diligentiam quam poterit adhibebit ut pecunia distracta colligatur, quam procurabit reponi in cista una ad ejusdem pecuniæ custodiam deputata, cujus cistæ clavem unam habebit Cancellarius, aliam dictus procurator, tertia tradatur alicui altero Magistro, quem Procuratores Universitatis decreverint ad hoc aptum.

Pecuniam vero collectam nulli liceat ad usus alios deputare, nisi ad illum qui fuerat de ultima voluntate testatoris; quam cito vero plures redditus empti fuerint augeatur numerus et exhibitio Magistrorum.

Hoc etiam ordinaverunt dicti Magistri, quod de domibus dictorum Magistrorum non fiant scholæ, nisi de eorumdem consensu.

Hanc autem ordinationem H. de Stantone, tunc temporis Cancellarius Universitatis Oxoniensis, cœtusque ejusdem unanimis Magistrorum ratificantes, præsens scriptum sigilli communis eorum munimine roborarunt.

APPENDIX F.

Confirmation of the privileges, &c. of the Burgesses of Oxford.

Edwardus, Dei gratia, rex Angliæ, dominus Hiberniæ dux Aquitaniæ, Archiepiscopis, Episcopis, Abbatibus, Prioribus, Comitibus, Baronibus, justiciariis, vicecomitibus, præpositis, ministris, et omnibus ballivis et fidelibus suis, salutem. A. 65. A.D. 1285? February 16th.

Inspeximus cartam, quam celebris memoriæ dominus Henricus quondam rex Angliæ, pater noster, fecit burgensibus Oxoniæ in hæc verba:—Henricus, Dei gratia, rex Angliæ, dominus Hiberniæ, dux Normanniæ, Aquitaniæ, et comes Andegaviæ, Archiepiscopis, Episcopis, &c.; sciatis me concessisse et hac carta nostra confirmasse burgensibus nostris Oxoniæ, pro nobis et hæredibus nostris, quod ipsi et hæredes sui in perpetuum habeant et teneant omnes libertates, consuetudines, leges, et quietancias subscriptas, *videlicet*, quod habeant nominatim gildam suam mercatoriam, cum omnibus libertatibus et consuetudinibus suis in terra et insulis et pasturis et aliis pertinentiis suis, ita quod nullus, qui non sit de gilda illa, aliquam mercaturam faciat in burgo vel suburbio: præterea concessimus et confirmavimus eis quod sint quieti de theolonio et passagio et omni consuetudine per totam Angliam et Normanniam per terram et per aquam, per ripam maris, "*bi-lande*, "*bi-strande*," et habeant omnes alias consuetudines et libertates et leges suas quas habent communes cum civibus nostris Londonii, scilicet quod ad festum nostrum nobis servient de butellaria nostra, et faciant communiter cum eis mercaturam suam infra Londonium et extra in omnibus locis, et, si dubitaverint vel contenderint de judicio aliquo quid facere debeant, de hoc Londonium mittant nuncios suos, et quod Londonienses inde judicabunt firmum et ratum habeant; et extra burgum Oxonii non placitent de aliquo unde calumniati sint, sed de quocunque in placitum ponantur se disrationabunt secundum legem et consuetudinem civium Londonii, et non aliter, quia ipsi et cives Londonii sunt de una et eadem consuetudine et lege et libertate: quare volumus et firmiter præcipimus quod prædicti burgenses Oxonii et eorum hæredes in perpetuum habeant et teneant prædictas libertates et leges et consuetudines et tenuras suas, ita bene et in pace, libere et quiete, plene et honorifice, cum socha et sacha et tol et them et infangenethef, et cum omnibus aliis libertatibus et consuetudinibus et quietationibus suis sicut cives nostri Londonii eas habent; his testibus, venerabilibus patribus Jocelino Bathoniæ episcopo, Thoma Northwycensi episcopo, Waltero Carleolensi episcopo, Huberto de Burgo comite Kantiæ, justiciario nostro.

APPENDIX G.

Quod ballivi tenentur capere malefactores in suburbio et extra, cum per Cancellarium fuerint præmuniti.

A. 75. A.D. 1315, May 3rd. Edwardus, Dei gratia, rex Angliæ, dominus Hiberniæ, et dux Aquitaniæ, Majori et ballivis villæ Oxoniæ, salutem.

Ex gravi querela Cancellarii et Scholarium Universitatis villæ prædictæ, per petitionem suam coram nobis et concilio nostro exhibitam, intelleximus quod, cum plures malefactores et pacis nostræ perturbatores ad villam prædictam et suburbium ejusdem villæ frequenter accedentes, et in eisdem villa et suburbio commorantes, diversas transgressiones ibidem perpetrant, et post transgressiones per ipsos in eisdem villa et suburbio factas, quandoque infra villam prædictam et quandoque infra diversas libertates, in eodem suburbio receptantur et hospitantur, per quod transgressiones hujusmodi multoties impunitæ remanent, in ipsorum Cancellarii et Scholarium damnum non modicum, et effectus studii retardationem, ac populi partium illarum terrorem manifestum; *Nos*, hujusmodi malitiis obviari, et transgressores prædictos juxta eorum demerita in hac parte puniri volentes, vobis præcipimus, firmiter injungentes, quod propter aliquam libertatem in suburbio prædicto, cujuscunque fuerit, non omittatis quin ad hujusmodi transgressores, qui transgressiones aliquas alicubi infra villam vel suburbium prædicta perpetraverint, et infra libertates dicti suburbii vel etiam in villa prædicta receptantur et hospitantur, tam infra hujusmodi libertates quam infra ballivam nostram prædictam recenter, insequendos et deprehendendos pro pace nostra in hac parte, ac quiete et tranquillitate studentium in Universitate prædicta conservanda, quoties transgressores illos ibidem inveniri contigerit, et per Cancellarium dictæ Universitatis super hac præmuniti fueritis, taliter intendatis quod propter trepiditatem vestram in hac parte querela ad nos non perveniat iterata, per quod ad vos capiendi ex causa prædicta materiam habeamus: Teste me ipso apud Westmonasterium, tertio die Maii, anno regni nostri octavo, per petitionem de consilio.

APPENDIX H.

Confirmation of privileges of the Cordwainers, &c.

A.D. 1321, February 18th

Rex Majori et ballivis suis Oxoniæ, salutem. Cum dominus Henricus quondam rex Angliæ avus noster per cartam suam, quam confirmavimus, concessisset corveysariis de Oxonia omnes libertates et consuetudines quas habuerunt tempore regis Henrici avi ipsius avi nostri, et quod habeant gildam suam sicut tunc habuerunt, ita quod nullus faciat eorum officium in villa de Oxonia nisi sit de gilda illa; ac etiam concessisset quod cordewanarii, qui postea venerunt in dicta villa de Oxonia, sint in hac ipsa gilda, et habeant easdem libertates et consuetudines quas corveysarii habent et habere debent, et Nos nuper, volentes præfatis cordewanariis, et corveysariis gratiam in hac parte facere uberiorem, concesserimus eis, pro nobis et hæredibus nostris, quod nullus faciat eorum officium in suburbiis prædictæ villæ Oxoniæ, nisi sit de gilda supradicta, et quod nullus scindat in eadem villa Oxonia aut suburbiis ejusdem cordewanum, aut corium tannatum, correatum, nec novum opus ad officium prædictum pertinens in eisdem villa et suburbiis vendat, nisi sit de gilda illa, sub forisfactura manu operis illius, ad opus nostrum, de qua forisfactura annuatim ad scaccarium nostrum S. Michaelis per manus ballivorum prædictæ villæ Oxoniæ volumus responderi, et pro quibus concessione et confirmatione dicti cordewanarii et corveysarii et successores sui reddent nobis et hæredibus nostris singulis annis ad scaccarium nostrum S. Michaelis, ultra unam unciam auri et quinque solidos, quos nobis antiquitus solvere consueverunt, duos solidos de incremento in perpetuum, prout in carta nostra eis inde confecta plenius continetur; ac jam ex parte dilectorum nobis in Christo Cancellarii et Scholarium Universitatis Oxoniæ nobis sit ostensum quod prædicti corveysarii et cordewanarii de gilda prædicta exeuntes, per collusionem et confederationem inter eos super hoc habitas, alios corveysarios et cordewanarios de villa et suburbiis prædictis in gildam prædictam absque magna summa pecuniæ, ad quam plures eorum attingere non poterunt, ab eis pro ingressu suo in gilda illa habendo, capienda admittere differunt et recusant, per quod sotulares et alia opera ad dictum officium spectantia in villa et suburbiis prædictis magis solito efficiuntur cariora, ad grave damnum tam Scholarium quam omnium aliorum ibidem conversantium: quia etiam intentionis nostræ non extitit nec adhuc existit per hujusmodi concessionem nostram cuiquam præjudicare, seu fore sotularium et aliorum hujusmodi operum in caristiam accrescere; volentes hujusmodi malitiæ obviari, vobis præcipimus quod corveysarios et cordewanarios officium prædictum in villa et suburbiis prædictis tanquam inde experti exercentes, et in gildam prædictam admitti volentes, in eadem gilda absque aliqua extorsione de pecunia ab eis pro ingressu suo inde habendo admitti faciatis; ita quod pro defectu vestri in hac parte querela ad nos inde non perveniat iterata, per quod manum ad hoc aliter apponere debeamus: Teste me ipso apud Westmonasterium, octavo decimo die Februarii, anno regni nostri quartodecimo.

APPENDIX I.

Ordinatio regis de artificibus et operariis missa Cancellario et Majori Oxoniæ, exequenda per eos conjunctim et divisim. A. 93.

Edwardus, Dei gratia, rex Angliæ, et Franciæ, et dominus Hiberniæ, dilectis sibi Cancellario Universitatis Oxoniæ et Majori ejusdem villæ salutem. A.D. 1349, December 20th.

Sciatis quod, cum Nos nuper contra desiderium et malitiam servientium, qui, mortuis aliis in ista petulantia, videntes necessitatem dominorum, servire noluerunt nisi stipendia reciperent excessiva, sed potius mendicare malentes in otio quam per laborem quærere victum suum, de consilio prælatorum, nobilium, aliorumque peritorum nobis assistentium, *ordinavimus* quod quilibet liber homo vel femina regni nostri Angliæ, cujuscunque conditionis fuerit, liberæ vel servilis, potens in corpore et infra ætatem sexaginta annorum, non vivens de mercatura, nec certum exercens artificium, nec habens de proprio unde vivere, vel terram propriam circa culturam cujus se poterit occupare, et aliter non serviens, si de serviendo in servitio congruo, considerato statu suo, fuerit requisitus, servire teneretur illi, qui ipsum sic duxerit requirendum, et perciperet . . . . . . vadia, liberationes, mercedes, seu salaria, quæ in locis ubi servire deberet consueta sunt præstare anno dicti regni nostri Angliæ vicesimo, vel annis communibus quinque vel sex proxime præcedentibus; *proviso* quod domini præferantur aliis in nativis seu terram suam nativam tenentibus sic in servitio retinendis, ita tamen quod hujusmodi domini sic retineant tot quot sibi fuerint necessarii, et non plures; et quod si talis vir vel mulier de sic serviendo requisitus vel requisita hoc facere noluerit, hoc probato per duos fideles homines coram vicecomite, ballivo, domino, aut constabulario villæ ubi hoc fieri contigerit, statim per eos vel eorum aliquem caperetur et committeretur proximæ gaolæ, et ibidem sub arta moraretur custodia, quousque securitatem invenerit de serviendo in forma prædicta; et si aliquis in servitio alicujus sic retentus ante finem termini concordati a dicto servitio sine causa rationabili vel licentia recesserit, nullus sub pœna imprisonamenti talem in servitio suo recipere vel retinere præsumeret: quod nullus vadia, liberationes, mercedes seu salaria

majora solito, sicut prædictum est, solveret vel solvere promitteret, sub pœna dupli illius quod sic solverit vel solvere promiserit, illi, qui ex hoc senserit se gravatum, et nullo tali volente prosequi, tunc cuicunque de populo, qui hoc prosecutus fuerit, applicandum, et quod fieret hujusmodi prosecutio in curia domini loci quo talis casus acciderit, et quod, si domini villarum vel maneriorum contra ordinationem nostram prædictam per se vel ministros suos in aliquo venire præsumerent, tunc in comitatibus, wapentachiis, vel trithingis, vel aliis curiis nostris hujusmodi, ad pœnam tripli per eos vel ministros suos sic soluti vel promissi in forma prædicta fieret prosecutio contra eos; et si forsan aliquis, ante ordinationem prædictam, cum aliquo de sic
A. 94.
serviendo pro majori salario convenerit, ipse ratione dictæ conventionis ad solvendum ultra id quod alias tali consuetum est solvi minime teneretur, immo plus solvere sub pœna prædicta non præsumeret: quod sellarii, pelletarii, alutarii, sutores, scissores, fabri, carpentarii, cementarii, tegularii, batellarii, carectarii, et quicunque alii artifices et operarii non caperent pro labore et artificio suo ultra id quod dicto anno proximo vel aliis communibus annis præcedentibus, ut præmittitur, in locis quibus ipsos operari contigerit, talibus solvi consueverit; et, si quis plus receperit, gaolo proximo, modo quo præmittitur, committeretur; et etiam quod carnifices, piscenarii, hostellarii, brasiatores, pistores, pulletarii, et omnes alii venditores victualium quorumcunque tenerentur hujusmodi victualia vendere pro pretio rationabili, habita consideratione ad pretium quo hujusmodi victualia in locis propinquis venduntur; Ita quod habeant hujusmodi venditores moderatum lucrum, non excessivum, prout distantia locorum a quibus hujusmodi victualia cariantur duxerit rationabiliter requirendum; et quod, si quis victualia alio modo vendiderit, et inde convictus fuerit, solveret duplum illius, quod sic receperit, damnificato, vel, in

defectu ejus, alteri qui prosequi voluerit in hac parte, et quod habeant potestatem Major et ballivi civitatum, burgorum, villarum, mercatoriarum, et portuum et locorum maritimorum ad inquirendum de omnibus et singulis qui contra hoc in aliquo deliquerint, et ad pœnam prædictam, ad opus illorum, ad quorum sectam hujusmodi delinquentes convicti fuerint, levandam; quodque in casu quo iidem Major et ballivi executionem præmissorum facere neglexerint, et de hoc coram justiciario per nos assignando convicti fuerint, tunc iidem Major et ballivi ad triplum rei sic venditæ hujusmodi damnificato, vel alteri, in defectu illius, prosequenti solvendum per eosdem justiciarios compellerentur, et nihilominus versus nos graviter punirentur prout in ordinatione prædicta plenius continetur: Et, quia jam intelleximus quod servientes, operarii, et artifices prædicti, ac victualium venditores in villa nostra Oxoniæ et suburbiis ejusdem, nulla habita consideratione ad ordinationem prædictam, *videlicet*, servitores ad serviendum, artifices ad operandum et artificia et res operatas vendendum, et ipsi venditores victualium in vendendo eadem cariores se exhibent, et plus pro servitiis, operibus, et artificiis et aliis rebus venalibus ab hominibus, præsertim a Scholaribus, quibus magis solito jam illudere moliuntur, exigunt et extorquent quam ante dictam ordinationem, vel quam tempore quo ipsa facta extitit exegerunt, in nostri contemptum, ac dictorum Scholarium et aliorum damnum publicum, et contra ordinationem prædictam, nec per vos, præfatos Majorem et ballivos dictæ villæ, quibus executio ejusdem ordinationis ibidem committitur, ullum apponatur remedium in hac parte, unde etiam conturbamur, volentes ipsam ordinationem executioni debitæ demandari, assignavimus vos conjunctim et divisim ad eandem ordinationem pro bono publico sic confectam in singulis suis articulis in villa et suburbiis prædictis observandam et observari faciendam, necnon delinquentes contra illam et eam voluntarie excedentes ac rebelles et contrarios tam ad querelas singulorum inde conqueri volentes . . . alias prout expedire videritis, habita super hoc quoties opus fuerit informatione debita, juxta formam et effectum ejusdem ordinationis puniendos et castigandos, et excessus hujusmodi reformandos; et ideo vobis et alteri vestrum mandamus, quod præmissa faciatis et exequamini in forma prædicta, ita quod pro defectu executionis præsentis mandati nostri ad vos ob vestram negligentiam non habeamus materiam graviter capiendi: Damus autem ballivis et probis hominibus villæ prædictæ tenore præsentium in mandatis, quod vobis et alteri vestrum in executione præmissorum, quoties opus fuerit et vos vel aliquis vestrum eos scire feceritis vel fecerit, ex parte nostra pareant et intendant.

In cujus rei testimonium has literas nostras fieri fecimus patentes, teste me ipso apud Westmonasterium, sexto die Decembris, anno regni nostri Angliæ vicesimo tertio, regni vero nostri Franciæ decimo.

APPENDIX J.

Breve directum a Domino Johanne Knyvet, Cancellario Angliæ, ad Cancellarium Oxoniæ, pro attornatis recipiendis. A. 31.

Edwardus, Dei gratia, rex Angliæ et Franciæ, et dominus Hiberniæ, &c., Wilhelmo Wyltone, Cancellario Universitatis nostræ Oxoniæ, salutem. A.D. 1366, March 5th.

Sciatis quod dedimus vobis potestatem recipiendi attornatos Custodis et Scholarium Aulæ de Merton in Oxonia, quos coram vobis loco suo attornare voluerit ad lucrandum vel perdendum in loquela quæ est coram ballivis nostris de Basyngstoke, per parvum breve nostrum de recto inter ipsos Custodem et Scholares, petentes, et Johannem Severmuth, tenentem, de duabus acris terræ cum pertinentiis in Basyngstoke: Et ideo vobis mandamus quod, cum attornatos illos receperitis, de nominibus eorundem attornatorum nobis sub sigillo vestro distincte et aperte sine dilatione constare faciatis; remittentes nobis hoc breve.

Per me ipsum apud Westmonasterium, quinto die Martii, anno regni nostri Angliæ quadragesimo octavo, regni vero nostri Franciæ tricesimo quinto.

APPENDIX K.

A. 41. *Litteræ patentes acquisitæ per Magistrum Wilhelmum de Hestone, Cancellarium Universitatis Oxoniæ, pro paviamento villæ Oxoniæ, anno Domini millesimo trecentesimo octogesimo.*

A.D. 1380, October 18th. Ricardus, Dei gratia, rex Angliæ et Franciæ, et dominus Hiberniæ, dilectis sibi Cancellario Universitatis, et Majori villæ Oxoniæ, salutem.

Sciatis quod, cum paviamentum in villa nostra Oxonia et ejus suburbiis dirutum sit et confectum in locis quam plurimis, ad grave damnum tam Scholarium quam aliorum ibidem commorantium, ut accepimus; volentes super hoc apponi remedium opportunum, dedimus vobis potestatem distringendi omnes tam clericos quam laicos in villa prædicta et ejus suburbiis tenementa obtinentes, tam per redditus tenementorum hujusmodi quam per catalla in eisdem inventa, ad paviamentum coram tenementis reparandum et sustentandum, ita quod nulli in hac parte parcatur; et si Major villæ prædictæ in hac parte negligens vel remissus fuerit, et præmissa una vobiscum præfato Cancellario facere recusaverit, tunc volumus et concedimus quod vos, præfate Cancellarie, per vos et vestros præmissa singula expleatis, ita quod clamor iteratus modo ad nos non perveniat. In cujus testimonium has literas nostras fieri fecimus, per triennium duraturas; teste me ipso apud Westmonasterium, octodecimo die Octobris, anno Domini millesimo trecentesimo octogesimo. A.D. 1380.

MIDDLETONE.

APPENDIX L.

A copy of an ancient Bursar's Roll, transcribed from the Archives of University College.

Expensæ forinsecæ factæ per Magistrum Johannem Medytone et Magistrum Robertum Gower versus Londinium et ibi, in octavo S. Hilarii cum famulo M. J. et Roberto Westby cum famulo suo. A.D. 1381.

Inprimis apud Tettusworth, in potu 1^d obolum, in pane equino 1^d obolum. Apud Wycumbe pernoctando, in pane 1^d, in cerevisia 2^d, in ovis 2^d, in vino 5^d, in igne 2^d, in candelis obolum, in lecto 1^d, pro tribus equis 3^d, in avenis 6^d, in ferrura obolum. *Item*, in crastino apud Woxebregge, in pane 1^d, in cerevisia 2^d, in vino 2^d obolum, in carne 4^d, in pane equino 3^d. *Item*, apud Londinium eodem die ante cœnam, in potu 2^d, in cœna 11^d, in fœno pro tribus equis 3^d, in avenis 6^d.

Secunda die apud Londonium, in jentaculo 4^d, in cœna 11^d, in avena pro tribus equis 3^d, in stramine 1^d

Tertia die apud Londonium, in prandio 5^d, in cœna 7^d, in avena 3^d, in pane equino 1^d obolum.

Quarta die apud Londonium, in jentaculo 2^d, in potu 1^d obolum, in carne 9^d, in avena 3^d.

Quinta die apud Londonium, in prandio, in pane 1^d, in potu 2^d, in carne 3^d, in igne 1^d; in cœna, in pane 1^d, in potu 3^d, in carne 2^d, in igne 2^d, in candelis obolum, in avena 3^d

Sexta die apud Londonium, in prandio 14^{d}, in noctu in lectis 1^{d}, in igne 1^{d}, in candelis obolum, in avena 3^{d}.

Septima die apud Londonium, in prandio 12^{d}, in lectis 2^{d}, in potu 2^{d}, in igne 1^{d}, in candelis obolum, in avenis 3^{d}

Octava die apud Londinium, in prandio 1^{d} obolum, in carne 4^{d}, in igne 2^{d}; in nocte, in pane 1^{d} obolum, in potu 2^{d}, in carne 2^{d}, in lectis 2^{d}, in igne 2^{d}, in candelis obolum, in avenis 3^{d}.

Nona die apud Londinium, in pane 1^{d} obolum, in potu 2^{d}, in carne 4^{d}, in igne 1^{d}; in cœna, in pane 1^{d} obolum, in potu 2^{d}, in igne 1^{d}, in lectis 2^{d}, in candelis obolum, in pane equino 2^{d}.

Decima die apud Londinium, in prandio, in pane 1^{d} obolum, in potu 2^{d}, in carne 3^{d}, in igne 1^{d}; in cœna, in pane 1^{d}, in potu 2^{d}, in carne 3^{d}, in igne 1^{d}; in cœna, in pane 1^{d}, in potu 2^{d}, in carne 3^{d}, in igne 1^{d}, in lectis 2^{d}, in candelis obolum, in avenis 3^{d}.

Undecima die apud Londonium, in jentaculo 4^{d} obolum; in prandio, in pane 1^{d}, in potu 2^{d}, in carne 5^{d}, in igne 2^{d}, in pane 2^{d}, in pane equino obolum. *Item*, in fœno pro tribus equis pro novem diebus et totidem noctibus 5^{s}. Eodem die post prandium in expensis Magistri Roberti Gower a Londinio versus Oxoniam, apud Woxebregge pernoctando, in pane obolum, in potu 1^{d}, in carne 3^{d}, in igne obolum, in lecto 1^{d}, in fœno 1^{d}, in avena 1^{d} obolum, in pane equino obolum. *Item*, apud Wycumbe in prandio, in pane obolum, in potu 1^{d}, in carne 2^{d}, in pane equino obolum.

Item, solvi attornato nostro in Communi Banco $6^{s}/8^{d}$.

Item, in vino dato Edwardo Gifford 10^{d}.

Item, in una copia placiti 3^{d}, in vino dato David Hammer, 11^{d}, in conductione unius equi 20^{d}.

Summa 37^{s}.

APPENDIX M.

Letter of the Chancellor of the University to the King.

Serenissimo principi ac domino, domino Ricardo, Dei gratia Regi Angliæ et Franciæ illustrissimo, et domino Hiberniæ nobilissimo, suus, si placeat, perhumilis Thomas Bryghtwell, Cancellarius Universitatis Oxoniensis, se ipsum et regni sui regimen secundum juris tramites diuturnis temporibus in pacis pulchritudine feliciter gubernare. A. 82. A.D. 1388.

Metuendissime domine, vestræ dominationis excellentiæ patefacimus per præsentes, quod quædam Johanna Thinuleys, nostræ jurisdictionis Oxoniæ, propter ipsius multiplicatas contumacias pariter et offensas, coram certo Commissario nostro, ad instantiam cujusdam Walteri Houlee, Scholaris Universitatis vestræ prædictæ, multipliciter contractas, majoris excommunicationis sententia auctoritate nostra innodata existat; in qua quadraginta dies et amplius animo perstitit et adhuc persistit contumaciter indurato, claves Ecclesiæ nequiter contemnendo; quocirca excellentiæ vestræ attentius supplicamus quatenus ad dictæ Johannæ malitiam, contemptum, et protervitatem arctius coercendas, secundum consuetudinem regni nostri digneris extendere dextram vestræ regiæ majestatis.

In cujus rei testimonium has literas nostras sigilli nostri officii impressione fecimus consignari.

Datum Oxoniæ, die Sabbati proximo ante festum S. Margaritæ, anno Domini millesimo trecentesimo octogesimo octavo.

INDEX.

INDEX.

A.

B.

C.

D.

[1] *Salarii* in the page here referred to, is probably an error of the MS. for Solarii, *see* other lists of Halls at p. 823.

E.

F.

G.

I.

J.

K.

L.

M.

O

P.

S.

T.

U.

V.

W.

Y.

Z.

LONDON:
Printed by GEORGE E. EYRE and WILLIAM SPOTTISWOODE,
Printers to the Queen's most Excellent Majesty.
For Her Majesty's Stationery Office.
[.—1000.—4/68.]

CATALOGUE

OF

RECORD PUBLICATIONS

ON SALE,

BY

Messrs. Longman & Co., London;
Messrs. James Parker & Co., Oxford and London;
Messrs. Macmillan & Co., Cambridge and London;
Messrs. A. & C. Black, Edinburgh;
and Mr. A. Thom, Dublin.

CALENDARS OF STATE PAPERS, &c.

[Imperial 8vo., cloth. *Price* 15*s.* each Volume or Part.]

As far back as the year 1800, a Committee of the House of Commons recommended that Indexes and Calendars should be made to the Public Records, and thirty-six years afterwards another Committee of the House of Commons reiterated that recommendation in more forcible words; but it was not until the incorporation of the State Paper Office with the Public Record Office that the present Master of the Rolls found himself in a position to take the necessary steps for carrying out the wishes of the House of Commons.

On 7 December 1855, he stated to the Lords of the Treasury that although "the Records, State Papers, and Documents in his charge constitute the most "complete and perfect series of their kind in the civilized world," and although "they are of the greatest value in a historical and constitutional "point of view, yet they are comparatively useless to the public, from the "want of proper Calendars and Indexes."

Acting upon the recommendation contained in the Reports of the House of Commons above referred to, he suggested to the Lords of the Treasury that to effect the object he had in view it would be necessary for him to employ a few persons fully qualified to perform the work which he contemplated.

Their Lordships assented to the necessity of having Calendars prepared and printed, and they further empowered the Master of the Rolls to take such steps as might be necessary for this purpose.

The following Works have been already published under the direction of the Master of the Rolls:—

Calendarium Genealogicum; for the Reigns of Henry III. and Edward I. *Edited by* Charles Roberts, Esq., Secretary of the Public Record Office. 2 Vols. 1865.

This is a work of great value for elucidating the early history of our nobility and landed gentry.

Calendar of State Papers, Domestic Series, of the Reigns of Edward VI., Mary, and Elizabeth, preserved in Her Majesty's Public Record Office. *Edited by* Robert Lemon, Esq., F.S.A. 1856–1865.

Vol. I.—1547–1580. | Vol. II.—1581–1590.

Calendar of State Papers, Domestic Series, of the Reign of Elizabeth (continued), preserved in Her Majesty's Public Record Office. *Edited by* Mary Anne Everett Green. 1867.

Vol. III.—1591–1594.

The first, second, and third volumes are published, extending from 1547 to 1594.

Calendar of State Papers, Domestic Series, of the Reign of James I., preserved in Her Majesty's Public Record Office. *Edited by* Mary Anne Everett Green. 1857–1859.

Vol. I.—1603–1610.
Vol. II.—1611–1618.
Vol. III.—1619–1623.
Vol. IV.—1623–1625, with Addenda.

Mrs. Everett Green has completed a Calendar of the Domestic State Papers of the reign of James I. in four volumes. The mass of historical matter thus rendered accessible to investigation is large and important. It throws new light on the Gunpowder plot; the rise and fall of Somerset; the particulars connected with the Overbury murder; the disgrace of Sir Edward Coke; and other matters connected with the reign.

Calendar of State Papers, Domestic Series, of the Reign of Charles I., preserved in Her Majesty's Public Record Office. *Edited by* John Bruce, Esq., F.S.A. 1858–1867.

Vol. I.—1625–1626.
Vol. II.—1627–1628.
Vol. III.—1628–1629.
Vol. IV.—1629–1631.
Vol. V.—1631–1633.
Vol. VI.—1633–1634.
Vol. VII.—1634–1635.
Vol. VIII.—1635.
Vol. IX.—1635–1636.
Vol. X.—1636–1637.

This Calendar is in continuation of that of the Domestic State Papers of the reign of James I., and comprises the first thirteen years of the reign of Charles I., but is in active progress towards completion, and will extend to the Restoration of Charles II. It presents notices of a large number of original documents of great value to all inquirers into the history of the period to which it relates. Many of these documents have been hitherto unknown to men of letters.

Calendar of State Papers, Domestic Series, of the Reign of Charles II., preserved in Her Majesty's Public Record Office. *Edited by* Mary Anne Everett Green. 1860–1866.

Vol. I.—1660–1661.
Vol. II.—1661–1662.
Vol. III.—1663–1664.
Vol. IV.—1664–1665.
Vol. V.—1665–1666.
Vol. VI.—1666–1667.
Vol. VII.—1667.

Seven volumes, embracing the period between 1660 and 1667, have been published.

Calendar of State Papers relating to Scotland, preserved in Her Majesty's Public Record Office. *Edited by* Markham John Thorpe, Esq., of St. Edmund Hall, Oxford. 1858.

Vol. I., the Scottish Series, of the Reigns of Henry VIII., Edward VI., Mary, and Elizabeth, 1509–1589.

Vol. II., the Scottish Series, of the Reign of Elizabeth, 1589–1603; an Appendix to the Scottish Series, 1543–1592; and the State Papers relating to Mary Queen of Scots during her Detention in England, 1568–1587.

Two volumes of State Papers relating to Scotland, embracing the period between 1509 and 1603, were edited by Mr. Markham Thorpe in 1858. In the second volume are notices of the State Papers relating to Mary Queen of Scots, now in the Public Record Office.

CALENDAR OF STATE PAPERS relating to IRELAND, preserved in Her Majesty's Public Record Office. *Edited by* HANS CLAUDE HAMILTON, Esq., F.S.A. 1860–1867.

Vol. I.—1509–1573. | Vol. II.—1574–1585.

Two volumes, of Irish State Papers, between 1509 and 1585, have been published under the editorship of Mr. Hans Claude Hamilton; and another volume is in progress.

CALENDAR OF STATE PAPERS, COLONIAL SERIES, preserved in Her Majesty's Public Record Office, and elsewhere. *Edited by* W. NOEL SAINSBURY, Esq. 1860–1862.

Vol. I.—America and West Indies, 1574–1660.
Vol. II.—East Indies, China, and Japan, 1513–1616.

The first volume of a Calendar of Colonial Papers relating to America and the West Indies, from 1574 to 1660, was published in 1860. The second volume, relating to the East Indies, China, and Japan, from 1513 to 1616, appeared in 1862. The above portion includes an analysis of all Papers from the three great archives of the Public Record Office, the India Office, and the British Museum. The third volume is in the press. The regular series of the East India Papers in the Public Record Office are calendared to the year 1623; those relating to the same subject in the Domestic Correspondence to 1625; and in the Foreign Correspondence to 1620; the Court Minutes of the East India Company to 1621, and the Original Correspondence in the India Office to 1620. Many undated Papers have been dated and arranged.

CALENDAR OF LETTERS AND PAPERS, FOREIGN AND DOMESTIC, OF THE REIGN OF HENRY VIII., preserved in Her Majesty's Public Record Office, the British Museum, &c. *Edited by* J. S. BREWER, M.A., Professor of English Literature, King's College, London. 1862–1867.

Vol. I.—1509–1514.
Vol. II. (in Two Parts)—1515–1518.
Vol. III. (in Two Parts)—1519–1523.

These volumes contain summaries of all State Papers and correspondence relating to the reign of Henry VIII., in the Public Record Office, of those formerly in the State Paper Office, in the British Museum, the Libraries of Oxford and Cambridge, and other public Libraries; and of all letters that have appeared in print in the works of Burnet, Strype, and others. In short, whatever authentic original material exists in England relative to the religious, political, parliamentary, or social history of the country during the reign of Henry VIII., whether despatches of ambassadors, or proceedings of the army, navy, treasury, or ordnance, or records of Parliament, appointments of officers, grants from the Crown, &c., will be found calendared in these volumes.

CALENDAR OF STATE PAPERS, FOREIGN SERIES, OF THE REIGN OF EDWARD VI., preserved in Her Majesty's Public Record Office. *Edited by* W. B. TURNBULL, Esq., of Lincoln's Inn, Barrister-at-Law, and Correspondant du Comité Impérial des Travaux Historiques et des Sociétés Savantes de France. 1861.

CALENDAR OF STATE PAPERS, FOREIGN SERIES, OF THE REIGN OF MARY, preserved in Her Majesty's Public Record Office. *Edited by* W. B. TURNBULL, Esq., of Lincoln's Inn, Barrister-at-Law, and Correspondant du Comité Impérial des Travaux Historiques et des Sociétés Savantes de France. 1861.

The two preceding volumes exhibit the negotiations of the English ambassadors with the courts of the Emperor Charles V. of Germany, of Henry II. of France, and of Philip II. of Spain. The affairs of several of the minor continental states here find various incidental illustrations of much interest.

A valuable series of Papers descriptive of the circumstances which attended the loss of Calais merits a special notice; while the progress of the wars in the north of France, into which England was dragged by her union with Spain, is narrated at some length. The domestic affairs of England are of course passed over in these volumes, which treat only of its relations with foreign powers.

CALENDAR OF STATE PAPERS, FOREIGN SERIES, OF THE REIGN OF ELIZABETH, preserved in Her Majesty's Public Record Office, &c. *Edited by* the Rev. JOSEPH STEVENSON, M.A., of University College, Durham. 1863–1867.

Vol. I.—1558–1559.
Vol. II.—1559–1560.
Vol. III.—1560–1561.
Vol. IV.—1561–1562.
Vol. V.—1562.

These five volumes contain a descriptive catalogue of the foreign correspondence of Queen Elizabeth, from her accession in 1558, to 1562, of which the originals, drafts, or contemporary copies, are deposited in the Public Record Office. These documents are of the greatest value as exhibiting the position of England at one of the most interesting periods of history, in regard to its relations with France, Scotland, Spain, and Germany. They are of especial importance as illustrating not only the external but also the domestic affairs of France during the period which immediately preceded the outbreak of the first great war of religion under the Prince of Condé and the Duke of Guise.

CALENDAR OF THE CAREW PAPERS, preserved in Lambeth Library. *Edited by* J. S. BREWER, M.A., Professor of English Literature, King's College, London; and WILLIAM BULLEN, Esq. 1867–1868.

Vol. I.—1515–1574.
Vol. II.—1575–1588.

The Carew Papers relating to Ireland deposited in the Lambeth Library are not only unique in themselves, but are of great importance. Two volumes of the Calendar of these valuable Papers have already been published, extending from 1515 to 1588, which cannot fail to be welcome to all students of Irish history. Another volume is in the press.

CALENDAR OF LETTERS, DESPATCHES, AND STATE PAPERS, relating to the Negotiations between England and Spain, preserved in the Archives at Simancas, and elsewhere. *Edited by* G. A. BERGENROTH. 1862–1867.

Vol. I.—Hen. VII.—1485–1509.
Vol. II.—Hen. VIII.—1509–1525.

Mr. Bergenroth is engaged in compiling a Calendar of the Papers relating to England preserved in the archives of Simancas in Spain, and the corresponding portion removed from Simancas to Paris. It has been deemed essential to the completion of his work that Mr. Bergenroth should visit Madrid, and examine the Papers there, bearing on the reign of Henry VIII. The first volume contains the Spanish Papers of the reign of Henry VII., and the second volume the Papers of the first portion of the reign of Henry VIII.

CALENDAR OF STATE PAPERS AND MANUSCRIPTS, relating to ENGLISH AFFAIRS, preserved in the Archives of Venice, &c. *Edited by* RAWDON BROWN, Esq. 1864–1867.

Vol. I.—1202–1509.
Vol. II.—1509–1519.

Of the Papers in the Venetian archives, Mr. Rawdon Brown has already published two volumes of his Calendar, extending from 1202 to 1519, and has made considerable progress in the third volume. Mr. Brown's researches have brought to light a number of important documents relating to the various periods of English history, and his contributions to our historical literature are of the most interesting and important character.

Report of the Deputy Keeper of the Public Records and the Rev. J. S. Brewer to the Master of the Rolls, upon the Carte and Carew Papers in the Bodleian and Lambeth Libraries. 1864. *Price* 2*s*. 6*d*.

Report of the Deputy Keeper of the Public Records to the Master of the Rolls, upon the Documents in the Archives and Public Libraries of Venice. 1866. *Price* 2*s*. 6*d*.

In the Press.

Calendar of State Papers, Colonial Series, preserved in Her Majesty's Public Record Office, and elsewhere. *Edited by* W. Noel Sainsbury, Esq. Vol. III.—East Indies, China, and Japan. 1617, &c.

Calendar of Treasury Papers, preserved in Her Majesty's Public Record Office. *Edited by* Joseph Redington, Esq. Vol. I.—1556–1684.

Calendar of State Papers, Foreign Series, of the Reign of Elizabeth, preserved in Her Majesty's Public Record Office. *Edited by* the Rev. Joseph Stevenson, M.A., of University College, Durham. Vol. VI.—1563.

Calendar of State Papers, Domestic Series, of the Reign of Charles I., preserved in Her Majesty's Public Record Office. *Edited by* John Bruce, Esq., F.S.A. Vol. XI.—1637.

Calendar of Letters and Papers, Foreign and Domestic, of the Reign of Henry VIII., preserved in Her Majesty's Public Record Office, the British Museum, &c. *Edited by* J. S. Brewer, M.A., Professor of English Literature, King's College, London. Vol. IV.—1524, &c.

Calendar of State Papers and Manuscripts, relating to English Affairs, preserved in the Archives of Venice, &c. *Edited by* Rawdon Brown, Esq. Vol. III.—1520, &c.

Calendar of State Papers, Domestic Series, of the Reign of Elizabeth (continued), preserved in Her Majesty's Public Record Office. *Edited by* Mary Anne Everett Green. Vol. IV.—1595, &c.

Calendar of the Carew Papers, preserved in Lambeth Library. *Edited by* J. S. Brewer, M.A., Professor of English Literature, King's College, London; and William Bullen, Esq. Vol. III.—1589, &c.

Syllabus, in English, of Rymer's Fœdera; with Index. Vol. I.

In Progress.

Calendar of Letters, Despatches, and State Papers, relating to the Negotiations between England and Spain, preserved in the Archives at Simancas, and elsewhere. *Edited by* G. A. Bergenroth. Vol. III.—Henry VIII.—*continued.*

Calendar of State Papers relating to Ireland, preserved in Her Majesty's Public Record Office. *Edited by* Hans Claude Hamilton, Esq., F.S.A. Vol. III.—1586, &c.

THE CHRONICLES AND MEMORIALS OF GREAT BRITAIN AND IRELAND DURING THE MIDDLE AGES.

[ROYAL 8vo., half-bound. *Price* 10*s.* each Volume or Part.]

On 25 July 1822, the House of Commons presented an address to the Crown, stating that the editions of the works of our ancient historians were inconvenient and defective; that many of their writings still remained in manuscript, and, in some cases, in a single copy only. They added, "that an "uniform and convenient edition of the whole, published under His Majesty's "royal sanction, would be an undertaking honourable to His Majesty's reign, "and conducive to the advancement of historical and constitutional know- "ledge; that the House therefore humbly besought His Majesty, that He "would be graciously pleased to give such directions as His Majesty, in His "wisdom, might think fit, for the publication of a complete edition of the "ancient historians of this realm, and assured His Majesty that whatever "expense might be necessary for this purpose would be made good."

The Master of the Rolls, being very desirous that effect should be given to the resolution of the House of Commons, submitted to Her Majesty's Treasury in 1857 the plan above referred to for the publication of the ancient chronicles and memorials of the United Kingdom, and it was adopted accordingly. In selecting these works, it was considered right, in the first instance, to give preference to those of which the manuscripts were unique, or the materials of which would help to fill up blanks in English history for which no satisfactory and authentic information hitherto existed in any accessible form. One great object the Master of the Rolls had in view was to form a *corpus historicum* within reasonable limits, and which should be as complete as possible. In a subject of so vast a range, it was important that the historical student should be able to select such volumes as conformed with his own peculiar tastes and studies, and not be put to the expense of purchasing the whole collection; an inconvenience inseparable from any other plan than that which has been in this instance adopted.

Of the Chronicles and Memorials, the following volumes have been published. They embrace the period from the earliest time of British history down to the end of the reign of Henry VII.

1. The Chronicle of England, by John Capgrave. *Edited by* the Rev. F. C. Hingeston, M.A., of Exeter College, Oxford. 1858.

John Capgrave was prior of Lynn, in Norfolk, and provincial of the order of the Friars Hermits of England shortly before the year 1464. His Chronicle extends from the creation of the world to the year 1417. As a record of the language spoken in Norfolk (for it is written in English), it is of considerable value.

2. Chronicon Monasterii de Abingdon. Vols. I. and II. *Edited by* the Rev. Joseph Stevenson, M.A., of University College, Durham, and Vicar of Leighton Buzzard. 1858.

This Chronicle traces the history of the great Benedictine monastery of Abingdon in Berkshire, from its foundation by King Ina of Wessex, to the reign of Richard I., shortly after which period the present narrative was drawn up by an inmate of the establishment. The author had access to the title deeds of the house, and incorporates into his history various charters of the Saxon kings, which are of great importance as illustrating not only the history of the locality but that of the kingdom at large. The work is now printed for the first time.

3. Lives of Edward the Confessor. I.—La Estoire de Seint Aedward le Rei. II.—Vita Beati Edvardi Regis et Confessoris. III.—Vita Æduuardi Regis qui apud Westmonasterium requiescit. *Edited by* Henry Richards Luard, M.A., Fellow and Assistant Tutor of Trinity College, Cambridge. 1858.

The first is a poem in Norman French, containing 4,686 lines. It is addressed to Alianor, Queen of Henry III., and was probably written in the year 1245, on the occasion of the restoration of the church of Westminster. Nothing is known of the author.

The second, also by an anonymous author, was apparently written for Queen Edith, between the years 1066 and 1074, during the pressure of the suffering brought on the Saxons by the Norman conquest. It notices many facts not found in other writers, and some which differ considerably from the usual accounts.

The third is an anonymous poem, containing 536 lines, written between the years 1440 and 1450, by command of Henry VI., to whom it is dedicated. Though it does not throw any new light on the reign of Edward the Confessor, yet it is valuable as a specimen of the Latin poetry of the time.

4. Monumenta Franciscana; scilicet, I.—Thomas de Eccleston de Adventu Fratrum Minorum in Angliam. II.—Adæ de Marisco Epistolæ. III.—Registrum Fratrum Minorum Londoniæ. *Edited by* J. S. Brewer, M.A., Professor of English Literature, King's College, London. 1858.

This volume contains the original materials for the history of the settlement of the order of Saint Francis in England, the letters of Adam de Marisco, and other papers connected with the foundation and diffusion of this great body. It has been the aim of the editor to collect whatever historical materials could be found in this country, in the British Museum, or elsewhere, towards illustrating a period of the national history for which only scanty materials exist. None of these works have been before printed.

5. Fasciculi Zizaniorum Magistri Johannis Wyclif cum Tritico. Ascribed to Thomas Netter, of Walden, Provincial of the Carmelite Order in England, and Confessor to King Henry the Fifth. *Edited by* the Rev. W. W. Shirley, M.A., Tutor and late Fellow of Wadham College, Oxford. 1858.

This work derives its principal value from the fact that it is the only contemporaneous account of the rise of the Lollards. At the time when it was written, the disputes of the schoolmen had been extended to the field of theology, and they appear both in the writings of Wycliff and in those of his adversaries. Wycliff's little bundles of tares are not less metaphysical than theological, and the conflict between Nominalists and Realists rages side by side with the conflict between the different interpreters of Scripture. The "Fasciculi Zizaniorum" gives a good idea of the controversies which were carried on at the end of the 14th and the beginning of the 15th centuries.

6. The Buik of the Croniclis of Scotland; or, A Metrical Version of the History of Hector Boece; by William Stewart. Vols. I., II., and III. *Edited by* W. B. Turnbull, Esq., of Lincoln's Inn, Barrister-at-Law. 1858.

This is a metrical translation of a Latin Prose Chronicle, and was written in the first half of the 16th century. The narrative begins with the earliest legends, and ends with the death of James I. of Scotland, and the "evil ending of the traitors that slew him." Strict accuracy of statement is not to be looked for in such a work as this; but the stories of the colonization of Spain, Ireland, and Scotland are interesting if not true; and the chronicle is valuable as a reflection of the manners, sentiments, and character of the age in which it was composed.

The peculiarities of the Scottish dialect are well illustrated in this metrical version of Boece's work, and the student of language will here find ample materials for comparison with the English dialects of the same period, and with modern lowland Scotch.

7. Johannis Capgrave Liber de Illustribus Henricis. *Edited by* the Rev. F. C. Hingeston, M.A., of Exeter College, Oxford. 1858.

This work is dedicated to Henry VI. of England, who appears to have been, in the author's estimation, the greatest of all the Henries. It is divided into three distinct parts, each having its own separate dedication. The first part relates only to the history of the Empire, and extends from the election of Henry I., the Fowler, to the end of the reign of the Emperor Henry VI. The second part is devoted to English history, and extends from the accession of Henry I. in the year 1100, to the year 1446 which was the twenty-fourth year of the reign of King Henry VI. The third part contains the lives of illustrious men who have borne the name of Henry in various parts of the world.

Capgrave was born in 1393, in the reign of Richard II, and lived during the Wars of the Roses, for the history of which period his work is of some value.

8. Historia Monasterii S. Augustini Cantuariensis, by Thomas of Elmham, formerly Monk and Treasurer of that Foundation. *Edited by* Charles Hardwick, M.A., Fellow of St. Catharine's Hall, and Christian Advocate in the University of Cambridge. 1858.

This history extends from the arrival of St. Augustine in Kent until 1191. Prefixed is a chronology as far as 1418, which shows in outline what was to have been the character of the work when completed. The only copy known is in the possession of the Master and Fellows of Trinity College, Cambridge. The author's name does not occur; but the internal evidence in the Chronicle shows that he was a monk of St. Augustine's, Canterbury, and treasurer of that foundation. He was connected with Norfolk, and most probably with Elmham, whence he derived his name.

9. Eulogium (Historiarum sive Temporis): Chronicon ab Orbe condito usque ad Annum Domini 1366; a Monacho quodam Malmesbiriensi exaratum. Vols. I., II., and III. *Edited by* F. S. Haydon, Esq., B.A. 1858–1863.

This is a Latin Chronicle extending from the Creation to the latter part of the reign of Edward III., and written by a monk of the Abbey of Malmesbury, in Wiltshire, about the year 1367 A continuation, carrying the history of England down to the year 1413, was added in the former half of the fifteenth century by an author whose name is not at present known. The original Chronicle is divided into five books. It contains a history of the world generally, but more especially of England down to the year 1366. The continuation extends the history down to the coronation of Henry V. The Eulogium itself is chiefly valuable as containing a history, by a contemporary, of the period between 1356 and 1366. The notices of events appear to have been written very soon after their occurrence. Among other interesting matter, the Chronicle contains a diary of the Poitiers campaign, evidently furnished by some person who accompanied the army of the Black Prince. The continuation of the Chronicle is also the work of a contemporary, and gives a very interesting account of the reigns of Richard II. and Henry IV. It is believed to be the earliest authority for the statement that the latter monarch died in the Jerusalem Chamber at Westminster.

10. Memorials of Henry the Seventh: Bernardi Andreæ Tholosatis Vita Regis Henrici Septimi; necnon alia quædam ad eundem Regem spectantia. *Edited by* James Gairdner, Esq. 1858.

The contents of these volumes are—(1) a life of Henry VII., by his poet laureate and historiographer, Bernard André, of Toulouse, with some compositions in verse, of which he is supposed to have been the author; (2) the journals of Roger Machado during certain embassies on which he was sent by Henry VII. to Spain and Brittany, the first of which had reference to the marriage of the King's son, Arthur, with Catharine of Arragon; (3) two curious reports by envoys sent to Spain in the year 1505 touching the succession to the Crown of Castile, and a project of marriage between Henry VII. and the Queen of Naples; and (4) an account of Philip of Castile's reception in England in 1506. Besides these, other documents of interest in connexion with the period are given in an appendix.

11. Memorials of Henry the Fifth. I.—Vita Henrici Quinti, Roberto Redmanno auctore. II.—Versus Rhythmici in laudem Regis Henrici Quinti. III.—Elmhami Liber Metricus de Henrico V. *Edited by* Charles A. Cole, Esq. 1858.

This volume contains three treatises which more or less illustrate the history of the reign of Henry V., viz.: A Life by Robert Redman; a Metrical Chronicle by Thomas Elmham, prior of Lenton, a contemporary author; Versus Rhythmici, written apparently by a monk of Westminster Abbey, who was also a contemporary of Henry V. These works a reprinted for the first time in the present volume.

12. Munimenta Gildhallæ Londoniensis; Liber Albus, Liber Custumarum, et Liber Horn, in archivis Gildhallæ asservati. Vol. I., Liber Albus. Vol. II. (in Two Parts), Liber Custumarum. Vol. III., Translation of the Anglo-Norman Passages in Liber Albus, Glossaries, Appendices, and Index. *Edited by* Henry Thomas Riley, Esq., M.A., Barrister-at-Law. 1859–1862.

The manuscript of the *Liber Albus*, compiled by John Carpenter, Common Clerk of the City of London in the year 1419, a large folio volume, is preserved in the Record Room of the City of London. This work gives an account of the laws, regulations, and institutions of that City in the twelfth, thirteenth, fourteenth, and early part of the fifteenth centuries.

The *Liber Custumarum* was compiled probably by various hands in the early part of the fourteenth century during the reign of Edward II. The manuscript, a folio volume, is also preserved in the record room of the City of London, though some portion of it, in its original state, borrowed from the City in the reign of Queen Elizabeth and never returned, now forms part of the Cottonian MS. Claudius D. II. in the BritishMuseum. This work gives an account of the laws, regulations, and institutions of the City of London in the twelfth, thirteenth, and early part of the fourteenth centuries.

13. Chronica Johannis de Oxenedes. *Edited by* Sir Henry Ellis, K.H. 1859.

Although this Chronicle tells of the arrival of Hengist and Horsa in England in the year 449, yet it substantially begins with the reign of King Alfred, and comes down to the year 1292, where it ends abruptly. The history is particularly valuable for its notices of events in the eastern portions of the kingdom, which are not to be elsewhere obtained, and some curious facts are mentioned relative to the floods in that part of England, which are confirmed in the Friesland Chronicle of Anthony Heinrich, pastor of the Island of Mohr.

14. A Collection of Political Poems and Songs relating to English History, from the Accession of Edward III. to the Reign of Henry VIII. Vols. I. and II. *Edited by* Thomas Wright, Esq., M.A. 1859–1861.

These poems are perhaps the most interesting of all the historical writings of the period, though they cannot be relied on for accuracy of statement. They are very various in character; some of them are upon religious subjects, some may be called satires, and some give no more than a court scandal; but as a whole they present a very fair picture of society, and of the relations of the different classes to one another.

The period comprised is in itself very interesting, and brings us, through the decline of the feudal system, to what may be considered the beginning of our modern history. The songs in old English are of considerable interest to the philologist.

15. The "Opus Tertium," "Opus Minus," &c., of Roger Bacon. *Edited by* J. S. Brewer, M.A., Professor of English Literature, King's College, London. 1859.

This is the celebrated treatise—which, up to this time, had never been printed—so frequently referred to by the great philosopher in his works. It contains the fullest details we possess of the life and labours of Roger Bacon. The volume also contains a fragment by the same author, supposed to be unique, the "*Compendium Studii Theologiæ.*"

16. Bartholomæi de Cotton, Monachi Norwicensis, Historia Anglicana. 449–1298. *Edited by* Henry Richards Luard, M.A., Fellow and Assistant Tutor of Trinity College, Cambridge. 1859.

The author, a monk of Norwich, has here given us a Chronicle of England from the arrival of the Saxons in 449 to the year 1298, in or about which year it appears that he died. The latter portion of this history (the whole of the reign of Edward I. more especially) is of great value, as the writer was contemporary with the events which he records. An Appendix contains several illustrative documents connected with the previous narrative.

17. Brut y Tywysogion; or, The Chronicle of the Princes of Wales. *Edited by* the Rev. J. Williams ab Ithel. 1860.

This work, which is also known as "The Chronicle of the Princes of Wales," has been attributed to Caradoc of Llancarvan, who flourished about the middle of the twelfth century. It is written in the ancient Welsh language, and begins with the abdication and death of Caedwala at Rome, in the year 681, and continues the history down to the subjugation of Wales by Edward I., about the year 1282.

18. A Collection of Royal and Historical Letters during the Reign of Henry IV. *Edited by* the Rev. F. C. Hingeston, M.A., of Exeter College, Oxford. 1860.

This volume, like all the others in the series containing a miscellaneous selection of letters, is valuable on account of the light it throws upon biographical history, and the familiar view it presents of characters, manners, and events of the time. The period (1399 to 1413) required much elucidation; and the volume will materially contribute to that desirable end.

19. The Repressor of over much Blaming of the Clergy. By Reginald Pecock, sometime Bishop of Chichester. Vols. I. and II. *Edited by* Churchill Babington, B.D., Fellow of St. John's College, Cambridge. 1860.

The "Repressor" may be considered the earliest piece of good theological disquisition of which our English prose literature boast. The author was born about the end of the fourteenth century, was consecrated Bishop of St. Asaph in the year 1444, and translated to the see of Chichester in 1450. While Bishop of St. Asaph, he zealously defended his brother prelates from the attacks of those who censured the bishops for their neglect of duty. He maintained that it was no part of a bishop's functions to appear in the pulpit, and that his time might be more profitably spent, and his dignity better maintained, in the performance of works of a higher character. Among those who thought differently were the Lollards, and it is against their general doctrines that the "Repressor" is directed. Pecock took up a position midway between that of the Roman Church and that of the modern Anglican Church; but his work is interesting chiefly because it gives a full account of the views of the Lollards and of the arguments by which they were supported, and because it assists us to ascertain the state of feeling which ultimately led to the Reformation. Apart from religious matters, the light thrown upon contemporaneous history is very small, but the "Repressor" has very great value for the philologist, as it tells us what were the characteristics of the language in use among the cultivated Englishmen of the fifteenth century. Pecock, though an opponent of the Lollards, showed a certain spirit of toleration, for which he received, towards the end of his life, the usual mediæval reward —persecution.

20. Annales Cambriæ. *Edited by* the Rev. J. Williams ab Ithel. 1860.

These annals, which are in Latin, commence in the year 447, and come down to the year 1288. The earlier portion appears to be taken from an Irish Chronicle, which was also used by Tigemade, and by the compiler of the Annals of Ulster. During its first century it contains scarcely anything relating to Britain, the earliest direct concurrence with English history is relative to the mission of Augustine. Its notices throughout, though brief, are valuable. These annals were probably written at St. David's, by Blegewryd, Archdeacon of Llandaff, the most learned man in his day in all Cymru.

21. The Works of Giraldus Cambrensis. Vols. I., II., and III. *Edited by* J. S. Brewer, M.A., Professor of English Literature, King's College, London. Vols. V. and VI. Topographia Hibernica et Expugnatio Hibernica. *Edited by* the Rev. James F. Dimock, M.A., Rector of Barnburgh, Yorkshire. 1861–1868.

The first three volumes contain the historical works of Gerald du Barry, who lived in the reigns of Henry II., Richard I., and John, and attempted to re-establish the independence of Wales by restoring the see of St. Davids to its ancient primacy. His works are of a very miscellaneous nature, both in prose and verse, and are remarkable chiefly for the racy and original anecdotes which they contain relating to contemporaries. He is the only Welsh writer of any importance who has contributed so much to the mediæval literature of this country, or assumed, in consequence of his nationality, so free and independent a tone. His frequent travels in Italy, in France, in Ireland, and in Wales, gave him opportunities for observation which did not generally fall to the lot of mediæval writers in the twelfth and thirteenth centuries, and of these observations Giraldus has made due use.

Only extracts from these treatises have been printed before, and almost all of them are taken from unique manuscripts.

The Topographia Hibernica is the result of Giraldus' two visits to Ireland. The first in the year 1183, the second in 1185–6, when he accompanied Prince John into that country. Curious as this treatise is, Mr. Dimock is of opinion that it ought not to be accepted as sober truthful history, for Giraldus himself states that truth was not his main object, and that he compiled the work for the purpose of sounding the praises of Henry the Second. Elsewhere, however, he declares that he had stated nothing in the Topographia of the truth of which he was not well assured, either by his own eyesight or by the testimony, with all diligence elicited, of the most trustworthy and authentic men in the country; that though he did not put just the same full faith in their reports as in what he had himself seen, yet, as they only related what they had themselves seen, he could not but believe such credible witnesses. A very interesting portion of this treatise is devoted to the animals of Ireland. It shows that he was a very accurate and acute observer, and his descriptions are given in a way that a scientific naturalist of the present day could hardly improve upon.

The Expugnatio was written about the year 1188, and may be regarded rather as a great epic than a sober relation of facts occurring in his own days. No one can peruse it without coming to the conclusion that it is rather a poetical fiction than a prosaic truthful history.

22. Letters and Papers illustrative of the Wars of the English in France during the Reign of Henry the Sixth, King of England. Vol. I., and Vol. II. (in Two Parts). *Edited by* the Rev. Joseph Stevenson, M.A., of University College, Durham, and Vicar of Leighton Buzzard. 1861–1864.

The letters and papers contained in these volumes are derived chiefly from originals or contemporary copies extant in the Bibliothèque Impérial, and the Depôt des Archives, in Paris. They illustrate the line of policy adopted by John Duke of Bedford and his successors during their government of Normandy, and such other provinces of France as had been acquired by Henry V. We may here trace, step by step, the gradual declension of the English power, until we are prepared to read of its final overthrow.

23. The Anglo-Saxon Chronicle, according to the several Original Authorities. Vol. I., Original Texts. Vol. II., Translation. *Edited and translated by* Benjamin Thorpe, Esq., Member of the Royal Academy of Sciences at Munich, and of the Society of Netherlandish Literature at Leyden. 1861.

This Chronicle, extending from the earliest history of Britain to the year 1154, is justly the boast of England; for no other nation can produce any history, written in its own vernacular, at all approaching it, either in antiquity, truthfulness, or extent, the historical books of the Bible alone excepted. There are at present six independent manuscripts of the Saxon Chronicle, ending in different years, and written in different parts of the country. In the present edition, the text of each manuscript is printed in columns on the same page, so that the student may see at a glance the various changes which occur in orthography, whether arising from locality or age.

24. Letters and Papers illustrative of the Reigns of Richard III. and Henry VII. Vols. I. and II. *Edited by* James Gairdner, Esq. 1861–1863.

The Papers are derived from MSS. in the Public Record Office, the British Museum, and other repositories. The period to which they refer is unusually destitute of chronicles and other sources of historical information, so that the light obtained from these documents is of special importance. The principal contents of the volumes are some diplomatic Papers of Richard III.; correspondence between Henry VII. and Ferdinand and Isabella of Spain; documents relating to Edmund de la Pole, Earl of Suffolk; and a portion of the correspondence of James IV. of Scotland.

25. Letters of Bishop Grosseteste, illustrative of the Social Condition of his Time. *Edited by* Henry Richards Luard, M.A., Fellow and Assistant Tutor of Trinity College, Cambridge. 1861.

The Letters of Robert Grosseteste (131 in number) are here collected from various sources, and arranged in chronological order. They range in date from about 1210 to 1253, and relate to various matters connected not only with the political history of England during the reign of Henry III., but with its ecclesiastical condition. They refer especially to the diocese of Lincoln, of which Grosseteste was bishop. These Letters have not hitherto been collected, and the greater portion of them are now printed for the first time.

26. Descriptive Catalogue of Manuscripts relating to the History of Great Britain and Ireland. Vol. I. (in Two Parts); Anterior to the Norman Invasion. Vol. II.; 1066–1200. *By* Thomas Duffus Hardy, Esq., Deputy Keeper of the Public Records. 1862–1865.

The object of this work is to publish notices of all known sources of British history, both printed and unprinted, in one continued sequence. The materials, when historical (as distinguished from biographical), are arranged under the year in which the latest event is recorded in the chronicle or history, and not under the period in which its author, real or supposed, flourished. Biographies are enumerated under the year in which the person commemorated died, and not under the year in which the life was written. This arrangement has two advantages: the materials for any given period may be seen at a glance; and if the reader knows the time when an author wrote, and the number of years that had elapsed between the date of the events and the time the writer flourished, he will generally be enabled to form a fair estimate of the comparative value of the narrative itself. A brief analysis of each work has been added when deserving it, in which the original portions are distinguished from those which are mere compilations. When possible, the sources are indicated from which such compilations have been derived. A biographical sketch of the author of each piece has been added, and a brief notice has also been given of such British authors as have written on historical subjects.

27. Royal and other Historical Letters illustrative of the Reign of Henry III. From the Originals in the Public Record Office. Vol. I., 1216–1235. Vol. II., 1236–1272. *Selected and edited by* the Rev. W. W. Shirley, D.D., Regius Professor in Ecclesiastical History, and Canon of Christ Church, Oxford. 1862–1866.

The letters contained in these volumes are derived chiefly from the ancient correspondence formerly preserved in the Tower of London, and now deposited in the Public Record Office. They illustrate the political history of England during the growth of its liberties, and throw considerable light upon the personal history of Simon de Montfort. The affairs of France form the subject of many of these letters, more especially in regard to the province of Gascony. The entire collection consists of nearly 700 documents, the greater portion of which is now printed for the first time.

28. Chronica Monasterii S. Albani.—1. Thomæ Walsingham Historia Anglicana; Vol. I., 1272–1381: Vol. II., 1381–1422. 2. Willelmi Rishanger Chronica et Annales, 1259–1307. 3. Johannis de Trokelowe et Henrici de Blaneforde Chronica et Annales, 1259–1296; 1307–1324; 1392–1406. 4. Gesta Abbatum Monasterii S. Albani, a Thoma Walsingham, regnante Ricardo Secundo, ejusdem Ecclesiæ Præcentore, compilata; Vol. I., 793–1290: Vol. II., 1290–1349. *Edited by* Henry Thomas Riley, Esq., M.A., of Corpus Christi College, Cambridge; and of the Inner Temple, Barrister-at-Law. 1863–1867.

In the first two volumes is a history of England, from the death of Henry III. to the death of Henry V., written by Thomas Walsingham, precentor of St. Albans and prior of the Cell of Wymundham, belonging to that abbey. Walsingham's work is printed from MS. VII. in the Arundel Collection in the College of Arms, London, a manuscript of the fifteenth century, collated with MS. 13 E. IX. in the King's Library, in the British Museum, and MS. VII. in the Parker Collection of Manuscripts at Corpus Christi College, Cambridge

In the third volume is a Chronicle of English History, from 1259 to 1306, attributed to William Rishanger, monk of Saint Albans, who lived in the reign of Edward I., printed from the Cottonian Manuscript, Faustina B. IX. (of the fourteenth century) in the British Museum, collated with MS. 14 C. VII. (fols. 219–231) in the King's Library, British Museum, and the Cottonian Manuscript Claudius E. III., fols. 306–331: Also an account of transactions attending the award of the kingdom of Scotland to John Balliol by King Edward I., 1291–1292, from MS. Cotton. Claudius, D. VI., attributed to William Rishanger above mentioned, but on no sufficient ground: A short Chronicle of English History, from 1292 to 1300, by an unknown hand, from MS. Cotton. Claudius D. VI.: A short Chronicle from 1297 to 1307, in the same volume, Willelmi Rishanger Gesta Edwardi Primi Regis Angliæ, from MS. 14 C. I. in the Royal Library, and MS. Cotton. Claudius D. VI., with an addition of Annales Regum Angliæ, probably by the same hand: A fragment of a Chronicle of English History, 1299, 1300, from MS. Cotton. Claudius D. VI.: A fragment of a Chronicle of English History, 1295 to 1300, from MS. Claudius D. VI.: A fragment of a Chronicle of English History, 1285 to 1307, from MS. 14 C. I. in the Royal Library.

In the fourth volume is a Chronicle of English History, by an anonymous writer, 1259 to 1296, from MS. Cotton. Claudius D. VI.: Also Annals of King Edward II., 1307 to 1323, by John de Trokelowe, a monk of St. Albans, from MS. Cotton. Claudius D. VI.: A continuation of Trokelowe's Annals, 1323, 1324, by Henricus de Blaneforde, from MS. Cotton. Claudius D. VI.: Also a full Chronicle of English History, by an anonymous writer of St. Albans, 1392 to 1406, from MS. VII. in the Library of Corpus Christi College, Cambridge: and an account of the past benefactors of St. Albans, written in the early part of the fifteenth century, from MS. VI. in the Library of Corpus Christi College, Cambridge.

In the fifth volume begins a history of the abbots of St. Albans, from 793 to the close of the fourteenth century, compiled by Thomas Walsingham, præcentor of St. Albans, from MS. Cotton. Claudius E. IV., in the British Museum. This is continued in the sixth volume.

29. Chronicon Abbatiæ Eveshamensis, Auctoribus Dominico Priore Eveshamiæ et Thoma de Marleberge Abbate, a Fundatione ad Annum 1213, una cum Continuatione ad Annum 1418. *Edited by* the Rev. W. D. Macray, M.A., Bodleian Library, Oxford. 1863.

The Chronicle of Evesham illustrates the history of that important monastery from its foundation by Egwin, about 690, to the year 1418. Its chief feature is an autobiography, which makes us acquainted with the inner daily life of a great abbey, such as but rarely has been recorded. Interspersed are many notices of general, personal, and local history which will be read with much interest. This work exists in a single MS., and is now for the first time printed.

30. Ricardi de Cirencestria Speculum Historiale de Gestis Regum Angliæ. Vol. I., 447–871. *Edited by* John E. B. Mayor, M.A., Fellow and Assistant Tutor of St. John's College, Cambridge. 1863.

Of the compiler of this work, which is in four parts, very little is known. In the prologue he calls himself Richard, a monk of Westminster, and at the end of the first part, Richard of Cirencester, a monk of St. Peter's, Westminster. One volume only, containing the first three books, has at present been published, the remainder is in the press, and will shortly appear. There is a continuation of the work down to the year 1348, which in due time will also be printed.

31. Year Books of the Reign of Edward the First. Years 20–21, 30–31, and 32–33. *Edited and translated by* Alfred John Horwood, Esq., of the Middle Temple, Barrister-at-Law. 1863–1866.

The volumes known as the "Year Books" contain reports in Norman-French of cases argued and decided in the Courts of Common Law. They may be considered to a great extent as the "lex non scripta" of England, and have been held in the highest veneration by the ancient sages of the law, and were received by them as the repositories of the first recorded judgments and dicta of the great legal luminaries of past ages. They are also worthy of the attention of the general reader on account of the historical information and the notices of public and private persons which they contain, as well as the light which they throw on ancient manners and customs.

32. Narratives of the Expulsion of the English from Normandy, 1449–1450.—Robertus Blondelli de Reductione Normanniæ: Le Recouvrement de Normendie, par Berry, Hérault du Roy: Conferences between the Ambassadors of France and England. *Edited, from MSS. in the Imperial Library at Paris, by* the Rev. Joseph Stevenson, M.A., of University College, Durham. 1863.

This volume contains the narrative of an eye-witness who details with considerable power and minuteness the circumstances which attended the final expulsion of the English from Normandy in the year 1450. The history commences with the infringement of the truce by the capture of Fougères, and ends with the battle of Formigny and the embarkation of the Duke of Somerset. The whole period embraced is less than two years.

33. Historia et Cartularium Monasterii S. Petri Gloucestriæ. Vols. I., II., and III. *Edited by* W. H. Hart, Esq., F.S.A., Membre correspondant de la Société des Antiquaires de Normandie. 1863–1867.

This work consists of two parts, the History and the Cartulary of the Monastery of St. Peter, Gloucester.

The history furnishes an account of the monastery from its foundation, in the year 681, to the early part of the reign of Richard II., together with a calendar of donations and benefactions. It treats principally of the affairs of the monastery, but occasionally matters of general history are introduced. Its authorship has generally been assigned to Walter Froucester, the twentieth abbot, but without any foundation.

34. Alexandri Neckam de Naturis Rerum libri duo; with Neckam's Poem, De Laudibus Divinæ Sapientiæ. *Edited by* Thomas Wright, Esq., M.A. 1863.

Neckam was a man who devoted himself to science, such as it was in the twelfth century.

In the "De Naturis Rerum" are to be found what may be called the rudiments of many sciences mixed up with much error and ignorance. Neckam was not thought infallible, even by his contemporaries, for Roger Bacon remarks of him, "this Alexander in many things wrote what was true and useful; but he neither " can nor ought by just title to be reckoned among authorities."

Neckam, however, had sufficient independence of thought to differ from some of the schoolmen who in his time considered themselves the only judges of literature. He had his own views in morals, and in giving us a glimpse of them, as well as of his other opinions, he throws much light upon the manners, customs, and general tone of thought prevalent in the twelfth century.

The poem entitled "De Laudibus Divinæ Sapientiæ" appears to be a metrical paraphrase or abridgment of the "De Naturis Rerum." It is written in the elegiac metre; and though there are in it many lines which violate classical rules, it is, as a whole, above the ordinary standard of mediæval Latin.

35. Leechdoms, Wortcunning, and Starcraft of Early England; being a Collection of Documents illustrating the History of Science in this Country before the Norman Conquest. Vols. I., II., and III. *Collected and edited by* the Rev. T. Oswald Cockayne, M.A., of St. John's College, Cambridge. 1864–1866.

This work illustrates not only the history of science, but the history of superstition. In addition to the information bearing directly upon the medical skill and medical faith of the times, there are many passages which incidentally throw light upon the general mode of life and ordinary diet. The volumes are interesting not only in their scientific, but also in their social aspect. The manuscripts from which they have been printed are valuable to the Anglo-Saxon scholar for the illustrations they afford of the Anglo-Saxon orthography.

36. **Annales Monastici.** Vol. I.:—Annales de Margan, 1066–1232; Annales de Theokesberia, 1066–1263; Annales de Burton, 1004–1263. Vol. II.:—Annales Monasterii de Wintonia, 519–1277; Annales Monasterii de Waverleia, 1–1291. Vol. III.:—Annales Prioratus de Dunstaplia, 1–1297; Annales Monasterii de Bermundeseia, 1042–1432. *Edited by* Henry Richards Luard, M.A., Fellow and Assistant Tutor of Trinity College, and Registrary of the University, Cambridge. 1864–1866.

The present collection of Monastic Annals embraces all the more important chronicles compiled in the different religious houses in England during the thirteenth century. These distinct works are seven in number, and the extreme period which they embrace ranges from the year 1 to 1432, although they refer more especially to the reigns of John, Henry III., and Edward I. Some of these narratives have already appeared in print, but others are now printed for the first time.

37. **Magna Vita S. Hugonis Episcopi Lincolniensis.** From Manuscripts in the Bodleian Library, Oxford, and the Imperial Library, Paris. *Edited by* the Rev. James F. Dimock, M.A., Rector of Barnburgh, Yorkshire. 1864.

This work contains a number of very curious and interesting incidents, and, being the work of a contemporary, is very valuable, not only as a truthful biography of a celebrated ecclesiastic, but as the work of a man who, from personal knowledge, gives notices of passing events, as well as of individuals who were then taking active part in public affairs.

The author, in all probability, was Adam Abbot of Evesham. He was domestic chaplain and private confessor of Bishop Hugh, and in these capacities he was admitted to the closest intimacy. Bishop Hugh was Prior of Witham for 11 years before he became Bishop of Lincoln. His consecration took place on the 21st September 1186; he died on the 16th of November 1200; and was canonized in 1220.

38. **Chronicles and Memorials of the Reign of Richard the First.** Vol. I.:—Itinerarium Peregrinorum et Gesta Regis Ricardi. Vol. II.:—Epistolæ Cantuarienses; the Letters of the Prior and Convent of Christ Church, Canterbury; 1187 to 1199. *Edited by* William Stubbs, M.A., Vicar of Navestock, Essex, and Lambeth Librarian. 1864–1865.

The authorship of the Chronicle in Vol. I., hitherto ascribed to Geoffrey Vinesauf, is now more correctly ascribed to Richard, Canon of the Holy Trinity of London. The narrative extends from 1187 to 1199; but its chief interest consists in the minute and authentic narrative which it furnishes us of the exploits of Richard I., from his departure from England in December 1189 to his death in 1199. The author states in his prologue that he was an eye-witness of much that he records; and various incidental circumstances which occur in the course of the narrative confirm this assertion.

The Letters in Vol. II., written between 1187 and 1199, are of value as furnishing authentic materials for the history of the ecclesiastical condition of England during the reign of Richard I. They had their origin in a dispute which arose from the attempts of Baldwin and Hubert, archbishops of Canterbury, to found a college of secular canons, a project which gave great umbrage to the monks of Canterbury, who saw in it a design to supplant them in their function of metropolitan chapter. These letters are printed, for the first time, from a MS. belonging to the archiepiscopal library at Lambeth.

39. **Recueil des Croniques et anchiennes Istories de la Grant Bretaigne a present nomme Engleterre,** par Jehan de Waurin. From Albina to 688. *Edited by* William Hardy, Esq., F.S.A. 1864.

40. A Collection of the Chronicles and ancient Histories of Great Britain, now called England, by John de Wavrin. From Albina to 688. (Translation of the preceding.) *Edited and translated by* William Hardy, Esq., F.S.A. 1864.

This curious chronicle extends from the fabulous period of history down to the return of Edward IV. to England in the year 1471, after the second deposition of Henry VI. The manuscript from which the text of this work is taken is preserved in the Imperial Library at Paris, and is believed to be the only complete and nearly contemporary copy now in existence. The work, as originally bound, was comprised in six volumes, since rebound in morocco in 12 volumes, folio maximo, vellum, and is illustrated with exquisite miniatures, vignettes, and initial letters. It was written towards the end of the fifteenth century, having been expressly executed for Louis de Bruges, Seigneur de la Gruthuyse and Earl of Winchester, from whose cabinet it passed into the library of Louis XII. at Blois.

This work has also been translated into English.

41. Polychronicon Ranulphi Higden, with Trevisa's Translation. Vol. I. *Edited by* Churchill Babington, B.D., Senior Fellow of St. John's College, Cambridge. 1865.

This is one of the many mediæval chronicles which assume the character of a history of the world. It begins with the creation and is brought down to the author's own time, the reign of Edward III. Prefixed to the historical portion of the work is a chapter devoted to geography, in which is given a description of every known land.

To say that the Polychronicon was written in the fourteenth century is to say that it is not free from inaccuracies. It has, however, a value apart from its intrinsic merits. It enables us to form a very fair estimate of the knowledge of history and geography which well-informed readers of the fourteenth and fifteenth centuries possessed, for it was then the standard work on general history.

The two English translations, which are printed with the original Latin, afford interesting illustrations of the gradual change of our language, for one was made in the fourteenth century, the other in the fifteenth. The differences between Trevisa's version and that of the unknown writer are often considerable.

42. Le Livere de Reis de Brittanie e Le Livere de Reis de Engletere. *Edited by* John Glover, M.A., Vicar of Brading, Isle of Wight, formerly Librarian of Trinity College, Cambridge. 1865.

These two treatises, though they cannot rank as independent narratives, are nevertheless valuable as careful abstracts of previous historians, especially "Le Livere de Reis de Engletere." Some various readings are given which are interesting to the philologist as instances of semi-Saxonized French.

It is supposed that Peter of Ickham must have been the author, but no certain conclusion on that point has been arrived at.

43. Chronica Monasterii de Melsa, ab Anno 1150 usque ad Annum 1406. Vols. I. and II. *Edited by* Edward Augustus Bond, Esq., Assistant Keeper of the Manuscripts, and Egerton Librarian, British Museum. 1866–1867.

The Abbey of Meaux was a Cistercian house, and the work of its abbot is both curious and valuable. It is a faithful and often minute record of the establishment of a religious community, of its progress in forming an ample revenue, of its struggles to maintain its acquisitions, and of its relations to the governing institutions of the country. In addition to the private affairs of the monastery, some light is thrown upon the public events of the time, which are however kept distinct, and appear at the end of the history of each abbot's administration.

Two volumes of the work are published. The text has been printed from what is said to be the autograph of the original compiler, Thomas de Burton, the nineteenth abbot.

44. Matthæi Parisiensis Historia Anglorum, sive, ut vulgo dicitur, Historia Minor. Vols. I. and II. 1067–1245. *Edited by* Sir Frederic Madden, K.H., Keeper of the Department of Manuscripts, British Museum. 1866.

The exact date at which this work was written is, according to the chronicler, 1250. The history is of considerable value as an illustration of the period during which the author lived, and contains a good summary of the events which followed the Conquest. This minor chronicle is, however, based on another work (also written by Matthew Paris), which gives fuller details, and which has been called the 'Historia Major.' The chronicle now published, nevertheless, gives some information which is not to be found in the greater history.

45. Liber Monasterii de Hyda: a Chronicle and Chartulary of Hyde Abbey, Winchester, 455–1023. *Edited, from a Manuscript in the Library of the Earl of Macclesfield, by* Edward Edwards, Esq. 1866.

The "Book of Hyde" is a compilation from much earlier sources, which are usually indicated with considerable care and precision. In many cases, however, the Hyde chronicler appears to correct, to qualify, or to amplify—either from tradition or from sources of information not now discoverable—the statements which, in substance, he adopts. He also mentions, and frequently quotes from, writers whose works are either entirely lost or at present known only by fragments.

There is to be found, in the "Book of Hyde," much information relating to the reign of King Alfred which is not known to exist elsewhere. The volume contains some curious specimens of Anglo-Saxon and Mediæval English.

46. Chronicon Scotorum: a Chronicle of Irish Affairs, from the Earliest Times to 1135; with a Supplement, containing the Events from 1141 to 1150. *Edited, with a Translation, by* William Maunsell Hennessy, Esq., M.R.I.A. 1866.

There is, in this volume, a legendary account of the peopling of Ireland and of the adventures which befell the various heroes who are said to have been connected with Irish history. The details are, however, very meagre both for this period and for the time when history becomes more authentic. The plan adopted in the chronicle gives the appearance of an accuracy to which the earlier portions of the work cannot have any claim. The succession of events is marked, year by year, from A.M. 1599 to A.D. 1150. The principal events narrated in the later portion of the work are the invasions of foreigners and the wars of the Irish among themselves. The text has been printed from a MS. preserved in the library of Trinity College, Dublin, and written partly in Latin, partly in Irish.

47. The Chronicle of Pierre de Langtoft, in French Verse, from the earliest Period to the Death of Edward I. Vol. I. *Edited by* Thomas Wright, Esq., M.A. 1866.

It is probable that Pierre de Langtoft was a canon of Bridlington, in Yorkshire, and that he lived in the reign of Edward I., and during a portion of the reign of Edward II. This chronicle is divided into three parts; in the first of which is an abridgment of Geoffrey of Monmouth's "Historia Britonum," in the second a history of the Anglo-Saxon and Norman kings, down to the death of Henry III., in the third a history of the reign of Edward I. The principal object of the work was apparently to show the justice of Edward's Scottish wars.

The language in which the chronicle is written is singularly corrupt, and is a curious specimen of the French of Yorkshire.

48. The War of the Gaedhil with the Gaill, or, The Invasions of Ireland by the Danes and other Norsemen. *Edited, with a Translation, by* James Henthorn Todd, D.D., Senior Fellow of Trinity College, and Regius Professor of Hebrew in the University, Dublin. 1867.

The work in its present form, in the editor's opinion, is a comparatively modern version of an undoubtedly ancient original. That it was compiled from contemporary materials has been proved by curious incidental evidence. It is stated in the account given of the battle of Clontarf that the full tide in Dublin Bay on the day of the battle (23 April, 1014) coincided with sunrise; and that the returning tide in the evening aided considerably in the defeat of the Danes. The fact has been verified by astronomical calculations, and the inference is that the author of the chronicle, if not himself an eye-witness, must have derived his information from those who were eye-witnesses.

The contents of the work are sufficiently described in its title. The story is told after the manner of the Scandinavian Sagas, with poems and fragments of poems introduced into the prose narrative.

49. Gesta Regis Henrici Secundi Benedicti Abbatis. The Chronicle of the Reigns of Henry II. and Richard I., 1169–1192; known under the name of Benedict of Peterborough. Vols. I. and II. *Edited by* William Stubbs, M.A., Regius Professor of Modern History, Oxford, and Lambeth Librarian. 1867.

This is a chronicle of the reigns of Henry II. and Richard I., known commonly under the name of Benedict of Peterborough, and is one of the best existing specimens of a class of historical compositions which is of the first importance to the genuine student.

50. Munimenta Academica, or, Documents illustrative of Academical Life and Studies at Oxford (in Two Parts). *Edited by* the Rev. Henry Anstey, M.A., Vicar of St. Wendron, Cornwall, and lately Vice-Principal of St. Mary Hall, Oxford. 1868.

The purpose of this work is to supply materials for a History of Academical Life and Studies in the University of Oxford during the 13th, 14th, and 15th centuries.

In the Press.

A Collection of Sagas and other Historical Documents relating to the Settlements and Descents of the Northmen on the British Isles. *Edited by* George Webbe Dasent, Esq., D.C.L., Oxon.

Official Correspondence of Thomas Bekynton, Secretary to Henry VI., with other Letters and Documents. *Edited by* the Rev. George Williams, B.D., Senior Fellow of King's College, Cambridge.

Roll of the Privy Council of Ireland, 16 Richard II. *Edited by* the Rev. James Graves, A.B., Treasurer of St. Canice, Ireland.

Ricardi de Cirencestria Speculum Historiale de Gestis Regum Angliæ. Vol. II., 872-1066. *Edited by* John E. B. Mayor, M.A., Fellow and Assistant Tutor of St. John's College, Cambridge.

The Works of Giraldus Cambrensis. Vol. IV. *Edited by* J. S. Brewer, M.A., Professor of English Literature, King's College, London.

Chronicon Radulphi Abbatis Coggeshalensis Majus; and, Chronicon Terræ Sanctæ et de Captis a Saladino Hierosolymis. *Edited by* the Rev. Joseph Stevenson, M.A., of University College, Durham.

RECUEIL DES CRONIQUES ET ANCHIENNES ISTORIES DE LA GRANT BRETAIGNE A PRESENT NOMME ENGLETERRE, par JEHAN DE WAURIN (continued). *Edited by* WILLIAM HARDY, Esq., F.S.A.

POLYCHRONICON RANULPHI HIGDEN, with Trevisa's Translation. Vol. II. *Edited by* CHURCHILL BABINGTON, B.D., Senior Fellow of St. John's College, Cambridge.

ITER BRITANNIARUM: THE PORTION OF THE ANTONINE ITINERARY OF THE ROMAN EMPIRE RELATING TO GREAT BRITAIN. *Edited by* WILLIAM HENRY BLACK, Esq., F.S.A.

MATTHÆI PARISIENSIS HISTORIA ANGLORUM, SIVE, UT VULGO DICITUR, HISTORIA MINOR. Vol. III. *Edited by* Sir FREDERIC MADDEN, K.H., late Keeper of the Department of Manuscripts, British Museum.

ANNALES MONASTICI. Vol. IV. *Edited by* HENRY RICHARDS LUARD, M.A., Fellow and Assistant Tutor of Trinity College, and Registrary of the University, Cambridge.

WILLELMI MALMESBIRIENSIS DE GESTIS PONTIFICUM ANGLORUM LIBRI V *Edited, from William of Malmesbury's Autograph MS., by* N. E. S. A. HAMILTON, Esq., of the Department of Manuscripts, British Museum.

CHRONICA MONASTERII DE MELSA, AB ANNO 1150 USQUE AD ANNUM 1406. Vol. III. *Edited by* EDWARD AUGUSTUS BOND, Esq., Keeper of the Department of Manuscripts, British Museum.

YEAR BOOKS OF THE REIGN OF EDWARD THE FIRST. Years 21–22. *Edited and translated by* ALFRED JOHN HORWOOD, Esq., of the Middle Temple, Barrister-at-Law.

THE ANNALS OF ROGER HOVEDEN. *Edited by* WILLIAM STUBBS, M.A., Regius Professor of Modern History, Oxford, and Lambeth Librarian.

THE CHRONICLE OF PIERRE DE LANGTOFT, IN FRENCH VERSE, FROM THE EARLIEST PERIOD TO THE DEATH OF EDWARD I. Vol. II. *Edited by* THOMAS WRIGHT, Esq., M.A.

HISTORICAL MUNIMENTS IN THE ARCHIVES OF THE CITY OF DUBLIN. *Edited by* JOHN T. GILBERT, Esq., M.R.I.A., Secretary of the Public Record Office of Ireland.

THE ANNALS OF LOCH CÉ. *Edited by* WILLIAM MAUNSELL HENNESSY, Esq., M.R.I.A.

DESCRIPTIVE CATALOGUE OF MANUSCRIPTS RELATING TO THE HISTORY OF GREAT BRITAIN AND IRELAND. Vol. III.; 1201, &c. *By* THOMAS DUFFUS HARDY, Esq., Deputy Keeper of the Public Records.

In Progress.

Documents relating to England and Scotland, from the Northern Registers. *Edited by* the Rev. James Raine, M.A., Canon of York, and late Fellow of the University, Durham.

Chronicle of Robert of Brunne. *Edited by* Frederick James Furnivall, Esq., M.A., of Trinity Hall, Cambridge, Barrister-at-Law.

Chronica Monasterii S. Albani.—4. Gesta Abbatum Monasterii S. Albani, a Thoma Walsingham, regnante Ricardo Secundo, ejusdem Ecclesiæ Præcentore, compilata. Vol. III. *Edited by* Henry Thomas Riley, Esq., M.A., of Corpus Christi College, Cambridge; and of the Inner Temple, Barrister-at-Law.

Liber Niger Admiralitatis. *Edited by* Sir Travers Twiss, D.C.L., Queen's Advocate-General.

The Metrical Chronicle of Robert of Gloucester. *Edited by* William Aldis Wright, Esq., M.A., Librarian of Trinity College, Cambridge.

Original Letters and Documents illustrative of General and Domestic History. *Edited by* the Rev. William Campbell, M.A.

PUBLICATIONS OF THE RECORD COMMISSIONERS, &c.

ROTULORUM ORIGINALIUM IN CURIÂ SCACCARII ABBREVIATIO. Henry III.—Edward III. *Edited by* HENRY PLAYFORD, Esq. 2 vols. folio (1805—1810). *Price* 25*s.* boards, or 12*s.* 6*d.* each.

CALENDARIUM INQUISITIONUM POST MORTEM SIVE ESCAETARUM. Henry III.—Richard III. *Edited by* JOHN CALEY and JOHN BAYLEY, Esqrs. Vols. 3 and 4, folio (1821—1828), boards: vol. 3, *price* 21*s.*; vol. 4, *price* 24*s.*

LIBRORUM MANUSCRIPTORUM BIBLIOTHECÆ HARLEIANÆ CATALOGUS. Vol. 4. *Edited by* the Rev. T. HARTWELL HORNE. Folio (1812), boards. *Price* 18*s.*

ABBREVIATIO PLACITORUM. Richard I.—Edward II. *Edited by* the Right Hon. GEORGE ROSE and W. ILLINGWORTH, Esq. 1 vol. folio (1811), boards. *Price* 18*s.*

LIBRI CENSUALIS vocati DOMESDAY-BOOK, INDICES. *Edited by* Sir HENRY ELLIS. Folio (1816), boards, (Domesday-Book, vol. 3). *Price* 21*s.*

LIBRI CENSUALIS vocati DOMESDAY-BOOK, ADDITAMENTA EX CODIC. ANTIQUISS. *Edited by* Sir HENRY ELLIS. Folio (1816), boards, (Domesday-Book, vol. 4). *Price* 21*s.*

STATUTES OF THE REALM. *Edited by* Sir T. E. TOMLINS, JOHN RAITHBY, JOHN CALEY, and WM. ELLIOTT, Esqrs. Vols. 4 (in 2 parts), 7, 8, 9, 10, and 11, including 2 vols. of Indices, large folio (1819—1828). *Price* 31*s.* 6*d.* each; except the Alphabetical and Chronological Indices, *price* 30*s.* each.

VALOR ECCLESIASTICUS, temp. Hen. VIII., Auctoritate Regia institutus. *Edited by* JOHN CALEY, Esq., and the Rev. JOSEPH HUNTER. Vols. 3 to 6, folio (1817-1834), boards. *Price* 25*s.* each.

*** The Introduction, separately, 8vo., cloth. *Price* 2*s.* 6*d.*

ROTULI SCOTIÆ IN TURRI LONDINENSI ET IN DOMO CAPITULARI WESTMONASTERIENSI ASSERVATI. 19 Edward I.—Henry VIII. *Edited by* DAVID MACPHERSON, JOHN CALEY, and W. ILLINGWORTH, Esqrs., and the Rev. T. HARTWELL HORNE. 2 vols. folio (1814—1819), boards. *Price* 42*s.*

FŒDERA, CONVENTIONES, LITTERÆ," &c.; or, RYMER'S FŒDERA, New Edition, 1066—1377. Vol. 3, Parts 1 and 2, folio (1825—1830). *Edited by* JOHN CALEY and FRED. HOLBROOKE, Esqrs. *Price* 21*s.* each Part.

DUCATUS LANCASTRIÆ CALENDARIUM INQUISITIONUM POST MORTEM, &c. Part 3, Calendar to the Pleadings, &c., Henry VII.—Ph. and Mary; and Calendar to the Pleadings, 1—13 Elizabeth. Part 4, Calendar to the Pleadings to end of Elizabeth. (1827—1834.) *Edited by* R. J. HARPER, JOHN CALEY, and WM. MINCHIN, Esqrs. Folio, boards, Part 3 (or Vol. 2), *price* 31*s.* 6*d.*; and Part 4 (or Vol. 3), *price* 21*s.*

CALENDARS OF THE PROCEEDINGS IN CHANCERY, IN THE REIGN OF QUEEN ELIZABETH; to which are prefixed, Examples of earlier Proceedings in that Court from Richard II. to Elizabeth, from the Originals in the Tower. *Edited by* JOHN BAYLEY, Esq. Vols. 2 and 3 (1830—1832), folio, boards, *price* 21*s.* each.

PARLIAMENTARY WRITS AND WRITS OF MILITARY SUMMONS, together with the Records and Muniments relating to the Suit and Service due and performed to the King's High Court of Parliament and the Councils of the Realm. *Edited by* Sir FRANCIS PALGRAVE. (1830—1834.) Folio, boards, Vol. 2, Division 1, Edward II., *price* 21*s.*; Vol. 2, Division 2, *price* 21*s.*; Vol. 2, Division 3, *price* 42*s.*

ROTULI LITTERARUM CLAUSARUM IN TURRI LONDINENSI ASSERVATI. 2 vols. folio (1833—1844). The first volume, 1204—1224. The second volume, 1224—1227. *Edited by* THOMAS DUFFUS HARDY, Esq. *Price* 81*s.*, cloth; or separately, Vol. 1, *price* 63*s.*; Vol. 2, *price* 18*s.*

PROCEEDINGS AND ORDINANCES OF THE PRIVY COUNCIL OF ENGLAND. 10 Richard II.—33 Henry VIII. *Edited by* Sir N. HARRIS NICOLAS. 7 vols. royal 8vo. (1834—1837), cloth. *Price* 98*s.*; or separately, 14*s.* each.

ROTULI LITTERARUM PATENTIUM IN TURRI LONDINENSI ASSERVATI. 1201—1216. *Edited by* THOMAS DUFFUS HARDY, Esq. 1 vol. folio (1835), cloth. *Price* 31*s.* 6*d.*

*** The Introduction, separately, 8vo., cloth. *Price* 9*s.*

ROTULI CURIÆ REGIS. Rolls and Records of the Court held before the King's Justiciars or Justices. 6 Richard I.—1 John. *Edited by* Sir FRANCIS PALGRAVE. 2 vols. royal 8vo. (1835), cloth. *Price* 28*s.*

ROTULI NORMANNIÆ IN TURRI LONDINENSI ASSERVATI. 1200—1205; also, 1417 to 1418. *Edited by* THOMAS DUFFUS HARDY, Esq. 1 vol. royal 8vo. (1835), cloth. *Price* 12*s.* 6*d.*

ROTULI DE OBLATIS ET FINIBUS IN TURRI LONDINENSI ASSERVATI, tempore Regis Johannis. *Edited by* THOMAS DUFFUS HARDY, Esq. 1 vol. royal 8vo. (1835), cloth. *Price* 18*s.*

EXCERPTA E ROTULIS FINIUM IN TURRI LONDINENSI ASSERVATIS. Henry III., 1216—1272. *Edited by* CHARLES ROBERTS, Esq. 2 vols. royal 8vo. (1835, 1836), cloth, *price* 32*s.*; or separately, Vol. 1, *price* 14*s.*; Vol. 2, *price* 18*s.*

FINES, SIVE PEDES FINIUM; SIVE FINALES CONCORDIÆ IN CURIÂ DOMINI REGIS. 7 Richard I.—16 John, 1195—1214. *Edited by* the Rev. JOSEPH HUNTER. In Counties. 2 vols. royal 8vo. (1835—1844) cloth, *price* 11*s.*; or separately, Vol. 1, *price* 8*s.* 6*d.*; Vol. 2, *price* 2*s.* 6*d.*

ANCIENT KALENDARS AND INVENTORIES OF THE TREASURY OF HIS MAJESTY'S EXCHEQUER; together with Documents illustrating the History of that Repository. *Edited by* Sir FRANCIS PALGRAVE. 3 vols. royal 8vo. (1836), cloth. *Price* 42*s.*

DOCUMENTS AND RECORDS illustrating the History of Scotland, and the Transactions between the Crowns of Scotland and England; preserved in the Treasury of Her Majesty's Exchequer. *Edited by* Sir FRANCIS PALGRAVE. 1 vol. royal 8vo. (1837), cloth. *Price* 18*s.*

ROTULI CHARTARUM IN TURRI LONDINENSI ASSERVATI. 1199—1216. *Edited by* THOMAS DUFFUS HARDY, Esq. 1 vol. folio (1837), cloth. *Price* 30*s.*

REPORT OF THE PROCEEDINGS OF THE RECORD COMMISSIONERS, 1831—1837. 1 vol. folio (1837), boards. *Price* 8*s.*

REGISTRUM vulgariter nuncupatum "The Record of Caernarvon," e codice MS. Harleiano, 696, descriptum. *Edited by* Sir HENRY ELLIS. 1 vol. folio (1838), cloth. *Price* 31*s.* 6*d.*

ANCIENT LAWS AND INSTITUTES OF ENGLAND; comprising Laws enacted under the Anglo-Saxon Kings, from Æthelbirht to Cnut, with an English Translation of the Saxon; the Laws called Edward the Confessor's; the Laws of William the Conqueror, and those ascribed to Henry the First; also, Monumenta Ecclesiastica Anglicana, from the 7th to the 10th century; and the Ancient Latin Version of the Anglo Saxon Laws; with a compendious Glossary, &c. *Edited by* BENJAMIN THORPE, Esq. 1 vol. folio (1840), cloth. *Price* 40*s.* Or, 2 vols. royal 8vo. cloth. *Price* 30*s.*

ANCIENT LAWS AND INSTITUTES OF WALES; comprising Laws supposed to be enacted by Howel the Good; modified by subsequent Regulations under the Native Princes, prior to the Conquest by Edward the First; and anomalous Laws, consisting principally of Institutions which, by the Statute of Ruddlan, were admitted to continue in force. With an English Translation of the Welsh Text. To which are added, a few Latin Transcripts, containing Digests of the Welsh Laws, principally of the Dimetian Code. With Indices and Glossary. *Edited by* ANEURIN OWEN, Esq. 1 vol. folio (1841), cloth. *Price* 44*s.* Or, 2 vols. royal 8vo. cloth. *Price* 36*s.*

ROTULI DE LIBERATE AC DE MISIS ET PRÆSTITIS, Regnante Johanne. *Edited by* THOMAS DUFFUS HARDY, Esq. 1 vol. royal 8vo. (1844), cloth. *Price* 6*s.*

THE GREAT ROLLS OF THE PIPE FOR THE SECOND, THIRD, AND FOURTH YEARS OF THE REIGN OF KING HENRY THE SECOND, 1155—1158. *Edited by* the Rev. JOSEPH HUNTER. 1 vol. royal 8vo. (1844), cloth. *Price* 4*s.* 6*d.*

THE GREAT ROLL OF THE PIPE FOR THE FIRST YEAR OF THE REIGN OF KING RICHARD THE FIRST, 1189—1190. *Edited by* the Rev. JOSEPH HUNTER. 1 vol. royal 8vo. (1844), cloth. *Price* 6*s.*

DOCUMENTS ILLUSTRATIVE OF ENGLISH HISTORY in the 13th and 14th centuries, selected from the Records of the Department of the Queen's Remembrancer in the Exchequer. *Edited by* HENRY COLE, Esq. 1 vol. fcp. folio (1844), cloth. *Price* 45*s*. 6*d*.

MODUS TENENDI PARLIAMENTUM. An Ancient Treatise on the Mode of holding the Parliament in England. *Edited by* THOMAS DUFFUS HARDY, Esq. 1 vol. 8vo. (1846), cloth. *Price* 2*s*. 6*d*.

MONUMENTA HISTORICA BRITANNICA, or, Materials for the History of Britain from the earliest period. Vol. 1, extending to the Norman Conquest. Prepared, and illustrated with Notes, by the late HENRY PETRIE, Esq., F.S.A., Keeper of the Records in the Tower of London, assisted by the Rev. JOHN SHARPE, Rector of Castle Eaton, Wilts. Finally completed for publication, and with an Introduction, by THOMAS DUFFUS HARDY, Esq., Assistant Keeper of Records. (Printed by command of Her Majesty.) Folio (1848). *Price* 42*s*.

REGISTRUM MAGNI SIGILLI REGUM SCOTORUM in Archivis Publicis asservatum. 1306—1424. *Edited by* THOMAS THOMSON, Esq. Folio (1814). *Price* 15*s*.

THE ACTS OF THE PARLIAMENTS OF SCOTLAND. 11 vols. folio (1814—1844). Vol. I. *Edited by* THOMAS THOMSON and COSMO INNES, Esqrs. *Price* 42*s*. Also, Vols. 4, 7, 8, 9, 10, and 11 ; *price* 10*s*. 6*d*. each.

THE ACTS OF THE LORDS AUDITORS OF CAUSES AND COMPLAINTS (ACTA DOMINORUM AUDITORUM). 1466—1494. *Edited by* THOMAS THOMSON, Esq. Folio (1839). *Price* 10*s*. 6*d*.

THE ACTS OF THE LORDS OF COUNCIL IN CIVIL CAUSES (ACTA DOMINORUM CONCILII). 1478—1495. *Edited by* THOMAS THOMSON, Esq. Folio (1839). *Price* 10*s*. 6*d*.

ISSUE ROLL OF THOMAS DE BRANTINGHAM, Bishop of Exeter, Lord High Treasurer of England, containing Payments out of His Majesty's Revenue, 44 Edward III., 1370. *Edited by* FREDERICK DEVON, Esq. 1 vol. 4to. (1835), cloth. *Price* 35*s*. Or, royal 8vo. cloth. *Price* 25*s*.

ISSUES OF THE EXCHEQUER, containing similar matter to the above ; James I. ; extracted from the Pell Records. *Edited by* FREDERICK DEVON, Esq. 1 vol. 4to. (1836), cloth. *Price* 30*s*. Or, royal 8vo. cloth. *Price* 21*s*.

ISSUES OF THE EXCHEQUER, containing similar matter to the above ; Henry III.—Henry VI. ; extracted from the Pell Records. *Edited by* FREDERICK DEVON, Esq. 1 vol. 4to. (1837), cloth. *Price* 40*s*. Or, royal 8vo. cloth. *Price* 30*s*.

HANDBOOK TO THE PUBLIC RECORDS. *By* F. S. THOMAS, Esq., Secretary of the Public Record Office. 1 vol. royal 8vo. (1853), cloth. *Price* 12*s*.

HISTORICAL NOTES RELATIVE TO THE HISTORY OF ENGLAND ; from the Accession of Henry VIII. to the Death of Queen Anne (1509—1714). Designed as a Book of instant Reference for ascertaining the Dates of Events mentioned in History and Manuscripts. The Name of every Person and Event mentioned in History within the above period is placed in Alphabetical and Chronological Order, and the Authority whence taken is given in each case, whether from Printed History or from Manuscripts. *By* F. S. THOMAS, Esq. 3 vols. 8vo. (1856), cloth. *Price* 40*s*.

STATE PAPERS, DURING THE REIGN OF HENRY THE EIGHTH: with Indices of Persons and Places. 11 vols., 4to. (1830—1852), cloth. *Price* 5*l*. 15*s*. 6*d*.; or separately, *price* 10*s*. 6*d*. each.

Vol. I.—Domestic Correspondence.
Vols. II. & III.—Correspondence relating to Ireland.
Vols. IV. & V.—Correspondence relating to Scotland.
Vols. VI. to XI.—Correspondence between England and Foreign Courts.

WORKS PUBLISHED IN PHOTOZINCOGRAPHY.

Domesday Book, or the Great Survey of England of William the Conqueror, 1086; fac-simile of the part relating to each county, separately (with a few exceptions of double counties). Photozincographed, by Her Majesty's Command, at the Ordnance Survey Office, Southampton, Colonel Sir Henry James, R.E., F.R.S., &c., Director. 35 Parts, imperial quarto and demy quarto (1861–1863) boards. *Price* 4*s*. 6*d*. to 1*l*. 1*s*. each part, according to size; or, bound in 2 vols., 10*l*.

This important and unique survey of the greater portion of England* is the oldest and most valuable record in the national archives. It was commenced about the year 1084 and finished in 1086. Its compilation was determined upon at Gloucester by William the Conqueror, in council, in order that he might know what was due to him, in the way of tax, from his subjects, and that each at the same time might know what he had to pay. It was compiled as much for their protection as for the benefit of the sovereign. The nobility and people had been grievously distressed at the time by the king bringing over large numbers of French and Bretons, and quartering them on his subjects, "each according to the measure of his land," for the purpose of resisting the invasion of Cnut, King of Denmark, which was apprehended. The commissioners appointed to make the survey were to inquire the name of each place; who held it in the time of King Edward the Confessor; the present possessor; how many hides were in the manor; how many ploughs were in demesne; how many homagers; how many villeins; how many cottars; how many serving men; how many free tenants; how many tenants in soccage; how much wood, meadow, and pasture; the number of mills and fish-ponds; what had been added or taken away from the place; what was the gross value in the time of Edward the Confessor; the present value; and how much each free-man or soc-man had, and whether any advance could be made in the value. Thus could be ascertained who held the estate in the time of King Edward; who then held it; its value in the time of the late king; and its value as it stood at the formation of the survey. So minute was the survey, that the writer of the contemporary portion of the Saxon Chronicle records, with some asperity—"So very narrowly he caused it to be traced out, that there was not a single hide, nor one virgate of land, nor even, it is shame to tell, though it seemed to him no shame to do, an ox, nor a cow, nor a swine was left, that was not set down."

Domesday Survey is in two parts or volumes. The first, in folio, contains the counties of Bedford, Berks, Bucks, Cambridge, Chester and Lancaster, Cornwall, Derby, Devon, Dorset, Gloucester, Hants, Hereford, Herts, Huntingdon, Kent, Leicester and Rutland, Lincoln, Middlesex, Northampton, Nottingham, Oxford, Salop, Somerset, Stafford, Surrey, Sussex, Warwick, Wilts, Worcester, and York. The second volume, in quarto, contains the counties of Essex, Norfolk, and Suffolk.

Domesday Book was printed *verbatim et literatim* during the last century, in consequence of an address of the House of Lords to King George III. in 1767. It was not, however, commenced until 1773, and was completed early in 1783. In 1860 Her Majesty's Government, with the concurrence of the Master of the Rolls, determined to apply the art of photozincography to the production of a fac-simile of the whole of the Domesday Survey, under the superintendence of Colonel Sir Henry James, R.E., director of the ordnance survey at Southampton. The work was completed in 1863.

---

* For some reason left unexplained, many parts were left unsurveyed; Northumberland, Cumberland, Westmoreland, and Durham, are not described in the survey; nor does Lancashire appear under its proper name; but Furness, and the northern part of Lancashire, as well as the south of Westmoreland, with a part of Cumberland, are included within the West Riding of Yorkshire. That part of Lancashire which lies between the Ribble and Mersey, and which at the time of the survey comprehended 688 manors, is joined to Cheshire. Part of Rutland is described in the counties of Northampton and Lincoln.

FAC-SIMILES of NATIONAL MANUSCRIPTS, from WILLIAM THE CONQUEROR to QUEEN ANNE, selected under the direction of the Master of the Rolls, and Photozincographed by Command of Her Majesty, by Colonel SIR HENRY JAMES, R.E., Director of the Ordnance Survey. Price, each Part, double foolscap folio, 1*l*. 1*s*.

Part I., with translations and notes (William the Conqueror to Henry VII.), 1865.
Part II. (Henry VIII. and Edward VI.), 1866.
Part III. (Mary and Elizabeth), 1867.

The first Part extends from William the Conqueror to Henry VII., and contains autographs of the kings of England, as well as of many other illustrious personages famous in history, and some interesting charters, letters patent, and state papers. The second Part, for the reigns of Henry VIII. and Edward VI., consists principally of holograph letters and autographs of kings, princes, statesmen, and other persons of great historical interest, who lived during those reigns. The third Part contains similar documents for the reigns of Mary and Elizabeth, including a signed bill of Lady Jane Grey.

Public Record Office,
May 1868.

CPSIA information can be obtained at www.ICGtesting.com
Printed in the USA
LVOW060120171112

307533LV00003B/64/P

9 781108 048798